한국 통치성의 역사적 물결

다층적 통치성 총서 7

한국 통치성의 역사적 물결

이동수 편

인간사랑

서 문

　　19세기 두 차례 아편전쟁 후 중국은 종래의 쇄국 대신 개방의 길로 들어섰다. 서구의 앞선 무기의 힘에 굴복한 중국은 서구의 물질문명을 받아들이기로 했지만, 정신적으로는 자신의 문화가 더 우월하다고 생각하고 중체서용(中體西用)만 허락하고 근본적인 개혁엔 이르지 못했다. 20세기 공산혁명도 유교를 중국적 공산주의라는 문화로 대체한 것일 뿐 근대적인 개혁은 아니었으며, 1978년이 되어서야 비로소 개혁의 길로 들어서게 되었다. 우리나라 경우도 19세기 개화파의 주장이 사회개혁으로 이어지진 못했으며, 20세기 일제강점기에서 해방된 이후에야 비로소 헌법제정과 토지개혁 등을 통해 근대적 개혁이 이루어지기 시작했다. 이 근대적 개혁은 서구식 공화주의와 민주주의, 자본주의 사상을 받아들이고 이를 여러 과정을 통해 실행에 옮기면서, 오늘날 제6공화국 시대 자유민주주의적 통치성을 확립하게 되었다.

　　이제 전근대에서 근대로의 이행은 전 지구적 현상이며, 민주주의라는 용어는 누구나가 인정하는 정치공동체의 방향을 나타낸다. 하지만 각 나라는 고대로부터 이어져 온 문화적 전통과 맥락에 따라 민주주의의 내용과 성격은 조금씩 다르게 드러난다. 우리 경우도 고대부터 이어져 온 예(濊), 맥(貊), 한(韓)의 농목융합적(農牧融合的) 성격과 조선시대 지배적인 유교의 농경문화 전통으로부터 이어받은 맥락과 환경이 여전히 존재한다. 우리 민주주의는 이를 완전히 배제할 수 없으며, 따라서 서구식 민주주의를 모방하기는 하지만 그 내용과 성격이 온전히 같은 것은 아니다.

이 책은 이러한 문제의식 아래 오늘날 '한국의 통치성'을 역사적으로 추적해 그 장단점을 파악하고 미래의 전망을 담고자 하였다. 또한 이 책은 〈다층적 통치성 총서〉의 마지막 7권으로서 그동안 총서 시리즈가 연구하고자 한 동서고금의 통치성이 한국에서는 어떻게 나타났을까에 대한 질문에 답하고자 하였다. 따라서 이 책은 우리 역사의 출발점인 고조선에서 출발해 삼국과 고려를 거쳐 조선에 이르는 전근대 시대를 탐색하고, 해방 후 현대 한국의 통치성이 경제, 재정, 행정, 정치 분야 등에서 어떻게 전개되고 변화하고 있는지를 살피고 있다. 각 장의 내용은 대략 아래와 같다.

먼저 1장 "한국 전통에서 유목적 성격의 변천: 고조선과 고구려 계승성"은 우리 민족의 기원이 요하문명 지역에서 발현한 반농반목(半農半牧)의 유목민인 예맥족으로 고조선과 고구려로 맥이 이어지며, 이후 고조선 유민들이 한반도로 진입하고 장수왕이 평양으로 천도한 후 고구려가 삼한 지역 농경민과 섞이면서, 최종적으로 우리 민족은 예, 맥, 한이 합쳐진 농목융합적 성격을 갖게 되었다고 전제한다. 이 전통적 성격은 삼국시대와 고려시대를 거치면서 고조선과 고구려 계승성을 통해 유지되었으나, 조선시대 이후 고조선의 기원을 단군조선이 아닌 중국 상(商)나라 왕족이 세운 기자조선에 두고 중국의 유교적 농경문화만을 숭상하며 소중화를 꿈꾸면서 유목민적 성격을 잃어버리게 되었다고 한탄한다. 따라서 우리 전통의 회복은 유목민적 성격의 회생이며, 이는 오늘날 중시되는 국방이나 통상에 도움이 될 것이라고 결론짓는다.

2장 "조선의 유교적 통치성의 두 측면: 정치적 필요와 윤리적 이상의 긴장"은 유학이 단순히 이상주의에만 치우친 것이 아니라 실용주의도 중시하는 이원적 요소를 갖고 있는데, 이 두 측면이 항상 긴장 관계를 형성했다고 본다. 이는 플라톤의 『국가』에서 말한 '정치적 필요와 윤리적 이상의 긴장'과도 같은 것으로, 15세기는 대체로 정치적 필요와 윤리적 이상이 균형상태에 있었고, 16세기부터 윤리적 이상 쪽으로 경도되는 경향을 보였다. 하지만 17세기 후반부터 정치적 필요의 문제가 부활하여 다시 균형이 회복되며, 18세기엔 실용적 학풍의 유행으로 발전했다. 그리고 19세기 전반은 윤리적 이상 쪽으로의 보수적 반동과 동시에 유학이 쇠락하는 시기였다. 이와 같이 조선의 유교는 느리지만 연속적인 변화의 과정에 있었다. 각 시기 사상사의 변화는 역사적 상황들이 반영된 것이기는 하지만, 동시에 유학 정치사상에 내재하는 두 개의 다른 지적 경향의 반영이기도 하다는 것이다.

3장 "박은식의 양명학 수용: '네이션 만들기'(nation-building)와의 관련성"은 구한말 개혁가들이 국가 만들기에 먼저 관심을 가졌지만,

대한제국이 국권을 상실함에 따라 국가에 대한 기대를 접고 '아래로부터' 네이션(nation)을 우선 만들고 이를 통해 궁극적으로 '네이션 스테이드'(nation-state)를 만들려 했다고 본다. 그들은 서양의 성공을 연구하면서 '종교개혁'이 중세적 마비를 극복하고 개인의 주체성을 해방했으며, 이를 통해 기개 넘치는 '네이션'을 만들었다고 생각했다. 그래서 개신교를 배우기도 하고 박은식이나 한용운처럼 전통적인 유학이나 불교를 안으로부터 개혁하려고도 했다. 박은식이 결정론적 경향이 강해 사람을 수동적으로 만드는 주자학의 대안으로 삼은 것은 양명학 특히 일본에 기원을 둔 '근대 양명학'이었다. 하지만 박은식은 양명학을 철학적으로 깊게 천착하지 않고 개인적 주체성이나 기개를 강조한다는 정도로 이해했으며, 상무(尙武)를 강조하고 문약(文弱)의 폐단을 지적하는 것과 더불어 공화주의와 혈연민족주의적 요소를 강조했다.

한편, 4장 "제헌헌법상의 경제질서 3원칙과 한국발전: 농지개혁, 산업화, 그리고 농촌근대화"는 해방 후 우리의 경제에 대한 관점은 제헌헌법 제84조에 잘 나타나 있다고 본다. 여기엔 균등경제, 균형 있는 국민경제의 발전과 시장자유주의 등 상호모순될 수 있는 3원칙이 포함되어 있는데, 국가가 계획과 통제로 시장자유를 제약할 수 있는 근거로 작용했다. 역대 정부들은 계획/통제와 시장자유를 병용하는 과정에서 시장순응적 산업정책을 사용하는 자본주의 발전국가라는 해결책에 귀착했다. 1950년 3월에 단행된 농지재분배로 창출된 다수의 영세자영농들은 6·25전쟁 당시 공산주의자들의 계급투쟁 선동에 동조하지 않고 사유재산제도의 광범위한 지지세력이 되었다. 또한 한국 정부는 1970년대에 도시산업 잉여를 농촌 근대화에 투자해 이중경제 구조를 제거하고, 도농이 통합된 자본주의 국민경제 발전이 가능하게 만들었다. 이들은 국가가 균등경제 원칙을 적용해 자본주의를 보호한 사례들이다.

5장 "시장참여자로서의 국가역할 심화와 대한민국 재정통치성의 전환"은 푸코의 신자유주의 통치성 개념을 원용해 공기업, 국부펀드 및 연금기금의 적극적 활용 등 근래 시장거래에 대한 참여자로서의 국가역할 강화가 공공재정, 재정·예산제도, 나아가 시민-납세자 주체구성에 미치는 영향을 탐색하고 있다. 정부가 소유·통제하는 공기업은 국내외를 막론하고 에너지, 교통, 통신, 금융, 심지어 제조업 등 광범위한 산업에 걸쳐 국가의 정책수단으로서 핵심적인 역할을 확대하고 있다. 국부펀드 및 연금기금 또한 정부가 국내외 시장 및 민간기업의 경제활동에 재정적, 경제적, 정치적 목적으로 개입하는 데 활용하는 수단으로서 그 중요성이 점점 커지고 있다. 이런 경향을 관방주의 및 '새로운 국가자본주의'의 견지에서 국가의 시장참여자 역할강화라는 국가역할의 재구성을 검토해, 이것이 현대 공공재정에 대한 민주적 통제기제는 물론 납세자-공공서비스 향유자라는 공적 주체성을 약하게 하고, 나아가 시장기제에 입각한 책임성 및 기업가-소비자로서의 사적 주체성을 강화시킬 것이라고 진단한다.

6장 "여론조사 공천방식에 내재된 통치성: 공정성과 선거 4대 원칙의 충돌"은 한국 거대정당의 여론조사 공천방식이 민주주의의 4대 선거 원칙(보통·평등·직접·비밀선거)에 부합하는지를 공정성의 관점에서 분석하고 있다. 기존의 하향식 공천은 비민주성과 폐쇄성으로 비판

받았으며, 거대정당은 이를 개선하고자 상향식인 여론조사 공천방식을 도입하여 활용하고 있다. 그러나 이 방식은 실제로는 일반 국민에게 동등한 참여 기회를 부여하지 못하는 '제한된 참여' 구조, 1인 1표와 1표 1가치라는 '표의 등가성 원칙 위배', 자발적이고 책임 있는 참여를 제약하는 수동적 응답 방식으로 '비자발성', 일반 국민의 자유로운 판단을 방해하는 '자율적 판단 훼손 및 조작 가능성' 등의 문제를 지닌 것으로 나타났다. 이런 여론조사 공천방식은 정당민주주의 실현의 도구라기보다 정당의 전략적 이해에 따라 활용되고 있으며, 이는 공천의 본래 취지와 괴리된다. 따라서 형식적 개방성을 넘어 실질적으로 민주주의 구현, 일반 국민의 책임 있는 참여, 대표성 확보를 목표로 공천방식의 근본적인 재설계가 필요하다고 주장한다.

7장 "지방의회 정책지원관제도의 효과: 기초의회와 광역의회 간 만족도 비교"는 최근 도입되어 시행되고 있는 지방의회 정책지원관제도에 대한 기초의원과 광역의원의 만족도와 의정활동 만족도, 제도개선 방안 등을 카이제곱검정을 통해 실증적으로 분석하고 있다. 그 결과 먼저, 정책지원관제도에 대한 만족도는 지방의원의 과반수가 만족하고 있는 것으로 나타났으며, 기초의원의 만족도가 광역의원보다 높게 나타났다. 둘째, 기초의원과 광역의원 모두 입법활동 만족도가 가장 높은 것으로 나타났으며, 견제감시활동, 예산활동, 주민대표활동 순으로 확인되었다. 셋째, 기초의원과 광역의원 간 의정활동 만족도 차이는 입법활동, 견제감시활동에서 통계적으로 유의미한 차이가 있는 것으로 나타났으며, 예산활동과 주민대표활동에서는 차이가 나타나지 않았다. 넷째, 제도개선 방안에 대해 기초의원은 1명의 정책지원관을, 광역의원은 1명의 보좌관을 가장 많이 요구하고 있는 것으로 조사되었다.

8장 "코로나19 이전과 이후의 민주주의 가치 변화"는 2019년 말부터 시작한 코로나19 팬데믹의 파장이 한국 민주주의에 어떤 영향을 미쳤는가에 대해 분석하고 있다. 코로나19 팬데믹 기간엔 정상적인 정치과정이 불가능할 정도로 어려운 상황이었다. 대면접촉이 제한되면서 선거나 정당 활동이 위축되고, 시민들의 토론은 줄어들고 집단적 정치 행동이 어려운 조건이었다. 그 실제를 알아보기 위해 2016년과 2020년 시민들의 설문조사를 통해 민주주의의 중요한 지표인 심의, 협력, 대의, 신뢰, 공익, 공동체성, 자율, 관용, 준법, 분권, 참여와 같은 가치에 대한 인식을 비교했는데, 시민의 의식 차원에서는 코로나 이전보다 코로나19 팬데믹 기간 더 상승한 것으로 나타났다. 위의 11개 가치 중 심의만 소폭 하락하고, 나머지는 모두 상승했는데 특히 참여의 가치가 가장 많이 상승했다. 이는 비대면 상황에서 가장 결핍되었던 대면적 접촉의 필요성을 더욱 절감했기 때문이다.

마지막 9장 "제6공화국의 민주주의 위기와 극복 과정"은 우리나라 제6공화국만이 제대로 된 민주주의와 헌정주의 측면을 갖고 있다고 전제하고, 지난 38년간 지속된 제6공화국에서 있었던 네 차례의 민주주의 위기 사태와 그 극복 과정을 다루고 있다. 그 네 차례는 1991년 노태우 정부 때 반정부 시위 중이던 강경대의 사망 후 벌어진 일련의 사건, 1997년 김영삼 정부 때 겪은 외환 위기와 IMF 구제금융으로 이어진 사건, 2016년 박근혜 정부에서 벌어진 국정농단 사건, 그리고 2024년 윤석열 정부에서 벌어진 비상계엄 사태이다. 그러나 이 위기들이 국정의 단절을 가져오지 않고 각기 다른 이유로 극복을 이루었다. 먼저 1991년엔 민주화 연합이 붕괴하고 야당 정치인들이 차기 대선을 노리며 급진파의 거리 투쟁에 동조하지 않았으며, 1997년엔 당시 대선이 바로 이어졌기 때문에 선거를 통해 정권교체로 극복했으며, 2016년과 2024년엔 민주주의 제도 내에서 의회의 탄핵 소추와 헌법재판소의 판결을 통해 합법적으로 대응했기 때문이다. 이 네 차례의 위기는 점차 헌정 절차에 깊이 의존하는 방향으로 진화했다는 것이다.

이상과 같은 일련의 글들은 한국 통치성의 역사적 특성과 그 변천 과정을 다루면서, 오늘날 서구식 민주주의를 지향하고 있음을 밝히고 있다. 이 책은 2019년도부터 2022년까지 진행한 〈한국연구재단〉 인문사회연구소지원사업 "다층적 통치성(governmentality)과 넥스트 데모크라시: 폴리스, 국가 그리고 그 너머"의 2단계 사업(NRF-2022S1A5C2A02093466)의 일환으로 출판하게 되었다. 각 장은 프로젝트에 참여하는 분들과 매달 진행되는 포럼 및 콜로키움에서 발표한 분들이 담당해 주셨다. 모임에 참석해 좋은 발표와 열띤 토론을 해주신 연구자들에게 진심으로 고마움을 느낀다. 그리고 이 책의 출판을 지원해 준 〈한국연구재단〉과 사명의식을 갖고 출판을 기꺼이 수락해 준 도서출판 〈인간사랑〉 관계자들, 그리고 책 교정에 도움을 준 〈공공거버넌스연구소〉 조교들에게 깊은 감사의 말씀을 전한다.

2025년 7월
경희대 공공거버넌스연구소장 이동수

차 례

서문   5

1장 한국 전통에서 유목적 성격의 변천:
고조선과 고구려 계승성 (이동수)   15

2장 조선의 유교적 통치성의 두 측면:
정치적 필요와 윤리적 이상의 긴장 (김충열)   59

3장 박은식의 양명학 수용:
'네이션 만들기'(nation-building)와의 관련성 (김동규)   109

4장 제헌헌법상의 경제질서 3원칙과 한국발전:
농지개혁, 산업화, 그리고 농촌근대화 (임수환)   151

5장 시장참여자로서의 국가역할 심화와 대한민국 재정통치성의 전환 (김정부)   191

6장 여론조사 공천방식에 내재된 통치성:
공정성과 선거 4대 원칙의 충돌 (장대홍)   271

7장 지방의회 정책지원관제도의 효과:
기초의회와 광역의회 간 만족도 비교 (김용석·김태영)   323

8장 코로나19 이전과 이후의 민주주의 가치 변화 (송경재)   363

9장 제6공화국의 민주주의 위기와 극복 과정 (조석주)   389

저자 소개   427

한국 전통에서 유목적 성격의 변천: 고조선과 고구려 계승성*

이동수

I. 서론

고대 인류는 자연환경에 따라 서로 다른 문명과 문화[1]를 탄생시켰다. 북방 유라시아 지역은 동서로 긴 4개의 지리대(地理帶)를 형성하는데, 북극해와 면한 동토대(凍土帶, Tundra), 그 이남의 침엽수림대

---

* 이 글은 2025년 6월 『정치와 공론』 36집에 게재된 "한국 전통에서 유목적 성격의 변천: 고조선과 고구려 계승성을 중심으로"를 수정·보완한 것이다.
1 문명(civilization)과 문화(culture)는 위계적인 관계가 아니라 총체와 개체, 복합성과 단일성, 내재와 외형의 관계로서, 문화는 문명을 구성하는 개별적 요소이며 그 양상이라고 볼 수 있다.

(針葉樹林帶, Taiga), 북위 50도 부근의 초원지대(草原地帶, Steppe), 그리고 북위 40도 부근의 사막지대(砂漠地帶, Desert)가 그것이다. 이 중 초원지대와 사막지대는 대규모 관개수리(灌漑水理)가 필요해 자연 농경은 거의 불가능했으며, 수렵과 어로 및 목축을 통해 삶을 영위했다. 다만 간헐적으로 수원(水源, Oasis)이 있어서, 초원지대와 사막지대 사람들은 수원과 목초를 따라 이동하며 생활했다(정수일 2001, 219-220). 이들을 통칭 유목민이라 부르며, 커다란 하천과 적절한 강우량 덕분에 농경지를 일구고 정착해 사는 남쪽의 농경민들과 구분된다.

처음 문명이 발달할 때 유목민은 농경민의 곡물, 소금, 금속, 생활용품을 가축, 모피 등과 교환하면서 공존했으나, BC 1,000년경부터 비교적 평화롭던 관계를 깨고 점차 농경지대를 약탈하거나 침략하기 시작했다. 그 이유는 농경사회가 지속적으로 발달해 도시화되고 문물이 풍부해진 데 비해, 유목사회는 여전히 예전 수준에 머물러 불균형이 심해지고 따라서 상호 마찰과 갈등이 깊어졌기 때문이다. 또한 고삐와 재갈, 등자가 발명되어 기마 기술이 발전하고 무기가 청동기에서 철기로 발달한 것도 한 원인이다(정수일 2001, 224-225).

북방 유라시아에서 처음 등장한 공격적인 기마 유목민은 스키타이(Scythia)이다. 그 명칭이 그리스어로 활쏘기를 뜻하는 스쿠테스(scuthes)의 복수형 스쿠타이(scuthai)에서 온 것처럼, 이들은 주로 수렵으로 생활하는 부족이었다. 청동기문화에 기반한 아나톨리아의 히타이트(Hittite)가 약해진 후, 러시아 남부에서 발흥한 스키타이는 철제 무기를 앞세우고 약탈과 정복을 통해 시베리아 남부와 중앙아시아까지 진출했으며, 그들의 철기문화는 중앙아시아 초원지대를 거쳐 동북아시아까지 전파되었다. 유목민은 이동하는 성향을 지녔기 때문에 문명과 문화의 전파는 항상 그들의 몫이었으며, 이 전파는 자연스럽게 문물의 교환과 상업의 발전을 가져오기도 했다(김호동 2010, 28).[2]

동북아시아의 유목민은 바이칼호나 아무르강 삼림 지역에서 처음 발흥했다. 그들은 크게 투르크, 몽골, 퉁구스 3종류로 구분되는데, 초기엔 모두 수렵과 어로 및 목축을 주업으로 삼았다. 이 중 극동 러시아, 만주, 거란, 여진에 분포한 퉁구스는 만주 평원에서 농사를 지을 수 있어서 반농반목(半農半牧)이 가능했다. 하지만 사막지대와 삼림지대에 분포한 투르크와 몽골은 농경이 어려웠으며, 목초지가 부족해지자 농경지를 약탈하거나 아예 정복을 시도했다(Grousset 1998, 26-29).

특히 투르크와 몽골이 탐낸 농경지는 중국 북부였다. 중국 만리장성 지역은 대체로 15인치 강우량 선과 일치해 농경지대와 유목지대를 나누는 분수령 역할을 했는데(黃仁宇 1988, 52-53), 유목민들은 중국과의 교역이 막히거나 생활이 곤궁해졌을 때 장성을 넘어 북중국 지역을 약탈하거나 점령해 버렸다. 특히 '진한(秦漢)시대'부터 충돌했던 흉노(匈奴)를 비롯해, '5호16국시대' 중국을 침략한 갈(羯), 강(羌), 저(氐), 선비(鮮卑) 등은 북중국에 눌러앉아 왕조를 세웠으며, '남북조시대'를 마감하고 새로이 통일왕조를 구축한 수(隋)와 당(唐)도 선비족

---

[2] 중앙아시아에서 3세기부터 8세기까지 상업과 무역에 종사했던 소그드인(Sogd)도 기마 유목민 스키타이에서 유래한 말이다.

이 세운 국가였다. 이후 '5대10국시대'는 물론 강력한 중국을 건설한 원(元)과 청(淸)도 몽골과 퉁구스계 여진 유목민들이 주축이었다. 따라서 중국은 단순히 황하문명(黃河文明)에서 농경문화를 만든 한인(漢人)뿐만 아니라 북방 유목문화를 가진 '오랑캐(胡)'가 함께 만든 호한체제(胡漢體制)라고 볼 수 있다(Fairbank and Goldman 2005, 106).

이런 호한체제의 성립은 중국을 강력한 대국이자 정치적·문화적 중심지로 만들었다. 중국을 대중국과 소중국으로 나누기도 하는데, 소중국은 원래의 중국(proper China)만 통치 영역으로 삼으며 황하문명에서 비롯된 농경문화와 유교 중심의 국가를 말하며, 대중국은 북방 유목민들이 대대적으로 남하해 화북지방을 점령하고 티벳, 신강, 만주까지 섭렵해 농목복합적(農牧複合的) 성격의 호한융합(胡漢融合)을 이룬 국가를 일컫는다. 중국의 역사는 이런 소중국과 대중국이 교차한 역사이며, 강성한 중국은 호한융합의 대중국에서 빛을 발했다(김호동 2010, 38-42; 杉山正明 2005, 75-79).

사실 농경과 유목의 경계는 뚜렷이 나뉘는 것이 아니라 일종의 벨트처럼 광범위하게 펼쳐져, 일부 겹치면서 상호 간의 접경 지역을 이룬다. 따라서 요즘엔 단순히 유목과 농경 지역으로만 양분하지 않고 북쪽의 유목지대와 남쪽의 농경지대 사이 즉 북위 30-40도 사이의 지역에 농업과 유목이 접하는 접경지대를 따로 설정하고 있으며, 중국이 동아시아뿐만 아니라 유라시아 전역에 걸쳐 정치적·문화적 거점이 될 수 있었던 것은 유력한 농경지대와 유목지대를 연결하는 접경지대이기 때문이라고 설명한다. 즉 중국이 강대국이 된 것은 황하문명의 농경문화 때문이 아니라 그 농경문화를 유목문화와 함께 융합했기 때문이라는 것이다. 보다 구체적으로 접경지대의 중국은 여러 지역에서 생산된 물산들의 활발한 교역이 이루어지고, 다양한 사람들이 교류해 정보와 부가 축적되며, 이를 기반으로 대도시들이 형성되고, 다양한 사람들이 분쟁을 피해 교류할 수 있는 보편적 형식의 법률과 철학이 발전했다는 것이다(妹尾達彦 2006, 38-41).

이런 관점에서 우리 역사를 되돌아볼 때 아쉬운 점이 남는다. 사실 우리의 출발점은 유목문화를 배태한 북방문명 즉 요하문명(遼河文明)[3]에서 탄생한 고조선으로서, 그 구성은 반농반목(半農半牧)을 하는 퉁구스계 유목민 예(濊)와 맥(貊)이 합쳐진 것이다. 고조선은 단군이 세운 단군조선(檀君朝鮮)에서 출발해 기자조선(箕子朝鮮)과 위만조선(衛滿朝鮮)을 거쳤으며, 중국으로부터 압박을 받아 요하 지역에서부터 점차 한반도 서북부 지역으로 이동했다. 다른 한편 한반도 중남부에는 자체 농경문화를 가진 마한(馬韓), 진한(辰韓), 변한(弁韓)의 삼한(三韓)이 존재했는데, 고조선 멸망 후 유민들이 이곳으로 이주해 삼한 지역도 한(韓) 외에 예와 맥이 합쳐지게 되었다.

그러나 예, 맥, 한이 하나를 이루어 유목민과 농경민의 융합으로 강한 국가가 될 기회는 예맥의 본류인 고구려가 멸망하면서 사라지

---

[3] 요하문명이란 용어는 1990년대 중국학자 궈다순(郭大順)이 요하 지역에서 처음 발견된 홍산문화(紅山文化)를 설명하면서 사용하기 시작했다. 그는 요하문명을 황하문명의 일부로 포함하고자 했지만, 이후 계속 발굴된 고고학적 유적과 유물들은 홍산문화가 황하문명과는 다르다는 것을 보여준다. 따라서 대다수 고고학자와 한국학자들은 요하문명을 중국 황하문명과는 다른 것으로 간주한다.

고, 삼국을 통일한 신라는 고구려의 유목민적 특성을 온전히 이어받지 못한 채 삼한을 통일하는 데 그쳤다. 다만 '후삼국시대'를 평정한 고려는 고조선과 고구려 계승성을 내세우며 옛 영토의 일부를 찾아왔지만, 새로 북방에 나타난 강력한 유목민 몽골에게 침략당한 후 그 기세가 꺾였다. 또한 뒤를 이은 조선은 점차 고조선과 고구려 계승성을 포기하고 중국의 농경문화와 이에 근거한 유교에만 초점을 맞춰 유목민적 특성을 잃어버리고, 19세기 서세동점(西勢東漸)과 일제 침략의 시기에 몰락의 길을 걸었다.

    이 글은 이런 문제의식 아래 우리의 출발점이 요하문명에서 발생한 유목문화였으며, 이것이 한반도 중남부의 농경문화와 합쳐져 접경지대 문화 즉 예, 맥, 한의 농목융합적 문화가 되어 강성한 국가로 발전할 가능성이 있었다고 전제하고, 이를 역대 왕조시대의 고조선 및 고구려 계승성을 중심으로 탐구해 보고자 한다. 이를 위해 먼저 우리의 출발점인 요하문명과 고조선의 성립에 대해 알아보고, 이를 계승한 고구려와 또 다른 우리의 구성요소인 삼한의 성격을 검토한 후, 고려와 조선의 고조선과 고구려 계승성에 대한 태도를 살펴볼 것이다.

II. 요하문명과 고조선의 성립

1. 요하문명

우리의 고대 문명국가 출발은 어디일까? 1970년대까지만 해도 동아시아에서는 중국 중원의 황하문명을 가장 오래되고 발달한 문명으로 여겼으며, 우리를 포함한 주변 국가들이 그 영향을 어떻게 받았는가가 주된 관심사였다. 중국 사서들은 전설상 인물인 삼황오제(三皇五帝)와 요순(堯舜)의 시대를 지나, 4,000여 년 전인 BC 2,070년경 황하 유역에서 우(禹)임금이 여러 성읍국가의 중심인 하(夏) 왕조를 건국함으로써 중국에 문명국가가 탄생했다고 전한다. 또한 고고학적으로는 황하 유역 하남성 이리두(二里頭)의 황토 유적지를 하 왕조의 수도로 파악하며, 신석기시대 범람으로 형성된 황토 지역에서 치수를 통해 농경문화로 탄생한 앙소문화(仰韶文化, BC 5,000~3,000)와 동쪽 산동 지역에서 자체 농경문화로 형성된 용산문화(龍山文化, BC 2,500~2,000)가 합쳐져 황하문명의 하 왕조를 수립했다고 설명한다.

이후 중국의 역사는 중원의 동쪽에서 출발한 상(商) 왕조가 BC 17세기경 패권을 넘겨받고 BC 1,046년까지 존속하다가 서쪽에서 발흥한 주(周) 왕조에 패권을 넘겨주었는데, 이런 과정을 통해 중국에 포함되는 지역이 점차 확대되었다는 것이다. 또한 문명국가 수립 후엔 황하문명의 영향으로 요하 지역에도 문명이 발생하고 여러 국가가 성립되었는데, 우리의 최초 문명국가로 여겨지는 고조선도 그

중 하나라고 본다. 요컨대 중국은 통일적 다민족국가론 즉 중국 안에 있는 모든 민족은 중화민족의 일원이고, 그들이 이룩한 역사는 모두 중국사의 일부라는 생각 속에서 황하문명을 중심으로 역사를 설명해 왔다(우실하 2009, 1).

중국 사서들은 이런 주장을 뒷받침해 주었다. 중국엔 일찍부터 문자가 발달했고, 상대(商代) 갑골문은 중국뿐만 아니라 주변의 여러 민족에 대한 기록도 함께 남겼다. 특히 BC 1세기경 사마천(司馬遷)이 저술한 『사기(史記)』를 비롯해 역대 사서들은 주변 민족사를 열전(列傳)의 일부로 포함해 다루었는데, 우리의 경우는 동이전(東夷傳)의 범주에서 비교적 체계적으로 서술했다(이성규 2003, 106). 따라서 역사적으로 우리는 중국의 주변 민족 중 하나로 중국의 세력권 혹은 영향권에 속한 국가로 이해되었다.

그런데 중국은 BC 108년 요하 지역에서 출발했으나 밀려서 한반도 서북부로 이동한 고조선을 무너뜨리고 한사군(漢四郡)을 설치한 후, 자신의 통치에 정당성을 부여하고 원활한 지배를 하기 위해 고조선의 기원을 중국에 두고자 했다. 예컨대 반고(班固)가 1세기경 저술한 『한서(漢書)』 지리지엔, 현도군과 낙랑군이 설치된 조선 지역은 예전에 상(商) 왕조가 무너진 후 왕족이었던 기자(箕子)가 가서 백성에게 농경, 잠상, 방직을 가르쳐 중국에 못지않은 미풍양속을 만들었던 곳이라고 기술되어 있다. 그리고 3세기경 편찬된 『위략(魏略)』엔 BC 3세기경 기자의 후손 조선후(朝鮮侯)가 주(周) 왕조의 장악력이 약해지자 이웃한 연(燕)과 경쟁하면서 왕을 칭하고 정치를 잘못했기 때문에, 연이 이를 응징하기 위해 조선에 장군 진개(秦開)를 보내 2,000

리의 땅을 빼앗고 만번한(滿番汗)을 경계로 조선 영토를 후퇴시켰다고 적고 있다. 또한 『위략』엔 한(漢)의 통일 후 공신으로 연왕(燕王)이 된 노관(盧綰)이 반란을 일으켰으나 진압되자, 그의 부장 위만(衛滿)이 고조선으로 망명해 정권을 탈취하고 조선의 왕이 되었다고도 말한다(이성규 2003, 135).

이로써 중국 사서들은 우리 한민족의 기원을 기자가 조선에 봉해진 BC 11세기경으로 잡으면서, 이때 성립된 기자조선이 고조선의 기원이라고 본다. 이는 고조선이 중국 황하문명의 영향으로 중국보다 약 1,000년 늦게 문명국가로 수립되었음을 뜻한다. 그리고 이 내용은 전통시대 중국과 한국의 지배층 모두에게 인정되었으며, 특히 중화문명을 동경하고 소중화(小中華)가 되기를 염원한 조선의 유학자들에게는 자랑스러운 기원으로 받아들여졌다.

하지만 1980년대 요하 지역에서 중국 황하문명과는 다른 새로운 고고학적 유적과 유물들이 발견되자, 중국과 동북아시아 상고사는 완전히 새로운 국면을 맞았다. 이 유적과 유물들은 요하문명이라는 명칭을 새롭게 얻었는데, 이는 황하문명과는 달리 농경 외에 수렵을 즐기는 유목민들의 북방문명적 특성을 보인다. 특히 요서(遼西) 일대 홍산문화(BC 4,500~3,000) 후기엔 이미 초기 문명국가 단계에 접어드는 징후를 보여주는 유물과 유적들이 발견되었는데, 이는 황하문명보다 약 1,000년이나 앞선 것으로 판명되었다.[4] 이러한 새 문명의 발견은 우리의 기원에 대해서도 다시 생각해 볼 여지를 준다. 즉 고려시대 일연(一然)의 『삼국유사(三國遺事)』와 이승휴(李承休)의 『제왕운기(帝王韻紀)』가 단군신화를 전하면서 우리 문명국가의 기원을

BC 2,333년 탄생한 단군조선으로 삼고 있는데, 이 내용이 단지 전설상의 문제가 아니라 고고학적으로도 설명이 가능해졌기 때문이다.

먼저 중국인들이 오랑캐라고 부르는 유목민들이 활동했던 요하지역의 문명은 중국의 황하문명과는 현저히 다른 특성을 보인다. 예컨대 황하문명은 채도문화인데 비해 요하문명은 거석문화와 빗살무늬토기, 세석기 등이 주를 이룬다. 특히 요하문명에서는 적석총, 석관묘, 여신묘 등이 발견되는데, 이는 황하문명과는 사뭇 다른 것이다. 또한 중국의 숫자체계는 2수분화, 즉 1(태극), 2(음양, 1×2), 4(사상, 2×2), 8(팔괘, 4×2), 64(육십사괘, 8×8)로 진행되는데, 요하문명의 숫자체계는 3수분화, 즉 1, 3(1×3, 변화의 계기), 9(3×3, 변화의 완성), 81(9×9, 우주의 완성) 등 3의 배수를 중시한다(우실하 2007, 178-179).

또한 요하문명엔 독특한 옥기문화(玉器文化)가 있는데, 이는 수렵 및 어로와 관련된 세석기 문화의 전통과 연관된다. 세석기 문화는 농경문화가 주를 이루는 황하문명 지역에서는 거의 발견되지 않으며, 북방의 '시베리아 남부 → 몽골초원 → 만주 → 한반도 → 일본'으로 이어지는 북방문화의 특성이다. 물론 중국 산동 지역에도 옥기문화가 있지만 요하문명보다 나중의 것이고, 따라서 산동 지역의 용산문화는 오히려 요하 지역에서 서남방으로 이주한 사람들이 후에 옥기문화를 전파한 것으로 이해된다(우실하 2012, 188-189). 요컨대 북방의 요하문명이 오히려 중국의 용산문화와 황하문명에 영향을 주

---

4 1990년대부터 시작된 중국의 동북공정(東北工程)은 요하문명을 중국 내부의 것으로 삼기 위한 목표를 갖고 의도적으로 진행된 것이다.

었다는 것이다.

한편 요하문명 옥기에서는 다양한 동물 모양이 발견되는데, 이는 곰 토템족, 새 토템족, 돼지 토템족 등 여러 종족이 공존하는 사회였다는 것을 나타낸다. 그런데 이 중에서도 곰 형상이 가장 많이 나타나기 때문에, 곰 토템족이 주도했다고 볼 수 있다. 원래 동북방 유목민인 퉁구스계 종족들은 곰을 토템으로 삼고 있으며, 우하량(牛河梁) 여신묘의 여러 형상물 중 곰이 주실에 위치하며, 우하량 유적지에서는 희생물로 바쳐진 것으로 보이는 실제 곰의 아래턱뼈도 발굴되었다. 또한 무덤에서 발견된 시신들의 가슴 위에는 옥으로 만든 곰 형상물인 옥웅룡(玉熊龍)이 놓여 있는데, 이는 요하문명 유적지에서 가장 많이 발굴되는 옥기이다(우실하 2012, 191-194). 이러한 사실들은 모두 곰 토템족 신화인 단군신화를 출발점으로 삼는 우리에게도 큰 관심의 대상이다.

2. 고조선

『삼국유사』는 BC 108년 멸망한 위만조선보다 앞서 존재한 조선이란 의미로 단군이 세운 고조선에 대해 언급하면서, 그 위치를 요하 지역으로 비정(比定)하고, 그 출범 시기를 BC 2,333년 즉 요하문명 홍산문화를 토대로 문명국가들이 탄생하는 시기로 가정한다. 이는 그때까지 정설로 여겨지던 기자조선 기원설을 뛰어넘어 단군조선을 언급함으로써, 우리의 출발이 중국 황하문명이 아니라 북방의

요하문명이라는 점과 우리의 조상이 요하 지역에서 활동하던 예맥족이라는 점을 나타내는 것이다.

먼저 단군신화는 우리의 출발이 서쪽에서 이주해 온 외지 세력과 요하 지역 토착민 중 곰 토템족이 연합했다는 것을 보여준다. 『삼국유사』기이(紀異) 제1편은 『고기(古記)』를 인용해 단군신화에 대해 다음과 같이 기록하고 있다.

> 옛날 환인(桓因)의 서자 환웅(桓雄)이 인간 세상을 구하고자 하늘에서 풍백(風伯), 우사(雨師), 운사(雲師)와 무리 3천을 이끌고 내려왔는데, 인간이 되기를 원하는 곰과 호랑이에게 동굴에서 백일 간 쑥과 마늘로만 연명하며 참으면 가능하다고 말했다. 이에 호랑이는 실패하고 곰은 성공해 웅녀(熊女)가 되었으며, 환웅과 결혼해 아들 단군왕검(檀君王儉)을 낳았다. 그가 조선을 세우고 아사달(阿斯達)에 도읍을 정했는데, 후에 주(周) 무왕이 즉위해 상(商) 왕족 기자를 조선에 봉하니, 단군은 장당경(藏唐京)으로 옮겼다가 뒤에 아사달로 돌아와 숨어 산신이 되었다.

이 신화를 분석해 보면, 무리 3천을 이끌고 온 환인의 서자 환웅은 바람, 비, 구름이 몰려오는 방향인 서쪽에서 왔음을 뜻하며, 그가 서자라는 점은 권력투쟁에서 밀려 고향을 떠나 이동하게 되었다는 것을 의미한다. 또한 환웅의 무리가 요하 지역에 도착했을 때 그곳엔 두 종류의 토착민 즉 곰 토템족과 호랑이 토템족이 있었는데, 이들은 서쪽 외지인과 함께 살 수 있는 사람이 되기 위해 서역이 원산

지인 쑥과 마늘 즉 서쪽의 문화를 참고 견디는 과정을 겪었고, 이 중 곰 토템족만 성공해 그들과 혼인으로 연합하고 그 자손인 단군이 조선이라는 국가를 건설했다는 것으로 이해된다. 요컨대 이 신화는 새로 서쪽에서 이주한 집단이 지역 토착민들의 지배를 정당화하기 위해 만든 것으로, 단군조선이 서쪽의 이주민과 요하 지역 토착민이 결합한 국가임을 나타낸다(김채수 2012, 327).[5]

또한 고고학적으로 요하 지역 대릉하(大凌河) 중상류에 우하량과 조양(朝陽)이 있는데, 그 인근에 많은 적석총이 발견되고 그 무덤 중앙엔 신전인 여신묘가 있어서 이 지역 일대가 단군신화와 연관된 예맥족이 활동했던 지역으로 추정된다. 특히 이곳으로 이주해 온 외부 집단은 맥족, 기왕에 거주하고 있던 토착민 집단은 예족으로 보인다. 원래 맥족은 중국 북방 유목민으로서 남시베리아 초원길을 통해 전파된 서역의 청동기와 철기문화의 영향을 받았으며, 요하 서쪽 상류를 흐르는 시라무렌강을 따라 들어와 적봉(赤峰)을 거쳐 대릉하 지역으로 남하했다. 반면 예족은 알타이산맥, 바이칼호, 흑룡강, 송하강 지역을 거쳐 요하 지역에 거주하는 토착민으로서, 어로와 수렵을 하며 고조선 사회의 기층을 이루었다(김채수 2012, 329-335).

한자 자체로 보면 예(濊)는 더럽다는 뜻이고, 맥(貊)은 짐승 같다

---

[5] 일본의 건국 신화인 기기신화(記紀神話)도 단군신화와 같은 서사 구조를 지녔는데, 이는 일본의 출발도 우리와 마찬가지로 북방 계열이라는 것을 뜻한다.

는 뜻이다.[6] 중국인들은 화이관(華夷觀)에 따라 주변 오랑캐를 부를 때 항상 비하칭(卑下稱) 용어를 사용했는데, 이를 보면 예와 맥은 주변 오랑캐로서 중국 농경민과는 종족적으로 다른 유목민임을 알 수 있다. 한편 중국 사서에 예맥이 처음 등장한 것은 BC 11세기 사건들에 관한 기록들에서다. 먼저 예족에 관해서는『일주서(逸周書)』왕회해편(王會解篇)에 처음 나타난다. 여기엔 주(周) 초 주공(周公)이 관숙(管叔)과 채숙(蔡叔)이 산동의 동이(東夷)와 함께 일으킨 '삼감의 난(三監之亂)'을 진압하고 낙읍(洛邑)으로 천도했는데, 이 내용을 보고하는 대회에 예(濊)가 참석했다고 기록되어 있다. 또한 맥족에 대해서는『묵자(墨子)』겸애편(兼愛篇)에 처음 나온다. 여기엔 주 무왕이 태산에 제사 지내러 갔을 때의 내용을 전하는데, 무왕이 말하기를 동쪽의 상(商)을 멸했으니 향후 남쪽과 북쪽의 만(滿)과 맥(貊)까지 평정해야겠다는 내용을 담고 있다. 이 두 내용을 참고해 보면, 이미 BC 11세기 이전부터 중국 북방엔 예와 맥이라는 북방 유목민이 존재했음을 알 수 있다(박준형 2001, 16-17).

따라서 예맥족으로 이루어진 조선의 기점은 기자조선보다 앞선다고 볼 수 있다. 기자조선은 주 건국 후 기자가 요하 지역 조선에 가서 수립했는데, 이미 예맥족은 그곳에 존재하고 있었고 그들이 단군신화처럼 요하 지역에서 함께 문명국가를 수립했다는 주장이 더

---

[6] 중국 사서에는 더럽다는 뜻의 濊는 더욱 비하칭인 穢와 薉로 대체해 사용하기도 하며, 짐승 같다는 뜻의 貊은 더욱 비하칭인 貉을 대신 사용하기도 한다. 어떤 한자를 사용하든 그 뜻은 비하의 의미를 담고 있다.

설득력 있기 때문이다. 중국 사서들이 『삼국유사』나 『제왕운기』의 단군신화가 전하는 바처럼 BC 2,333년 요하 지역에서 예족과 맥족이 결합해 단군조선을 세운 것에 대해서는 전하고 있지 않지만, 새로운 고고학적 유적과 유물들의 발견은 이를 뒷받침해 주는 근거가 되기에 충분하다. 다만 단군조선의 출발점이 BC 2,333년이라는 것에 대해서는 확언하기 어렵다. 하지만 상주(商周) 교체기 이전에 이미 예맥족의 국가가 요하 지역에 존재했고, 그 지배권이 BC 11세기 중국 상 왕조 출신의 기자에게 넘어갔으며, 그때 기존의 단군조선인들은 장당경을 비롯해 동쪽의 여러 지역으로 이주했다고 보는 것은 타당하다. 그리고 고조선의 역사는 단군조선 이후 기자조선과 위만조선 등으로 이어졌으며,[7] 장당경을 비롯해 여러 지역으로 흩어진 예맥족은 이후 만주 지역에서 부여와 고구려라는 국호를 달고 재등장하게 된 것이다.

---

7 혹자는 단군조선 유민들이 조양 동쪽에 있는 장당경 지역으로 옮겨가 예맥조선(濊貊朝鮮)을 건립했다고 주장한다. 하지만 예맥조선의 존재는 아직 널리 인정되고 있지 않기 때문에, 이 글에서는 고조선의 계보를 단군조선-기자조선-위만조선의 3단계로만 나누어 설명하고자 한다.

Ⅲ. 고구려와 삼한의 성격

1. 고구려

예맥족이 수립한 고대 문명국가는 고조선 외에도 부여(扶餘)와 고구려(高句麗)[8]가 있다. 『삼국유사』에는 부여의 건국 신화가 담겨있는데, BC 59년 천제(天帝)가 다섯 마리 용이 끄는 수레를 타고 내려와 도읍을 세우고 왕이라 칭하고는 국호를 북부여라 하고 자기 이름을 해모수(解慕漱)라 했다고 전한다. 하지만 중국 사서인 『사기』화식열전(貨殖列傳)은 연(燕)의 이웃인 부여의 존재를 알리고 있는데, 이는 부여가 BC 3세기에 이미 존재했다는 것을 뜻한다. 부여는 북만주 송화강 지역에서 예족 중심의 독자적인 국가를 형성했으며, 수렵과 어로 외에 농사를 짓는 반농반목(半農半牧)의 특성을 가졌다. 고조선이 멸망하자 예맥족 유민들이 이곳에도 유입되었으나, 고조선과의 직접적인 연관성은 작았다. 3세기엔 동호(東胡)계 유목민인 선비족의 침략으로 국력이 약해졌으며, 4세기 말 부여에서 분기한 또 다

---

[8] 고구려는 여러 중국 사서에서 고구려(高句麗) 외에 고구려(高句驪), 고려(高麗), 고려(高驪), 구려(句麗), 구려(句驪), 고이(高夷), 고리(稿離) 등으로 표기되어 있다. 이때 고구려는 구려에 미칭 고(高)를 덧붙인 것이며, 고려(高驪), 구려(句驪), 고이(高夷) 등은 비하칭을 포함하고 있다. 이는 중국인들이 고구려를 한편으로는 오랑캐로서만, 다른 한편으로는 오랑캐지만 대단한 존재로 인식했음을 보여준다.

른 예맥족 국가인 고구려에 패해 편입되었다.

예맥족을 대표하는 국가가 된 고구려는 고조선을 인지하고 계승하는 측면이 있었다. 예컨대 『삼국유사』의 단군조선에 관한 내용은 6세기 편찬된 『위서(魏書)』를 근거로 삼고 있는데, 이 『위서』에 적힌 내용이 고구려에서 전한 것으로 추정되기 때문이다. 또한 고고학적으로도 집안(集安)에서 발견된 각저총 벽화엔 곰과 호랑이가 나무 아래서 씨름을 구경하는 모습이 있으며, 장천1호분엔 웅녀처럼 보이는 여인의 모습이 그려져 있어서, 고구려가 고조선에 대해 잘 알고 있었다고 여겨진다(박찬홍 2011, 10-11). 요컨대 고구려는 요동과 한반도 서북부 고조선의 고토를 장악하면서 고조선에 대한 계승성을 갖고 있었다.

주지하다시피 고구려는 주몽(朱蒙)이 예족이 주를 이루던 부여에서 자라다가 금와왕의 아들들이 시기하자 BC 37년 자신의 무리를 데리고 남쪽으로 출자해 산과 숲이 우거진 졸본(卒本, 忽本, 桓仁)에 정착하면서 탄생했다. 주몽은 부여에 있을 때 목장에서 말을 기르는 일을 했으며 활의 명수였는데, 이는 그가 맥족의 후예라는 것을 보여준다. 그가 이끌던 무리는 졸본에서 맥족 중심의 계루부(桂婁部)를 형성했으며, 이어서 압록강 중류 유역 4개의 예족계 소국들은 각각 소노부(消奴部), 절노부(絶奴部), 순노부(順奴部), 관노부(灌奴部)로 편재되어 계루부와 함께 연합했다. 이로써 고구려는 주로 맥족이 지배층이며 예족이 기층민을 형성하는 예맥족 연맹체 국가로 탄생했으며, 2대 유리왕은 터가 넓은 국내성으로 도읍을 옮기고 세력을 점차 확대했다.

고구려가 성립된 지역은 전통적으로 정주민의 농경문화를 지향하는 한인(漢人) 세력과 이와 상반되는 유목민 문화권에 속한 선비(鮮卑), 유연(柔然), 돌궐(突厥), 거란(契丹), 말갈(靺鞨) 등이 교차하는 곳으로서, 부여와 마찬가지로 반농반목의 문화를 갖고 있었다(박경철 2003, 305). 하지만 국가의 성장과 영토 확장 과정에서 고구려는 유목민의 역동성이 더욱 강조되었다. 예컨대『삼국사기(三國史記)』엔 8년 유리왕이 부분노(扶芬奴)와 더불어 선비족을 격파하고 속국으로 삼은 일화가 있다. 원래 선비는 오환(烏桓)과 더불어 동호의 후예이며 당시 강력했던 흉노를 피해 동남쪽으로 내려왔는데, 이곳에 진주한 고구려와 충돌해 패한 것이다. 이후 선비는 고구려의 중요한 군사적 자원이 되었는데, 이는 고구려의 군사적 능력이 선비족보다 앞섰다는 것을 보여준다(서영교 2005, 308).

초기 고구려는 다른 유목민들과 연합전선을 구축하고, 요동, 남만주 및 한반도 북부에 설치된 한군현(漢郡縣)에 대한 약탈을 계획적으로 진행했다. 농경지가 척박하고 초원의 유목민처럼 목축할 수단이 부족한 상황에서, 고구려인들은 산과 숲속에서 수렵으로 단련된 사냥 능력을 군사력으로 전용해 약탈을 주업으로 삼았다.『삼국지(三國志)』동이전(東夷傳)엔 고구려는 호수(戶數)가 3만이며 큰 산과 깊은 골짜기가 많고 넓은 곳과 좋은 밭이 없어서 아무리 농사를 지어도 백성들이 구복(口腹)을 채울 수 없다고 기록되어 있다. 또한 고구려인들은 길을 걸을 때 모두 달음박질하듯이 빨리 가고 힘이 세며 전투에 능하다는 말과 성질이 흉악하고 급하며 약탈하기를 좋아한다는 말도 함께 적혀 있다(서영교 2005, 310-315).

이에 관해 몇 가지 예를 들자면, 먼저 48년 여름 고구려는 대홍수 때문에 20여 곳에서 대규모 산사태를 겪었는데, 이듬해 봄 선비족의 이종(異種)인 만리(滿離)와 함께 한나라의 북평, 어양, 상곡, 태원 지역을 약탈했으며, 121년 태조왕은 8,000명의 선비족과 함께 현도군과 요동군을 약탈해 큰 전과를 올렸다. 또한 146년 낙랑태수의 처자를 유괴해 한나라로부터 몸값을 받고 송환한 적도 있다. 그리하여 『후한서(後漢書)』고구려전(高句麗傳)엔 선비와 예맥(고구려)이 해마다 노략질하고 백성을 잡아가 그 수가 수천에 달하며, 귀환시킨 수는 겨우 10-100인에 지나지 않는다고 전한다(서영교 2005, 321-322).

3세기 접어들면서 고구려는 단순히 약탈을 일삼는 대신 다른 북방 유목민들과 마찬가지로 중국 영토를 직접 점령하기 시작했다. 한나라가 쇠퇴하고 중국이 '삼국시대' 및 '위진남북조시대'로 접어들면서 영토 획득의 기회가 생겼기 때문이다. 242년 동천왕은 중국과 한반도 서북부 낙랑군을 연결하는 서안평(西安平)을 직접 공격했으나, 곧바로 위(魏)나라 관구검(毌丘儉)의 반격으로 수도 환도산성이 함락당했다. 하지만 중국내륙이 더욱 혼란스러워진 311년 미천왕은 결국 서안평을 획득했고, 이어 313년 낙랑군을 격파하고 이듬해 대방군을 점령하면서 옛 고조선의 영토를 회복했다.

이를 바탕으로 국력이 신장한 고구려는 4세기 말 요동 지역을 직접 노렸다. 이 지역은 BC 4세기까지는 예맥족이 주로 거주하던 지역이었다. 하지만 전국시대 연(燕)나라가 요동군을 설치한 후엔, 해양과 육로로 이어진 지리적 특성 때문에 남쪽에서는 중국 한인, 북쪽에서는 동호계 유목민이 적지 않게 유입되었다. 중국은 원래 요동을 변방으로 인식했지만, 요동군이 설치되고 중국 내지로부터 적지 않은 한인이 이주하면서 곧바로 관심 대상이 되었다. 요동은 지리적으로 육로와 해로 모두 중국내륙 진출이 용이해 교역의 거점이 되었으며, 군사적으로 매우 중요한 위치를 차지했다. 또한 고대 전략자원인 철과 소금 등 자원이 풍부하고, 토양이 척박한 만주 지역에서 드물게 농경이 가능한 기후와 토질을 갖고 있어서, 경제적으로도 가치가 높았다(조영광 2018, 290-291).

이런 거점 지역인 요동에 고구려가 본격적으로 진출을 시도한 것은 고국양왕 때이다. 『삼국사기』에 의하면 385년 고구려가 군사 4만 명을 동원해 요동을 공격했다. 당시 중국 동북지역에는 후연과 북위가 다투고 있었는데 그 틈을 노린 것이다. 요동이 고구려 영토로 최종 편입된 것은 광개토왕 때이다. 이로써 고구려는 요동까지 차지한 동북아시아의 강대국이 되었고, 내부적으로도 소수림왕 이후 불교 공인과 율령 반포가 이루어지면서 중앙집권화되어 왕권이 크게 강화되었다. 이후 기존 귀족들과 국왕의 격차가 커져 귀족의 지위는 점차 낮아졌고, 예전 '제가적' 성격을 가진 귀족들은 '군신적' 성격을 가진 신하로 격하되었다(조영광 2008, 5-7).

광개토왕을 이은 장수왕은 강력해진 왕권을 바탕으로 427년 평양으로 천도하고 그 주변에 다수의 성을 쌓아 위성 방위체제를 갖추었다. 또한 장수왕은 한강 유역을 경략해 한반도 중심을 장악하고 남하정책을 계속했는데, 이후 고구려의 국가적 성격은 많이 달라졌다. 구체적으로 고구려는 예전 유목민적인 약탈국가의 성격을 버리고 남쪽의 비옥한 영토를 차지함으로써, 점차 농경국가로 전환하게 된 것이다(서영교 2005, 322). 또한 평양 천도와 남하정책은 결과적으로 북방의 방어를 소홀히 함으로써 중국의 동진을 촉진했고, 국가의 발생지인 북방 만주를 외면한 채 남방에 치중함으로써 결국 반도국가로 전락하는 계기가 되었다(신형식 2008, 19).

당시 고구려는 5개 권역으로 나뉘었는데, 수도 평양성을 중심으로 한 남부 지역, 요동성 일대 지역, 만주평원이 있는 부여성 지역, 고구려 발상지로 압록강 중류 삼림지대의 국내성 지역, 그리고 동부여가 있던 두만강 하류 일대 책성(柵城) 지역이 그것이다. 그런데 평양성으로의 천도는 국가 중심이 요동성과 국내성에서 남부의 평양성으로 옮겨졌다는 것을 의미하며, 이에 따라 요동성과 국내성 세력은 평양성 세력과 크게 반목했다. 결국 고구려가 멸망할 무렵 연개소문(淵蓋蘇文)의 장남 연남생(淵男生)이 근거지로 삼았던 국내성 세력은 불만을 품고 당나라에 지원을 요청해 고구려 멸망의 원인이 되기도 했다.[9]

고구려 멸망 후 당나라는 유민들의 저항을 분쇄하기 위해 20만 명의 중상류층 사람들을 요하 지역 영주(靈州)로 강제 이주시켰다. 이곳은 당에 흡수된 거란, 실위(室韋), 말갈, 돌궐, 고구려인들이 함께

---

[9] 666년 고구려의 권력자 연개소문이 죽고 아들들 간의 권력투쟁이 발발했을 때, 장남 연남생은 권력투쟁에서 밀려나 국내성을 근거지로 삼으며 당나라에 지원을 요청해 당군의 침략을 초래했다. 연개소문의 동생 연정토(淵淨土)는 평양성 남부에서 신라와 대치하고 있었는데, 자신이 지원한 연남생이 권력투쟁에서 밀려나자 12개의 성과 3,000여 명을 이끌고 신라에 귀부하였다.

혼재했는데, 거란 세력이 강해져 영주를 장악하자 대조영(大祚榮)을 중심으로 한 고구려 유민들은 동쪽으로 이주해 만주에 거주하던 말갈인과 함께 발해(渤海)를 건국하고 고구려를 계승했다. 만주의 말갈족은 원래 삼림 민족으로서 수렵을 통해 단련되어 과거 고구려군에 편입되었을 때 유격부대로 활약한 바 있는데, 부족의 특성상 여러 부족으로 나뉘어 통일된 세력을 형성하지 못했기 때문에 고구려 유민 세력에 흡수될 수 있었다. 당나라는 발해와 더 이상 충돌하지 않고, 요동 지역을 확보한 것에 만족했다(노태돈 1981, 16-17).

2. 삼한

우리와 연관하여 『삼국지』 동이전엔 부여, 고구려, 옥저, 예, 삼한 등에 관한 내용이 기록되어 있다. 삼한은 마한, 진한, 변한을 지칭하며, 한반도 중남부 지역에 존재하던 여러 정치체를 포함한다. 하지만 수당대(隋唐代) 중국인들은 고구려, 신라, 백제를 삼한으로 표기했으며, 신라인들도 삼국통일을 '삼한의 통일'로 표현했고, 고려와 조선시대에도 해외에서 삼한은 고려와 조선을 일컫는 대명사로 사용했다. 요컨대 삼한은 시대를 막론하고 우리를 가리키는 통칭이었다(이성규 2003, 122).

그 이유 중 하나는 『삼국지』 한전(韓傳)[10]에 기록된 내용 때문이다. 여기엔 조선후(朝鮮侯) 준(準)이 함부로 왕이라 일컫다가 연(燕)에서 망명한 위만에게 나라를 빼앗기자, 근신과 궁인을 이끌고 바다를 경유해 한지(韓地)로 건너가 스스로 한왕(韓王)이라 칭했으며, 한(韓)은 한(漢)나라 때 낙랑군에 소속되어 조알했다고 적혀 있다. 이 때문에 중국인들은 예전 기자가 봉해진 조선 땅을 점유한 고구려의 영역과 조선의 후예들이 건너간 한반도 중남부 영역을 모두 한(韓)의 영역으로 생각했다. 그리하여 중국인들은 삼국과 삼한의 구체적인 대응 관계를 설정하지 않은 채, 삼국을 통합한 단일 개념으로 삼한이라 지칭한 것이다(문창로 2017, 165). 우리 경우에서도 마찬가지다. 고려시대 이승휴는 『제왕운기』에서 삼국의 전 단계인 삼한이 모두 조선(단군, 기자, 위만)에 뿌리가 있다는 상고사 체계를 세우고 삼국을 삼한과 동일시했으며, 오늘날 학자들도 신채호의 민족사관을 따라 대체로 한(韓)을 고조선 구성의 일부로 인정하고 있다(이성규 2003, 125).

그런데 중국인들은 삼한을 같은 성격을 지닌 정치체로 보지는 않았다. 『삼국지』 동이전엔 삼한을 한의 3종이라 말하지만, 그들의 관계를 부여와 고구려 혹은 고구려와 소수맥(小水貊)[11]처럼 강한 친족 관계를 뜻하는 '별종'으로는 표기하지 않았는데, 이는 삼한을 한 종족에서 분파한 것으로 보지 않았다는 뜻이다. 또 마한에 대한 설명 없이 진한과 변한만 기술하고 있는데, 진한은 '진국의 후신(古之辰國)'이며 진한인은 원래 진(秦) 말 요역을 피해 마한으로 망명해 온 중

---

10 삼한에 대해서는 『삼국지』 위서(魏書) 동이전과 한전에 그 내용이 전한다. 동이전엔 부여, 고구려, 옥저와 함께 삼한(마한, 진한, 변한)에 대해 기록하고 있으며, 한전은 특히 마한과 변한을 포함한 진한에 대해 언급하고 있다. 따라서 한전은 동이전의 한 부분이라고도 볼 수 있다.
11 부여에서 출자한 주몽이 처음 온 혼강(渾江) 유역의 맥족.

국인이라고 말한다. 이들은 마한이 동쪽 땅을 분할해줘 진한 지역에 살게 되었다고 하면서, 언어도 마한과 달리 진인(秦人)과 비슷해 진한(秦韓)이라 부르기도 한다는 것이다. 또 변한 12국을 진한 12국과 함께 나열한 후, 양자의 의복과 거처가 같고 언어와 법속이 비슷하다고 말한다. 결국 『삼국지』 동이전은 진한과 변한이 중국인 이주집단이라고 전하면서, 그들의 문화가 토착민인 마한보다 앞섰다고 강조한다(이성규 2003, 125-126).

한편 『삼국지』 한전은 삼한지역에는 마한 50여 국, 진한 12국, 변한 12국 등 모두 70여 국이 산재해 있다면서 구체적인 국명도 나열한다. 또한 2세기 후반 후한(後漢) 환제(桓帝)와 영제(靈帝) 때 한(韓)과 예(濊)의 세력이 강성해 군현을 통제하지 못하니, 군현의 많은 백성이 한국(韓國) 즉 삼한지역으로 유입되었다고 적고 있다. 사실 BC 3세기 중국에서 진한(秦漢) 교체로 생긴 파동은 위만 세력의 유입에 따라 고조선의 변화 및 이와 연관된 삼한의 변동도 가져왔다. 위만 세력의 유입, 준왕 세력의 한지(韓地)로의 남하, 『위략』에 등장하는 위만조선 말기 조선상(朝鮮相) 역계경(歷谿卿)[12] 세력의 진국(辰國)[13]으로의 망명, 그리고 한사군 설치에 따른 고조선계 유민들의 남하 등으로 인해 삼한의 성격도 변했다는 것이다(문창로 2017, 170-173).

---

12   역계경은 우거왕에게 간했지만 받아들여지지 않자 2,000여 호를 이끌고 진국으로 망명한 위만조선의 고위 인사이다.
13   진국(辰國)은 삼한이라는 각 부족 연맹체가 존재하기 이전 한반도 중남부에 존재했던 부족 연맹체를 일컫는다.

그런데 여기서 주목할 만한 것은 삼한의 한(韓)이나 진국의 진(辰) 모두 한자의 미칭(美稱)이라는 점이다. 이처럼 중국이 주변 민족을 유수의 국명으로 표기한 것은 매우 이례적이다. 대개 오랑캐로 여길 때는 비하칭이나 두 글자를 사용하는데, 우리 경우 한 글자의 미칭을 사용한 것은 중국과의 연관성을 강조한 것으로 볼 수 있다. 한자의 의미상 진(辰)은 신(晨) 및 조(朝)와 통하며, 조선은 아침의 소산(小山)을 뜻하고 진국은 동쪽 아침의 나라를 의미한다. 따라서 진국은 조선을 잇는 아침의 나라를 연상시킨다. 그리고 중국인들은 조선을 주 무왕이 봉한 상 왕족 기자가 개국한 것으로 생각하는데, 따라서 조선인들이 이주한 진국이나 진한 지역 역시 기자의 후예라고 볼 수 있으며, 진(辰)은 상과 연관된 변방 종족이라는 뜻을 내포한다. 또한 한반도 중남부의 한(韓) 역시 한(漢)나라가 위만조선을 정벌한 후 그 남방에 존재하던 진국이라는 명칭과의 연속성을 고려해 상에서 유래한 중국계임을 강조하기 위해 사용된 것이라고 볼 수 있다(이성규 2003, 132-134).

사실 우리 고대사에서 가장 중요한 사건은 고조선이 한나라에 패해 한사군이 설치된 일이다. 이때 우리 민족인 예, 맥, 한의 대이동이 있었으며, 중국이 한반도에 직접적인 영향을 끼치기 시작했다. 특히 BC 108년부터 313년까지 400여 년 존속했던 낙랑군은 한반도 서북부를 차지하고 북방의 예맥족 국가인 부여 및 고구려와 남방 삼한지역의 국가들 사이에서 양쪽 모두에 커다란 영향력을 행사했다. 낙랑군은 한반도의 군사적·경제적 요충지였으며, 중국과의 교역을 통해 풍부한 물산과 선진문화의 유입이 가능했다. 후에 고구려는 이

지역을 차지함으로써 요동으로 나아가 강대국으로 성장할 수 있었고, 삼한은 낙랑군과 대립하기보다는 교류를 통해 우호적인 관계를 유지하면서 발전을 도모했다.

그런데 마한 지역의 강국으로 등장한 백제는 3세기경 북방에서 이주한 부여계 세력이 권력을 획득하면서 낙랑과 대방군 지역을 놓고 고구려와 대결을 시작한다. 원래 백제는 한강 유역에서 마한을 구성하는 54국 중 하나인 백제국(伯濟國)으로 출발했다.『삼국사기』엔 백제 시조의 설화를 모두 북방에서 온 예맥족 온조, 비류, 구태로 나누어 설명하고 있다. 그런데 중국 문헌이나 고고학적 증거를 보면, 3세기 중반까지 백제 중심지인 한강 중류 지역에 북방문화의 영향으로 성장한 정치세력을 찾기 힘들며, 오히려 토착 세력과 문화가 성장했음을 보여준다. 다만 한강과 임진강 중류 유역에 2세기 후반부터 4세기 전반에 조영된 적석총들이 존재하는데, 이때부터 부여와 고구려계 세력이 들어와 백제를 장악한 것으로 보인다(조영광 2017, 172-173).

특히 3세기 후반 중국 동북방에서 모용 선비가 득세해 북중국뿐만 아니라 만주, 한반도 일대를 모두 혼란에 빠트렸는데, 이때 부여와 고구려가 큰 타격을 입은 적이 있다. 모용외(慕容廆)는 285년 부여를 침공해 왕이 자살하고 왕족들이 옥저까지 도망가는 치명적 타격을 입혔으며, 296년 고구려를 침공해 수도에 육박하며 서천왕릉까지 파헤쳤으나 고노자(高奴子)의 활약 덕분에 겨우 물리친 적도 있다. 반면 백제는 3세기 중후반 새로운 세력의 지원으로 왕위에 오른 고이왕이 북방 한군현 세력에 대해 공격을 시작했다. 또한 4세기 후반 부여 이주민 출신인 근초고왕은 부여씨(扶餘氏)를 왕성(王姓)으로 공식화하고, 남쪽과 북쪽 모두를 향해 정복전쟁을 진행했다(조영광 2017, 182-183). 특히 그는 유목민처럼 직접 전쟁을 진두지휘했는데, 남으로는 마한 연맹체를 정복해 통일하고, 북으로는 고구려의 평양성을 공격해 고국원왕을 살해하며 군사적 능력을 유감없이 발휘했다.

이상에서 본 것처럼, 삼한지역은 원래 농경민인 토착민들이 기층을 이루었지만, 처음엔 고조선의 예맥족 유민들이 유입되고, 그 후 진한과 변한 지역엔 기자조선과 위만조선의 유민들 그리고 마한 백제 지역엔 부여의 유민들이 들어왔다. 그리고 고구려가 낙랑군과 대방군을 물리치고 한반도 서북부를 차지함으로써, 삼한지역은 예맥족 고구려와 교류 및 충돌을 통해 점차 예와 맥, 그리고 한이 섞이는 계기가 되었다. 그리하여 삼국시대 우리 민족은 유목민인 예와 맥이 농경민인 한과 합쳐졌으며, 셋으로 나뉜 영토를 통일만 한다면 중국처럼 농목융합적인 강대국을 건설할 수 있었던 것이다.

IV. 고려와 조선의 태도

1. 고려

결국 삼국을 통일한 것은 진한 지역의 맹주 신라(新羅)였다. 『삼국사기』와 『삼국유사』엔 경주 지역 토착민과 고조선계 유민들이 연합해 신라의 모태인 사로국(斯盧國)을 수립했는데, 4세기 후반 내물왕 때 활발한 정복활동을 통해 낙동강 동쪽 진한 지역을 거의 차지하고, 중앙집권화와 김씨(金氏)의 왕위계승권을 확립했다고 전한다. 그러나 왜로부터 계속 침입을 당하자, 400년 고구려 광개토왕이 군사를 보내 도와주고 내정을 간섭하기 시작했다. 이후 신라는 백제와 동맹을 맺고 고구려의 간섭에서 벗어났으며, 6세기엔 변한 지역 가야(伽倻) 연맹체들을 복속하고 한강 유역에 진출해 중국에 최단으로 갈 수 있는 통로를 확보했다. 결국 당과 연합한 신라는 백제와 고구려를 무너뜨리고 삼국을 통일했다.

그러나 아쉽게도 통일신라가 확보한 국경선은 한반도 중북부의 평양-원산 선이었다. 특히 고조선과 낙랑군, 고구려의 중심이었던 평양성은 황폐하게 버려졌다. 통일신라는 당나라와 교역하면서 나름 발전했지만, 예전처럼 한반도 서북부와 요동 등 예맥족이 활동하던 지역은 경계 밖에서 지켜볼 뿐이었다. 다행히 698년 고구려 유민들이 말갈과 연합해 발해를 건국함으로써 예맥족의 명맥은 이어갔다.

통일신라는 삼한의 정통성을 계승하고 옛 한반도 중북부 고구려 땅에 남은 유민들을 받아들였으나, 골품제를 비롯해 신분제가 엄격한 신라에서 그들은 신라인으로 편입되지 못하고 겉돌았다. 그리고 통일신라 자체도 고구려와 백제를 포함하는 통일국가로서의 위상 즉 옛 예맥족의 땅인 한반도 서북부와 요동을 취하여 진정한 삼국을 통일한 국가가 되려는 욕심이 없었다. 이는 수도를 서라벌(徐羅伐)에 그대로 둔 것으로도 알 수 있다. 즉 신라는 단지 좁은 의미의 삼한 즉 한반도 중남부 지역의 마한, 진한, 변한을 합친 삼한의 국가에 만족했지, 넓은 의미의 삼한 즉 고구려, 백제, 신라를 포함하는 예, 맥, 한의 한민족 통일국가를 지향한 것은 아니었다.

진정한 통일국가에 대한 열망은 통일신라가 쇠퇴하고, '후삼국 시대'가 도래하면서 발생한다. 9세기 말부터 통일신라는 골품제가 무너지고 지방 호족들이 반란을 일으켜 각지에서 군웅이 할거했다. 900년 옛 백제 영토인 완산주(完山州)에서 견훤(甄萱)이 왕을 선포하고 후백제(後百濟)를 건국했으며, 이듬해 송악(松嶽)에선 궁예(弓裔)가 고려(高麗, 후고구려)를 세웠다. 신라 귀족 출신인 궁예가 고려라는 국호를 사용한 이유는 자기 세력 중심지인 서해도 패서(浿西) 지역이 옛 고구려 땅이기 때문이다. 옛 백제와 고구려 지역에서 발생한 호족 반란들은 후백제와 후고구려 부흥을 명분으로 내세웠는데, 이는 그때까지도 과거 삼국인들이 하나의 통일신라인으로 융합되지 못하고 지역별로 옛 정서를 간직한 채 따로 존재했기 때문이다(박한설 2007, 465).

그런데 궁예는 도읍을 철원(鐵原)으로 옮기며 국호를 처음엔 마진(摩震), 후엔 태봉(泰封)으로 바꾸었는데, 이는 고구려 계승의식을 포기하는 것처럼 보였다. 따라서 이에 불만을 품은 서해도인들은 궁예를 쫓아내고 송악 출신 왕건(王建)을 왕위에 올리고 국호도 다시 고려로 환원했다. 『고려사(高麗史)』에서는 왕건의 선조가 고구려계라고 설명한다. 먼저 왕건과 부친 용건(龍建), 조부 작제건(作帝建), 증조부 이제건(伊帝健)의 건이 모두 이름이 아니고 거서간, 마립간, 각간과 같은 존칭이며, 시조인 6대조 호경(虎景)은 백두산 부근에서 옮겨온 고구려계 인물로 발해에서 신라로 건너왔다고 설명한다(박한설

2007, 465).

왕건은 즉위 후 국호 회복과 같은 맥락에서 초기의 궁예처럼 고구려 지향성을 계승하는 정책을 도모했는데, 그 대표적 사례가 옛 고구려 수도인 평양을 복구하는 것이었다. 고구려 멸망 후 중심지였던 평양 지역은 신라의 직접적인 지배권에 속하지 않고 버려진 채, 지방 호족들이 점유하고 있었다. 다만 『삼국사기』에 따르면, 궁예의 고려 초기 평양성 주장군 금용(黔用)이 고려에 내항하면서부터 고려의 지배권에 포함되었다. 또 『고려사』엔 왕건이 고도인 평양이 황폐한 지 오래되고 번인(蕃人)이 침략해 피해가 크다고 탄식하면서, 백성을 이주시켜 번병(邊兵)을 튼튼히 하고 동생 왕식렴(王式廉)과 광평시랑 열평(列評)에게 지키게 했다고 전한다(윤경진 2014, 153).

한 걸음 더 나아가 왕건은 평양을 아예 두 도읍 중 하나인 서경(西京)이라 칭했으며, 신라가 황룡사 9층탑을 건립해 통일을 달성한 것처럼 서경에 중흥사를 건설하고 9층탑을 세워 고구려의 계승자로서 진정한 통일을 이루겠다는 의지를 표명했다. 또한 그는 서경에 고구려 시조 주몽을 기리는 동명성제사(東明聖帝祠)와 묘(廟)를 건립하고 이곳에 자주 행차해 몸소 제사를 지냈다. 심지어 중국 왕조의 책봉을 받는 문서에서도 고려 국왕을 '주몽의 후계자'로 명시하기도 했다(윤경진 2014, 155-159).

고려의 고구려 계승의식은 고려거란전쟁의 상대국인 거란으로부터 인정받기도 했다. 993년 '1차 고려거란전쟁'이 발생해 소손녕(蕭遜寧)이 이끄는 거란군이 침략해 왔을 때, 고려는 전투가 소강 국면이 되자 서희(徐熙)를 보내 외교적으로 접근했다. 이때 소손녕은 고려는 신라 땅에서 일어났고 거란은 고구려 땅에서 일어났으니 옛 고구려 영토는 자기네 것이라고 주장하자, 서희는 고려가 계승한 것은 신라가 아니라 고구려이며 따라서 압록강 유역은 고려 땅이라고 반박했다. 결국 양국이 교섭한 결과 거란은 압록강 서쪽에 5개 성곽을 쌓고 고려는 압록강 동쪽 280여 리에 성곽을 쌓는 것으로 타협했는데, 이로써 고려는 압록강 남쪽 강동 6주를 획득했다. 원래 고려는 984년 압록강 유역에 관성(關城)을 설치하려다 여진의 반발로 실패한 적이 있고, 991년 압록강 밖의 여진족을 백두산 밖으로 축출한 적이 있는데, 이러한 고려의 고구려 계승의식은 단순히 정신적인 것만 아니라 영토회복이라는 현실적 문제이기도 했다(신안식 2018, 211).

거란과의 전쟁이 끝나고 고려장성(천리장성)을 완성한 고려는 국경에 특수 행정구역인 북계와 동계 등 양계(兩界)를 두어 군사와 행정을 총괄하고 거란 및 여진과의 대결 구도를 이어갔다. 거란은 당시 황제국을 자칭할 정도의 강국으로서 고려거란전쟁 이후 중국을 도모하고 있었고, 상대적으로 약한 여진은 국경지대에서 침범을 반복했다. 고려는 윤관(尹瓘)이 동북 9성을 쌓은 후엔 여진을 군사적으로 정복하지는 않았지만, 그들의 귀부를 허용하고 관작을 수여하거나 기미주(羈縻州)를 설치해 간접적으로 지배하면서 일종의 번(蕃)으로 삼았다. 예컨대 북방 여진족은 서여진과 동여진으로 나뉘었는데, 고려는 이를 서번(西蕃)과 동번(東蕃)으로 불렀던 것이다(신안식 2018, 229).

하지만 후기로 접어들어 고려가 북방의 강력한 유목민족인 몽골에 점령당하면서부터, 고구려 지향성은 더 이상의 진전 없이 명목상으로만 존재했다. 아마도 유목제국 원(元)의 부마국(駙馬國)이 되었다는 것에 만족하거나, 혹은 충선왕이 원나라 체류 중 무종의 황제 즉위를 도와 공을 세운 대가로 받은 심양왕(瀋陽王)이라는 직책으로 대리만족했을 수도 있다. 심양왕은 심양을 포함한 요동, 요양, 압록강 지방에 사는 고려인과 여진족들을 통제하고 다스리는 직책인데, 이곳은 옛 고구려의 요동성과 국내성 세력들이 활동하던 지역에 해당한다.

2. 조선

원명교체기에 건국된 조선은 자신을 고조선-삼한-삼국-고려에서 이어지는 국가로 인식했다. 그런데 고조선에 대하여 조선은 공식적으로는 중국에서 건너온 기자의 조선을 그 출발점으로 삼았으며, 이전 다른 국가들은 폄하하고 자신만을 중화문명에서 세례받은 국가로 차별화했다. 건국의 일등 공신이자 국정 설계자인 정도전(鄭道傳)은 조선의 문명적 근원을 예맥족이 세운 단군조선이 아니라 중국에서 건너온 기자조선에 두었는데, 그에게 조선의 건국은 단순히 새 왕조의 등장에 그치는 것이 아니라 기자의 홍범(洪範)의 학(學)과 팔조(八條)의 교(敎)가 부활한 사건이며, 공자가 꿈꾸던 동주(東周)의 현실화를 의미했다. 『조선경국전(朝鮮經國典)』 국호(國號)에서 정도전은 다음과 같이 말한다.

박씨, 석씨, 김씨는 서로 이어 신라라고 일컬었으며, 온조는 앞서 백제라 칭하였고, 견훤은 뒤에 백제라 칭했다. 또 고주몽은 고구려라 칭했고, 궁예는 후고구려라 칭했으며, 왕씨는 궁예를 대신해 고려라는 국호를 그대로 승습했다. 그러나 이들은 모두 한 지방을 몰래 차지한 채 중국의 명령을 받지 않고 스스로 명호를 세우고 서로 쟁탈만을 일삼았으니, 비록 칭호가 있어도 취할 게 무엇이 있겠는가?

그러나 실제적 측면에서 초기 조선은 고려의 고조선과 고구려 계승성을 이어갔다. 예컨대 태종대 의정부가 왕에게 불교의 폐단을 시정하자고 제안하면서, "우리 동방은 단군 기자가 모두 그 역년이 일천 년이나 되었지만, 당시엔 불법(佛法)이 없었다"[14]고 말하는데, 이는 우리의 출발점이 단군조선을 거쳐 기자조선으로 이어졌음을 뜻하는 것이다. 또한 세종 자신은 제사들의 전례를 정리하면서 이미 있던 단군과 기자의 묘제(廟祭)를 정비하고, 동명왕을 비롯해 삼국시조의 묘를 세워 제사를 지냈다(한명기 2006, 344). 이때 예조판서 허조(許稠)가 조선의 전장과 문물이 신라의 제도를 계승했기 때문에 신라의 시조 박혁거세만 제사를 지내자고 주장했는데, 세종은 삼국의 형세가 서로 균등히 정립해 막상막하였던 점을 강조하면서 신라 시조만 제사를 지내자는 허조의 주장을 묵살했다.[15]

세종보다 더 고구려에 대해 깊은 관심과 열성을 보인 왕은 세조였다. 그는 동명왕의 사당을 정비하는데 각별한 관심을 보이고 그

---

14 『태종실록(太宗實錄)』, 5年 11月 癸丑.
15 『세종실록(世宗實錄)』, 9年 8月 丙子.

곳에 행차해 몸소 제사를 지냈으며, 제관들이 입는 복식을 중앙에서 직접 제작해 내려보내면서 고구려를 계승하겠다는 의지를 강력히 표현했다(한명기 2006, 344-345). 또한 세조의 측근인 양성지(梁誠之)는 "본조의 성업이 곧 단군, 기자, 삼국 그리고 고려와 더불어"[16]라고 말하면서, 조선이 단군조선을 그 출발점으로 삼고 있다는 것을 명확히 했다. 그는 또한 고구려를 동경하면서, "우리가 중국과는 다르고 요금(遙金)과는 마찬가지이기 때문에, 교천(郊天)과 향제(饗祭)를 하는 대신 춘추(春秋)에 몸소 교외(郊外)에 거동해 활쏘기대회인 대사례(大射禮)를 하고 무위(武威)를 떨쳐야 한다"[17]고 주장했다(정진헌 2004, 598).

그런데 조선의 지배층이 고구려가 강국이었음을 강조할 때 그 요인은 주로 군사력과 영토에 관한 문제였다. 양성지는 조선이 고구려를 계승한 국가라는 사실을 염두에 두면서 '만리(萬里)의 대국'이라 자부하며, 고구려 때와 마찬가지로 압록강에서 요하 일대에 거주하는 사람을 자국인으로 인식했다. 특히 그는 고구려의 수성법을 칭찬하면서 안시성 전투 때 당군을 막기 위해 15만 명이나 동원한 일에 감탄하고, 정병이 얼마 안 되는 조선의 현실을 개탄하며 군비를 늘리기 위해 군적에서 빠지는 자를 줄여야 한다고 주장했다(한명기 2006, 340-341). 또한 성종대 호조참판을 지낸 채수(蔡壽)는 "요동 봉황산 일대 요충지 동팔참(東八站)은 예전엔 평안도 이주민이 많은 곳으로서 평안도보다 땅이 비옥하고 넓은데, 지금은 중국인이나 조선인들이

---

16 『세조실록(世祖實錄)』, 1年 7月 戊寅.
17 『세조실록(世祖實錄)』, 2年 3月 丁酉.

도둑이 두려워 이주하지 않아 빈 곳이 많이 있기 때문에 특별히 관심을 두어야 한다"[18]고 말했다(정진헌 2004, 607).

당시 중국인들도 조선을 고구려의 연장선상에서 보고 있었다. 비록 조선이 기자조선으로부터 기원한다고 생각했지만, 수당과 맞섰던 옛 고구려에 대한 기억은 조선에 대한 경계심을 높였다. 명의 홍무제도 조선이 옛날 수당 시절부터 중국과 투쟁했던 사실, 고구려가 요동을 차지해 중국을 위협했던 사실 등을 거론하면서, 그 후계자인 조선이 예전 고구려처럼 요동에 야심을 품지 않을까 우려하며 조선의 군사력에 대해 늘 경계했다(한명기 2006, 347).

하지만 임진왜란을 계기로 중국의 조선에 대한 인식이 변한다. 조선을 고구려의 후예로 인식했던 명나라는 강국 조선이 일본에 형편없게 밀려 수세에 처하게 된 현실을 이해하지 못하면서 그 원인을 깊이 분석했다. 1593년 명에 도움을 요청한 선조를 만난 명의 병부원외랑(兵部 員外郞) 유황상(劉黃裳)은 "조선이 원래 고구려 때부터 강국이었는데, 조선에 접어들어 사서(士庶)들이 농사와 독서에만 치중해 일본의 침략을 초래했다"[19]고 평가했다. 즉 조선이 무비(武備)를 방기하고 문약(文弱)에 빠진 것이 전쟁을 불러온 원인이라는 것이다(한명기 2006, 349).

임진왜란과 병자호란을 겪으면서 조선은 고구려의 군사력을 더욱 부러워하게 되었다. 특히 왜란 당시 도체찰사(都體察使)로 전쟁을

---

18 『성종실록(成宗實錄)』, 13년 10월 庚寅.
19 『선조실록(宣祖實錄)』, 26년 6월 戊子.

지휘했던 유성룡(柳成龍)은 왕에게 올린 계사(啓辭)에서 삼국 중 하나에 불과한 고구려가 수당과 맞설 수 있었던 것은 성(城)마다 수만의 병력을 보유하고, 안시성 전투처럼 한번에 15만 명의 구원대를 구성할 수 있었기 때문이라고 지적하고, 왜란에서 조선은 겨우 1만여 명밖에 동원할 수 없다며 통탄했다.[20] 또한 인조반정 직후 심광세(沈光世)는 여진족 누르하치의 세력이 왜란 당시 일본보다 더 위협적이라고 생각하고 가장 시급한 과제로 군정을 개혁해 고구려처럼 강한 군대를 육성해야 한다고 주장하자, 인조도 이에 동조하면서 군사력 강화를 꾀했다(한명기 2006, 354-355).

하지만 1506년 중종반정 이후 성리학적 유교가 사회 전반에 뿌리를 내리고 왜란의 위기도 명나라의 도움으로 해결되자, 조선 후기에 이르러 조선의 지도층은 강국 고구려에 대한 장점보다 그 단점들을 강조하기 시작했다. 유성룡과 함께 도체찰사였던 이원익(李元翼)은 인조의 고구려에 대한 태도를 못마땅해하면서 고구려가 군사력은 강했지만 의롭지 못해 본받을 수 없다며 비판적인 태도를 보였고, 왜란 때 의병장인 오운(吳澐)도 고구려가 강대한 나라지만 신라가 통일을 이룬 것은 유교적 가치에 기반한 왕도정치 때문이라면서 고구려보다 신라를 더 높이 평가했다(한영우 1989, 22-36).

또한 호란 후 북벌론이 추진되고 있을 때 청남(淸南)[21]의 영수 허

---

20   유성룡,『서애집(西厓集)』, 卷 8.
21   현종대 1674년 2차 예송논쟁으로 정권을 잡은 남인이 강경파와 온건파로 갈라지는데, 이때 강경파는 청남 온건파는 탁남(濁南)이라 불렸다.

목(許穆)은 고구려의 풍속이 억세고 사나우며 싸움을 잘해 나라를 세웠다고 지적하면서, 비록 강대해 700년을 유지했지만 결국 강포했기 때문에 신라보다 먼저 망했다고 강조했다. 소론 영수 남구만(南九萬) 역시 고구려가 요하 일대를 전부 차지한 강대국이었지만 말년에 군신이 모두 도를 잃음으로써 수당에 밀려 수세에 처하고 끝내는 나라가 망해 백성이 유랑하는 고통을 겪었다고 비판했다(한명기 2006, 359).

이상에서 본 바와 같이, 조선은 초기엔 고구려의 강한 군사력과 방대한 영토를 동경하면서 고조선과 고구려 계승성을 지향했지만, 후기엔 성리학적 유교의 가치관이 지배층 사회에 팽배해 중국을 닮고자 하는 모화사상(慕華思想)과 또 하나의 작은 중국을 추구하는 소중화 의식이 만연하면서, 고구려의 군사력조차 부러워하지 않고 무시해 버렸다. 그 결과 조선은 예맥족의 기상과 역동성을 잃어버린 채, 농사와 독서에만 치중하는 유교적 농경문화에 매몰되어 버렸다.

V. 결론

이상의 논의를 종합하면 다음과 같다. 먼저 우리의 출발점인 고조선은 요하 지역에서 북방문명적 특성을 가진 요하문명을 바탕으로 수렵 및 어로와 농경을 하는 반농반목의 예맥족이 건국했으며, 이후 중국 때문에 기자조선과 위만조선으로 변화하고 한반도 서북부로 이동했다. 둘째, 고조선 멸망 후 유민들은 다른 예맥족 국가인 부여와 고구려로 유입되거나, 한반도 중남부 삼한 지역 특히 진한과 변한 지역으로 흘러 들어갔다. 셋째, 고구려는 예맥족의 맹주가 되어 한반도 서북부의 중국 세력인 낙랑군과 대방군을 몰아내고 고조선의 고토인 요동까지 차지해 고조선을 계승했으나, 5세기 남하정책 이후 농경문화의 영향을 받고 북방을 등한시했다. 넷째, 한반도 중남부에는 자체 농경문화를 일군 삼한이 존재했는데, 북쪽에서 유입된 예맥족과 섞이며 백제와 신라 같은 중앙집권화된 고대국가로 발전했다. 다섯째, 삼국 중 신라가 중국 세력과 연합해 삼국을 통일했지만, 영토적으로나 정신적으로 요동과 평양 이북 고구려 고토에 대한 열망 없이 삼한의 통일에 만족했다. 여섯째, '후삼국시대' 고조선과 고구려 계승성을 내세운 고려가 재통일을 완수하고 압록강 유역까지 진출했으나, 강력한 유목민족인 몽골의 침략 이후 북방진출에 대한 열망을 멈췄다. 일곱째, 조선은 건국 후 공식적으로는 단군조선 대신 기자조선을 출발점으로 삼고 중국을 바라보았지만, 초기 왕들과 지도층은 고조선과 고구려 계승성을 인지했다. 하지만 중종반정과 양란 후 조선 지배층은 점점 농경문화와 성리학적 유교에 매몰되어 고조선을 망각하고 고구려를 비판하면서 한국인의 유목적 성격을 잃어버렸다. 결국 한국인은 예, 맥, 한이 합쳐져 중국 호한체제처럼 농목융합적 강국이 될 수 있는 조건이 있었으나, 삼국통일을 이룬 신라는 삼한의 통일에 만족했고, 조선은 점차 고조선과 고구려 계승성을 잃어버리고 농경사회가 주는 안정감과 질서에만 안주함으로써 19세기 서세동점과 일제 침략 시기에 적절히 대응하지 못했다.

원래 농경민의 생활은 유목민의 그것보다 발전된 형태였다. 초원지대와 사막지대의 척박한 자연환경 속에서 유목민들은 생존을 위해 목초지를 따라 이동하면서 간간이 교환으로 얻은 농경민들의 물산을 보충해 삶을 연명했다. 반면 농경민들은 정착지에서 성실한 노력과 치밀한 관개수리를 통해 농경지를 일구고 점차 잉여생산을 늘려가면서 미래를 대비할 수 있게 되었다. 두 삶을 비교해 보면, 유목민은 고통스러운 삶의 연속이었으며 농경민도 쉼 없이 일하며 고생스러웠지만 상대적으로 안정적인 삶을 살았다.

더욱이 유목민은 대 가뭄이 오거나 초원에 불이 발생해 목초지를 모두 잃어버릴 때도 있었으며, 추운 겨울엔 한파와 눈의 피해로 인해 동족 집단이 통째로 사라지는 공포를 겪기도 했다. 따라서 유목민은 항상 결핍과 공포 속에 살면서, 강인하고 모험적이며 때로는 공격적인 성향을 띠게 되었다. 요컨대 유목민의 삶은 끊임없는 결핍 속에서 위험과 공포를 무릎 쓰고 인내와 용기를 바탕으로 죽음도 불사하는 모험적인 행동으로 점철된 것이었다. 이 과정에서 유목민은 단순히 혈연이나 지연에 연연하거나, 어떤 사정을 봐줄 만한 여지를 줄 수 없었다. 유목민은 연고주의(緣故主義) 대신 치열한 경쟁과 능력 위주의 실력주의(實力主義)에 근거했는데, 그 실력은 단순히 힘과 공격성뿐만 아니라 수렵과 정복에 필수적인 계획성, 내구력, 민감성, 순간의 판단력, 결단성 등을 포함했다(杉山正明 1999, 30-32).

따라서 유목민은 단순히 약탈과 침략만 일삼고 교양과 학문을 모르는 오랑캐로만 치부될 야만적인 존재가 아니다. 그들의 삶은 인류 삶의 한 형식으로 그것만의 장점이 있으며, 이 장점은 대외적으로 국방과 통상이 강조되는 현대 국가 운영에도 필수적인 요소다. 우리는 한민족의 출발점부터 이런 유목적 성격을 갖고 있었으며, 고조선과 고구려의 역사는 이런 특징들을 잘 보여준다. 하지만 중화문명의 영향으로 유교적 농경사회를 지향한 근세의 조선은 우리의 유목적 전통을 잃어버리고 농사와 독서에만 치중했다. 그 결과 상업주의와 군사주의에 대한 무지, 상인과 군인에 대한 무시 속에서 너무나도 양반주의적인, 즉 너무나도 이론과 도덕, 체면과 허세에 치우친 문약한 국가가 되어 망국의 수치를 경험하게 되었다. 오늘날 광복으로 되찾은 국가를 유지하고 강한 국가로 탈바꿈하기 위해서는 우리의 유목민적 특성을 다시 상기할 필요가 있다.

참고문헌

『고려사(高麗史)』.

『묵자(墨子)』.

『사기(史記)』.

『삼국사기(三國史記)』.

『삼국유사(三國遺事)』.

『삼국지(三國志)』.

『서애집(西厓集)』.

『선조실록(宣祖實錄)』.

『성종실록(成宗實錄)』.

『세조실록(世祖實錄)』.

『세종실록(世宗實錄)』.

『위략(魏略)』.

『위서(魏書)』.

『일주서(逸周書)』.

『제왕운기(帝王韻紀)』.

『조선경국전(朝鮮經國典)』.

『태종실록(太宗實錄)』.

『한서(漢書)』.

『후한서(後漢書)』.

김채수. 2012. "요하문명과 고조선의 실체." 『일본연구』 18집, 305-337.

김호동. 2010. 『몽골제국과 세계사의 탄생』. 파주: 돌베개.

노태돈. 1981. "발해건국의 배경." 『대구사학』 19집, 1-29.

문창로. 2017. "『삼국지』 한전의 '삼한' 인식." 『동북아역사논총』 55호, 153-196.

박경철. 2003. "고구려 이종족 지배의 실상." 『한국사학보』 15호, 283-320.

박준형. 2001. "'예맥'의 형성과정과 고조선." 『학림』 22집, 1-40.

박찬홍. 2011. "고조선·부여·고구려의 역사적 계승관계 연구." 『사총』 74호, 1-23.

박한설. 2007. "고려의 고구려 계승성." 『고구려연구』 29집, 459-476.

서영교. 2005. "고구려의 수렵습속과 대유목민 관계: AD 1-2세기 선비족과의 관계를 중심으로." 『고구려발해연구』 21집, 305-331.

신안식. 2018. "고구려 계승, '고려'의 경계 인식." 『한국중세사연구』 55호, 205-235.

신형식. 2008. "고구려의 민족사적 위상." 『선사와 고대』 28호, 5-21.

우실하. 2007. 『동북공정 너머 요하문명론』. 서울: 소나무.

우실하. 2009. "'요하문명론'의 초기 전개 과정에 대한 연구." 『고조선단군학』 21호, 1-19.

우실하. 2012. "홍산문화의 곰토템족과 단군신화의 웅녀족." 『고조선단군학』 27호, 185-216.

윤경진. 2014. "고려의 건국과 고구려 계승의식: '궁예의 고려'에 대한 인식을 중심으로." 『한국문화』 68집, 143-179.

이성규. 2003. "고대 중국인이 본 한민족의 원류." 『한국사 시민강좌』 32집, 105-160.

정수일. 2001. 『고대문명교류사』. 파주: 사계절.

정진헌. 2004. "조선시대의 고구려 인식." 『고구려연구』 18집, 591-620.

조영광. 2008. "장수왕대를 전후한 시기 고구려의 정국과 체제 변화:

장수왕의 집권책과 그 영향 분석을 중심으로." 『군사』 69호, 1-32.

조영광. 2017. "고구려·부여계 유이민의 남하와 백제 부여씨의 등장." 『선사와 고대』 53호, 169-194.

조영광. 2018. "고구려 지배하의 요동 지역 상황에 대한 소고." 『국학연구』 37집, 289-317.

한명기. 2006. "조선시대 한중 지식인의 고구려 인식: 고구려의 강성과 조선의 고구려 계승 인식을 중심으로." 『한국문화』 38호, 337-366.

한영우. 1989. 『조선 후기 사학사 연구』. 서울: 일지사.

Fairbank, John King and Merle Goldman 저·김형종·신성곤 역. 2005. 『신중국사』. 서울: 까치.

Grousset, René 저·김호동·유원수·정재훈 역. 1998. 『유라시아 유목제국사』. 서울: 사계절.

妹尾達彦(세오 다쓰히코) 저·최재영 역. 2006. 『장안은 어떻게 세계의 수도가 되었나?』. 서울: 황금가지.

杉山正明(스기야마 마사아키) 저·이진복 역. 1999. 『유목민이 본 세계사: 민족과 국경을 넘어』. 서울: 학민사.

杉山正明(스기야마 마사아키). 2005. 『中國の歷史』 8卷. 東京: 講談社.

黃仁宇(황런위) 저·홍광훈·홍순도 역. 1988. 『거시중국사』. 서울: 까치.

2장 조선의 유교적 통치성의 두 측면: 정치적 필요와 윤리적 이상의 긴장*

김충열

I. 서론

19세기 영국의 비평가 매튜 아놀드(Matthew Arnold, 1822~1888)가 정식화하여 서양문명의 두 기원으로 자리 잡은 '헬레니즘과 헤브라이즘'의 구분은 서양 문화와 사상을 이해할 때 유용하게 이용되는 틀이다. 고대 그리스에서 기원한 철학의 전통과 유대인들의 종교적 전

---

* 이 글은 2020년 9월 『한국정치학회보』 54집 4호에 게재된 "정치적 필요와 윤리적 이상의 긴장: 조선시대 유교정치사상사를 위한 분석틀의 모색"을 수정·보완한 것이다.

통을 가리키는 이 틀은 서양문명의 정체성을 이해하는데 영감을 주며, 아놀드 자신이 헤브라이즘이 지배적인 19세기 영국의 문화적 지적 경향을 비판하기 위해 이용했던 것처럼 특정 시대의 상황에 대한 판단의 기준과 규범적 나침반으로서의 기능을 행한다(Arnold 1994, 142-272). 이 구분이 가지는 또 다른 가치는 서양사상사의 발전을 하나의 시야에 넣고 조망할 수 있는 개념틀로서의 역할을 한다는 것이다. 고대 그리스에서 인간 의식의 자발적 흐름에 대한 포착과 존재함의 실재에 대한 조명으로서의 철학의 사유는 중세 기독교 사상에서 인간의 양심과 행위의 문제, 복종의 강조로 그 초점이 이동하고, 근대에서는 그리스적인 철학 방법의 회복과 인간의 사유 능력의 해방으로의 발전으로 이해할 수 있는 것이다. 장기적 비전을 제시하는 개념틀을 갖는 것은 도식화의 위험성에도 불구하고, 사상사 발전의 주요한 측면을 포착할 수 있는 시야를 제공한다. 이러한 개념틀은 실상 개별 사상가의 사상체계에 대한 이해와 시기별 사상사의 연속과 단절에 대한 이해를 전제하고 있다. 실제로 사상사 연구는 개별 사상가의 연구와 특정 시기 사상사의 연속과 단절, 그리고 장기적인 차원에서의 사상의 발전 경향에 대한 이해 순으로 연구의 단계가 발전한다. 이 경우 물론 개별 사상가의 차원에서, 또 특정 시기 사상의 전환 차원에서 중요한 이해의 변화가 발생할 수 있고, 그것은 곧 장기적인 사상사의 발전 경향에 대한 이해의 변화를 낳을 수 있다.

한국정치사상사 연구 역시 위의 연구 단계론에서 벗어나지 않는다고 말할 수 있다. 본 논문에서 조명하고 있는 조선시대 유교정치사상사의 경우, 오래전부터 개별 사상가에 대한 조명이 시작되었고, 근래에는 역사학계를 중심으로 조선 전기, 중기, 후기에서 사상의 변화를 체계화하는 단계에까지 이르렀다. 나아가 정치학계에서는 고대부터 근현대까지 사상사 전체를 기술하는 통사류의 저작들까지 출현하였다. 대체로 정치학계에서는 정치적 의미를 찾는 데 주목하여 각 시기의 중요 주제들을 포착하거나 주요 학자의 사상체계의 규명에 집중하는 경향이 있다.[1] 역사학계의 정치사상사 연구는 개별 사상가의 사상체계를 역사적 맥락 속에서 해명할 뿐만 아니라, 시대별 사상 변화의 측면도 중요하게 고려하고 있다.[2] 위의 연구 단계론의 관점에서 볼 때, 조선의 유교정치사상사를 하나의 시야 속에서 일목요연하게 정리할 수 있는 시각은 아직 제시되지 못하고 있는데, 이 시각의 확보는 대개 개념틀의 정립을 요한다. 조선정치사상사의 기존 연구의 성과를 포함하면서 그 전체 발전의 내용과 함의를 그 개념 속에 담고 있는 틀을 가지는 것이 관건이 된다.

본 논문은 위와 같은 문제의식 속에서 조선의 유교정치사상사

---

[1] 정치학계에서 발간된 통사류의 저작들 중 고대부터 근현대까지를 포괄하는 저작들로서는 이재석 외(2002), 한국동양정치사상사학회(2005), 박충석(2010), 신복룡(2011)이 있다. 조선시대에 한정하여 정치사상의 여러 측면을 다루는 저작들은 이택휘(1999), 김만규(2005)가 있고, 김한식(2006)은 특히 조선 후기를 조명하고 있다.

[2] 예를 들어, 정재훈(2005)은 조선전기 심화되어 가는 유학의 윤리화를 조명하였고, 김준석(2003)과 정호훈(2004)은 17, 18세기에 실용성을 강조하는 새로운 지적 경향의 등장을 분석하였으며, 정옥자(1993; 1998)와 유봉학(1995)은 18세기 후반 지적 문화적 측면에서의 다변화와 실용화를 조명하고, 그러한 경향의 19세기 전반기로의 발전을 추적하였다.

를 조망할 수 있는 하나의 개념틀을 정립하는 데 그 목적이 있다. 유학은 그 자체 내에 하나의 실용주의와 이상주의가 존재하는데, 양자의 긴장적 관계가 조선정치사상사의 발전 속에 놓여있다는 것이 그 골자이다. 이 아이디어를 개념화할 때 필자는 유교정치사상사의 맥락을 탈피하여 보다 일반적으로 수용되는 정치사상의 개념 위에서 이 긴장 관계를 표현하고자, 서양정치사상사의 고전인 플라톤의 『국가』에서 국가가 필수적으로 가져야 할 두 요소로 제시된 '필요'와 '이상'이라는 개념을 차용하였다. 즉 통치 이데올로기로서의 유학은 필요의 문제와 이상의 문제를 해결하여야 하는데, 조선의 경우에 양자는 그 근원에서 긴장적 관계 속에 있었다는 것이다. 이 긴장 관계는 필자가 Ⅲ장에서 살피고 있듯이, 조선의 특수성이 낳은 결과만이 아니라 정치사상으로서의 유학이 그 형성과정에서부터 가지고 있는 하나의 내적 긴장이기도 하였다. 중국 최초의 역사서인 『서경』 속의 공(公)으로서의 정치관은 필요의 문제에 대한 성찰에서 나온 것으로, 공자의 사상을 담은 『논어』 속의 윤리적 이상을 담은 정치관과는 커다란 괴리가 있다. 『맹자』 속에는 그 두 다른 정치관이 종합되어 있음을 알 수 있다. 필자는 이 유학사적인 차원에서의, 또 조선의 맥락 속에서의 두 다른 정치관의 긴장을 '정치적 필요와 윤리적 이상의 긴장'으로 개념화하였다.

본 논문은 먼저, 구성적 관점에서 왜 하나의 정치철학은 필요와 이상의 문제를 그 자신 속에 내면화할 수밖에 없는지, 왜 조선에서는 양자가 긴장적 관계를 형성하였는지를 Ⅱ장에서 살피고, 그 긴장적 관계가 유학의 형성과정 속에 이미 내재해 있는 문제라는 점을 Ⅲ

장에서 고찰하고, 마지막으로 Ⅳ장에서 조선의 정치사상사를 위의 개념틀로 해석할 때, 15세기에는 정치적 필요와 윤리적 이상이 균형 상태에 있다가 16세기에 윤리적 이상으로 경도되는 경향을 보이고, 그 후 17세기 후반부터 다시 균형을 회복하는 과정으로 해석된다는 시각을 제시한다.

Ⅱ. 정치적 필요와 윤리적 이상의 긴장: 개념틀의 도출

17세기 후반 조선의 유학자 유형원(1622~1673)의 경세론에 대한 연구에서 고 제임스 팔레(1934~2006) 교수는 유학을 "유학의 철학"(혹은 "유학의 윤리학과 형이상학")과 "유학의 경세론"으로 구분하였다(Palais 1996, 5, 18). 유학을 그 철학적 측면과 경세론적 측면으로 구분하는 팔레 교수의 구분법은 학자들 사이에 일반적으로 이용되어 온 틀로써 그리 새로운 것은 아니다. 나아가 이 구분은 동아시아에서 전통적으로 사용되어 온 '경학(經學)'과 '경세학(經世學)'의 구분법과 유사한 측면이 있다. 다만 경학이 고전의 다양한 해석의 분석과 옳은 이해를 위한 합당한 해석을 찾는 학문적 작업을 가리키는 점에서 더 포괄적이다. 팔레 교수의 틀은 유학의 철학의 핵심 분야가 윤리학과 형이상학이라는 점을 인정한다면, 또 그 바탕 위에서 그가 유형원의 철학적(윤리학적) 입장과 경세학적 성향이 일관된다고 하는 주장을 펼치고 그 위에서 유형원의 유교적 경세론과 조선의 기간제도들의 실제를 조명하고 있는 점을 고려하면, 그리 잘못된 것은 아니다. 그럼에도 불구하고, '철학'이라는 개념을 '윤리학', '형이상학'과 등치시키는 점에서는 문제의 소지가 있는 것 같다. 만약 우리가 철학을 '어느 특정 주제에 관한 일련의 의미들의 엄밀하고 체계적인 방식으로의 표현'이라고 정의한다면, 팔레 교수의 유학의 철학에 대한 이해는 인정할 만하다. 하지만, 철학을 보다 넓게 해석하여 '특정 주제에 관하여 다소 비체계적이지만 일관된 의미를 가지고 사람들의 행위를 규제하려고 하는 일련의 사유의 표현'으로 정의한다면, 팔레 교수의 유학의 철학과 윤리학/형이상학의 등치는 한계를 가진다. 왜냐하면 유학에서 윤리적인 것과 다른 차원의 순전한 의미에서의 '통치'에 대한 가르침은, 그 논리적 체계성과 이론적 엄밀함에서는 느슨하지만 하나의 일관되고 의미있는 사유체계를 형성하고 있기 때문이다.[3] 이 점에서 필자는 이 '통치'에 관한 일련의 일관된 가르침을 유학의 철학의 범주에 포함시키고자 한다. 따라서 유학의 철학은 '윤리학과 형이상학'뿐만 아니라 '통치에 대한 가르침'도 포함한다. 이와 같은 유학에 대한 이해는 유학을 일차적으로 하나의 정치철학(혹은 정치적 가르침)으로 이해하는 사고에 기반을 두고 있다. 『서경』에서부터 『논어』, 『맹자』, 『순자』로 이어지는 고전 유학의 중심 주제는 바로 '올바

---

[3] 유학의 윤리학도 정치적 관점에서 해석하면 정치공동체를 비강제적 방식으로 운영하려는 통치 이데올로기의 하나라고 볼 수 있다. 다만, 맥락상 팔레 교수가 말하는 유학의 윤리학과 형이상학은 통치의 방식으로서의 윤리의 이해라기보다는 정치와 별개로 존재하는 학문의 분과로서의 윤리학/형이상학을 말한다.

른 통치의 방법'으로 요약 가능하다. 이 점에서 필자가 이 글에서 '유학의 철학'이란 표현을 사용할 때 그것은 유학의 '정치철학'을 가리키는 것이다. 유학의 철학이 서로 다른 두 요소를 포함하고 있다는 점을 인정하면, 우리는 팔레 교수의 모델과 다른 방식의 조선시대 유교정치사상사를 위한 하나의 틀을 형성할 수 있다. 즉 유학의 철학 내에서 윤리적 성격과 (보다 순수한 의미의) 정치적 성격이 긴장을 형성하는 하나의 모델 수립이 가능하다.

 정치철학자 존 롤즈(J. Rawls)의 표현을 빌리면, 유학은 본래 그 속에 정치적, 윤리적, 종교적인 요소들을 포함하고 있는 "하나의 합리적인 포괄적 교리"라고 정의할 수 있다.[4] 우리가 유학을 정치의 사상이란 측면에서 조명한다면, 유학은 그 속에 정치공동체란 본래 무엇인가, 그 공동체는 어떻게 운영되어야 하는가, 또 그 구성원들은 어떤 이상을 가질 수 있는가와 같은 질문들을 가지고 있어야만 한다. 실제로 역사 속에서 많은 정치 사상가들은 위와 같은 류의 정치공동체에 필수적인 질문들을 가지고 고민하여 왔다. 그 중에서 고대 그리스의 정치철학자 플라톤의 국가에 대한 사상은 우리가 유교정치사상사를 체계적으로 이해하기 위한 틀을 형성하는데 유용한 개념적 도구를 제공한다. 실제로 플라톤의 『국가(*The Republic*)』는 서양의

---

4 롤즈(Rawls 1993, 58-66)는 자유롭고 다원적인 사회의 한 측면을 말하기 위해서 "합리적이고 포괄적인 교리들(reasonable and comprehensive doctrines)"이란 표현을 사용하였는데, 이러한 사회에서는 복수의 포괄적 교리들이 존재하고 합리적인 사람들은 그중 하나를 합당한 것으로 선택할 수 있다고 보았다.

정치사상사에서 국가의 본질과 목적을 체계적으로 다룬 최초의 저작들 중 하나이고, 이 저작 속의 사상은 문화적 차이들과 무관하게 국가를 이해하는 데 중요하게 간주되고 있다.

『국가』에서 플라톤은 한 국가가 오랜 기간 지탱하기 위해서 반드시 요구되는 두 가지 본질적 요소들을 제시한다. 먼저, 『국가』의 2권에서 그는 도시국가는 각 구성원의 "필요"("needs" 혹은 "the matter of necessity")의 문제를 해결하기 위해 생겨났다고 말한다(Plato 2008, 369c, 373b). '필요'라는 표현으로써 그는 일차적으로 음식, 거주지, 의복 등과 같이 사람들이 서로 분업하고 협동하여 해결할 수 있는 생활의 요소들을 가리키고, 나아가 도시국가에 필요한 다른 요소들, 즉 미술, 음악, 그리고 여러 서비스까지 포함하고 있다. 여기서 우리는 플라톤이 국가 형성의 우선적인 목적으로써 '필요 문제의 충족'을 들고 있음을 알 수 있다. 실제로 모든 국가는 한 국가로서 유지되기 위해서는 그 구성원들이 필요로 하는 문제들을 충족시켜야만 한다. 하지만 플라톤이 필요의 충족을 국가 내에서의 좋은 삶을 위한 충분조건으로 생각한 것은 아니었다. 그는 좋은 삶을 위해서 한 국가는 '이상적인 사회'의 모델을 가져야만 한다고 주장하였고, 그러한 맥락에서 그는 통치자(guardian)의 역할을 강조하였다. 보다 구체적으로, 『국가』의 2권에서 그는 통치자는 이상적으로 철학자여야 한다고 말한 후, 5, 6권에서 철인왕에 의해 다스려지는 상상의 국가의 비전을 제시하였다. 플라톤에 의하면, 철인왕에 의해 통치되는 그 이상적인 국가에서는 생산과 소비가 공동으로 운영되고, 가족제도가 지배적이지 않으며, 시민들이 강한 유대감 속에서 사고방식과 감정에서 많은 공통점을 가진다. 그러므로 플라톤이 보기에 국가는 '필요'의 문제와 '이상'의 문제를 둘 다 해결하여야 한다. 통치(governance)란 바로 이 두 문제를 다루는 행위이고, 역사상 모든 진지한 정치철학자들은 이 두 문제, 그중 특히 이상의 문제를 고민하여 왔다. 전통시대 동아시아 국가들의 지배적인 통치 이데올로기인 유학은 따라서 이 두 측면을 그 자신 속에 포함하여야만 한다.

플라톤의 『국가』 속의 이 두 개념, 즉 '필요'와 '이상'을 유교정치사상사 분석을 위한 틀로써 이용하기 위해서는 일반화가 필요하다. 먼저, 모든 국가에게 일차적으로 중요한 문제로서 국가를 하나의 장기지속적이고 독립적인 정치체로 유지하기 위해서는 필요의 문제를 해결하여야 한다. 독립적 정치체로서의 국가의 장기간 유지라는 목표를 해결하기 위해 국가들은 많은 문제들을 해결하여야 하는데, 그중 가장 본질적인 요소들은 외부의 적들로부터의 국가의 안전 보장, 국가 구성원들을 위한 경제적인 삶의 안정성 확보, 그리고 국내적으로 발생하는 개인 간, 집단 간의 갈등을 질서정연하게 해결하는 문제 등이다. 이와 같이 국가의 생존을 위해 일차적으로 요구되는 요소들을 우리는 이 글에서 '정치적 필요'라고 부르기로 한다. 다음으로, 모든 안정되고 오래 지속된 역사 속의 국가들은, 그것이 강한 형태든 약한 형태든, 하나의 이상적인 사회 모델을 가지고 있었다. 그 이상 사회의 모델은 사회의 다양한 영역들을 하나로 응집시키고 또 국가를 어느 특정한 방향으로 이끌어 가는 역할을 하였다. 그러한 이상적 사회 모델은 대체로 기독교와 같은 윤리적 종교, 맑시즘 같은 정치 이데올로기, 혹은 과거의 영광이 남긴 더 나은 사회에 대한 집단적 기억이 제공하여 왔다. 조선의 경우, 이상 사회 모델은 윤리 종교이자 국가 이데올로기였던 유교에 의해 주로 제공되었다.

이제 조선의 통치 이데올로기인 유학이 어떻게 이 두 문제를 다루고 있는지를 살펴보자. 먼저, 이상적 사회 모델에 관해서 유학은 그 '윤리 체계' 속에서 사람들이 상호작용하는 사회를 바람직한 것으로 간주하였다. 유교 윤리는 한 사람이 그의 몸과 마음을 도덕적으로 고양시킬 수 있는 일련의 가르침을 제공하고, 윤리에 대한 형이상학적 이론을 발전시켰으며, 또 그 위계적 성격 때문에 조선의 계층 사회와 그러한 사회문화적 제도와 관행에 정당성을 부여하였다. 유학의 윤리 체계는 따라서 한 사람의 마음과 행위를 규제하고, 가족과 친족 내에서 그 구성원들 간의 관계를 설정하고, 또 상위 계층과 하위 계층 간의 구분을 둠으로써, 하나의 "질서정연한 사회" 혹은 윤리적 이상사회의 모델을 제공하였고 그 결과 실제로 조선 사회의 안정에 기여하였다.[5]

---

5 유학은 위계적 사회질서를 인정하면서도, 누구든 자기수양을 통하여 군자가 될 수 있다고 주장하는 점에서 하나의 긴장이 있다. 하지만 현실적으로, 유학은 인간의 타고난 평등을 주창하는 하나의 급진적 정치이론이기보다는 인간들의 상하 구분을 당연하게 여기는 하나의 세속적이고 보수적 윤리론이고 정치론이라고 말할 수 있다. 예를 들어, 유학의 윤리관을 대표하는 예(禮) 개념은 사람들 간의 관계에서 또 상황들 속에서 적절함의 추구라는 점에서는 보편성을 갖지만, 인간들은 상하와 원근의 관계로 구분된다는 차별성의 가정에 기초하고 있다. 따라서 유학의 윤리학은 두 가지 방식으로 작용하였는데, 한편에서 그것은 한 사람의 도덕적 완성과 내적 초월을 위한 방법이었고, 다른 한편에서는 기존의 사회 계층과 그 가치와 관습을 보존하

다른 한편, 통치에 대한 가르침으로서 유학은 '정치적 필요'의 문제에 대해서도 많은 관심을 기울였다. 유학의 고전들인 『서경(書經)』, 『논어(論語)』, 『맹자(孟子)』와 같은 텍스트들에서 백성들의 안녕과 관련된 문제들은 결코 소홀히 다루어지지 않았다. 예를 들어, 다음과 같은 문제들, 즉 백성들의 생계 문제의 일차적 중요성, 토지에 부과되는 세금의 적절한 비율, 이웃 나라와 평화적인 관계를 가져야 할 필요성, 혹독한 형벌의 면제 등은 위의 텍스트들에서 강조되었다. 나아가 이러한 문제들에 관하여, 유학은 하나의 원칙을 발전시켰다. 그 원칙은 다음과 같은 내용들로 구체화 되는데, 먼저 중국 고대 성왕들의 통치와 하은주 삼대의 통치에 관한 기술인 『서경』에서는 통치가 백성의 이익을 위해 존재한다는 사상을 제시하였고, 『맹자』에서는 백성의 안녕을 돌보지 않는 전제적 통치자는 그 직위에서 쫓겨날 수 있다는 폭군방벌론을 주장하였으며, 여러 다른 저작들에서 보이는 고대의 성왕인 요임금, 순임금의 일화들은 그들이 백성들의 의견을 듣기 위해 노력한 예들을 증거한다. 수천 년에 걸쳐 계승된 이 고대의 사상은 유학의 하나의 통치관, 즉 통치란 '공(公)적인 것'이

는 메커니즘이기도 하였다. 이 두 측면은 베버가 지적하였듯이 심각한 긴장을 가지지 않았다. 대체로 유학에서 도덕적 완성의 이상은 사회적 위계질서의 토대 위에서 추구되었는데, 그것은 유학을 공부하는 지식인들이 대개 상층 계급에 속해 있었던 것과 관계가 있다. 유학에서 초월적 세계와 세속적 세계 간의 긴장이 약하다는 베버의 분석에 대해서는 Weber(1962, 227, 235) 참고. "질서정연한 사회(a well-ordered society)"의 개념에 대해서는 Rawls(1993, 35-40) 참고.

라는 사상을 대변하고 있다. 유교정치사상에서 흔히 '민본(民本)' 사상으로 불리는 이 공의 원칙은 『서경』에서 보여지듯이, 고대 중국인들의 국가의 흥망에 대한 깊은 성찰에서 나오는 것으로 보인다. 이 민본 사상은 전통시대 동아시아 유교국가들에서 법, 제도, 그리고 정부 정책을 수립하는데 하나의 중요한 원칙으로 작용하였다.

    위에서 말한 통치의 두 측면, 즉 정치적 필요와 이상적 사회모델 수립은 본래 서로 보완적이고 한 국가가 오랜 기간 독립적 정치체로 유지되기 위해서는 서로를 필요로 하는 것이다. 하지만 경우에 따라서는 양자가 긴장을 형성할 수 있는데, 예를 들어 한 국가가 처한 특수한 역사적 조건 때문에 그 국가는 이상사회의 비전은 무시하고 정치적 필요의 문제를 극도로 강조할 수 있다. 이 경우 그 국가는 내적 질서의 불안정으로 인해 곧 심각한 위기로 이어질 가능성이 높다. 마찬가지로 필요의 문제에 대한 소극적 방관 위에서 추구되는 특정한 정치적 이상도 국가의 위기를 낳을 수 있다. 대체로 역사를 통해서 볼 때, 국가들은 필요의 문제를 이상의 문제보다 우선시하였는데, 그 이유는 전자가 후자보다 더 긴급하고 직접적으로 국가의 생존과 연결되어 있기 때문이다. 하지만 특수한 조건하에서 한 국가는 필요의 문제를 도외시하지는 않지만 이상의 문제를 매우 중요시하거나 예외적으로 강조할 수 있는데, 조선은 이 경우에 해당한다고 생각된다.

    조선왕조는 일반적인 경우에 비춰볼 때 꽤 예외적인 면이 있다. 몇 개의 중요한 조건이 통치계급으로 하여금 유학의 윤리적 이상을 국가 이데올로기로 추구하도록 만들었다. 먼저, 일차적인 정치적 필요의 문제와 관련하여, 조선은 중국 중심의 동아시아 세계 질서에 속함으로써 국가 안보를 명과 청에 의해 보장받고 있었다. 중국 중심의 세계질서에 귀속됨으로써, 조선은 처음 두 세기 동안 외부로부터의 침입이 없는 긴 평화기를 누렸고, 농업 위주 경제의 안정성을 가질 수 있었다. 이러한 조건과 더불어 조선의 양반 계층은 유학의 윤리적 이상을 강조할 사회적 필요가 있었는데, 그것은 유학의 위계적인 윤리 체계가 지배계층으로서의 자신들의 지위를 보장해 주었기 때문이다. 그 윤리체계에 기반한 유교적 사회질서는 조선의 양반 계층의 특권과 합치되는 점이 있었다. 따라서 유학적 가치 고수는 결국 양반 계층의 지배에 기여하였던 것이다. 다른 한편, 조선의 지배적인 학문이었던 성리학(혹은 주자학)도 윤리적 이상이 헤게모니를 가지는 데 기여하였다. 국가에 의해 정학(正學)으로 인정받고 있던 그 신유학은 진지한 윤리 철학적 성격 때문에 그 학문을 공부하여 환로(宦路)에 진입하려는 젊은 학자들로 하여금 높은 윤리적 덕성을 함양하도록 요구하였다. 유학 공부의 근본 목적은 몸과 마음을 도덕적으로 수양하는 것이고, 높은 경지에 이른 사람이 통치하는 것이 당연하게 생각되었다. 이와 같은 유학의 공부관은 자연스럽게 유학자들의 사고 속에 강한 윤리적 태도를 심어 놓았고, 결국 조선의 지나치게 윤리적으로 정향된 정치의 형성에 기여하였으며 정치적 필요의 문제와 갈등을 낳게 하였다. 윤리적 명분이 실리의 추구를 방해한 사례들은 『조선왕조실록』에서 흔히 발견된다.

    본 연구에서 제시한 개념틀, 즉 '정치적 필요와 윤리적 이상의 긴장'은 본질적으로 한 국가를 유지하는 방식의 문제와 관련되어 있다. 다시 말해서 그 틀은 반드시 돌보아야 할 기초적이고 필수적인 두 영역을 가리킨다. 하지만 그 틀은 동시에 두 개의 서로 다른 '통치 방법'의 문제를 말하기도 한다. 즉 서로 다르지만, 필수적인 두 영역을 다루는 점에서 두 개념은 보완적이다. 하지만 다른 통치의 방법을 말하는 점에서 양자는 경쟁적이다. 이 점에서 이 개념들은 정치학 연구에서 흔히 사용되는 '정치이상주의'와 '정치현실주의'와는 다르다. 후자는 한 행위자의 상황의 해석에 기초하여 그 행위자가 결정을 내릴 때 하나의 바람직한 상태를 중시하는가 혹은 전략적 이해관계를 중시하는가를 의미하는 주관적인 해석과 판단의 체계이다. 여기서 필자가 제시한 모델은 일차적으로 국가가 다루어야 할 필수적이고 객관적으로 존재하는 대상 혹은 영역을 말하는 것으로 한 정치공동체의 구조적 조건과 관계된 것이다. 그 모델은 동시에 '좋은 통치'에 대한 다른 접근법을 말하는 것이기도 한데, 구체적으로 '윤리적 이상에 기초한 통치관'은 정치를 윤리적인 문제들에 종속시키고, 이상적인 통치란 그 자신 속에 충분한 덕성과 지혜를 갖추고 있는 군자에 의한 지배로 간주한다. 이 관점에서 통치란 치자의 내적인 도덕 수양의 연장에 다름 아니다. '수기치인(修己治人)'이라는 표현은 이 통치관을 대변한다.[6] 다른 한편, '정치적 필요에 기초한 통치

---

[6] 수기와 치인은 사실 약한 연결성을 가지고 있다고 볼 수 있다. 왜냐하면 치인은 단순히 수기의 연장이 아니고 개인의 차원을 넘어선 영역에 해당되기 때문이다. 다시 말해서, 치인은 복수의 사람들의 복수의 이해관계가 서로 경쟁하는 영역이기 때문에, 내면의 덕성이라는 문제와 더불어 다른 접근법들과 태도들이 요구된다. 다른 맥락에서 제기되었지만, (사적 영역이 아닌) 공

관'은 통치란 덕의 문제일 뿐만 아니라 법, 제도, 관습 등의 교정을 통한 실질적 업적 성취의 문제라고 가정한다. 말하자면, 이 관점은 좋은 통치를 위해서는 사람들의 안전이나 경제적인 문제 등 구체적인 필요의 조건들이 우선적으로 해결되어야 한다는 입장이다. 즉 필요의 문제들이 충족된 이후에 도덕적 삶을 추구할 수 있다고 주장한다. 비록 전자가 다수파의 견해를 드러내기는 하지만, 이 두 가지의 다른 이념형적 통치관은 조선에서 경쟁 속에 있었다.

조선의 지성계와 정치계에서 이 두 가지 통치관의 긴장은 여러 가지의 갈등적 관계를 반영한다. 먼저, 학문의 영역에서 정치적 필요의 문제에 더 깊은 관심을 가진 학자들은 형이상학적 윤리 담론 못지않게 실용적인 학문을 중요시하였다. 반대로 윤리적 이상을 강조하는 학자들은 형이상학적 담론에 경도되었다. 다음으로, 유학 공부의 목적과 관련하여 정치적 필요 쪽의 학자들은 경세와 백성들의 안녕의 문제를 유학의 우선적 가치라고 생각한 반면, 윤리적 이상 쪽의 학자들은 도덕 수양과 유학의 윤리학의 이론적 정교화를 중요한 것으로 간주하였다. 마지막으로 세계관에 있어서 필요의 문제에 더 관심을 가진 학자들은 세계를 보다 합리적이고 실용적으로 보는 경향이 있었던 반면, 윤리적 이상에 초점을 둔 학자들은 강한 윤리적 시각으로 세계를 해석하였다.

적 영역으로서의 정치 공간의 고유성은 한나 아렌트에 의해서 강조된 바 있다. 또 김영수는 16세기 조선의 정치를 분석하면서 수기를 강조하는 윤리적 정치의 한계를 지적한 바 있다. Arendt(1998), 김영수(2005)를 볼 것.

Ⅲ. 유학 고전 속에서의 필요와 이상

　필자가 제시한 개념틀은 유학의 형성과정 그 자체와도 긴밀히 연결되어 있다. 왜냐하면 모든 정치사상은 필요와 이상의 문제에 대한 고민에서 벗어나기 어렵기 때문이다. 유교정치사상에서 중추적인 텍스트로 인정되는『서경』,『논어』,『맹자』는 '정치적 필요'와 '윤리적 이상'이라는 두 개념이 유학의 형성과정에서 본질적 역할을 하고 있음을 잘 보여준다.『서경』에서『논어』를 거쳐『맹자』에 이르기까지의 사상의 흐름은 '정치적 필요'에 기반한 정치관에서, '윤리적 이상'에 기반한 정치관으로, 그리고『맹자』에서는 양자의 종합의 형태로 드러난다. 따라서 이 두 개념을 중심으로 세 텍스트를 해석해 보기로 하자.

　중국 최초의 역사서인『서경』은 고대의 성왕들인 요순과 뒤이어 일어난 하은주 삼대(三代)의 통치에 관해 구체적인 사실들을 제공한다. 보다 구체적으로, 당대 사관들의 저작물인『서경』은 요임금, 순임금과 같은 고대의 통치자들이 그 당시에 제기된 국가적 문제들에 헌신하여 국가를 평안하게 하고 백성들에게 혜택을 준 사실들, 폭정을 하여 백성들의 삶을 도탄에 빠뜨린 걸주와 같은 왕들과 그들을 몰아내고 새 왕조를 세워 중국을 다시 평화롭게 만든 탕왕, 문/무왕의 업적, 나아가 위태로운 시기를 바로잡은 이윤이나 주공과 같은 인물들의 말과 행동을 다루고 있다. 인류 최초의 역사서들이 주로 신화나 송가(頌歌)의 형태로 위대한 인물들에 대해 기술하고 있듯이,

『서경』 역시 이 위대한 통치자들의 업적을 칭송의 형태로 기술하고 있다. 그런데 『서경』에서 드러나는 한 가지 특징은 국가의 치란과 흥망이 핵심적인 주제로서 강조되어 기술되고 있다는 점이다. 다시 말해서 『서경』에서는 잘 다스려진 시대에 대해 칭송할 뿐만 아니라, 통치의 실패와 국가의 멸망, 나아가 국가를 유지하기 위해 필요한 교훈에 대해서도 강조하고 있다. 『서경』 속의 정치는 따라서 정치의 사실성, 혹은 필요의 관점 위에서 이해되고 있는 것이다.

『서경』을 주의 깊게 읽어보면, 우리는 고대의 사관들이 후대인들에게 주는 교훈이 일관된다는 것을 알게 된다. 그리고 그 교훈은 「하서(夏書)」 "오자지가(五子之歌)" 속의 유명한 구절인 "황조께서 가르치시길, 민은 가까이 할 수 있지만 하대할 수 없다. 민은 오직 국가의 근본이고, 근본이 튼튼해야 나라가 안녕하다"에서 가장 잘 드러난다.[7] 이 구절은 소위 유학의 '민본' 사상을 대표하는 내용으로 회자되어 왔는데, 『서경』의 정치사상을 요약하는 것이기도 하다. 이 구절을 『서경』 전체의 정치적 가르침과 관련하여 이해한다면, 그 핵심은 민본보다는 '공(公)적인 것'으로서의 정치관과 더 밀접히 연결된다. 한 국가를 장기간 안정되게 유지시키려는 필요의 문제에 대한 고민에서 고대인들은 공적인 것으로서의 정치관을 발전시킨 것으로 보인다. 민본 역시 본래 정치를 공적인 것으로 이해하는 사고에서 기인한 것으로 해석할 수 있다. 오직 이 관점에서만, 우리는 요순의 위대

---

[7] "皇祖有訓 民可近 不可下 民惟邦本 本固邦寧", 「夏書」 "五子之歌".

한 업적과 그 제위(帝位)의 선양, 폭군들의 악정과 탕왕, 문/무왕, 이윤과 주공에 의한 천하의 안정에 대한 『서경』의 강조를 일관되게 설명할 수 있다.

실제로 이 공으로서의 정치관은 새 왕들에게 전한 통치의 가르침 속에서도 그대로 드러나는데, 순임금이 우(禹)에게 제위를 전하며 말한 통치에 대한 지혜, 상나라의 이윤(伊尹)이 새 왕인 태갑(太甲)에게 정사에 대해 말한 내용, 또 주나라의 주공(周公)이 어린 성왕(成王)에게 준 정치에 대한 가르침은 모두 정치를 공적인 것으로 이해하는 것에 기초하고 있다.[8] 정치에서 '공공성'이라는 관념이 대체로 국가적 위기 속에서의 절박함의 경험에서, 또 한 국가를 붕괴의 상황에서 막으려는 긴급한 필요의 상황에서 나온다는 점을 고려하면, 이 공으로서의 정치관은 국가의 유지라는 정치적 '필요' 문제에 대한 고대인들의 지혜를 반영하고 있는 것이다.

이 공공성에 기반한 정치관은 소위 주나라 말기 춘추시대에 천자 중심의 위계적 봉건제 정치질서가 약화되고, 제후들이 자신들의 이익을 추구하고 서로 경쟁하게 되면서 그 기반을 잃게 된 것으로 보인다. 그 결과 이 시대는 '공공성'의 관념 대신 개별 국가의 이익 극대화를 위한 전략적 사고가 지배적 정치관이 되었던 것 같다. 춘추시대 후반기를 살았던 공자는 이 무질서한 시대에 평화와 질서를 가져오기 위해 노력하였고, 『논어』에서 확인할 수 있듯이 주나라

---

[8] 이러한 내용들은 『서경』 「虞書」의 "大禹謨"장, 「商書」의 "伊訓", "太甲 上中下"장, 「周書」의 "立政"장에 기술되어 있다.

의 예법을 모델로 하여 고대의 예와 윤리적 관행들을 부활시켜서 당시의 혼란한 시대를 바로잡고자 하였다. 공자는 기존에 규범과 관련되어 사용되던 어휘들을 보다 체계화된 윤리적 개념들로 발전시켰는데, 그 결과 하나의 윤리 철학을 형성하였다. 그는 '인', '의', '예', '군자'와 같은 개념들을 강조하여 사용하였으며, 그러한 개념들로써 한 사람의 외적 행위보다 그의 마음을 규율하려고 하였다. 이상적인 인간인 군자는 따라서 윤리적 덕성들을 배워서 내면화하고 있는 사람으로서 그의 행위들이 윤리적 원칙들과 예법에 들어맞는 사람을 가리킨다. 공자에게 정치의 문제는 외적 행위 이전에 윤리 교육을 통하여 마음을 올바르게 하는 문제였고, 외적으로 드러나는 것은 내면의 덕성의 반영이라고 보았다. 이상적인 정치는 도덕을 내면화한 군자에 의한 통치일 수밖에 없었다. 『논어』에서 공자가 강조한 "인"에 의한 통치도 바로 도덕적인 군주가 그의 백성들에게 베푸는 것으로서, 윤리적인 의미로 이해된 통치관을 대변한다.

공자에게서 드러나는 이 윤리적 정치관은 정치적 구조의 변화를 반영한다. 천자와 제후들 사이에 위계적 질서가 유지되었던 삼대에는 공으로서의 정치관이 중요하였으나, 천자의 권위가 붕괴되고 제후들이 서로 경쟁하는 상황에서는 정치의 공공성의 측면은 큰 의미를 가지기 어려웠다. 각국이 경쟁하는 상황에서 살아남기 위해서는 무엇보다 '부국 강병'을 이루는 것이 필수적이었고, 전략적 정치관이 요구되었던 것이다. 이러한 환경에서 질서를 만들어내기 위해 공자는 개별 통치자의 마음을 도덕적으로 규율하는 것이 중요하다고 생각하였고, 그에게서 우리는 정치의 윤리적 전환을 발견하게 된다.

공자의 사상은 하나의 정치철학이지만, 동시에 인간의 마음을 규율하려고 하는 점에서 정치의 영역을 떠난 순수한 윤리철학의 측면을 다분히 가지고 있다. 그의 사상의 핵심은 마음의 도덕적 규제이고 정치는 이 도덕성에서 나오는 부수적인 활동일 뿐이다. 통치가 마음의 규율의 문제로 환원되면서 정치적 이상이란 곧 '윤리적 이상'의 문제로 전환될 수 있는 측면이 있었다. 『논어』에서 순임금은 당시의 정치적 필요의 문제에 헌신한 군주가 아니라, 도덕을 내면화함으로써 인위적인 정치 행위 없이도 통치를 잘할 수 있었던 왕의 대변자로 해석된 것은 이런 맥락에서 이해할 수 있다.[9] 정치를 이와 같이 이해하였기 때문에 『논어』에서는 『서경』의 '민본' 개념은 보이지 않는다. 또 천명의 구체적 담지자로서의 '민심'의 관념은 『논어』에 드러나 있지 않다. 중국의 정치사상사가 소공권(1897~1981)이 지적하고 있듯이, 『논어』에서 통치는 오로지 통치자의 관점에서만 기술되고 있다(蕭公權 2019, 161).[10] 즉 공자에게는 통치자의 '수기(修己)'가 좋은 정치를 위한 본질적인 문제가 되는 것이다. 마음을 규율하는 것으로서의 '윤리적 이상'이 유학의 핵심적인 요소가 되는 것은 이런 맥락에서였다.

전국시대 후기를 산 맹자에게서 우리는 공자의 윤리적 이상으로서의 정치관과 고대의 성왕들의 공적인 것으로서의 정치관이 결합되

---

9   "子曰 無爲而治者 其舜也與 夫何爲哉 恭己正南面而已矣", 『論語』 衛靈公篇.
10 다만, 안연(顔淵)9에서 보여지듯이 통치자가 백성을 고려하고 돌보아야 한다는 사상은 『논어』에 드러나 있다.

어 있는 것을 발견할 수 있다. 맹자의 정치사상의 핵심 개념이 "인정(仁政)"인 것을 고려하면 우리는 그가 공자를 계승하고 있는 것을 알 수 있다. 실제로『맹자』속의 통치에 대한 장들은 대부분 "인정", "인의(仁義)", "왕정(王政)"이란 표현을 사용하고 있다. 공자가 그랬듯이, 맹자도 통치란 한 통치자의 내적 도덕성의 외적인 표현으로 주로 이해하고 있다. 한편, 맹자는 '인정'이란 개념을 그것의 도덕적이고 평화 지향적인 측면에서만이 아니라, 국가를 유지하는 데 있어서 전략적인 이득이라는 점에서도 강조한다. 즉 공자가 인(仁) 개념의 내적인 도덕적 토대에 주목하였다면, 맹자는 인을 구체적인 정치적 상황에 적용하였고 인정의 실제적이고 장기적인 효용성을 통치자들에게 설득하였다. 다른 한편, 맹자는 고대의 성왕들의 통치와 민본의 가치를 자주 인용함으로써『서경』속의 사상도 계승하였다. 실제로『서경』속의 민본에 대한 사상도 맹자에 의해서 강조됨으로써 유학의 정치사상의 본질적인 요소로 확립되었다. 나아가『서경』의 '공'으로서의 통치관 역시『맹자』속에서 드러난다. 예를 들어, 맹자는 한 왕이 그의 즐거움을 백성들과 나눌 수 있다면(與民同樂), 그는 과거의 성왕과 같은 왕이 될 수 있다고 말하였다(孟子 梁惠王下1, 2, 4, 5장). 맹자가 고대의 성왕들의 통치를 모범적인 통치로 자주 인용하는 것을 보면, 맹자의 이상적인 통치는 바로 옛 성왕들의 통치였다고 해석할 수 있다. 맹자의 정치적인 관심은 실제로『맹자』속에서 '통치'의 문제가『논어』보다 더 많이 다루어지고 있는 점에서 알 수 있다. 따라서 맹자는 정치철학자에 보다 가깝다. 그럼에도 불구하고, 맹자의 성왕 통치론은 공자의 윤리적인 '인정' 개념에 의해 재해석되고 있다는 점을 놓쳐서는 안 된다. 예를 들어, 맹자의 유명한 폭군방벌의 사상은 통치의 '공공성'의 원칙에 의해 주장된 것이라기보다는 한 전제적 통치자가 국가를 운영하는 데 있어서 "인의"를 지키지 않았기 때문이라는 토대 위에서 주장되고 있다(孟子 梁惠王下 8장). 이것은 공자의 윤리학이 맹자의 성왕 통치론 속에 침투되어 있음을 반영한다. 정치적 필요에 기반해서 생겨난 『서경』의 공으로서의 정치관이 『맹자』에서는 공자의 윤리 체계에 의해 재개념화되고 있는 것이다.

공자와 맹자의 윤리적 전환은 공적인 것으로서의 정치관의 실제적 토대가 거의 붕괴되어 버린 시대를 반영한다. 그들은 평화와 질서를 회복할 새로운 방법을 고안하여야 했고, 그들이 고민한 것은 도덕적 가치들의 주입을 통한 통치자의 마음의 규율이었다. 이 내적 도덕성에 기반한 통치관은 후세에 더 발전하여 마음의 구조와 도덕적 행위의 조건에 대한 형이상학적 담론으로 발전하게 된다. 하지만 윤리적 정치관의 도입이 정치의 공공성이라는 관념 위에서 구체적 행위를 통하여 실제적인 효용을 낳는 것으로서의 정치관을 전적으로 억누르지는 못하였다. 비록 이 후자의 정치관은 하나의 체계적인 사상으로서는 발전하지 못하였지만, '민본'으로 대표되는 이 공공성의 원칙은 사라지지 않았고 조선의 『실록』에서 드러나듯이 국가의 위기가 발생할 때마다 이 공에 기초한 정치관은 거의 예외 없이 재등장하곤 하였다. 예를 들어, 고종시대에 동학난민이 서울로 진격하였을 때, 그전까지 조정 내에서의 지배적인 대화법이었던 윤리적으로 윤색되고 왕에 대한 존경 가득한 말하기 방식이 갑자기 사라지고 '민유방본(民惟邦本)'과 같은 민본 관련 구절들이 사실적, 직접적인

말하기와 함께 나타났던 것이다(고종실록 31년 5월 25일조, 12월 13일조).[11]

IV. 조선시대 유교정치사상의 발전

1. 윤리적 이상의 심화(15, 16세기)

위에서 도출한 유교정치사상의 내적 긴장을 조선시대에 적용해 보면, 15세기는 대체로 '정치적 필요'와 '윤리적 이상'이 균형을 이루었고, 16, 17세기에는 윤리적 이상 쪽으로 기울었다. 17세기 후반부터는 점진적으로 양자의 재균형이 이루어지며, 18세기 후반의 실용적 학풍의 유행 이후, 19세기에 들어와서는 유학이 서서히 쇠퇴하는 경향을 띠게 된다. 이하에서는 이 내용을 개략적으로 설명하려고 한다.

조선의 첫 세기인 15세기의 유교정치사상은 필요의 측면과 윤리적 이상의 측면이 균형을 이루고 있는 점이 특징적이다. 잘 알려져 있다시피, 조선은 무인인 이성계와 일단의 학자관료들의 연합에 의해서 건국되었는데, 이 학자관료들은 10세기에서 12세기까지 중국 송대에서 확립되고, 13세기에 고려에 전파된 신유학(성리학 혹은 정주

---

[11] 다산 정약용과 같은 후대의 학자들도 『서경』을 다시 읽음으로써 공적인 것으로서의 정치관을 복원시킬 수 있었다. 다산의 에세이들 중 「原牧」과 「湯論」과 같은 글은 『서경』의 사상에 크게 영향을 받은 글들이다.

학)을 신봉하였다. 하지만 고전 유학에 형이상학적 토대를 강화한 이 새로운 지적 경향은 고려 말과 조선 초에는 그 영향이 대체로 제한적이었다. 그것은 먼저 그 새로운 학문이 전파된 경로와 밀접하게 관련되어 있었다. 즉 그 새로운 학문은 송으로부터 직접 수입된 것이 아니고 고려가 원의 간섭하에 있었을 당시에 수입된 것으로, 고려에 수용된 신유학은 따라서 원대 유학의 특성이 반영되어 있었다.[12] 문철영이 밝히고 있듯이, 원대 유학은 대학자인 허형(許衡, 1209~1281)의 리더쉽하에서 확립되었는데, 그것은 형이상학적 담론보다는 자기 수양과 경세를 위한 실용적인 학문의 성격이 강하였다(문철영 1999, 335-417). 조선 중기에 중심적인 학문적 토론의 주제가 되는 형이상학적 담론은 따라서 이 시기에는 지배적인 지위를 가지지 못하였다. 다른 한편, 이 당시는 『주자대전(朱子大全)』이나 『주자어류(朱子語類)』와 같은 주자의 핵심 저작들조차 아직 수입되어 있지 않았다(도현철 2000, 92). 즉 성리학을 깊게 이해할 조건이 형성되어 있지 않았던 것이다. 따라서 마르티나 도이힐러와 존 던컨이 지적하고 있듯이, 고려 말의 유학은 유학 고전들에 초점을 맞추는 고학(古學)에 신유학이 덧붙여지는 양상을 띠었고, 다수의 유학자들은 심지어 신유학의 교리와 수신의 방법으로서의 불교가 양립 가능한 것으로 생각하였다(Deuchler 1992, 20-24; Duncan 2000, 237-265).[13]

---

12 역사학자들인 문철영, 도현철, 정재훈 모두 이 견해에 동의하고 있다.
13 존 던컨은 고려 말과 조선 초에는 기존의 고학과 신유학이 혼합되어 있었고, 바로 이 점에서 15세기의 실용적인 유학의 특성이 나온다고 보고 있다.

이 고려 말의 학문경향은 조선왕조의 첫 세기에도 크게 변하지 않았다. 제도와 관습에서는 광범위한 유교적 전환의 과정이 있었음에도 불구하고, 신유학의 철학적 주제들은 아직 철저하게 이해되지 못하고 있었다. 따라서 이 시기의 학자들은 성리학 공부와 함께 군사학이나 농업과 같은 실용적인 학문에도 관심을 기울였다. 이와 같은 15세기의 학문적 특성은 조선왕조 초기의 정치사회적 조건과도 연결되어 있었는데, 학자관료들은 왕조 초기의 필요의 문제들에 큰 관심을 쏟아야만 했다. 즉 그들은 새로운 유교적 제도와 의례들 그리고 가치들을 정립하는 문제뿐 아니라, 확고한 중앙집권적 국가의 행정체계를 수립하는데 많은 노력을 기울였다. 더구나 이 세기에 학문 활동은 주로 정부에 의해서 주도되었는데, 정부에 의해서 세워진 학교들이 젊은 유생들을 교육시키고 또 관리로서 국가를 위해 봉사하게 하는 역할을 수행하고 있었다. 이러한 조건들은 유학자들로 하여금 학문에 있어서 실용적인 태도를 갖게 하였고, 이 세기에 물질문명적 차원에서의 발전을 가져오는 데 기여하였다. 잘 알려져 있다시피, 세종 대와 뒤이은 왕들의 시대에 과학기술 방면에서의 발전과

도현철은 불교에 대한 태도를 기준으로 고려말의 유학자들을 두 그룹으로 분류하고 있는데, 이색(1328~1396)이 주도한 온건 그룹은 불교를 수신의 방법으로 인정하고 불교와 신유학을 비슷한 것으로 이해한 반면, 정도전(1342~1398)이 주도한 그룹은 불교를 고려사회의 근본적인 문제로 보고 강력히 배척하였다. 나아가 도현철은 양 그룹의 차이는 신유학에 대한 다른 이해에 기초하고 있으며, 여기에서 신왕조 개창 당시의 다른 태도가 나온다고 보고 있다. 도현철(1999) 참고.

농업의 성장이 두드러졌고 상당한 인구증가가 뒤따랐는데, 이 발전은 이 시기의 학문적 경향과 대체로 일치하는 측면이 있다. 이 세기는 학문 활동에서 성리학의 윤리철학적 측면과 실용적 문제들에 대한 관심이 균형을 이루고 있었던 것이다. 이 시기의 지적 상황은 따라서 고려말의 학문경향인 경세학과 문학에의 치중과 조선 중기의 철학적 윤리학에의 경도와 다른 것으로서, 양자 사이의 과도기적 시기를 반영한다(김홍경 1996, 17-18; 이병도 1987, 100; 현상윤 2010, 58).

16세기는 15세기와 달리 성리학의 철학적 교리에 대한 담론이 심화되고 유학의 이해가 대체로 윤리 이론화되는 경향을 가진다. 이러한 사상적 변화는 시기적으로 명과의 외교 관계의 안정과 조선이 명 중심의 국제질서 속에서 평화기를 맞는 상황과 관련되어 있다. 명과의 관계가 안정되면서, 15세기 후반부터 명으로부터 많은 새로운 서적들이 수입되었고, 이 서적들은 조선에서 학술서들의 편찬과 발간 활동을 추동하였다. 그 새로운 서적들 중에서 조선 유학자들에게 거대한 영향을 미쳤고 조선중기 유학의 성격을 결정짓는 데 큰 역할을 한 책은 송의 진덕수(1170~1235)가 지은 『심경(心經)』과 『심경』에 주석을 단 명의 정민정(1445~1499)의 『심경부주(心經附註)』였다. 『심경』은 유학의 고전들에서 마음(心)에 관한 구절들을 발췌한 책으로서, 이 두 서적과 『근사록(近思錄)』과 같은 서적들은 조선의 학자들이 인간 마음의 심리학적 구조, 특히 인간의 윤리적 행위의 내적 토대의 연구에 몰두하게 하는 계기를 제공하여, 조선에서의 유명한 학문적 논쟁인 이기론(理氣論)을 낳았다.[14]

이 윤리철학적 경도는 조선의 유학자들로 하여금 그들의 사상과 행동에 있어서 높은 윤리적 기준을 견지하게 하였고, '수신(修身)'이 유학을 대변하는 핵심 개념이 되게 하였다. 15세기에는 '치인(治人)', 혹은 구체적 행위를 통한 업적의 달성이라는 측면이 중요하게 생각되었지만, 이 세기에는 학문의 초점이 수신, 즉 윤리적 덕성의 내적 고양으로 바뀌었다. 이 변화는 국왕이 유학을 공부하는 장인 경연(經筵)에서의 텍스트 선택과 텍스트의 이해방식 속에서 잘 드러나는데, 정재훈에 의하면 경연에서 중요한 텍스트였던 『대학(大學)』과 『대학』을 부연 설명한 진덕수의 『대학연의(大學衍義)』는 이 두 세기 동안 다르게 사용되었다. 15세기에 이 두 저작은 주로 고대의 성왕들의 위대한 통치 행위에 대한 강조와 함께 통치의 방법에 관한 텍스트로써 이용되었는데, 16세기에는 통치의 토대로서의 윤리적 고양, 즉 수신을 위한 텍스트로써 이용되었다(정재훈 2005, 95-150, 204-239). 이와 같이 동일한 텍스트의 해석 차이와 함께, 경연의 교재를 선정하는 데도 수신에 도움이 되는 책들이 위대한 통치의 사례에 관한 저작들보다 선호되었다. 나아가, 수신이 강조되면서 유학은 성인의 마음을 배우는 학문, 즉 성학(聖學)으로 이해되었고, 유학 그 자체도 흔히 성학으로 명명되었다.[15]

---

14 인간의 마음에 집중하는 서적들은 사실 양명학의 영향을 받은 것이다. 하지만 양명학은 조선에서 이황과 그의 제자들에 의해 배척되어서 오직 소수의 학자들만 양명학을 수용하였다. 16세기 유교사상의 경향에 대해서 필자는 주로 정재훈(2005)을 참고하였다. 조선에서 양명학의 역사적 전개에 대해서는 정차근(1996)을 참고.

15 이 세기에 쓰여진 여러 저작들은 제목에 '성학'이란 표현을 사용하고 있는데,

16세기의 윤리철학적 학문경향은 이 세기의 대표적 유학자인 이황(1501~1570)의 저작들 속에 잘 드러난다. 조선에서 최초로 성리학에서 최고봉에 이르렀다고 평가되는 이황의 철학은 인간의 선한 윤리적 본성인 '리(理)'의 선험적 존재성, 그리고 리의 '기(氣)'에 대한, 즉 인간의 기질과 욕망의 정(情)에 대한 우위성으로 특징지어진다. 보다 구체적으로, 기대승(1527~1572)과의 사이에서 이루어진 인간의 도덕적 행위의 심리적 토대에 관한 유명한 사칠논변(四七論辨)에서 이황은 기의 우선성에 기초한 기대승의 경험주의적 관점을 논박하면서, 리의 선규정성과 능동적 작용성을 주장하였다.[16] 그의 철학이 선험적이고 도덕 원칙 중심이었던 것처럼, 그의 정치에 대한 이해도 매우 윤리적으로 경도되어 있었다. 이황은 정치에 대한 체계적 저작을 거의 남기지 않았는데, 그의 정치관을 엿볼 수 있는 저작이 선조 즉위년에 올려진 "무진육조소(戊辰六條疏)"이다. 이 상소문에서 이황은 선조로 하여금 학문수양을 통하여 덕을 쌓는 것(學問成德)이 통치의 근본이라고 조언하고 있는데, 여기서 "학문성덕"이란 마음을 정일하게 하여 '중(中)'을 잡는 것이고, 이것이 천하의 대법이자 대본이고 정치는 여기에서 나온다고 말하고 있다.[17] 다시 말해서, 정치의 문제를

이는 이 당시 유학의 경향을 보여주는 한 사례에 해당된다. 이황의 저작인 『聖學十圖』와 이이의 저작인 『聖學輯要』가 대표적이다.

[16] 이황의 입장은 다음과 같이 요약된다: 四端理之發 七情氣之發. 四端理發而氣隨之 七情氣發而理乘之. 이황과 기대승 간의 이기 논쟁에 대해서는 이황(1993, 211-296) 참고.

[17] 豈不以學問成德 爲治之大本也. 精一執中 爲學之大法也 以大法而立大本

수신의 문제, 즉 마음을 바로잡는 문제로 환원시키고 있는 것이다. 그의 정치관은 '리' 중심의 이기론 해석처럼, 정치의 문제를 윤리의 문제로 이해하는 것이 특징적이다.[18]

이 세기의 윤리철학의 지배는 조선 국왕을 유학의 권위에 종속시킴으로써 조선 역사를 통틀어 무자비한 전제왕권의 출현이 거의 없게 한 점에서는 기여를 하였다고 볼 수 있다. 하지만 윤리적 정치관의 교조화는 조선의 학자관료들의 윤리적 관점을 강화시켰고, 국가적 이슈들을 다룰 때 타협과 중재 대신 윤리적 신념을 교조적으로 주장하도록 만드는 경향이 있었다. 그 결과 높은 윤리적 덕성의 강조에도 불구하고, 실제로 16세기는 심각한 정치적 갈등과 정파 간의 숙청으로 점철되었다. 에드워드 와그너(1924~2001)가 지적한 대로, 15세기 후반에서 16세기 전반기에 있었던 소위 사화(士禍)는 이 세기의 지배적인 경향이었던 정치의 윤리화와 긴밀하게 연결되어 있었다. 성리학의 철학적 이해가 깊어지면서 새로 등장한 젊은 학자관료들(사림파)은 유학의 윤리를 사적 공적인 삶 모두에서 내면화하고 있었고, 삼사(三司)를 중심으로 포진해 있으면서 국가적 이슈들을 실용

則天下之政治 皆自此而出乎. 惟古之聖謨若此 故雖以如臣之愚 亦知聖學爲至治之本 而僭有獻焉."(이황 1997, 106).

[18] 이황이 당시의 국가적인 문제들에 대해 무관심했거나 구체적인 정책들에 대해 방관했다고 말하기는 곤란하다. 중종대에 관리로서 봉직하면서 필요의 문제들에 대응하지 않을 수 없었다(예: 甲辰乞勿絶倭使疏, 중종39). 하지만 보다 윤리적이고 원칙중심적으로 국가적인 문제들을 이해하였던 것도 사실이다.

적인 태도로 보는 고위관리들 및 국왕과 충돌하였던 것이다(Wagner 1974). 16세기에 들어와 사람들이 중앙정계에서 성장하고 유교 근본주의적 시각이 정계에서 지배적인 시각이 되었을 때, 이 학자관료들의 도그마티즘은 조선 정치의 큰 장애가 되었다. 특히 당파가 학파와 연결되면서 학문적 입장의 문제가 정치의 문제로 전화되었는데, 그 대표적인 사례가 바로 현종대에 있었던 '기해예송(己亥禮訟)'이었다. 이 논쟁은 효종의 상에서 효종의 계모인 자의대비가 입을 상복을 어떤 형식으로 할 것인가를 두고 발생하였는데, 종법상 인조의 둘째 아들이었던 효종을 두고 그가 국왕이므로 첫째 아들로 간주해야 한다는 남인 학자들의 주장과, 여전히 둘째 아들이므로 자의대비가 장자의 상복을 입을 수 없다는 서인 학자들 간에 논쟁이 발생하였던 것이다. 이 상복의 예를 둘러싼 논쟁은 정치적 대결로 확장되어 양 세력은 치열한 싸움을 계속하였다.[19]

2. 정치적 필요의 부활(17, 18세기)

17세기는 성리학, 혹은 주자학에 기반한 윤리적 이상의 추구가 그 정점에 달한 세기였다. 하지만 이 세기 후반부터 '필요' 문제에 대한 인식이 일부 학자들 속에서 싹텄고 이들에 의해 주자학의 상대

---

19 예송에 대해서는 많은 연구들이 있다. 대표적 연구들은 지두환(1987), 정옥자(1989), Haboush(1999), 이원택(2001), 김상준(2001).

화, 고전유학으로의 회귀, 나아가 실용적 학문에 대한 관심이 부활하였다. 이 학문적 분위기는 18세기에 실용적 학풍의 유행을 낳아서 윤리철학의 강조와 재균형을 이루는 방향으로 나아갔다.

17세기는 정치사적 차원에서 위태로운 시기였다. 16세기 후반부터 전세, 공납, 군역을 비롯한 국가의 중심적 수취와 징발제도들이 시대의 변화에 따라 적절히 개혁되지 않음으로써 많은 문제들을 발생시키고 있었다. 이 와중에 16세기말에 있었던 왜란은 조선을 극도로 황폐화시켰고 국가 "재조(再造)"의 부담은 17세기의 위기상황으로 나타났다. 여기에 이 세기 전반기에 발생한 만주족 청의 두 번의 침입과 뒤이어 발생한 중국 통일은 '화이관(華夷觀)'이라고 불린 전통적인 동아시아 질서 관념을 무너뜨리는 거대한 사건이었다.[20] 더구나 기상학적으로 '소빙기'라고 불릴 정도로 예외적인 한랭기온이 계속되어 농업 생산성도 매우 낮았다(이태진 1996). 이 어려운 상황에서 정치세력 간에는 당파가 고착되어 서로 간의 갈등이 심하였다. 이 안과 밖의 이중의 위기상황은 이 세기 조선의 학자들의 사고에 심대한 영향을 주었던 것 같다.[21] 대체로 위와 같은 국가적 위기의 상황에서

---

[20] 왜란과 호란 당시 조선의 상황에 대해서는 한명기(2000) 참고.

[21] 김준석(2003)에 의하면 양란 이후 조선 정부와 유학자들은 두 가지 과제를 해결해야만 했다. 먼저, 전란으로 인해 해이해진 유교적 사회질서를 회복하는 것이었는데, 특히 오랑캐로 불린 청에의 굴복과 청의 중국 통일의 상황을 유교적 질서를 강화함으로써 극복하는 문제였다. 다음은 고질적 병폐들을 낳는 낡은 국가제도들을 개혁하는 과제였다. 이 제도 개혁은 단지 수취와 징발의 제도뿐만이 아니라, 이 당시 발생하고 있었던 토지소유에서의 중요

우리가 가정할 수 있는 선택지는 두 가지이다. 첫째는 옳다고 간주해 온 기존의 사상체계를 고수하고 현실을 부정하는 경우와, 다음으로 기존의 관행적 사고와 학문에 대해 반성한 후 현실을 수용하고 적응하려는 경우이다. 17세기 사상사의 흐름을 일별해 보면, 우리는 이 두 가지 흐름이 모두 존재함을 볼 수 있다. 기존의 성리학에 기반한 윤리적 이상을 절대화하고 다른 견해를 이단화하는 도그마티즘의 등장이 전자이고, 17세기 후반 일부 학자들에게서 보이는 주자학의 상대화와 보다 실용적인 고전 유학으로의 회귀, 또 당시의 국가적인 문제들에 대한 진지한 학문적 접근이 후자를 대변한다.

전자를 대변하는 학자는 이 세기를 대표하는 학자 중 하나인 송시열(1607~1689)이다. 주자학의 열렬한 옹호자였던 그는 당파로서는 이황의 제자들과 반대편에 서 있었으나, 정치를 윤리적으로 이해하는 점에서는 이황과 별반 다르지 않았다. 주자의 철학과 화이론적

한 변화와도 맞물려 있었다. 즉 양반관리들이 사전을 축적함으로써, 조선의 인구는 점차 소수의 대토지 소유자와 다수의 빈농 및 토지를 소유하지 못한 소작농으로 구분되고 있었다. 김준석의 분석에 의하면, 서인학자들은 대체로 기존의 사회 질서 회복에 더 큰 비중을 두었고, 국가제도 개혁의 문제에 있어서는 기존의 조세체계의 보완을 통한 제한적 방식의 개혁안을 제시하는 데 그쳤다. 노소분당이 이루어진 후, 소론측 학자들은 다수파인 노론측 학자들에 비해 더 개혁적이고 실용적 입장을 취하였다. 소수파인 남인 학자들, 특히 본래 북인계인 학자들은 국가 제도의 개혁에 더 많은 비중을 두었고, 그들의 개혁안은 대체로 노론계보다 더 개혁적이었다. 이 당파의 일부 학자들은 정통 주자학의 상대화로까지 나아가 공자의 본래적 가르침을 얻기 위해 기존의 사서 위주의 공부에서 유학의 고전들로 되돌아감으로써 지적 전환의 선구자들이 되었다.

세계관을 절대화하는 점에서는 오히려 이황을 능가하는 교조적 주자주의자였다. 그의 정치관을 엿볼 수 있는 저작 중 하나가 효종 즉위년에 올려진 "기축봉사(己丑封事)"인데, 이 상소에서 그는 왕이 자신의 마음을 바로 잡는 문제, 즉 "정심성의(正心誠意)"를 통치의 핵심적인 문제로 이해하였다. 보다 구체적으로 그는 한가할 때는 마음을 부지하여 함양하고, 일을 처리할 때는 성찰하는 것이 정치를 하는 요법이라고 말하였는데, 이는 정치의 문제를 윤리적 수양의 문제로 환원시키는 것으로 전형적으로 윤리적 이상의 관점에서 정치를 이해하는 것이다.[22] '화이변태(華夷變態)'의 상황에서 그 상황을 수용하고 현실적 대안을 마련하는 대신, 주자주의의 고수로써 그것을 극복하려고 하였기 때문에 주자에 대한 비판적 견해는 이단으로 간주될 뿐이었다. 주자의 경전 해석을 상대화하고 독자적으로 해석한 것 때문에 동시대 학자인 윤휴(1617~1680)는 그에게서 '유학의 적(斯文亂賊)'이라는 칭호를 얻었다. 이러한 도그마티즘은 그의 제자들에게까지 이어져 유교 경전을 독자적으로 해석하고 송시열의 교조주의를 비판한 박세당(1629~1703)과 최석정(1646~1715)도 사문난적으로 낙인찍혔다.[23]

---

[22] "故臣之所進 皆主乎殿下之一心. 誠能持養於燕閒蠖濩之中 而省察於用人處事之間 則知天下雖廣 兆民雖衆 所以治之者 不外乎此 而眞得堯舜周孔相傳之要法矣. 伏願殿下深留睿意毋忽 則宗社幸甚 生民幸甚."(송시열 1985, 240).

[23] 17세기에 주자의 경서 해석에 비판적이었던 세 학자에 대한 '사문난적' 논의는 마르티나 도이힐러의 연구가 있다(Deuchler 1999, 91-133).

화이론적 윤리적 이상을 고수하려 한 학자들과 달리 국가의 '필요'의 문제에 주목하여 당시 제기된 국가 제도의 문제들을 교정하고자 한 지적 노력이 다른 한편에서 있었다. 이 흐름은 이미 16세기 후반부터 시작되었는데, 이이(1513~1584), 이원익(1547~1634), 김육(1580~1658) 등이 대표적이다. 율곡 이이는 그 자신 뛰어난 성리학자이기도 하였지만, 「동호문답(東湖問答)」과 「만언봉사(萬言封事)」에서 드러나듯이 당시 국가 제도와 그 운용에서 나타나는 문제들을 상세히 다루었고, 그의 주저 『성학집요(聖學輯要)』에서는 윤리적 이상(修身)의 추구와 통치(治人)의 문제에 동일한 비중을 두었다. 그의 경세에 대한 관심은 후대에 유형원과 같은 학자에게 영향을 주었다. 이원익과 김육 등은 대동법과 같은 실용적 정책을 통하여 양란기 국가의 문제들을 바로잡고자 노력하였다. 양난을 겪은 후인 17세기 후반에는 보다 깊은 차원에서 조선의 학문에 대한 반성이 있었다. 남인 학자인 허목(1595~1682)은 기존의 사서(四書) 중심의 학문에서 고전인 육경(六經)으로 회귀하였고, 고례, 고대사, 고대의 서예 등의 분야로 지적 관심 대상을 다양화하였으며, 도교와 같은 이질적 학문에도 포용적 태도를 가졌다. 고전으로의 복귀는 윤휴에게도 드러나는데, 그는 주자의 예론을 넘어서 예와 관련된 고전들을 스스로 해석하여 자신만의 예론의 체계를 세우고자 하였다. 나아가 윤휴는 주자학의 핵심 저작들인 『대학』과 『중용』을 스스로 편집하여 주자의 편집본과 다른 이본을 만들었고, 그 해석에 있어서도 주자와 다른 해석을 내렸다. 소론계로 분류되는 박세당 역시 『대학』과 『중용』을 스스로 편집하여 주자본과 다른 이본을 만들었고, 그의 주저 『사변록(思辨錄)』

에서는 사서를 해석하면서 주자와 다른 독자적 해석을 시도하였다. 유형원은 양란 이후 조선의 내적 위기에 관심을 천착하여 국가의 기간 제도들의 개혁과 재건을 목표로 하였다. 그의 명저 『반계수록(磻溪隨錄)』에서 그는 중국과 한국의 옛 제도들을 상세히 검토하고, 유학 고전들과 선대 학자들의 저서들 속에 드러난 국가제도에 대한 사상을 추적하면서 자신의 경세사상을 펼쳤다.[24] 유형원의 제도개혁의 핵심인 토지제도 개혁은 급진적이어서 그의 개혁안들이 수용되지는 않았지만, 그의 저작은 이익을 비롯한 여러 18세기의 학자들에게 영향을 미쳤다. 마찬가지로 육경 고전으로 돌아간 허목의 경우도 그 저작들을 사숙한 이익에게 영향을 주었고 결국 정약용과 같은 학자의 등장에 밑거름이 되었다.

17세기 후반의 특징인 (화이론적) 윤리적 이상의 견지와 주자학의 상대화/필요의 문제에의 관심의 지적 균형은 18세기에도 대체로 지속되었다. 이 세기에는 다만 후자 쪽이 더 강화되는 것이 특징이다. 전자의 측면의 경우, 17세기 전반기에 있었던 호란과 뒤이은 청의 중국 통일의 충격은 쉽게 사라지지 않아서 북벌의 주장은 그 세기 후반까지도 제기되었다. 다만 청의 중국 지배가 안정되면서 조선의 유학자들과 조정의 관심은 북벌보다는 왜란 당시 조선을 도와준 명의 황제들의 은혜를 기리는 사업으로 그 중심이 변화하였다. 송시열과 그 제자들이 설립한 만동묘(萬東廟)와 숙종 때 설립된 대보단(大報壇)은

---

24 유형원에 대해서는 Palais(1996), 김준석(2003, 2장) 참고.

그 대표적인 사례들이다. 동시에 조선의 보수적 유학자들은 오랑캐인 청의 중국 지배로 인해 유교문명의 정통이 중국에서 조선으로 옮겨왔다고 보았고 조선을 스스로 '소중화(小中華)'로 불렀다(정옥자 1998). 청의 지배가 안정되면서 전통적인 화이관이 가치를 잃은 시대가 되었지만, 조선 유학자들의 화이론적 사고는 쉽게 소멸하지 않았고 그들의 세계 이해의 근본에서 작용하고 있었다.

18세기의 지적 경향의 두드러진 점은 그 이전 시대에 비해 실용적이고, 자유로우며, 비판적인 학풍이 존재한 데서 찾을 수 있다. 이 학풍은 양란 이후의 내적 위기로부터 조선의 안정, 특히 영/정조기 조선의 발전을 반영하는데, 청과의 관계가 안정되고 중흥조들의 개혁정치에 의해 전 세기의 위기로부터 벗어나면서 사회경제적 변화가 있었다. 서울의 도시화가 이 세기에 진전되었으며, 몇몇 지역에서는 상업의 발전이 두드러졌던 것이다.[25] 지적인 측면에서는 청으로부터 수입된 서양 선교사들의 과학과 기술에 대한 저작들이 지식인들의 세계관을 확장하는 데 크게 기여하였다. 이 새로운 지식은 중국 고전들보다 물리와 자연 세계의 현상에 대해 보다 더 체계적이고 합리적인 설명을 제공하였다.[26] 이에 더해 상당수의 집권 노론 지식인들은 외교사절단의 일원으로 청을 방문하면서 물질문명의 차원에

---

[25] 18세기 서울의 도시화와 사회경제적 변화, 그것의 실학에의 영향에 대해서는 고동환(2007) 참고.

[26] 서양 학문의 수용과 그것의 조선에의 영향에 대해서는 강재언(1990), 노대환(1997) 참고.

서 청의 선진성을 목격하고, 기존의 화이론적 사고의 한계를 절감하였다. 대체로 서울, 경기지역의 남인학자들은 새로 수입된 서적을 통하여 새로운 지식을 수용한 반면, 노론층 내의 개혁적 학자들은 청을 직접 방문하면서 기존의 교조주의적 윤리적 사고를 버리고 청으로부터 배우자는 북학론(北學論)을 펼쳤다.[27]

이 세기를 대표한 학자들 중, 남인은 이익(1681~1763)과 그를 사숙하여 큰 지적 전환을 경험한 정약용(1762~1836)을 들 수 있다. 이들의 학문은 전통적인 유학자의 공부 범위를 넘어서서 다양한 영역을 포괄하고 있었던 점에서 공통되는데, 그들의 관심은 전통적인 경학과 문학, 또 경세학을 넘어서 과학과 기술을 포함한 다양한 영역들을 포괄하고 있었다. 나아가 이들의 학문은 전통적인 주자학의 범위를 넘어서 폭넓은 고전들과 신서적들을 섭렵하고 있었고, 세계관에서는 윤리적 관점을 벗어나 경험적, 실용적, 합리적, 실증적 관점을 통해 세계를 이해하고 있었다. 이 경향은 노론 학자들의 저작들 속에서도 드러난다. 소위 북학파로 불리는 학자들 중 홍대용(1731~1783)은 서양의 수학과 과학지식들을 적극적으로 수용한 학자에 해당하는데, 서양의 천문학, 지리학 등의 성취를 수용하면서 전통적인 중국의 지식체계에 기반한 물리적 세계관을 해체하였고, 그의 명저 『의산문답(醫山問答)』에서 두드러지듯이 과학적 논리에 기반하여 전통적인 중국 중심의 세계질서와 화이관의 비합리성을 논증

---

27 북학파의 형성과 그들의 사상에 대해서는 유봉학(1995) 참고.

하였다. 북학파 학자들 중 중국여행기인『열하일기(熱河日記)』를 남긴 박지원(1737~1805)과 물질문명의 차원에서 조선의 후진성과 청으로부터 새로운 제도와 기계들을 수용할 것을 강조한 책인『북학의(北學議)』를 남긴 박제가(1750~1805)는 소중화로 자부하는 조선의 낙후된 상황과 스스로 문명이라고 생각해온 것의 모순, 나아가 조선에서 경시하였던 기술과 상업의 중요성, 또 수레와 같은 각종 기계의 사용의 필요성을 역설하였다. 여기서 언급한 학자들은 매우 두드러진 사례들에 해당되며, 보다 온건한 차원에서 주자학의 교조화된 윤리적 이상에서 벗어나 자유롭고, 비판적이며, 실용적인 학문을 펼친 학자들이 이 세기 후반에는 적지 않았다.

3. 유학의 쇠락: 19세기 전반기

학문적 관심의 다양화와 주자학의 상대화, 필요 문제에의 관심으로 특징지어지는 18세기 후반의 지적 경향은 로마 가톨릭, 즉 천주교의 도입 때문에 19세기 전반에 후퇴를 경험하였다. 이 시기는 유학의 윤리적 이상으로의 회귀로 특징지을 수 있는데, 동시에 유학이 쇠락하는 시기로 보는 것도 타당하다. 처음에 '서학(西學)', 특히 서양의 지리학, 천문학, 수학, 그리고 책력에 관한 서적들은 조선의 유학자들이 서양의 과학적 성취를 수용하고 유학의 윤리적 세계관의 도그마티즘을 넘어서는 데 기여하였다. 조선 정부 역시 이들 서양 과학서들이 자연 현상에 대한 더 나은 설명을 제공하였기 때문에 금지하지 않았다. 하지만 천주교의 확산은 유교사회 조선에 심각한 문제들을 낳았는데, 우선 가톨릭 신도들은 오랜 문화적 관습인 조상에 대한 제사를 거부하였고 심지어 우상 숭배로 배척하였다. 나아가 천주교는 조선의 오랜 사회계층의 존재와 그 계층적 차이를 무시하고 사람들 사이의 평등을 가르쳤다. 여러 보수적 유학자들이 천주교의 교리를 비판하였는데, 예를 들어, 안정복이 지은 『천학문답(天學問答)』은 천당/지옥설과 같은 가톨릭 교리의 비합리성을 비판하였고, 천주교를 "무부무군(無父無君)"의 종교로서 유교 사회의 토대를 허무는 이단으로 간주하였다(안정복 1996, 227-251).[28]

로마 가톨릭의 유교사회에 대한 은밀한 도전의 와중에 가톨릭에 대해 대체로 온건한 대응을 하였던 정조가 1800년에 갑자기 세상을 떠나자, 정조의 정책에 반대하였던 노론 벽파를 중심으로 천주교도들에 대한 대대적 박해가 있었다. 이 사건으로 정조의 측근인 소위 '시파', 특히 가톨릭을 수용하였던 남인관리들이 많이 희생되었다.[29] 이 '신유박해'와 1866년까지 계속된 천주교도의 색출과 박해는 서양으로부터 전래된 지식에 대한 조선 학자들의 관심을 억눌렀고, 서학에 힘입은 18세기 후반의 보다 자유롭고 비판적인 학문 풍토를 심각하게 침식하는 결과를 낳았다. 더구나 정조 사후, 조선 정치는 외척

---

[28] 1801년 신유박해 이전 조선에서의 천주교사에 대해서는 Baker and Rausch(2017) 참고.

[29] 변주승(2001)은 1801년 신유박해를 단순히 노론 벽파의 시파, 즉 정조의 측근들의 제거가 아니라, 새 종교를 수용하여 기존의 질서로부터 이탈하려 한 민중들을 억누르려는 것이었다고 해석한다.

가문에 의해 조종됨으로써, 정치과정에서 심각한 왜곡이 있었다. 이러한 상황이었기 때문에 유학의 권위는 명목상 유지되고 있었지만, 이전 세기에 유행한 실용적이고 생기 넘치는 학문의 분위기는 그 동력을 잃고 있었다. 이 시기의 주요 학자들은 따라서 순수 학문적인, 혹은 개인적인 관심으로 후퇴하고 있었는데, 18세기 후반부터 청으로부터 수용된 고증학은 이 시기에 유학의 경전을 이해하는 주요한 방법이었다. 예를 들어, 김정희(1786~1856)와 같은 학자는 성리학과 고증학을 함께 공부하였고, 양자는 보완적이고 서로에게 필요한 것으로 생각하였다.[30] 다만 그들의 학문 활동에서 결여되어 있었던 것은 18세기 후반의 학자들이 가졌던 보다 진보적이고 비판적인 태도였다.

　최근의 연구자들 중 유봉학과 노대환은 기존의 견해를 다소 수정하여 18세기 후반에 나타난 새로운 학문 경향이 19세기 전반기에도 위축되지 않았다고 주장한다. 이경구도 18세기 후반에 발생하였던 문학에서의 거대한 전환이 19세기 전반기에도 계속되고 있었다고 하고, 그 활력은 신유박해의 충격 이후 곧 회복되었다고 본다.[31] 최근에 제출된 여러 연구들을 보건대, 최소한 문학에 있어서는 이전의 생기 넘치고 자유로운 경향이 완전히 시들지 않은 것은 분명해

---

[30] 이 시기 고증학의 수용과 그것의 광범위한 영향에 대해서는 김문식(1996) 참고.

[31] 하지만 이경구는 18세기 후반의 실용적 학문경향이 19세기 전반에 쇠락하였다는 점을 인정하고 있다. 19세기 전반기 지성사에 대해서는 유봉학(1998), 노대환(1993), 이경구(2014; 2018, 7장) 참고.

보인다. 하지만 정치사상의 영역에서는 1800년대 초반부터 약 60여 년간 계속된 서학의 탄압에 의해, 이전 세기의 보다 자유롭고 비판적이며, 실용적인 학문 풍토가 상당히 쇠퇴한 것이 분명한 것 같다.

19세기 전반기의 정치사상사를 요약하면, 유학의 윤리적 이상을 추구하는 세력에 의해 보수적 반동이 이루어져 명목상으로는 유학의 권위가 유지되고 있었다고 볼 수 있다. 하지만 계속되는 탄압에도 불구하고 천주교의 확산은 사그라들지 않았고 지속적으로 유교사회의 토대를 침식해 갔다. 천주교는 기존의 양반 중심의 포교에서 평민층으로 확산되어 갔으며, 신도 수는 계속 늘어났던 것이다. 왜곡된 정치과정 속에서 국가의 기강은 쇠퇴하였고, 1860년대 들어서는 전국적 규모의 민란이 발생하였다. 동학과 같은 민중 종교도 이 시기에 시작되어 농민층 사이에서 급속히 확산되었다. 이러한 역사적 상황을 고려해 볼 때, 19세기 전반기는 18세기 후반의 보다 자유로운 지적 분위기에 대한 보수적 반동이었으며 쇠락해가는 유학의 윤리적 이상을 지탱하려 한 노력의 시기로 볼 수 있다. 유학에 대한 도전은 이미 서학에 의해 시작되었고 동학과 같은 민중 종교에 의해 더해졌으며, 1860년대부터는 서양 세력의 직접적 출현으로 유교사회의 토대가 허물어지는 역사의 새로운 국면이 시작되고 있었다.

V. 요약 및 함의

본 논문은 조선의 유교정치사상의 발전을 하나의 시야 속에 담을 수 있는 개념틀을 제시하고, 그 틀을 통하여 유교정치사상사를 조망할 때 정치적 필요와 윤리적 이상이 긴장을 이루며 발전하였음을 주장하는 하나의 시론적 설명이다. 교조적인 체제교학으로서의 역할을 담당한 유학은 국가의 필요, 혹은 통치술에 대한 가르침만이 아니라, 그것의 윤리적 이상이 견고한 형태로 조선사회를 지배하게 하는 데 기여하였다. 특히 후자는 왕권에 대한 학자관료들의 지적인 권위로써 작동하여 조선에서 필요의 문제와 이상의 문제가 보완적이기보다 긴장적인 방식으로 작용하는 데 영향을 미쳤다. 15세기부터 19세기 전반까지의 조선 정치사상사는 따라서 유학이 가진 이 두 특성이 반영된 것으로 해석할 수 있다. 각 시기의 지적 경향은 해당 시기의 역사적 상황들이 반영되어 있는 것이기는 하지만, 동시에 유학의 정치사상이 가진 두 주요한 측면의 반영이기도 하였다. 유학의 정치철학은 실용주의와 이상주의의 이원적 요소를 가지고 있었고, 조선에서의 지적 전환의 이면에는 이 두 측면이 작용하고 있었다. 이 긴장의 요소 때문에 조선 정치사상사는 느리지만 연속적인 변화의 과정 속에 있었고, 성리학의 지배적인 '윤리적 세계관'은 18세기 후반부터 서서히 그 지위를 침식당하고 있었다.

조선의 16, 17세기는 윤리적 이상의 영향이 특히나 강력했던 시기였는데, 17세기 후반부터 실용적인 고전 유학으로의 회귀와 필요의 문제에의 관심이 부활하여 18세기의 실용적 학풍의 유행을 낳은 것은 주목할 만한 일이다. 형이상학적 윤리학에 대한 비판은 유학 내부에서 학문적으로 제기되었고, 18세기 후반의 지적 관심의 다변화, 진보적·비판적인 학풍의 형성은 서양의 과학기술서적들의 영향이 있었지만 유학 자체의 논리에서 스스로 생겨난 것으로 볼 수 있다. 성리학의 윤리적 도그마의 극복은 바로 고전 유학의 실용성의 회복을 통하여 이루어지고 있었던 것이다. 나아가 고전 유학의 실용성은 서양 과학기술의 실용성, 합리성, 실증성과도 통하였고, 18세기 조선 지식인들의 세계관에서 명백하게 오늘날 우리가 '근대'라고 이름 붙일 수 있는 요소를 찾게 되는 것은 이러한 이유 때문이다. 조선 후기 사상사 연구자들을 괴롭힌 문제, 즉 실학 속에 있는 근대적 요소와 고대로 되돌아가고 고대에서 근거를 찾는 실학자들의 전근대적 경향 간의 괴리는 본 논문에서 제시한 유학의 두 측면, 즉 실용주의와 이상주의의 두 경향이 유학 내에 존재하며, 특히 유학 고전들 속에 필요 문제에 대한 관심과 실용성이 깊이 들어있음을 감안하면 이 논쟁은 쉽게 해결된다. 다시 말해서, 고전 유학으로의 복귀는 근대로의 길목을 여는 하나의 과정이었던 것이다. 실학을 근대주의로 옹호한 학자들이나 전근대주의로 비판한 학자들은 유학의 사상 속에서 이 두 측면이 긴장을 형성하고 있음을 진지하게 고려하지 않았다.[32] 중국사상사 연구자인 벤쟈민 슈워츠(1916~1999)가 유학은 그

---

[32] 대부분의 학자들은 실학에서 근대의 요소들을 인정하고 있다. 하지만 제임스 팔레와 김태영과 같은 학자들은 유형원과 정약용의 경세론을 분석하며

자신 속에 근대로 나아갈 요소를 가지고 있다고 본 것은 고전 유학 속에 존재하는 이 실용적 측면을 잘 파악하고 있는 경우라고 하겠다(Schwartz 1972).

실학의 개혁사상은 이상주의적이고 복고적이어서 근대를 지향한 것으로 보기 어렵다고 주장한다. 이영훈은 실학이란 성리학에 기반한 조선의 소농사회가 17, 18세기 사회경제적 변화에 적응한 것이며, 성리학적 세계관을 벗어난 새로운 학문조류로 볼 수 없다고 말한다. Palais(1996), 김태영(1998), 이영훈(1996; 2001) 참고.

참고문헌

『고종실록』.

『論語』.

『孟子』.

『書經』.

강재언. 1990. 『조선의 서학사』. 서울: 민음사.

고동환. 2007. "조선후기 도시경제의 성장과 지식세계의 확대." 고동환·김문식·배우성·유봉학·한영우·정호훈·구만옥 편. 『다시, 실학이란 무엇인가』, 249-275. 서울: 푸른역사.

김만규. 2005. 『바로 보는 한국의 정치사상』. 서울: 논형.

김문식. 1996. 『조선후기 경학사상 연구』. 서울: 일조각.

김상준. 2001. "조선시대의 예송과 모랄폴리틱." 『한국사회학』 35집 2호, 205-236.

김영수. 2005. "조선 공론정치의 이상과 현실(I): 당쟁발생기 율곡 이이의 공론성치론을 중심으로." 『한국정치학회보』 39집 5호, 7-27.

김준석. 2003. 『조선후기 정치사상사 연구』. 서울: 지식산업사.

김태영. 1998. 『실학의 국가개혁론』. 서울: 서울대학교출판부.

김한식. 2006. 『한국인의 정치사상』. 서울: 백산서당.

김홍경. 1996. 『조선초기 관학파의 유학사상』. 서울: 한길사.

노대환. 1993. "19세기 중엽 유신환 학파의 학풍과 현실개혁론." 『한국학보』 72집, 191-228.

노대환. 1997. "조선 후기의 서학유입과 서기수용론." 『진단학보』 83집, 121-154.

도현철. 1999. 『고려말 사대부의 정치사상 연구』. 서울: 일조각.

도현철. 2000. "〈경제문감〉의 인용전거로 본 정도전의 정치사상." 『역사학보』 165집, 69-102.

문철영. 1999. "고려후기 신유학 수용과 사대부의 의식 세계." 『한국사론』 41·42 합본호, 335-417.

박충석. 2010. 『한국정치사상사』. 서울: 삼영사.

변주승. 2001. "신유박해의 정치적 배경." 『한국사상사학』 16집, 91-116.

송시열. 1985. "기축봉사." 『국역 송자대전 5』, 237-280. 서울: 민족문화추진회.

신복룡. 2011. 『한국정치사상사 1, 2』. 파주: 지식산업사.

안정복 저·홍승균 역. 1996. "천학문답." 『국역 순암집 3』, 227-251. 서울: 민족문화추진회.

유봉학. 1995. 『연암일파 북학사상연구』. 서울: 일지사.

유봉학. 1998. 『조선후기 학계와 지식인』. 서울: 신구문화사.

이경구. 2014. "18세기말 19세기초 지식인과 지식계의 동향." 『한국사상사학』 46집, 283-312.

이경구. 2018. 『조선, 철학의 왕국: 호락논쟁 이야기』. 서울: 푸른역사.

이병도. 1987. 『한국 유학사』. 서울: 아세아문화사.

이영훈. 1996. "다산의 정전제 개혁론과 왕토주의." 『민족문화』 19집, 55-111.

이영훈. 2001. "조선 후기 사회변동과 실학." 한국사연구회 편. 『한국실학의 새로운 모색』, 91-120. 서울: 경인문화사.

이원택. 2001. "기해복제 논쟁과 그 이념적 지향." 『한국정치학회보』 34집 4호, 23-39.

이재석·김석근·김영수·부남철·김명하·배병삼·이영춘·안외순·이원영·오문환·정용대·정경환. 2002. 『한국정치사상사』. 서울: 집문당.

이태진. 1996. "소빙기(1500-1750) 천변재이 연구와 『조선왕조실록』: Global History의 한 장." 『역사학보』 149집, 203-236.

이택휘. 1999. 『한국정치사상사: 조선조 정치체제와 한국정치사상』. 서울: 전통문화연구회.

이황 저·윤사순 역. 1993. "논사단칠정서." 『퇴계선집』, 211-296. 서울: 현암사.

이황. 1997. "무진육조소." 『국역퇴계집』, 100-124. 서울: 민족문화추진회.

정옥자. 1989. "17세기 사상계의 재편과 예론." 『한국문화』 10집, 211-239.

정옥자. 1993. 『조선후기 역사의 이해』. 서울: 일지사.

정옥자. 1998. 『조선후기 조선중화사상 연구』. 서울: 일지사.

정재훈. 2005. 『조선전기 유교정치사상 연구』. 서울: 태학사.

정차근. 1996. 『동양정치사상: 한국 양명사상의 전개』. 서울: 평민사.

정호훈. 2004. 『조선후기 정치사상 연구: 17세기 북인계 남인을 중심으로』. 서울: 혜안.

지두환. 1987. "조선후기 예송 연구." 『부대사학』 11집, 77-125.

한국동양정치사상사학회. 2005. 『한국정치사상사: 단군에서 해방까지』. 서울: 백산서당.

한명기. 2000. 『광해군: 탁월한 외교정책을 펼친 군주』. 서울: 역사비평사.

현상윤 저·이형성 교주. 2010. 『현상윤의 조선유학사』. 서울: 심산.

Arendt, Hannah. 1998. *The Human Condition*. Chicago: The University of

Chicago Press.

Arnold, Matthew. 1994. *Culture and Anarchy*. Bristol, England: Thoemmes Press.

Baker, Don and Franklin Rausch. 2017. *Catholics and Anti-Catholicism in Chosŏn Korea*. Hawai'i: University of Hawai'i Press.

Deuchler, Martina. 1992. *The Confucian Transformation of Korea: A Study of Society and Ideology*. Cambridge, Mass.: Council on East Asian Studies, Harvard University.

Deuchler, Martina. 1999. "Despoilers of the Way-Insulters of the Sages: Controversies over the Classics in Seventeenth-Century Korea." In *Culture and the State in Late Chosŏn Korea*, edited by Jahyun Kim Haboush and Martina Deuchler, 91-133. Cambridge, Mass.: Harvard University Asia Center.

Duncan, John B. 2000. *The Origins of the Chosŏn Dynasty*. Seattle: University of Washington Press.

Haboush, JaHyun K. 1999. "Constructing the Center: The Ritual Controversy and the Search for a New Identity in Seventeenth-Century Korea." In *Culture and the State in Late Chosŏn Korea*, edited by Jahyun Kim Haboush and Martina Deuchler, 46-90. Cambridge, Mass.: Harvard University Asia Center.

Palais, James B. 1996. *Confucian Statecraft and Korean Institutions: Yu Hyŏngwŏn and the Late Chosŏn Dynasty*. Seattle: University of Washington Press.

Plato. 2008. *The Republic*, translated by Tom Griffith. Cambridge, U.K.: Cambridge University Press.

Rawls, John. 1993. *Political Liberalism*. New York: Columbia University Press.

Schwartz, Benjamin. 1972. "The Limits of 'Tradition versus Modernity' as Categories of Explanation: The Case of the Chinese Intellectuals." *Daedalus* 101(2): 71-88.

Wagner, Edward W. 1974. *The Literati Purges: Political Conflict in Early Yi Korea*. Cambridge, Mass.: East Asian Research Center, Harvard University.

Weber, Max. 1962. *The Religion of China: Confucianism and Taoism*, edited and translated by Hans H. Gerth. Glencoe: The Free Press.

蕭公權(소공권) 저·최명·손문호 역. 2019. 『중국정치사상사』. 서울: 서울대학교출판문화원.

3장 박은식의 양명학 수용: '네이션 만들기'(nation-building)와의 관련성*

김동규

I. 서론

　러일전쟁에서 일본이 승리하고 주권 상실이라는 암울한 전망에 직면한 구한말의 개혁가들은 위로부터의 국가(國家) 개혁에 대한 희망을 일단 접고 한국인 개개인을 독립정신 또는 자율적 주체성으로 무장시켜 아래로부터의 '네이션 만들기(nation-building)'를 해보겠다고

---

* 이 글은 2023년 8월 『한국과 국제사회』 7권 4호에 게재된 "박은식의 양명학 수용에 관한 연구: '네이션 만들기'(nation-building)와의 관련성을 중심으로"를 수정·보완한 것이다.

시도했는데, 많은 개혁가는 마르틴 루터의 종교개혁에서 그 해법을 찾았다. 따라서 그들이 처음에 의지한 것은 당연히 개신교였다. 그러나 일부 전통주의자들은 기존의 유교, 불교, 천도교 등 전통 사상 내지 종교 안에서 자생적인 개혁을 모색하고자 했다.

당시 개혁가들이 보기에, 근대적인 자율적 주체성을 형성하는 데 걸림돌이 되는 가장 큰 문제는 모든 것을 자연에 속하는 것처럼 인식하는 것, 즉 도덕적이든 물리적이든 모든 문제를 물리적 문제(즉 Sein의 문제)로 환원해 '무엇을 해야 하는가'라는 질문(즉 Sollen의 질문)을 배제해 버리는 주자학의 결정론적 세계관을 어떻게 극복할 것인가 하는 것이었다. 당시 많은 한국인은 결정론적 성격이 강한 주자학이나 미지의 외부 힘에 의해 인간의 운명이 결정된다는 무속적인 세계관에 빠져 있었는데, 이러한 결정론과 운명론에 기인한 수동적 태도로는 국민(민족)국가(nation-state)의 한 축인 능동적이고 주체적 '네이션'을 만드는 것이 어렵다는 것이 당시 개혁가들의 대체적인 문제의식이었다.

이 글은 당시 유학의 대표적 사상가인 박은식을 중심으로 수동적인 태도를 부추기는 주자학의 결정론적인 세계관을 극복하려는 유학 측의 노력을 다루는데, 특히 일본에서 기원한 '근대 양명학'이 어떻게 박은식 등의 유학자에게 영향을 미치게 되었는지 그 계보를 추적하고, 박은식의 양명학 이해가 일본식 '근대 양명학'과 비교할 때 어떤 공통점과 차이점을 보이며, '네이션 만들기'의 관점에서 어떤 특징을 가지는지를 살펴본다.

Ⅱ. 본론

1. 유학의 '구신(求新)' 모색

1884년 갑신정변이 실패한 후 해외로 망명한 개혁파 지도자들은 개신교에 본격적으로 관심을 갖게 되었다. 일본이 1895년 청일전쟁의 승리로 한반도에서 중국의 영향력을 배제하고 10년 뒤 러일전쟁 승리 후에는 러시아의 영향력까지 배제하면서, 조선은 사실상 주권을 상실하게 되었고, 국가 주권의 상실이 진행되는 것과 함께 오랫동안 관학(官學)으로서 조선 지성계를 지배하던 주자학 역시 정치적, 사상적 프로그램으로서 신뢰를 잃게 되었다. 이러한 상황에서 대표적인 유학자이자 언론인이었던 박은식(朴殷植, 1859~1925)은 유학을 나라의 독립을 위한 수단으로 재구성할 방법을 모색했다. 그는 주자학이 자연의 객관적 법칙에 지나치게 집착하여 외부 세계에 대한 인간의 무기력한 수동성을 조장한다고 보고 유학사상을 보다 정신적이고 활기 넘치는 것으로 만들고자 했다. 박은식은 또한 많은 선교사와 마찬가지로 진정한 종교가 없이 살아가고 있는 한국인들에게 영적인 활력을 불어넣기 위해 기존의 '유학(儒學)'을 '유교(儒敎)'로 바꾸고자 하였고, 이로써 사람들의 영혼을 움직여 자발적인 행동을 추동해 낼 수 있는 힘을 가진 종교를 만들고자 했다. '진정한 종교'의 부재에 대해서는 국내외 인사들이 자주 지적하고 있었는데, 윤치호(尹致昊, 1865~1945)도 그중 한 명이었다. 그는 일기에 이렇게 적고 있다.

한국인이나 일본인, 중국인에게 필요한 것은 실증적 철학이나 지성적 종교가 아니다. 유학(儒學)이 이러한 요소를 이미 가지고 있다. 사실 우리는 수많은 교리, 철학, 종교를 원하지 않으며 사실 그런 것들에 지쳤다. 우리는 우리가 옳고 진실하다고 알고 있는 것을 행할 수 있도록 도와주는 살아있는 도덕적 또는 영적인 힘을 원한다(윤치호 90/05/18).

캐나다 선교사인 제임스 게일(James S. Gale, 1859~1916)도 『변화하는 한국(Korea in Transition)』에서 같은 결론을 내린다. 그는 한국사회가 "질식해버린 사회(stifled society)"라면서 이렇게 언급했다.

> 한국의 가장 심각한 문제는 독립적 사고가 질식되어 있다는 사실이다. 한국인들은 예의 바르고, 친절하고, 공손하고, 따뜻하고, 즐거움과 유머를 즐길 줄 안다. 하지만, 이와 달리 결론을 내리고 행동에 나서는 것은 할 줄 모른다(Gale 1909, 101).

미국 선교사 언더우드(Horace G. Underwood, 1859~1916)도 한국인의 종교성을 의심했다. 그는 "한국인은 종교가 없는 민족"이라고 썼다. 유학이 한국인을 지배하고 있지만 "유학은 종교가 아니며", 차라리 "(인간의) 자연스러운 종교적 본능의 요구 중 어느 것도 충족시키지 못하는", "윤리적 체계"에 불과하다는 것이다(Underwood 1908, 77-81).

박은식은 중국과 일본에서 량치차오가 그랬던 것처럼 주자학이 한국 사회를 어떻게 마비시키는지를 볼 수 있었고 이에 따라 한국인들이 정신적 활력을 되찾을 수 있도록 보다 정신적 영감을 고무하는 대안적 유학을 도입하고 보급해야 한다는 절박함을 느끼게 되었다. 박은식은 특히 일본 메이지 시대에서 시작되어 한국에 직접 전해지거나 량치차오(梁啓超)의 저술 같은 중국 자료를 통해 간접적으로 전해진 '근대 양명학'에서 그 대안으로 보기 시작했다. 박은식이 『서북학회월보』에 유교의 '개혁'("구신")을 공개적으로 호소하기 시작한 것은 1909년 3월이었다. 이 도발적인 글에서 박은식은 북유럽 사람들이 기독교 안에서 했던 것처럼 유교를 개혁하자고 제안했다. 그는 종교개혁이 없었다면 기독교 문명이 근대화를 이룰 수 없었다고 주장했다. 그는 "마르틴 루터의 대담함과 개량구신(改良求新)에 대한 열정이 없었다면 유럽은 여전히 암흑기에 머물러 있었을 것"이라고 말했다. 그는 한국 유교도 주자학이 정통이라는 관념을 버리고 왕양명(王陽明)의 철학을 받아들이는 것이 좋다고 생각했다. 그는 이러한 유교의 개혁을 '유교구신'이라고 명명했다(박은식 1909). 유학을 종교인 유교로 바꾸고 주희(朱熹)를 버리고 왕양명(王陽明)을 지지하는 등 유교의 근본적인 변화를 요구하는 이러한 유교구신론(儒教求新論)은 전례 없는 요구였다. 또한 박은식은 애국심보다 철학적 정통성에 대한 충성을 우선시하는 조선 주자학자들의 애국심 결여에 크게 실망하여 1909년 11월 28일 자 『대한매일신보』 「오늘날 종교가에게 구하는 바」에서 일본 주자학자 야마자키 안사이(山崎闇齋, 1618~1682)의 애국심을 칭찬하면서 동시에 조선 후기 주자학자 중 가장 존경받는 학자이자 자신의 스승인 박문일(朴文一, 1822~1894)과 박문오(朴文五,

1835~1899) 형제의 스승이기도 한 이항로(李恒老, 1792~1868)의 애국심 결여를 다음과 같이 비판했다.

> 이화서(李華西, 이항로)는 한국 유교가의 거벽이오 야마자키 안사이는 일본 유교가의 거벽이라 이 두 사람이 학술과 문장을 서로 비교할진대 야마자키 선생이 이화서 선생의 문하에 일개 시종의 자리 밖에 못 갈 것이다. 이화서 선생이 말하기를 오늘날 우리의 책임은 유교가 성하고 쇠하는데 있고 국가가 흥하고 망하는 것은 오히려 둘째의 것이라고 하였고, 반면 야마자키 선생이 말하기를 만일 우리나라를 침략하는 자가 비록 공자가 장수가 되고 안자, 증자가 선봉이 되었을지라도 나는 마땅히 원수로 적국으로 대접한다 하였으니, 오호라 한국과 일본의 강하고 약한 것은 두 나라 유교도의 정신을 봐서도 가히 판단할 수 있는 바이다 (박은식 09/11/28, 1).

박은식이 오랫동안 동경하던 주자학의 대안으로 양명학을 생각하게 된 계기는 무엇이었을까?

박은식은 40세인 1898년에 자신의 세계관에 급격한 변화를 경험했다고 고백했다. 이 해에 그는 독립협회에 가입하여 개혁운동에 참여하기 시작했고, 또 다른 개혁적 유교 지도자인 남궁억(南宮檍, 1863~1939)과 함께 『황성신문』에 사설을 쓰기도 했다. 박은식은 이렇게 회고한다.

> 사십세 이후에 세계 학설이 수입되고 언론자유의 시기를 맞나매 余

(나)도 일가(一家) 학설에 교니(膠泥)되었던 사상이 저윽이 변동됨으로 우리 선배의 엄금하던 노장양묵신한(老壯楊墨申韓)의 학설이며 불교와 기독의 교리를 모다 종람(縱覽)케 되었다(박은식 25/04/03, 5).

또 다른 중요한 영향은 수입된 중국 문헌, 특히 량치차오(梁啓超, 1873~1929)의 저술이었다. 량치차오의 저서 중 상당수가 1898년부터 1912년까지 그가 망명하고 있던 일본에서 출판되자마자 한국에 수입되었고 상당한 수의 글들이 번역되어 출판되었다. 1898년 12월부터 요코하마에서 량치차오가 발행하기 시작한 중국의 개혁주의 신문인 『청의보(淸議報)』는 이미 한국의 지식인층에 잘 알려져 있었다. 당시 일본과 조선 사이에는 이미 우편 시스템이 구축되어 있어서 일본에서 한국으로 빠르게 배송되었다. 이후 『청의보』는 서울의 한성신보관(후에 개문사로 개명)과 인천의 야태호라는 두 신문 대리점을 통해 구독자들에게 직접 배달되기도 했다. 이 신문 대리점들은 량치차오의 책도 많이 수입했다(엽건곤 1979; 유준기 1999, 84, 각주 80). 량치차오는 한국에서 매우 유명해져서 고문(古文)으로 쓴 그의 설득력 있는 논설 중 하나인 「애국서(愛國書)」가 온건한 『황성신문』(1899년 3월 17~18일)에는 거의 한문 그대로, 그리고 보다 급진적인 『독립신문』(1899년 7월 27~28일)에는 한글로 두 차례에 걸쳐 게재되었다(Tikhonov 2010, 83). 그러나 1900년에서 1905년 사이, 즉 황제로 즉위한 고종과 그의 '대한제국' 정부가 한국을 절대 군주제로 재건하려 하고 아래로부터의 어떠한 정치 운동도 용납하지 않으려 했던 시기에는 량치차오의 저술이 한국에서 번역 출판되는 일이 뜸해졌다. 그러나 1905년 이후

고종의 한국 사회에 대한 지배력이 약해지기 시작하면서 한국 지식인들은 량치차오를 다시 읽기 시작했다. 1905년에서 1910년 사이에 량치차오는 한국에서 가장 널리 읽히는 저자 중 한 명으로 그 위상을 회복했다. 예를 들어 월간『서우(西友)』는 1906년 12월부터 1907년 3월까지 매호마다 량치차오의 글을 2-3편씩 게재했고, 1907년 4월부터 9월까지 매호마다 한 편씩을 게재했다. 1906년에서 1909년 사이에 여러 학회에서 발행한 정기간행물에 번역 소개된 량치차오의 글은 총 33편에 달했다(Tikhonov 2010, 84-85).

박은식도 량치차오의 애독자였다. 박은식이 한국의 유교 개혁을 촉구한 것은 10년 전인 1899년 어느 일본 철학자 모임에서 량치차오가 발표했던 것을『청의보』에 게재한「중국의 종교에 대하여」라는 제목의 연설문에서 직접적인 영감을 받았는데, 특히 오랫동안 중국을 지배해 왔던 유교가 사실은 정통 맹자학파가 아닌 이단 순자학파에서 내려온 것이며, 이런 이유로 지배자들에게 아부하면서 민중의 요구를 외면해 왔다는 량치차오의 주장에 큰 감명을 받았다고 한다(梁啓超 1965, 33-38). 그러나 이 연설에서 량치차오는 왕양명에 대해서는 직접 언급하지 않았다. 이후 량치차오가 유교개혁의 수단으로 양명학을 장려하기 시작한 것은『덕육감(德育鑑)(1905)』에서였다. 그러나 량치차오가 양명학으로 전환한 것은 그가 체류하고 있던 일본 메이지 말기의 지적 상황을 이해하지 않고는 이해할 수 없다. '근대 양명학'이 발견되고 형성된 당시는 일본이 제국헌법(1889년)과 교육칙어(1890년)로 확립된 메이지 국가체제를 뒷받침하기 위해 일반 국민에게 자발적인 애국심을 불어넣는 방법을 모색하던 시기였다. 미야케 세쓰레이(三宅雪嶺, 1860~1945)와 도쿠토미 소호(德富蘇峰, 1863~1957)는 각각 왕양명과 요시다 쇼인에 관한 책을 출판함으로써 메이지 유신에서 양명학의 역할과 그 행동주의 철학을 처음으로 '발견'했다. 두 사람은 아래로부터 기개 있는 국민을 만들고자 했다. 사실 이것은 조슈-사쓰마 번벌(藩閥)이 위로부터 전국을 통제하려는 국가주의적 시도에 반대하는 옛 민권운동의 연장선상에 있었는데, 이 점이 일본의 '근대 양명학'이 나아갈 사상적 운명에 영향을 미쳤다. 천황제 국가주의자들의 관점에서 일본 국민이 애국심과 국민적 기개를 갖는 것은 바람직한 일이지만 너무 과도해지는 것은 위험했다. '근대 양명학'도 마찬가지였다.

2. '근대 양명학'의 일본적 기원

일본 학계는 '주자학 사상체계의 붕괴'를 일본 근대화의 필수 요소로 간주하는 오랜 전통을 유지해 왔다. 에도시대 당시 일종의 사상적 근대화가 오규 소라이(荻生徂徠, 1666~1728)에게서 시작되었다고 주장한 마루야마 마사오의 주장은 이러한 오랜 학문적 도식을 배경으로 해야만 이해될 수 있다. 실제로 '주자학 대 근대화'라는 도식은 국가마다 차이는 있지만 동아시아 전체에 영향을 미쳤다(Ogyū 2000, 94). 그러나 이 도식은 신유학이든 아니든 유학 자체가 일본 사상사에서 결정적인 역할을 한 적이 없었다고 주장하는 일본 유학사상의 많은 전문가들에 의해 논쟁의 대상이 되어 왔다. 비토 마사히데(尾藤

正英)나 와타나베 히로시(渡辺浩) 같은 학자가 대표적인데, 이들은 중국에서 유학 전통이 차지하는 비중과 비교할 때 에도시대 초기부터 일본에 유학전통이 형성되었다는 생각은 후대의 역사학이 지어낸 것이라고 주장한다(Ogyū 2000, 95; 渡辺浩 1985; 尾藤正英 1961). '주자학 대 양명학'이라는 도식은 더 넓은 의미의 '주자학 대 근대화'라는 도식의 일부다. 이 도식에서 양명학은 주자학에 반대되는 것이며, 따라서 주자학보다 근대화에 더 적합하거나 도움이 되는 것으로 간주되었다.

'주자학 대 양명학', '메이지 유신의 철학적 힘으로서의 양명학', 그리고 오시오 주사이(大塩中齋, 1793~1859), 요시다 쇼인(吉田松陰, 1830~1859), 사이고 다카모리(西鄕隆盛, 1828~1877) 및 기타 많은 일본 개혁가들이 양명학자였다는 주장은 특히 오규 시게히로(荻生茂博)와 하루투니언(H. D. Harootunian)에 의해 의심받았다. 오규 시게히로는 주사이를 양명학이라기보다는 오히려 명나라 동림당(東林黨)쪽 이론의 추종자로 생각했고, 하루투니언은 요시다 쇼인과 사이고 다카모리를 양명학과 동일시하는 근거가 약하다고 지적했다(Harootunian 1970, 139-141; Steben 2000, 86; 荻生茂博 1988, 199-200; 1995). 이 때문에 오규 시게히로는 근대 일본적 맥락에서 재해석된 후 중국과 한국으로 확산된 양명학을 원래의 중국 양명학과 구분해 '근대 양명학'으로 명명하는 것을 선호한다. 아래에서 살펴보겠지만, 박은식의 양명학 역시 이 '근대 양명학'의 영향을 많이 받았다. 그는 절친한 동료 장지연(張志淵, 1864~1921)에게 보낸 서한에서 자신이 양명학을 만나게 된 경위를 이렇게 설명했다.

이 학문(양명학)이 지금 크게 퍼져서 많은 일본 메이지유신 호걸들은 양명학파이며, 중국 역시 양명학자들이 많아 지행합일론을 통해 때에 맞춘다. 소크라테스, 칸트, 버클리 같은 많은 서양 철학자들의 학설 역시 각각 지행합일론을 제시했다(박은식 1975a, 246).

여기서 박은식이 메이지유신 영웅들을 양명학자였다고 생각한 것 자체가 일본식 '근대 양명학'의 기본 틀에서 나온 것이다. 박은식은 일본 저널 『양명학』을 정기구독해서 읽었다는 사실도 알려져 있다(이종란 2010, 24).

하지만 박은식은 적어도 그의 『왕양명선생실기』에서는 주자학에 대해 분명하게 반대했던 일본사상가들에 비해 주자학에 대해 좀 더 수용적인 태도를 보였다. 이 전기(傳記)에서 주자학과 양명학에 대한 박은식의 태도는 주자학이 틀렸다는 것보다는 양명학이 '배우기 쉽고 실천하기 쉽다'는 장점이 있어 급격한 근대화라는 주어진 상황에서 더 바람직하다는 것이었다(박은식 2010, 346). 그는 마치 양명학이 주자학의 연장선상에 있는 것처럼 설명했다. 박은식은 주자학을 적극적으로 배척하지는 않았던 것이다. 원래의 중국 양명학과 일본의 근대 양명학 사이에는 큰 차이가 있었다는 미조구치 유조(溝口雄三)의 주장을 볼 때, 박은식은 왕양명에 대한 중국 전통적 이해에 더 가까워 보인다. 하지만 박은식은 왕양명과 량치차오의 중국어 원전을 주로 인용한 『왕양명선생실기』와 달리 1911년 해외 독립운동을 위해 만주로 망명한 직후에 쓴 단편소설 형식의 『몽배금태조(夢拜金太祖)』

에서는 양명학에 대한 자신의 입장을 보다 적극적으로 드러냈다. 이 글에서는 일본 '근대 양명학'의 영향이 더욱 두드러지는데, 행동주의와 의지의 중요성을 강조하는 내용이 특히 눈에 띈다.

미조구치 유조에 따르면, 중국의 양명학은 일본의 양명학과는 몇 가지 측면에서 차이가 있다. 첫째, 일본의 양명학과 달리 중국 양명학은 사람과 사람 사이의 수평적 공동체 형성에 관심을 가졌다. 미조구치는 중국 양명학의 원류를 명(明) 중기 이후 '유학의 대중화', 즉 위로부터의 통치가 작동되지 않는 새로운 상황에서 일반 백성들이 수평적으로 공동체를 형성할 수 있도록 훈련하려는 유학의 노력으로 설명함으로써 중국과 일본의 차이가 나타난 맥락을 설명한다. 이 시기는 관료적 통제의 시대에서 지역 지도자나 민중이 스스로 통치하는 공동체적 자치 시대로 넘어가는 과도기였다. 미조구치는 명 중기와 후기 사이에 통치자와 관료, 그리고 상하 관료를 하나로 묶는 기존의 통일적 질서 이데올로기에 균열이 발생했으며, 이는 특권을 누리는 대지주 계층의 현저한 팽창과 그에 따른 계층 간 모순의 증가로 인해 명 초기부터 발생한 전제적 이갑(里甲) 체제가 붕괴된 것과 상응한다고 설명한다. 이에 따라 사회정치적 리더십과 도덕적 자발성을 하층민에게까지 확대할 수 있는 실생활 실정에 맞는 새로운 공동체 이념이 필요했다. 미조구치는 위로부터의 관료적 통치철학과 아래로부터의 수평적 공동체적 자치 철학을 대조하여 주자학파와 양명학의 차이를 설명한다(Steben 2000, 85; 溝口雄三 1981, 71-72; 王陽明 2005(전습록 일역본 해설), 1-25). 이에 따르면 원래부터 중국의 양명학은 가족, 친구, 이웃 등과 유대를 맺고 강화하는 방법, 즉 수평적 사회화에 계속 주목했다. 이는 『대학』의 한 문장에 대한 왕양명의 해석이 주희(朱熹)의 엘리트주의적 해석과 심각하게 상충하는 이유를 설명해 준다. 주희는 신민(新民), 즉 '백성을 개조한다'로 해석한 반면, 왕양명은 친민(親民), 즉 '백성을 가까이한다' 또는 '백성 사이에 친밀함을 확대한다'로 이해했다. 왕양명은 이렇게 말한다.

> 백성들이 서로 친하지 않으니 순(舜) 임금은 설(偰)을 사도로 삼아 윤리를 널리 알리고 교화하여 백성들 사이에 감정을 깊게 하였다. 『堯典』에 나오는 '인정을 밝게 하여 큰 덕을 쌓는다(克明峻德)'는 말은 바로 '밝은 덕을 밝힌다(明明德)'는 의미고 '구족과 친하게 지낸다(以親九族)', '평장(平章)', '협화(協和)' 등이 모두 '친민(親民)'을 의미한다. … '친민'에는 백성을 가르치고 길러야 한다는 의미가 포함되어 있으니, '신민(新民)'이라고 하면 정도에서 어긋난 것이다(Wang 1963, 6; 王陽明 2010, 17).

원래의 중국 양명학과는 달리 일본 양명학은 사람들 사이의 수평적 관계에 거의 관심을 기울이지 않는다. 아리스토텔레스의 『니코마코스 윤리학』과 같은 서양 고전과 중국의 많은 유학 고전에서 공동체 또는 시민사회 구축에 대한 담론은 대개 '우정(友情, friendship)'의 형태로 다루어졌다. 전통적으로 유학에서는 '붕우유신(朋友有信)'을 사람 사이의 다섯 가지 필수 관계 즉 '오륜(五倫)' 중 하나로 꼽았다. 그러나 일본의 양명학자들은 우정에 대해 깊이 있게 다루지 않았다. 이노우에 데쓰지로(井上哲次郞)의 일본 양명학에 대한 표준 텍스트인

『일본 양명학파의 철학(日本陽明學派的哲學)』에서는 주희가 언급한 오류을 열거할 때 '붕우유신'이 포함된다는 사실만 간단히 언급할 뿐 더 이상 상세히 다루지 않는다(井上哲次郎 1900, 117). 이노우에는 효에 대해서는 다소 깊이 있게 다루고 있지만, 우정에 대해서는 거의 다루고 있지 않다. 진보적인 우치무라 간조(內村鑑三)조차도 『일본과 일본인』의 일본 양명학 서술에서 '붕우유신', '우정' 같은 주제를 전혀 다루지 않는다. 우정 또는 '붕유유신'이라는 중국 유학의 전통적 주제에 대한 무관심은 시마다 겐지(島田虔次)의 『주자학과 양명학』에서 볼 수 있듯이 일본의 전후(戰後) 시대에도 마찬가지다(島田虔次 1967). 이러한 우정 또는 '붕우유신'에 대한 무관심은 공동체나 시민사회 같은 매개적 요소를 고려하지 않고 개인과 전체라는 두 개 요소로만 이론화하는 경향이 있는 일본 양명학의 전형적인 특징이고, 중국 양명학과 다른 점 중 하나다.

둘째, 중국 양명학은 주관적 요소와 함께 객관적인 이(理)도 중요하게 여긴다는 점에서 일본 양명학보다 객관주의적이라고 할 수 있다. 이런 점에서 중국 양명학은 주자학과 같은 신유학 전통에 머물러 있는 반면, 일본의 양명학은 순수한 마음(心, こころ)의 힘을 보다 강조하는 주관주의 경향이 강하다. 물론 원래 양명학이 주자학보다 더 주관주의적인 것은 사실이다. 주자학이 외부 대상에 존재하는 객관적 규범을 연구하는 것부터 시작해야 한다고 주장하는 것과 달리 양명학은 주관적 요소, 즉 마음-마음 관계의 중요성을 강조하고 모든 대상의 자연적 원리나 모든 인간관계, 예를 들어 아버지와 아들의 관계, 형과 동생, 이웃 간의 관계를 규율하는 모든 원리를 다

알 수는 없음을 강조한다. 양명학에 따르면, 사회적 지위, 교육 정도에 따른 귀천을 불문하고 인간은 누구나 각 인간관계의 본질과 객관적 상황을 직관적으로 알 수 있는 선천적 지식(또는 지혜) 즉 양지(良知)를 가지고 태어난다. 왕양명은 "자신의 양지는 본래 성인과 마찬가지다. 만약 자신의 양지를 분명히 체득한다면 성인의 기상은 성인에 있는 것이 아니라 나 자신에 있는 것이다"라고 말한다(Wang 1963, 127; 王陽明 2010, 293-294). 이러한 '양지'에 대한 생각은 명 중기에 유학의 대중화로 이어질 수 있었다. 현대 유럽의 어휘를 빌린다면 양명학은 국가로부터 독립된 시민사회의 형성을 목표로 했다고 말할 수 있다. 하지만 시민사회 또는 수평적 공동체에 대한 관심은 이미 언급했듯이 일본 양명학에서 뚜렷하게 빠져있었다. 일본의 양명학은 수평적 관계보다는 수직적 관계에 관심이 많았다. 마음(こころ)을 정화하는 것, 하늘의 명령이나 소명을 직접 아는 것, 다시 말해 국가와 세계의 절실한 필요를 직접 알고 그에 따라 행동하는 것에 더 관심이 있었다. 수평적인 시민사회 또는 공동체를 만드는 것은 빠뜨린 채 오직 사적인 자기 수양과 국가와 관련된 활동만이 일본 양명학의 세계관을 구성한다. 양명학은 지사(志士)처럼 의지가 강한 혁명가나 자기희생적인 애국자를 위한 철학으로 여겨졌다. 이에 반해 중국 양명학은 개인적 수양뿐만 아니라 다양한 인간관계를 지배하는 원리를 탐구하는 데에 더 중점을 둔다. 왕양명은 이(理)의 존재를 부정하지 않는다. 다만 마음의 정화와 교정이 이(理)에 대한 더 깊은 연구를 위한 시작점이 되어야 한다고 주장할 뿐이다. 왕양명이 불교와 밀접한 것 같다는 한 제자의 의심에 대해 그는 자신의 사상이 '무에서 유를

창조한다는 불교의 교리에 정면으로 반대'되며, 자기 수양과 사물을 탐구하는 방법은 '많은 단계와 많은 누적된 노력을 수반'한다고 답한다. 그는 자신의 방법이 불교적인 '공허(空虛)'나 '돈오(頓悟)'의 관점과 상반되는 것이라고 설명한다(Wang 1963, 91-92; 王陽明 2010, 228-229). 전지전능한 현자, 즉 '자연의 이치(또는 천리)'를 알고, 자신의 타고난 지혜를 깨끗하게 닦은 현자라도 구체적인 사물에 대해 다른 사람들에게 물어봄으로써 지식을 계속 추구해야 한다. 왕양명은 이렇게 말한다.

> 성인이 무엇이나 다 안다고 하는 것은 오직 천리(天理) 하나만 안다는 뜻이고, 무엇이나 다 능하다는 것은 천리 하나만 능하다는 것이다. … 성인의 본체가 비록 명백하지만 어찌 모든 사물을 다 알 수 있겠느냐? 성인은 알 필요가 없는 것에 대해서는 알려고 하지 않지만 꼭 알아야 할 것은 자연히 물어서 알아낸다. 예를 들어 공자는 태묘(太廟)에 가게 되면 무슨 일이나 다 물어보았다. … 예악(禮樂)의 명칭에 대해 성인은 다 알 필요가 없다. 성인의 마음엔 오직 천리 하나만 있으면 된다. 천리만 알게 되면 자연히 많은 예절과 의식 및 제도를 알 수 있게 되는데, 모르면 물으면 된다. 이렇게 하는 것도 천리가 요구하는 것이다(Wang 1963, 201-202; 王陽明 2010, 466).

주관주의가 강한 일본식 양명학이 메이지유신의 주요 동력이었다는 생각은 1880년대 후반과 1990년대의 일본 '국민주의자들'에 의해 처음 제시되었다. 메이지 유신 이후 양명학으로 불리게 된

사상체계가 에도시대 말기 일본에서 어느 정도 인기를 누렸던 것은 사실이다. 그러나 실제로 양명학이 가장 큰 인기를 누린 것은 메이지유신 이후다(Ogyū 2000, 95). 1893년 미야케 세쓰레이(三宅雪嶺, 1860~1945)와 도쿠토미 소호(德富蘇峰, 1863~1957)가 각각 『왕양명(王陽明)』과 『요시다 쇼인(吉田松陰)』을 출간했다. 이 책들은 이후 양명학에 관한 저술의 관점과 스타일을 정립하면서 '근대 양명학'에 대한 동아시아 담론을 선도했다. 이러한 전통에서 출발한 미야케 세쓰레이의 『왕양명』은 왕양명의 삶과 사상을 모두 다루면서 진리 탐구자, 전제 정치의 비판자, 성공한 군사 지도자, 교사, 현자로서 왕양명의 파란만장한 삶을 강조해 교실에서 책을 읽고 가르치는 학자 유형과 달리 정치의 격동 한가운데서 윤리적 실천에 헌신한 활동가로서의 이미지를 확립했다. 미야케 세쓰레이에 따르면, 왕양명의 철학적 인식론을 구성하는 핵심 명제인 '지행합일(知行合一)', '사상마련(事上磨鍊)'은 현대 양명학에서 '실천 우선'이라는 활동가적 원칙으로 해석될 수 있다. 메이지 보수주의의 대표 철학자 이노우에 데쓰지로도 영향력 있는 저서 『일본 양명학파의 철학』에서 "주희는 학문적 원칙을 강조한 반면 왕양명은 실천적 행동을 숭상했다"고 썼다(Ogyū 2000, 99-100; 井上哲次郎 1900, 4). 1904년 이노우에의 제자이자 양명학에 대한 해석을 계승한 다카세 다케지로(高瀨武次郎, 1869~1950)는 『왕양명상전(王陽明祥傳)』을 출판했는데, 이 책은 훗날 박은식이 왕양명에 대한 철학적 전기를 쓸 때 참고서 중 하나가 되었다. 이 시기에 일본에서는 서구의 근대 국가 건설에 앞장선 민족 영웅의 전기가 붐을 이루었다는 점은 주목할 만하다. 예를 들어 도쿠토미 소호의 출판사 민유사(民友社)는 젊은이들을 위한 전기 시리즈를 출간했다. 이 전기 중 『이탈리아-건국-삼걸(伊太利建國三傑)』(J. A. R. Marriott의 'The Makers of Modern Italy'를 번역한 책)은 여러 차례 재판을 거칠 정도로 인기가 높았다. 또한 이 책은 량치차오에 의해 약간의 수정을 거쳐 중국어로도 다시 번역되었고, 이 중국어 버전을 신채호가 또다시 한국어로 번역했다. 이탈리아 영웅들에게 영감을 받아 일본에서도 그에 필적할 만한 영웅을 찾고자 했던 도쿠토미 소호의 『요시다 쇼인』에는 '쇼인과 마찌니'라는 장이 있다. 마찬가지로 미야케 세쓰레이는 사이고 다카모리와 가리발디를 비교하는 글도 썼다. 사이고 다카모리와 요시다 쇼인의 이미지가 일본 양명학의 대표적 추종자이자 일본의 국가적 영웅으로 구축된 것은 서양의 국가 건설 영웅을 숭배하는 당시 분위기에서 비롯된 것이다(Ogyū 2000, 101). 중국과 한국에서도 왕양명의 이론적 담론보다 그의 모범적인 활동과 자기 수양의 실천에 주로 초점을 맞추면서 그의 생애에 대한 전기적 요소를 중심으로 왕양명의 가르침을 함께 설명하는 전통이 계속되었다. 이러한 근대 양명학에 대한 일본적 기원은 박은식의 양명학에 대한 이해에서도 드러나는데, 망명 전 한국에서 저술한 『왕양명선생실기』보다 망명지인 만주에서 저술한 『몽배금태조』에서 더욱 두드러지게 나타난다.

3. 일본 양명학의 두 가지 다른 관점: 우치무라 간조(內村鑑三)와 이노우에 데쓰지로(井上哲次郞)

일본의 '근대 양명학'은 진보와 보수 양쪽 모두에 기여했다. 진보적 개신교 사상가 우치무라 간조와 보수적 도쿄제국대학 교수 이노우에 데쓰지로는 각각의 관점을 대변했다. 그러나 오카다 다케히코(岡田武彦, 1909~2004)에 따르면, 오시오 주사이(大塩中齋)와 요시다 쇼인(吉田松陰)의 급진적 행동주의 같은 양명학에 대한 자유주의적, 진보적 이해는 막부 말기의 일본 양명학 추종자들에게는 매우 이례적이었으며, 이들은 대부분 자기 수양을 통한 사회의 개선을 믿었던 보수주의자들이었다(Steben 2000, 90-91). 양명학파 안에서의 갈등은 이노우에 데쓰지로가 구제(舊制) 제일고등학교의 교육칙어 봉독식에서 교육칙어를 대하는 우치무라 간조의 '불경(不敬)한' 태도를 공개적으로 비판한 데서 엿볼 수 있다. 당시 우치무라는 이 명문 도쿄제국대학 예비학교에서 학생들을 가르치고 있었다. 이른바 '우치무라 불경 사건'으로 인해 우치무라는 학교를 나오게 된다. 이 역사적 갈등에서 우치무라는 메이지 시대 '야당정신을 가진 사람들의 자기수양 토대가 된' 일본 양명학의 한 흐름을 대표했고, 이노우에는 '일본 양명학에 내재한 반권위주의적, 반한학적인 경향을 제거'한 다른 흐름을 대표했다(Ogyū 2000, 106-107; 山下龍二 1964). 우치무라 간조와 이노우에 데쓰지로에게 양명학이 도덕적 실천을 위한 자기 수양의 철학적 도구로 받아들여진 것은 사실이었다. 그러나 자기 수양의 주체는 우치무라에게는 자율적인 개인, 이노우에에게는 충성스러운 제국 신민이라는 점에서 차이가 있었다. 위에서 언급한 1892년 3월의 두 사상가 간의 갈등은 양명학의 두 흐름 사이의 대립으로 볼 수 있다.

원래의 중국 양명학은 사회 계층, 학력, 연령에 관계없이 모든 사람에게 '타고난 지식(良知)'이 존재한다는 점을 강조하면서 '지방에 뿌리를 둔 하급 관리, 마을 원로 및 일반적으로 낮은 사회 계층'에게 유리할 수 있는 요소를 포함하고 있다. 이러한 왕양명의 가르침이 가진 평등주의적 경향은 중국의 보수주의자들을 위협하여 '왕양명과 그 추종자들의 가르침은 위계적 사회 질서에 위협이 된다'고 생각하게 만들었다(Steben 2000, 84; 溝口雄三 1981; 1982, 342-356; 1985, 221-239; 溝口雄三 外 1987, 303-343). 선천적 지식의 존재에 대한 강조와 자신감 있는 행동주의는 일본 양명학자들에게도 계승되었다. 왕양명과 사상이 아무리 달랐고 사상의 개인차가 아무리 컸더라도 일본의 양명학파는 모두 양명학의 본질을 자기 자신에게로 눈을 돌려 자신의 마음(心, こころ) 안에 있는 빛, 즉 인간의 삶과 자연 세계의 궁극적 근원에 해당하는 내재하는 신적인 빛을 발견하는 것으로 봤다. 마음의 순수성에 대한 이러한 믿음은 자신감 있는 행동주의에 대한 강조로 쉽게 이어졌다. 예를 들어 나카에 도주(中江藤樹, 1608~1648)는 이렇게 썼다.

> 사람 안에는 세상 무엇보다 소중한 정신적 보물이 들어있는데, 최고의 덕(德)이나 본질적 도(道)로 알려져 있다. 인생에서 가장 중요한 것은 이 보물을 활용하는 것인데, 이것을 마음속에서 소중히 지키고 몸을 다 해 이것을 실천해야 한다. 이 보물은 위로는 천도(天道)로 흘러

가고, 아래로는 사해(四海)를 비춘다(Steben 2000, 87; 山井湧 外 1974, 22).

미와 싯사이(三輪執齋, 1669~1744)도 '양지'라고 불리는 '영적 빛'의 존재를 믿었다.

> 비록 의념(意念)이 움직이면서 선과 악 두 가지가 나뉘어지지만, 본체의 '영적 빛(靈明)'은 항상 빛난다. 자연으로부터 이 영적 빛이 드러나고 인간적 의지와 섞이지 않는다면, 언제나 세상에 나타난 선악을 비출 수가 있는데 이것을 양지라고 부른다. 이것이 하늘(天神)의 빛(光明)이다. … 만약 사람이 자반(自反)해 양지(良知)를 향하고, 그 빛을 사물과 감응(感應)하는 중에 양지가 비춰지도록 한다면, 마음의 혼란한 움직임은 멈춰질 것이며, 모든 사물과의 감응은 본심의 작용이 될 것이다(Steben 2000, 88; 井上哲次郎·蟹江義丸 1901, 493-495).

양명학이 인식론적 엘리트주의, 관조주의, 성리학, 신과 개인 사이의 제도적 중재를 거부한다는 점에서 개신교 기독교인들이 그 철학에 친근감을 느끼는 것은 당연한 일이었다(Steben 2000, 90). 우치무라 간조도 마찬가지였다.

우치무라 간조는 무교회 운동으로 유명한 근대 일본의 대표적인 자유주의 개신교 목회자였다. 주로 자유주의에 속하는 많은 젊은 학생들이 그를 따랐다. 난바라 시게루(南原繁, 1889~1974)와 야나이하라 다다오(矢內原忠雄, 1893~1961)가 그의 제자이자 정신적 추종자이다. 난바라와 야나이하라는 전후 일본의 자유주의를 대표했으며 1945년과 1951년에 각각 도쿄대학의 총장이 되었다. 우치무라 같은 대표적인 개신교 지도자는 1894년 청일전쟁 중 영어로 출판된『일본과 일본인(*Japan and the Japanese*)』(후에 '*Representative Men of Japan*'로 제목 바꿈)에서 개신교와 양명학 사이의 유사성을 발견할 수 있었다. 그러나 우치무라에 따르면 '양명학'과 기독교의 유사점을 발견한 것은 그가 처음이 아니다. 그는 이렇게 썼다.

> [양명학이] 기독교와 비슷하다는 점은 여러 번 인정되었고, 이 점이 기독교가 이 나라에서 금지된 이유 중 하나다. "이것(기독교)은 양명학을 닮았다. 이 나라의 몰락은 이것에서 시작될 것이다." 유신의 공로자로 이름 높은 조슈번의 전략가 다카스기 신사쿠(高杉晉作, 1839~1867)는 나가사키에서 성경을 처음 봤을 때 이렇게 외쳤다. 기독교와 비슷한 사상이 일본의 재건에 역할을 했다는 것은 일본 역사에서 독특한 점이다(Uchimura Kanzō 1895, 18).

우치무라는 또한 '일본을 대표하는 인물'인 사이고 다카모리를 청교도의 덕목을 가졌다고 칭송한다. 그에게 사이고는 일본의 올리버 크롬웰이었다. 우치무라는 사이고의 위대함에 대해 다음과 같이 썼다.

> [사이고의] 위대함은 크롬웰의 그것과 같다. … 그의 경우엔 순수한 의지력―도덕적 위대함, 즉 가장 높은 수준의 위대함―이 많은 역할

을 했다. 그는 나라를 건전한 도덕적 기초 위에 세우려 노력했고, 부분적으로는 성공을 봤다(Uchimura Kanzō 1895, 38-39).

우치무라는 나카에 도주에 대한 네 번째 장에서 양명학에 대한 설명을 이어가며 양명학의 능동성과 주자학의 수동성을 대조한다. 또한 나카에가 왕양명의 저술과 만남을 통해 주자학자들이 노모스(nomos)와 로고스(logos)를 흔히 혼동하는 문제를 극복할 수 있었다고 생각한다(Uchimura Kanzō 1895, 101-102). 우치무라는 양명학과 주자학을 대립시키는 공식에 따라 근대화를 주자학 정통주의의 붕괴로 해석한다.

그러나 양명학이 원래의 유가 사상이 가진 '진보적' 요소를 조명하면서 '양심(conscience)' — 이 기독교적 표현을 사용할 때 우치무라는 양명학의 '良知' 개념을 염두에 두었을 것이다 — 에 기반한 능동성 또는 자발성을 가진 사상으로 해석하는 것은 이노우에 데쓰지로 같은 보수적 이데올로그에게는 메이지 체제의 안정성을 위협하는 것처럼 보였다. 이노우에 역시 메이지 일본에 '근대 양명학'을 소개하는 데 중요한 역할을 했지만 양명학의 반체제적 잠재력에 대해 경계했고, 고토쿠 슈스이(幸德秋水, 1871~1911)를 비롯한 많은 저명한 사회주의자들이 처형되고 투옥된, 이른바 '대역사건(大逆事件)'에 대한 비판 연설에서 그가 양명학과 사회주의 사이의 밀접한 관계를 공개적으로 언급한 이후 확실히 거리를 두기 시작했다. 고토쿠가 처형된 직후인 1911년 2월, 오랫동안 양명학의 지지자로 알려진 이노우에 데쓰지로는 갑자기 양명학회의 회원들을 놀라게 했는데, 고토쿠 슈스이와 함께 처형된 오쿠노미야 켄시(奧宮健之, 1857~1911)가 양명학자였던 아버지가 있었으며 아버지의 양명학이 그의 급진적 사상에 영향을 미쳤다고 선언한 것이다. 이 학회에서 발행하는 저널 『양명학(陽明學)』은 '진심이 아니었다'는 취지의 이노우에의 편지를 게재했지만, 대역 사건을 부추긴 사상으로 의심을 받게 되어 궁지에 몰린 일본의 양명학은 천황숭배를 중심으로 하는 미토(水戶) 학파와 제휴를 시도하면서 더욱 보수적인 입장을 취할 수밖에 없었다(小島毅 2006, 124). 그러나 이노우에는 이러한 일이 일어나기 전에도 이미 일본 양명학에 대한 자신의 권위 있는 연구서인 『일본 양명학파의 철학』에서 '주관주의에 쉽게 치우친다'며 양명학의 문제점을 지적한 바 있다(井上哲次郎 1900, 627). 이노우에 데쓰지로와 함께 근대 양명학을 소개한 다카세 다케지로 역시 「양명학의 강점과 약점」이라는 글에서 양명학은 '지나치게 실천에 집착하여 조심성이 없는 약점이 있다'며 경계심을 드러냈고, 오시오 주사이와 사이고 다카모리 역시 그러한 약점을 보였다고 지적했다(小島毅 2006, 122).

이노우에 데쓰지로로 대표되는 근대 일본 양명학 해석의 보수파는 우치무라와 같은 개신교도들이 일본 사회에 받아들이고자 했던 독립적 양심의 여지를 받아들이려 하지 않았다. 이노우에는 양명학의 자기 수양 방법을 국교인 신도와 통합하기 위해 권장하는 것을 목표로 삼았을 뿐이다. 이노우에는 "양명학이 일본에서 시작된 것은 아니지만 일본 땅에 들어오자마자 바로 일본적인 특징을 갖게 되었다… 양명학의 일본적인 특징은 신도와 통합되고 국가적 정신에 기반을 두는 경향이다"라고 썼다(井上哲次郎 1900, 625-626). 당시 일본 양명학에 대한 진보적 해석과 보수적 해석 사이의 투쟁이 여전히 진행 중이었다는 점을 감안할 때, 이러한 해설은 과거와 현재에 대한 정직한 진단이라기보다는 미래를 위한 이노우에 자신의 처방처럼 보였다. 이노우에는 또한 양명학의 '심즉리(心卽理)'를 이노우에 자신의 '현상즉실재(現象卽實在)' 이론과 유사하게 표현하기 위해 노력했다 (井上哲次郎 1900, 69). 이노우에가 보기에 일본 에도시대 양명학의 창시자인 나카에 도주(1608~1648) — 이노우에는 일본 양명학을 "반은 양명학, 반은 도주학"이라고 부르기도 했다(井上哲次郎 1900, 2) — 는 양명학의 일원론을 통해 주자학의 이기(理氣) 이원론을 극복하려고 시도했다. 나카에 도주에 따르면, 사람은 기(氣)의 작용에 의해 개별적인 개체가 되고, 이(理)의 작용에 의해 전체가 된다. 그는 '사람은 작은 하늘이고 하늘은 큰 사람'이라는 도주의 말을 인용하며 전체(하늘)와 개체(개인)의 합일(合一) 가능성을 언급한다(井上哲次郎 1900, 45). 우치무라가 양지 또는 양심에 따른 개인의 행동이라는 자유주의적 관심을 보인 것과 달리, 이노우에는 실재(전체)는 절대적 진리이고 현상(개인의 마음)은 절대적 진리의 일부, 즉 부분적 진리에 불과하다는 전제 아래 개인이 전체와 합일할 수 있는 가능성에 대해 지속적으로 관심을 기울였다. 이노우에의 전체와 부분의 대립 및 통일은 그가 자인(自認)한 것처럼 스피노자의 체계와 유사하다. 그는 또한 '전체에 대한 선천적 지식'과 '부분에 대한 선천적 지식'의 분리와 통일에 대해 언급한다(井上哲次郎 1900, 44, 68, 140). 이노우에에게 개인은 자기성찰적 수양과 양지를 통해 마음을 정화함으로써 절대 진리(즉 전체, 큰 자아, 하늘 등)를 만날 수 있다. 세계의 통일성을 계속 분열시키는 몸과

기(氣)의 작용을 극복하지 않고서는 절대진리(즉 實在 또는 理)의 세계에 다가갈 수 없다. 기와 몸의 작용에서 오는 방해를 떨쳐버리기 위해서는 선악(善惡)의 분리, 생사(生死)의 분리까지도 극복해야 한다. 이노우에에게 '절대 선이란 선악의 구분이 없는 것'을 의미한다(井上哲次郎 1900, 69). 전체와 부분의 대립과 통일을 중심으로 하는 이노우에 데쓰지로의 철학에서 절대적으로 진리이며 완전한 자율성을 지닌 것은 전체이고, 부분은 절대적 진리, 즉 전체에 도달하기 위해 노력할 때만 부분적으로 진리이며 상대적 자율성을 지닐 수 있다. 이노우에는 자기 수양의 방법을 『중용』에서 유래한 개념인 신독(愼獨)이라고 부른다. 이노우에의 양명학과 그의 '현상즉실재론' 사이의 이론적 연관성은 박은식의 '근대 양명학'에는 특별히 영향을 미치지 않았지만 1910년 이후 한국의 사상 전개에는 심대한 영향을 미치게 된다. 박은식은 국내 개신교의 영향을 받거나 량치차오의 개혁주의적 '근대 양명학'의 재해석을 통해 유교에서 마르틴 루터와 같은 '종교개혁'의 길을 찾는 데 더 관심이 있었다.

4. 박은식과 〈왕양명선생실기〉에 보이는 그의 절충주의

전근대적 주자학과의 대립을 강조한 일본의 '근대 양명학'은 중국 개혁파의 저술, 특히 이미 언급한 바와 같이 량치차오(梁啓超)의 저술을 통해 한국에도 유입되었다. 박은식의 유교 개혁 구상 역시 량치차오의 저술, 특히 량치차오의 '개혁' 주창과 양명학에 대한 관심에서 직접적인 영향을 받았다. 1898년 또는 1899년—이 연설은 1899년에 공개되었지만 연설 날짜는 명시되지 않았다—량치차오는 어느 일본 철학자들 모임에서 '서양이 현재의 지위에 도달할 수 있었던 이유는 종교개혁을 통해 옛 가르침을 회복할 수 있었기 때문'이라는 취지의 연설을 했다(島田虔次 1965, 32). 이 연설에서 그는 선진(先秦) 유학의 회복이 중국의 유교 개혁을 가져올 수 있다고 주장했다. 그러나 나중에 그는 선진의 고전 유학이 아닌 양명학에서도 그러한 가능성을 보기 시작했다. 량치차오가 양명학에 눈을 돌린 것은 늦어도 1905년 『덕육감(德育鑑)』에 이르러서였다. 일본이 중국 및 러시아와의 두 차례 전쟁에서 승리하는 것을 본 그는 일본 양명학파가 일본을 훌륭한 상무정신(尚武精神)을 갖춘 국가로 변모시키는 데 일조한 것 같다고 칭찬했다. 그는 『덕육감』에서 이렇게 말했다.

> 서양 국가들은 기독교로 사람들의 마음을 하나로 묶어냈다. 일본에서는 불교가 가장 영향이 있었지만, 유신(惟新)을 준비하는 길에서 나카에 도주, 쿠마자와 반잔(熊澤蕃山, 1619~1691), 오시오 주사이, 요시다 쇼인, 사이고 다카모리가 양명학을 통해 젊은이들에게 모범을 보이고, 그리하여 일본의 무인들이 양명의 철학을 숭상하도록 만들면서 상황을 완전히 바꿨다. 이제 일본의 상무정신은 세계에서 존경받는다. 우리는 일본의 상무정신을 뒷받침하는 도덕교육이 우리의 왕(양명) 선생에게서 온 것임을 알아야 한다(梁啓超 1999, 1508).

그는 일부러 "우리의 왕(양명) 선생(我子王子)"이라는 표현을 사용했는데, 중국 철학자인 왕양명이 일본이 더 강해지도록 도왔다고 설명함으로써 중국인들이 양명학을 받아들이는데 저항감을 줄이기 위한 것이었다. 박은식의 유교구신론(儒敎求新論)은 중국에 유교 개혁이 필요하다는 량치차오의 생각과 왕양명이 중국의 마르틴 루터에 해당한다는 두 가지 생각을 종합한 것이다.

    량치차오의 활동과 저술은 다른 측면에서도 박은식에게 영향을 미친 것으로 보인다. 첫째, 일반인들에게 민족주의와 애국심을 교육할 목적으로 영웅 전기의 형식을 폭넓게 활용했던 량치차오처럼 박은식도 한반도와 만주에서 활약했던 전설적인 영웅들의 전기, 즉 고대 고구려의 태조 동명성왕 같은 전설적인 정치군사 지도자, 고대 발해의 건국왕인 대조영의 전기를 썼다. 『몽배금태조(夢拜今太祖)』는 '금나라의 초대 황제인 아골타(阿骨打)를 꿈속에서 만나뵈었다'는 설정으로서 엄밀한 의미의 전기가 아니라 전설적 영웅과의 상상적 대화체 소설 형식을 취해 박은식 자신의 사상을 설명한 것이지만, 이 글 역시 동아시아 근대 양명학파의 공통적 '네이션 만들기(nation-building)' 전략이었던 영웅담의 범주에 속한다. 둘째, 량치차오는 왕양명에 대해 글을 쓸 때 왕양명의 '사상마련(事上磨鍊)' 즉 '실천을 통한 배움'이라는 원칙에 따라 전기적 방식을 활용하여 왕양명의 사상을 그의 구체적인 활동 속에서 보여주는 것이 적절하다고 생각했다. 왕양명 자신은 자신의 사상이 글로 쓰여진 텍스트를 통해서만 다른 사람들에게 효과적으로 전달될 수 있다고 믿지 않았다(王陽明 2005, 3-5). 셋째, 일본과 중국의 '근대 양명학자'들과 마찬가지로 박은식 역시 문(文)의 세련미보다 무(武)의 덕성을 중시했다. 그는 「문약

지폐(文弱之弊)가 필상기국(必喪其國)」(문약의 폐단은 반드시 나라를 망하게 한다)에서 고대 그리스 세계에서 스파르타가 패권국이 될 수 있었던 이유를 설명하면서 조선이 주권을 잃은 것을 다음과 같이 개탄했다.

> 대정치가 뤼쿠르고스가 상무적 교육법을 스파르타 무사단에 도입함으로 그 효과를 얻어 … 스파르타 일반남녀의 애국정신이 이렇게 보급된 덕분에 적은 인구로 능히 펠로폰네소스 반도의 패권을 장악할 수 있었다. 오호라, 우리 한국은 강토와 인구가 희랍에 비하면 몇배나 큰데 국권을 모두 잃어버리고 남의 노예가 된 것은 허문(虛文)을 추종하고 무사(武事)를 천시하여 허약이 극에 달하게 된 결과다(박은식 1975a, 96).

청일전쟁과 러일전쟁으로 인해 일본과 중국에는 상무적 분위기가 조성되었다. 이노우에 데쓰지로는 이러한 분위기 속에서 1905년에 『무사도 총서(武士道叢書)』를 편찬했고, 1904년에는 량치차오가 『중국의 무사도(中國之武士道)』를 출간했다. 량치차오는 일본에 정치적 망명객으로 머무는 동안 당시 일본 민족주의의 일부였던 상무적 요소를 받아들였다. 량치차오는 「중국혼은 어디 있는가(中國魂安在乎)」에서 일본과 중국의 풍속에는 한 가지 큰 차이점이 있는데, 일본은 무(武)를 숭상하는 반면 중국은 문(文)을 숭상한다고 썼다. 그에게 메이지 유신을 가능하게 한 것은 '일본의 혼', 즉 무사도였고, 이 시기에 중국에 필요한 것 역시 무사도, 즉 그 자체가 '국혼(國魂)'인 정신이었다(Ogyū 2000, 111-112).

그러나 박은식의 사상은 량치차오와 달리 여전히 주자학적 요소를 많이 가지고 있었다. '근대 양명학'을 도입해 신유학계 내부에서 신유학 세계관을 개혁하고자 노력했지만, 가장 개혁적인 유학자라 할 수 있는 박은식조차도 보다 근본적인, 즉 보다 철학적 차원에서 인간과 세계에 대한 자신의 관점을 바꾸지 못한 것으로 보인다. 그는 왕양명이 강조한 '지행합일(知行合一)'은 받아들였다. 그러나 인간과 세계에 대한 그의 관점은 여전히 인간 주체가 안팎의 수많은 자연법칙의 그물망 속에서 살아간다는 관점을 여전히 유지함으로써 주자학의 틀에 어느 정도 머물러 있었다. 박은식은 주자학을 버리기를 주저하는 듯 보였고, 이러한 주저함은 『왕양명선생실기』에서도 여러 군데 드러난다. 그는 완전히 양명학에 빠져들진 않았던 것이다. 그는 이 전기를 쓰면서 거의 전적으로 중국과 일본의 여러 텍스트에 의존했으며 자신의 아이디어를 거의 추가하지 않았다. 이종란의 텍스트 분석에 따르면, 박지원은 왕양명의 생애와 활동에 관한 부분은 주로 『연보(年譜)』와 다카세 다케지로의 『왕양명상전(王陽明祥傳)』에서 문장을 인용했다, 또 그는 『전습록(傳習錄)』, 황종희(黃宗羲)의 『明儒學案』, 량치차오의 『덕육감』 등을 광범위하게 인용했다. 그런데 이런 인용이 아닌 박은식의 솔직한 언급들을 보면, 그에게는 아직 양명학과의 거리와 함께 주자학적 요소가 강하게 드러난다. 예를 들어 박은식은 다음과 같이 언급하는데 주자학적 세계관이 여전히 남아있다.

공자가 시냇가에서 "가는 것이 이와 같구나"라고 말하고, 예수가 사마리아 우물가에서 여인에게 생명수로써 가르침을 삼으며, 왕양명이 우물 속의 생수를 지적하여 문인을 가르치시니, 이는 또 천기를 가지고 도의 오묘함을 보인 것이다(박은식 2010, 107).

"이 마음이 빛처럼 밝은데 다시 무슨 말이 필요한가"라고 한 말은 선생의 정신을 남긴 것이니, 선생의 학문에 뜻을 둔 자는 늘 마음에 간직하여 정성스럽게 지키지 않겠는가? 그런데, '이 마음'이 무엇때문에 '빛처럼 밝은가?' 대개 사람은 천지의 영묘한 기운을 받아 태어나므로, '이 마음'의 본체가 본래 스스로 빛처럼 밝아 '만 가지 이치'(萬理)를 모두 갖추었다(박은식 2010, 335).

여전히 주자학의 영향을 받고 있는 그는 물리적인 세계와 윤리적 세계 사이의 연속성을 계속해서 보고 있다. 그는 이러한 연속성을 옹호하기 위해 기독교 성경을 인용하기도 한다. 또한 '만 가지의 이치'로 무장한 마음은 '간결함'을 추구하는 양명학과는 거리가 있다. 게다가 '사람은 만 가지 이치를 갖춘 마음을 가지고 태어난다'고 말한 것은 주희였다(박은식 2010, 335).

5. 박은식과 의지력의 중요성: 『몽배금태조(夢拜金太祖)』

박은식은 만주로 망명했을 때 금(金)나라 태조인 아골타(阿骨打)를 만나는 꿈을 소재로 그곳 청년 교육용 소설을 썼다. 그는 금나라가 고대에는 한국인과 같은 민족이었는데 시간이 지나면서 한국과 별개의 민족 및 국가로 발전했다고 믿었기 때문에 이 영웅을 선택했던 것이다. 박은식은 금나라의 무(武)와 한국의 문(文)을 대조하면서, 한국인들이 그렇게 숭배하던 중국 문화, 특히 주자학을 전수해 준 위대한 송나라를 한민족과 같은 핏줄이었던 금나라 사람들이 정복했다는 사실을 일깨워주고 싶었던 것이다. 영웅적인 금나라 태조는 박은식에게 "송(宋)이 실용성 없는 공허한 학문과 허황된 형식에 흘러 태평성대를 가장하고, 선비들은 고상한 소리나 하고 큰소리나 치면서 명예를 도적질함으로써, 진실된 원기가 사그라지는 대신 허위의 악풍이 자라난 때문"에 자신이 송나라를 쉽게 정복할 수 있었다고 말한다(박은식 1989, 55). 그러나 더 비참한 것은 한국인들이 송의 바로 그 악덕을 맹목적으로 숭배하여 지금의 곤경에 빠지게 되었다는 사실이다. 금나라 태조는 "오늘날 조선 사람들은 다른 나라 문화가 제 나라 문화에 적합한지 적합하지 않은지도 살피지 않을 뿐만 아니라 그 장단점을 따져보지도 않고 중국의 것이라고만 하면 모조리 부러워하고 선망하면서 기쁜 마음으로 추종하니, 이것은 남의 술찌꺼기를 좋은 술로 여기고, 남의 연석(燕石: 옥 같지만 옥은 아닌 돌)을 대단한 보물인 양 생각하는 일로서 모두가 노예근성이라고 할 수 있다"고 일침을 놓는다(박은식 1989, 60-61).

　　송의 문학과 철학 체계에 대한 맹목적인 숭배에 의해 한국 고유의 덕성을 잃고 마침내 독립을 잃게 된 과정을 설명한 금나라 태조는 이제 한국이 나아갈 길을 처방한다. 그는 루소, 크롬웰, 마틴 루터, 왕양명, 요시다 쇼인 등을 거론하며 "그런데 어찌하여 조선은 이들과 같은 피 끓는 영웅이 나와 정치혁명도 못하고 학술혁명도 못하였는가"라고 개탄한다(박은식 1989, 87-88). 그리고 그가 추천한 처방은 '마음(心)을 수련하는 것'이다. 그는 "만약 이것(마음)을 충분히 수련하면 과감성과 자신력이 생겨 무엇을 도모하든지 쏟아지는 비처럼 거칠 것이 없을 것인즉, 그것이 무엇이겠는가"라고 물으면서 그것이 "바로 '마음(心)'이다"라고 말한다. 그리고 "마음의 본능은 (본래) 진실하여 거짓이 없으며 독립하여 의지하지 않는다"고 설명한다(박은식 1989, 90-91). 금나라 황제는 이제 박은식과 이 책을 읽는 젊은 독자들에게 이러한 심성 수양을 통해 조지 워싱턴과 같은 열정과 애국심을 가진 국가 지도자가 되어 우리 안에 내재된 인도주의와 평등정신을 일깨워 동포들을 이끌고 현재의 열등한 상태를 벗어나 "상등(上等)의 지위"에 있는 나라 대열에 합류하도록 노력할 것을 당부하고 있다(박은식 1989, 98-99). 이 책은 『왕양명선생실기』와 비교할 때 일본적인 '근대 양명학' 요소가 더 많이 포함되어 있다. 나라를 잃은 박은식은 깨어난 마음의 힘과 민족 지도자의 출현을 일치시켜 독립을 되찾고자 하는 의지가 더욱 절실해졌다. 박은식은 금나라 태조 아골타의 목소리를 통해 "사람의 정신(마음)이 한 곳에 집중되면 천지도 감동하나니 어떠한 일인들 이루지 못하리오"라고 말한다(박은식 1989, 103). 그는 "적극성", "대담성", "모험심"을 거듭 강조한다(박은식 1989, 107). 그런데 박은식이 근대 양명학 및 사회적 다원주의의 요소와 함께 자유와 독립의 정신, 평등의 정신을 강조한 것은 다른 근대 양명학자들과는 다른 점이어서 주목할 만하다. 그는 국민이 자기 정부의 억압에 감히 저항하지 않는데 어떻게 다른 나라의 억압에 저항할 수 있느냐고 묻는다(박은식 1989, 87). 그에게서 '네이션 만들기' 요소 중 하나로서 '공화주의' 내지 '민주주의'의 요소가 나타나기 시작했던 것이다. 그는 도덕적 자율성의 중요성에 대해 이렇게 말한다.

> 이처럼 더할 나위 없이 보배롭고 한없이 영험스런 능력을 가진 마음(心)을 사람들마다 모두가 가지고 있건만은 사람들이 살아가면서 세속에 찌들고 육체적인 욕망에 사로잡히게 됨으로 인하여 본래 허령하며 어둡지 않던 마음은 혼미하여 영험스럽지 못한 것이 되어버렸다. … 의존적이지 않고 독립적인 마음은 구차스럽게 의지하려는 마음씨로 변했고 정직하며 아부할 줄 모르던 마음은 거짓말하고 아첨하는 마음씨로 바뀌었다. …마음이라는 것은 우리 인간의 신성한 주인옹이고 공정한 감찰관이다. 선악과 시비를 가리는데 있어서는 주인과 감찰관을 속이지 말아야 하며 이 주인옹과 감찰관이 허락하지 않고 명령하지 않는 일은 즉시 그만 두어야 한다. 반면에 이 주인과 감찰관이 허락하고 명령하는 일은 사람들이 헐뜯거나 칭찬하는 것에 개의치 말고, 일이 쉽고 어려운 것을 따지지 말고, 일신의 화와 복을 돌보지 말고, 날카로운 칼날이라도 밝고 서며, 끓는 물과 뜨거운 불 속이라도 뛰어들어 반드시 행하여 결과를 얻어내면 여기에서 과감성과 자신력이 생겨나는 것이다(박은식 1989, 90-92).

망명지에서 쓴 이 글에서 박은식은 자유, 의지력, 행동, 영웅 숭배를 강조하는 낭만적 내셔널리즘에 대한 강한 경향을 드러낸다. 그는 아래로부터의 수평적 '사회계약'은 말할 것도 없고, 공동체적 유대나 우정의 중요성을 전혀 언급하지 않는 점에서 일본 메이지에서 시작된 근대 양명학에 근접한 것처럼 보인다. 그는 또한 금 제국의 건국에서 가족(家族)의 힘과 민족(民族)의 중요한 역할에 대해서도 언급한다. 그는 이렇게 말한다.

> 폐하께서 가족의 강력한 힘을 바탕으로 천하를 정복하신 것은 역사상의 사실입니다. … 오늘날은 세계 각국이 그 민족 전체의 힘으로 경쟁하는 시대가 되어있는 까닭에 민족의 단체적인 힘이 아니고서는 다른 민족에게 저항하거나 승리를 거두기가 어렵습니다. 따라서 오늘날의 세계에서 선진 국가의 지위를 누리고 있는 민족들은 모두 단결된 정신과 단결된 세력으로써 경쟁할 준비를 완전히 갖추기 위해 정치, 종교, 교육, 실업, 군사 등 모든 분야가 민족의 기관으로서 중지를 모으고 역량을 결집시키고 있습니다(박은식 1989, 108).

이 글은 민족 영웅과 민족에 대한 박은식의 관심이 높아지면서 한민족의 신화적 시조인 단군을 숭배하는 대종교와 인연을 맺게 된 시기와 일치한다. 그 결과 같은 큰 민족의 한 분파로 생각했던 금(金) 제국의 건국 영웅에 대해 경의를 표하는 소설을 겸한 일종의 '조선동포에 고함'의 격문을 쓰게 된 것이다. 그리고 이와 함께 이른바 큰 '가족'의 이미지를 가진 '민족'에 대해 기대를 하기 시작했던 것으로 보인다. 앞에서 보인 공화주의적, 민주주의적 요소와 함께 혈연민족주의적 요소도 함께 보이고 있다.

Ⅲ. 결론

　　박은식 사상의 전개는 3단계로 이뤄졌는데, 각각 "유교구신론", 『왕양명선생실기』,『몽배금태조』가 각 단계의 대표적 저작이다. 우선 "유교구신론(1909)"은 기독교에서 마틴 루터의 종교개혁이 이뤄냈던 것처럼 유학에서도 종교개혁이 필요하다는 점을 역설한다. 또한 유학이 더 이상 학문에 머물러서는 안 되며 민중을 각성시켜 행동에 나서게 하는 '종교'가 되어야 한다고 지적한다.『왕양명선생실기(1910)』는 왕양명의 일생과 사상을 소개한 전기(傳記)인데, 이론에 빠져있는 주자학을 극복하고 '실천(實踐)' 중심의 양명학을 받아들여야 한다고 역설한다. 하지만, 이 저작은 그 방대한 분량에도 불구하고 '실천'의 중요성을 계속해서 강조하기는 하지만 여전히 주자학적 요소가 많이 남아있는 것으로 미뤄본다면 박은식이 양명학, 특히 '심즉리(心卽理)'를 완전히 받아들인 것은 아닌 것으로 보인다. 특히 세상 사물에 '수많은 이치(萬理)'가 있다고 표현하는 것은 박은식이 여전히 주자학적 관점을 가지고 있었음을 보여준다. 이 저작은 주로 각 개인이 어떤 태도를 취해야 하는가에 대한 '수양론'에 초점을 맞추고 있어서 양명학이 어떠한 정치사상으로 이어지는지에 대한 이야기는 명확하지 않다. 박은식은 망명 중인 만주에서『몽배금태조(夢拜金太祖)』를 집필하였는데, 당시 박은식은 대종교(大倧敎) 측이 세운 학교에서 학생들을 지도하고 있었기에 이 저작에는 대종교적 요소가 포함되어 있다. 그런 점에서, 이 저작은 공화주의적 요소와 함께 민족주의적 요소, 특히 혈연민족주의적 요소도 강하다.

박은식의 정치사상은 『몽배금태조』에서 좀 더 명확한 형태로 나타나는데, "나 아골타(阿骨打)같은 일개인의 능력을 요구하는 것보다 우리 민족 중에서 백천만 명의 아골타가 나와서 그 뜻을 주창하는 것이 더욱 필요한 것이다. 그러니 그대는 짐의 이러한 뜻을 일반 청년들에게 전달하여 모두가 다 영웅의 자격을 스스로 갖추고 영웅의 사업을 스스로 떠맡아 평등주의의 선봉이 되어 스스로 강해"지기 바란다는 내용 등 공화주의(共和主義) 사상이 강하게 보인다. 제국주의에 맞서 우리 젊은이들이 평등주의(平等主義)의 기치를 높게 들어야 한다고 계속해서 독려하는 점도 공화주의적 또는 민주주의적이라고 할 수 있다. 대종교의 영향으로 혈연민족주의(血緣民族主義)의 요소도 군데군데 보이는데, 우선 이 저작의 설정 자체가 그렇다. 박은식은 북송(北宋)을 정복한 금(金)나라도 우리 민족의 일부로 보며 "금나라 태조황제(아골타)는 평주(平州, 황해도 平山)에 살던 김준(金俊)이라는 사람의 9세손이고, 그 발상지는 지금의 함경북도 회령군이다. 그 민족이 여진족으로 말하면 발해족을 달리 칭하여 부른 것이고, 원래 발해족은 마한족 중에서 북쪽으로 이주한 사람들이 많았다"고 주장한다. 박은식은 같은 민족인 금나라 사람들처럼 기개(氣槪)를 되찾아 다시 나라(nation)를 일으켜 세워야 한다는 것이다.

박은식은 개인적 차원의 양명학적 '심즉리(心卽理)' 수양론에서 시작해서 평등과 자발적 애국을 강조하는 공화주의(republicanism)와 민족주의(nationalism)로 사상적 전개를 보여줬는데, 마틴 루터의 '종교개혁'(궁극적으로 '나라 세우기'를 위한)의 필요성은 개신교도들뿐만 아니라 불교의 한용운 등 당시 선각자들 대부분이 강조하던 공동관심사였다고 할 수 있다. 하지만, 1910년 일본의 강제병합 이후 이러한 논의는 멈춰지고 식민지 한국의 지식인들은 일본의 지적 헤게모니 아래 이전과는 다른 새로운 논의로 접어들게 되었다. 그럼에도 불구하고 박은식 등이 주도했던 '종교개혁', '수양론' 논의는 훗날 천도교의 이돈화나 일본 유학파 이광수 등을 통해 '민족성개조론' 등으로 이어지게 되는데, 그 목표는 점차 개인적 기개(氣槪)를 중시하는 '나라(civic nation) 세우기'에서 집단적 규율(規律)을 중시하는 '혈연적 민족(ethnic nation) 만들기'로 강조점이 옮겨가게 된다.

참고문헌

박은식 저·김효선 역. 1989. 『조선동포에게 고함(夢拜金太祖)』. 서울: 배영사.

박은식 저·이종란 역. 2010. 『왕양명실기(왕양명선생실기)』. 파주: 한길사.

박은식. 1909. "오늘날 종교가에게 구하는 바." 『대한매일신보』(11월 28일), 1.

박은식. 1909. "유교구신론." 『서북학회월보』 10호, 12-18.

박은식. 1925. "學의 眞理는 疑로 쏫차 求하라." 『동아일보』(4월 3일), 5.

박은식. 1975a. "여위암서(與韋庵書)." 동양학연구소 편. 『朴殷植全書(하)』. 서울: 단국대출판부.

박은식. 1975b. 『朴殷植全書(전3권)』. 서울: 단국대출판부.

엽건곤. 1979. "양계초와 구한말문학." 고려대학교 박사 학위 논문.

유준기. 1999. 『한국근대유교개혁운동사』. 서울: 아세아문화사.

윤치호. 1890. "尹致昊日記 二." 『국사편찬위원회 한국사데이타베이스 한국사료총서』(5월 18일), https://db.history.go.kr/diachronic/level.do?levelId=sa_025.

최재목. 2005. "박은식의 양명학과 근대 일본 양명학과의 관련성." 『일본문화연구』 16권, 265-293.

Gale, James Scarth. 1909. *Korea in Transition*. New York: Eaton & Mains.

Harootunian, Harry D. 1970. *Toward Restoration: The Growth of Political Consciousness in Tokugawa, Japan*. Berkeley: University of California Press.

Ogyū, Shigehiro. 2000. "The Construction of 'Modern Yōmeigaku' in Meiji

Japan and Its Impact in China." In *East Asian History*, No. 20, edited by Gremeie R. Barme, 94-120. Fyshwick: Institute of Advanced Studies Australian National University.

Steben, Barry D. 2000. "Introduction: Wang Yangming Learning as Transnational and National Discourse." In *East Asian History*, No. 20, edited by Gremeie R. Barme, 83-93. Fyshwick: Institute of Advanced Studies Australian National University.

Tikhonov, Vladimir. 2010. *Social Darwinism and Nationalism in Korea: the Beginnings(1880s-1910s)*. Boston: Brill.

Uchimura, Kanzō. 1895. *Japan and the Japanese*(later retitled *Representative Men of Japan*). Tokyo: Minyūsha.

Underwood, Horace Grant. 1908. *The Call of Korea*. Whitefish, Montana: Kessinger Publishing.

Wang, Yangming. 1963. *Instructions for Practical Living and other Neo-Confucian Writings by Wang Yangming*, translated by Wing-tsit Chan. New York: Columbia University Press.

溝口雄三(미조구치 유조). 1981. "二つの陽明学."『理想』572號, 68-80.

溝口雄三(미조구치 유조). 1982. "日本的陽明学をめぐって."『現代思想』10卷 12號, 342-356.

溝口雄三(미조구치 유조). 1985.『李卓吾: 正統を歩む異端』. 東京: 集英社.

溝口雄三(미조구치 유조)・戶川芳郞(토가와 요시오)・蜂屋邦夫(하야야 니오). 1987.『儒敎史』. 東京: 山川出版社.

渡辺浩(와타나베 히로시). 1985.『近世日本社會と宋学』. 東京: 東京大学出版会.

島田虔次(시마다 겐지). 1965.『中國革命の先駆者たち』. 東京: 筑摩書房.

島田虔次(시마다 겐지). 1967.『朱子学と陽明学』. 東京: 岩波書店.

尾藤正英(비토 마사히데). 1961.『日本封建思想史研究: 幕藩体制の原理と朱子学的思惟』. 東京: 青木書店.

山井湧(야마노이 유)・山下龍仁(야마시타 타츠히토)・加地伸行(카지 노부유키)・尾藤正英(비토 마사히데). 1974.『日本思想大系 29: 中江藤樹』. 東京: 岩波書店.

山下龍二(야마시타 류지). 1964. "明代思想研究はどう進められてきたか."『名古屋大学文学部研究論集』36號, 59-92.

小島毅(코지마 히로시). 2006.『近代日本の陽明学』. 東京: 講談社.

荻生茂博(오규 시게히로). 1988. "大塩中齋ー叛乱者の人間学." 源了円 編.『江戸の儒学ー大学受用の歴史』, 199-220. 京都: 思文閣出版.

荻生茂博(오규 시게히로). 1995. "幕末明治の陽明学と明清思想史." 源了円・厳紹璗 編.『日中文化交流史叢書 3. 思想』, 404-444. 東京: 大修館書店.

井上哲次郎(이노우에 데쓰지로). 1900.『日本陽明学派之哲学』. 東京: 冨山房.

井上哲次郎(이노우에 데쓰지로)・蟹江義丸(게이 요시마루). 1901.『日本倫理彙編』. 東京: 育成會.

梁啓超(량치차오). 1965. "支那の宗教改革について." 島田虔次 編.『中国革命の先駆者たち』, 31-45. 東京: 筑摩書房.

梁啓超(량치차오). 1999.『梁啓超全集』. 北京: 北京出版社.

王陽明(왕양명) 著・溝口雄三(미조구치 유조) 譯. 2005.『伝習録』. 東京: 中央公論新社.

王陽明(왕양명) 저・김동휘 역. 2010.『전습록』. 서울: 신원문화사.

제헌헌법상의 경제질서 3원칙과 한국발전: 농지개혁, 산업화, 그리고 농촌근대화[*]

임수환

I. 서론

초대헌법 제84조는 대한민국의 경제질서를 "모든 국민에게 생활의 기본적 수요를 충족할 수 있게 하는 사회정의의 구현과 균형있는 국민경제의 발전을 기함을 기본으로 삼는다. 각인의 경제상 자유는 이 한계 내에서 보장한다"고 규정하였다. 이 문장에는 각인의 경

---

[*] 이 글은 2025년 6월 『정치와 공론』 36집에 게재된 "제헌헌법상의 경제질서 3원칙과 한국발전: 농지개혁, 산업화, 그리고 농촌근대화 사례를 중심으로"를 수정·보완한 것이다.

제상 자유는 보장되지만, 균등경제와 국민경제발전을 목표로 하는 국가정책으로 일정한 한계까지 제한될 수 있다는 뜻이 담겨있다.

제84조 규정은 개인의 경제상 자유를 보장하므로 계급투쟁을 통하여 모든 생산수단을 국유화하려는 소련식 사회주의 지향은 아니다. 그렇다고 그것이 개인과 기업의 자유와 경쟁을 신성시하는 미국식 자본주의와 일치하지도 않는다.

한반도를 양분한 두 세력, 미국과 소련의 경제모델 어느 쪽과도 일치하지 않는 경제질서를 그리고 있던 건국헌법의 개념들은 한국 자본주의 발전에 어떤 역할을 했을까? 더 구체적으로 볼 때, 역대 정부들은 경쟁을 강조하는 자본주의 경제건설 과정에서 균등경제 원칙을 실제로 정책에 반영하였는가? 반영했다면, 균등경제와 자본주의 발전은 어떻게 상호작용했는가? 역대 정부들은 균등경제와 국민경제발전이라는 목표를 달성하기 위해 경제계획과 시장통제를 시행했는가? 그렇다면 국가의 계획과 통제가 시장의 자유를 어느 한계까지 제약했으며, 국가의 계획/통제와 시장자유라는 두 기능이 한국 자본주의 발전에 어떤 작용을 했는가?

이런 질문에 답하기 위해, 본 논문은 역대 정부들이 균등경제, 국민경제 발전, 그리고 자유경제 등 세 가지 원칙을 적용하고 운영해 온 양상과 방법을 확인하고 분석하려고 한다. 건국헌법의 경제질서 조항은 1987년 개헌 이전까지 약간의 변동이 있었다고 해도 그 본질적 내용이 보존되었다. 다만 전두환 정부는 경제의 개방과 자유화 정책을 시행하며 1987년 개헌 이후 정부들로 이어지는 과도기적 역할을 했다. 따라서 본 연구는 이승만 정부로부터 박정희 정부까지 진행된 농지개혁, 산업화, 그리고 1970년대 농촌근대화를 연구대상으로 삼았다.

II. 기성의 제학설에 대한 검토

제헌헌법 제84조의 규정에는 「사회정의」, 「균형있는 국민경제의 발전」, 「각인의 경제상 자유」 등 세 가지 가치들이 등장한다.[1] 조문은 사회정의를 "모든 국민에게 생활의 기본적 수요를 충족할 수 있게 하는" 것으로 정의하고 있어서 이 같은 사회정의의 추구를 「균등경제」원칙이라 부른다. 헌법기초자 유진오는 이렇게 설명했다.

> 자유경쟁을 원칙으로 하지마는 만일 일부 국민이 주리고 생활의 기본적 수요를 충족시키지 못한다고 하며는, 그것을 광정할 한도에서 경제상의 자유는 마땅히 제한을 받을 것입니다. 우리 헌법은 그러므로 균등경제의 원칙을 기본정신으로 하고 있다고 말씀할 수가 있겠습니다(유진오 1980a, 244).

「균형있는 국민경제의 발전」이란 "국민경제 조직의 균형있는 발

---

[1] 제헌헌법 경제조항이 세 가지 가치를 지향한다는 주장에 관해서는 이영록과 민경국의 선행연구를 참조(민경국 1999, 37; 이영록 2013, 81).

전"을 의미한다고 유진오는 설명했다(유진오 1950, 111). 국민경제라는 집단주의적 개념이 강조됨에 따라 민족주의적 의지를 불러일으키는 원칙이라고 볼 수 있다.

세 가지 원칙 중 「균등경제」와 「균형있는 국민경제의 발전」은 「시장자유주의」를 제한하는 원칙들이다. 제헌헌법이 지향하는 경제질서는 자유경제인가 통제경제인가?

민경국은 "제헌헌법의 경제질서 정책적 방향은 순수한 시장경제 쪽으로 기울어져 있다기보다는 오히려 계획경제 쪽으로 기울어져 있다"고 보았다(민경국 1999, 27). 그는 "제헌헌법은 자원배분과 관련하여 상당한 정도의 계획을 요구하고 있다"고도 지적했는데(민경국 1999, 34), 그는 국민경제의 균형적 발전을 자원배분의 효율성으로 해석한다. 민경국은 동시에 제헌헌법이 개인적인 권리들을 존중하고 있다는 점을 강조하며, 제헌헌법이 특정의 구체적 경제질서를 규정하고 있지는 않다고 보았다. 황승흠은 "경제 장이 지향하는 최고목표는 시장경제/통제경제가 아니라 신생독립국의 경제건설이었을 것"이라고 하면서 "정부가 시장에 개입할 수 있는 가능성을 열어두고 있는 정도"라고 덧붙였다(황승흠 2004, 153).

민경국과 황승흠의 분석이 제헌헌법상의 경제질서 규정에 시장경제와 계획/통제경제의 요소들이 혼재되어 있어서 확정적이지 않다는 점에 초점을 맞추었다면, 신영옥과 이영록은 제헌헌법에 자유시장경제와 통제/계획경제라는 모순된 두 원리가 병존하는 근저의 원리를 제시하기 위해 노력했다. 신용옥은 "제헌헌법에 내포된 계획경제나 경제통제의 궁극적인 취지는 광범한 민중이 사회질서 형성에 참여하는 것을 저지하고, 자유민주주의 이념을 담지한 국가가 중심이 되어 사회국가의 개량화 조치로 계급모순을 체제 내로 흡수하며 부르주아 중심의 자본주의 질서를 구축하기 위한 것이었다"고(신용옥 2004, 236) 계급주의적 설명을 제시했다. 그는 또 제헌헌법상의 계획경제가 "국가사회주의의 측면보다는 국가자본주의의 성격을 내포하고 있었지만, 그것이 사회주의로의 이행을 전망하는 국가자본주의로의 전환 계기로 작용할 것인지 혹은 반공국가주의에 기초한 종속적 자본주의 축적체제를 강화하는 계기가 될 것인지"(신용옥 2004, 237) 모른다고 전망하였다.

이영록은 "자유경제의 주된 이유가 국가경제의 발전에 있고, 통제경제의 주된 이유도 균등과 국가경제의 발전에 있다"고 본다(이영록 2013, 82). 헌법에 경제의 균등과 발전이 민족선으로 제시되어 있기 때문에, "제헌헌법 아래에서는 자유경제 자체도 통제의 가능성 아래에서의 자유경제이며, 그런 점에서 통제경제의 한 요소로 작용"한다고(이영록 2013, 88) 설명한다.

그는 제헌헌법 자체에는 "국가사회주의에 방불한 강력한 통제경제로의 길과 상당한 정도의 자유경제로의 길이 모두 열려"(이영록 2013, 87) 있지만, 실제 헌법의 운영과정에서는 "경제발전을 명목으로 여전히 국가의 강력한 시장개입과 간섭이 용인"되었고, "국가의 개입과 간섭은 오히려 균등 실현보다는 사적 자본의 증대를 도모하는 쪽으로 진행되었는데, 이런 흐름은 특히 박정희 정권의 출범 이후에 본격화되었다"고(이영록 2013, 93) 평가했다.

미국의 정치학자 차머스 존슨(Chalmers Johnson 1982, 305-311)은 20세

기 후반기 일본경제의 고도성장을 설명하기 위해 제시한 자본주의 발전국가(capitalist developmental state) 개념으로 계획/통제경제와 자유경제가 공존하는 원리를 밝힌다. 첫째로 발전국가는 국가가 수행하는 많은 기능 중 특히 경제발전을 최우선시하여 산업정책(industrial policy)을[2] 실시한다. 둘째로 20세기 후반기 발전국가들은 목표를 정하고 그를 달성하기 위한 계획을 세우며 시장에 개입하고 기업을 통제하지만, 그들이 사용하는 정책수단은 시장순응적(market conforming)이어서 기업의 사적 소유와 경영을 침해하지 않는다.

존슨은 일본 모델에서 발견된 발전국가 개념을 1970년대 권위주의 정부와 자본주의 발전이 결합한 한국과 대만의 발전에 적용하면서 이렇게 분석했다.

> 개발엘리트(developmental elite)가 장기적 정치안정을 창출해 내고, 계급간 부문간 착취를 방지할 수 있을 만큼 충분히 평등한 분배(토지개혁은 결정적으로 중요)를 유지하면서, 국제적이고 비이념적인 외부적 준거에 기반한 국가적 목표와 기준을 마련하고, 행정능력이 있는 관료적 엘리트를 만들어 내고, 관료들이 직접적인 정치적 영향으로부터 격리된 채 기술관료적 기능을 수행할 수 있도록 한다(Johnson 1987, 142).

---

[2] 산업정책은 시장왜곡을 교정할 목적으로 산업부문 내 또는 산업부문들 간의 자원배분과정을 가속화하려는 조치들을 말한다(Rutherford 1995, 222).

존슨의 자본주의 발전국가가 보여주는 특징들, 즉 상당한 정도의 평등한 분배, 경제발전을 최우선시, 사적 소유와 경영의 보장은 제헌헌법 경제질서 3원칙인 균등경제, 국민경제 발전, 각인의 경제상 자유 보장에 해당한다고 말할 수 있다. 자본주의 발전국가의 출현은 제헌헌법 경제질서 규정을 시장경제와 계획/통제경제의 요소들이 혼재되어 확정적이지 않다고 해석한 민경국과 황승흠의 견해와 부합하지만, 신용옥이 전망한 사회주의로의 이행이나 종속적 자본주의 축적체제와는 다른 현상이다. 존슨은 자본주의 발전국가가 일본, 대만, 한국에 독자적 형태의 자본주의를 낳은 것으로 보았다.

이영록은 제헌헌법에 허용된 국가의 개입과 간섭이 균등 실현보다는 사적 자본의 증대를 도모하는 쪽으로 진행되었고 이런 흐름은 제헌헌법 제정 이전보다 이후에, 특히 박정희 정권 출범 이후에, 두드러졌다고 주장했다(이영록 2013, 94). 그의 주장은 이승만 정부 하 농지개혁이나 박정희 정부 하 새마을운동을 포함한 농촌근대화 정책에 균등경제 원칙이 작용했다는 사실을 부인하는 셈이다.

지금까지 고찰한 이론적 쟁점들을 배경으로 하여 본 논문은 균등경제 개념이 적용된 사례로서 제3절에서 1950년 농지개혁을, 국민경제 발전 원칙이 적용된 사례로서 1950년대부터 1970년대에 이르는 산업화 과정을 제4절에서, 그리고 제5절에서는 1970년대 박정희 정부가 실시한 농촌종합개발정책을 또 다른 균등경제 사례로 분석할 것이다. 제6절에서는 건국 후 1970년대까지 한국의 역대 정부들이 균등경제, 국민경제 발전이라는 목표하에 계획하고 통제하면서도 개인과 기업의 소유와 경영을 보장하는 등 제헌헌법 경제질서 3

원칙을 경제정책에 반영해 왔다는 점을 정리하고, 경제질서 3원칙이 혼용되어 고도성장으로 연결되는 원리를 설명한다.

Ⅲ. 균등경제와 농지개혁

1. 균등경제

균등경제 또는 경제적 균등은 유진오가 1948년 제헌의회에서 행한 대한민국 헌법 제안이유 설명 초두부터 나오는 개념이었다.

> 이 헌법의 기본정신은 정치적 민주주의와 경제적·사회적 민주주의와의 조화를 꾀하려고 하는데 있다고 말씀할 수 있겠습니다. 다시 말씀하면 불란서혁명이라든가 미국의 독립시대로부터 민주주의의 근원이 되어 온 모든 사람의 자유와 평등과 권리를 위하고 존중하는 동시에 경제적 균등을 실현해 보려고 하는 것이 이 헌법의 기본정신이라고 말할 수 있습니다(유진오 1980a, 236).

1948년 헌법에 규정된 균등경제 원칙은 1980년 헌법에까지 계승되었다. 또 그것은 1941년 대한민국 임시정부가 발표한 건국강령 건국6에 나오는 "건국시기의 헌법상 경제체계는 국민각개의 균등생활을 확보함과 민족전체의 발전과 국가를 건립보위함에 연환관계

를 가지게" 한다는 원칙과도 일맥상통한다.³

조소앙과 유진오가 「경제적 균등」, 「균등경제」 또는 「사회적, 경제적민주주의」라고 부르는 건국이념은 손문의 「三民主義」가 말하는 「民生」과도 일맥상통한다. 우리 건국헌법 제84조와 비슷한 조항인 대만의 중화민국헌법 제142조는 "국민경제는 민생주의를 기본원칙으로 하며, 평균지권, 절제자본을 실시하여 국가경제와 민생의 균족(國計民生之均足)을 도모한다"고 되어 있다.

헌법학자 김효전은 제헌헌법 제84조 경제질서 조항을 바이마르 헌법 제151조와 비교하며 한국헌법의 경제질서가 "자유주의 경제를 원칙으로 하면서 여기에 통제경제(혼합경제)의 요소를 예외적으로 도입하고 있다"고 설명한다(김효전 1986, 39). 바이마르 헌법 제151조는 "경제생활의 질서는 모든 국민에게 인간다운 생활의 보장을 목적으로 하는 정의의 원칙에 적합하여야 한다. 개인의 경제상의 자유는 이 한계 내에서 보장된다."고 규정하여 우리 헌법의 균등경제 조항과 유사하다. 시간 순서로 볼 때, 바이마르 헌법이 중화민국 헌법초안(1936년 5·5헌초)과 대한민국 임시정부 건국강령에 영향을 미친 것으로 보아야 할 것이다.

손문의 국민당은 레닌의 제의에 따라 재정적·기술적 지원을 제공받는 대신 공산주의자들의 입당을 허락하는 제1차 국공합작을

---

3   서희경과 박명림은 1948년 "건국헌법은 미국의 영향이 아니라 근대 이래 한국에서의 헌법논의의 산물"이라고 주장하며, 헌법정신 면에서 조소앙의 영향을 강조했다(서희경·박명림 2007).

1923년에 시작했다. 국민당은 코민테른의 지원으로 당 조직의 근대화에 상당한 성과를 보았지만, 공화국 건설도 하기 전에 이미 공산주의자들이 입당함에 따라 계급쟁점을 껴안게 되었다.

손문은 1924년 강연을 통해 "산업이 아직 미발달한 중국에서는 계급전쟁과 프롤레타리아 독재가 불필요하다"고 지적하면서 "우리는 私人的大資本(large private capital)의 성장을 저지하고 장래 빈부 간 극단적 불균등이라는 사회적 질병이 나타나지 않도록 예방하는 조치"로 대응하자고 제의했다(孫文 2011, 214). 손문의 민생주의는 대규모 산업건설에서 국가기업이 사기업을 대신함으로써 계급전쟁의 원인을 처음부터 만들지 않는다는 전략에 기반하고 있었다.

경제적 균등을 내세우는 조소앙 역시 프롤레타리아 독재에 대한 경계심을 건국 직후 이렇게 표현했다. "소위 진보적 민주주의라는 계급독재파들이 무산계급 독재를 실시코자 함으로써 일부 민중은 이에 유혹과 선동을 받고 있는 현상이며…"(조소앙 1979a, 115).

건국 당시 균등경제 원칙의 가장 구체적 프로그램은 농지개혁이었다. 유진오가 헌법초안을 작성하던 중 농지개혁 문제에 대하여 김성수를 설득한 이야기는 유명하다. 그 일부를 인용하자면

> (나는) 농지를 소유하지 않은 소작인은 용이하게 공산당으로 넘어가지만, 농지를 농민에게 분배해 주면 농민이 모두 지주가 되므로, 토지국유화를 부동의 기본정책으로 삼는 공산당의 책략에 넘어가지 않을 것이고… 김성수씨는 「농지개혁만이 공산당을 막는 최량의 길」이라는 내말에 「그것도 그렇겠다」하면서 결국 농지개혁에도 찬성하였다

(유진오 1980b, 29-30).

초대대통령 이승만도 1948년 8월 15일 정부수립 기념식전에서 행한 연설에서 "공산주의는 계급과 계급 사이에 충돌을 붙이며 단체와 단체 간에 분쟁을 붙여서 서로 미워하며 모해(謀害)를 일삼는 것이나 우리가 가장 주장하는 바는 계급전쟁을 피하여 전민족의 동화(同和)를 도모하나니"라고(이승만 1948) 계급전쟁회피의 뜻을 밝혔다.

유진오는 헌법제정 이후 저술들에서도 "계급적 증오심을 앙양시키기 위하여 전정력을 집중"하는(유진오 1959, 41) 공산주의자들과 달리 점진적이고 온건한 방법으로 균등경제를 추구한다는 뜻을 밝히고 있다.

> 그것은 공산주의자들은 폭력혁명으로써 국민의 균등생활을 실현하랴 함에 반하여 우리나라는 평화적 방법으로 그 목표를 달성하랴 하는데 있다 할 것이다…폭력혁명의 결과 나타나는 독재정치 제도는 아무리 변명해 보아도 역시 민주정치의 이상과는 거리가 먼 것이다…우리나라는 모든 국민의 자유와 평등을 존중하면서 그로부터 생기는 여러 가지 폐단을 교정하여 차츰차츰 모든 사람의 균등이 실현되는 훌륭한 민주국가로 향해 나가랴는 것이다(유진오 1949, 35-36).

이상에 본 것 같이 건국의 지도자들은 신생국이 계급전쟁에 휘말리는 것을 방지하자는 고려에서 헌법에 균등경제 원칙을 새겨 넣었다. 볼셰비키 혁명정권이 러시아에 들어선 이후 독립하고 산업건설해야 하는 모든 나라는 공통적으로 계급전쟁 문제에 봉착해 있었다.

한국과 대만의 건국 지도자들은 계급투쟁에 대비하여 균등경제 또는 민생 원칙을 준비하고, 농지개혁을 실시했다. 결과적으로 두 나라가 20세기 후반기 개발도상국들 중 가장 모범적인 발전의 사례로 꼽히게 되었다.

2. 농지개혁

1949년에 의회를 통과하고 이듬해 개정된 농지개혁법 제1조는 법의 목적을 이렇게 규정했다. "본법은 헌법에 의거하여 농지를 농민에게 적절히 분배함으로써 농가경제의 자립과 농업생산력의 증진으로 인한 농민생활의 향상 내지 국민경제의 균형과 발전을 기함을 목적으로 한다." 이 문장에도 「균등경제」와 「균형있는 국민경제의 발전」 개념이 담겨있다.

해방 직후 남한의 총 경지면적 222만 6천 정보의 65%인 144만 7천 정보가 소작지였다. 그중 귀속농지 27만 3천 정보는 미군정에 의하여 1948년 매각되었고, 30만 2천 정보가 한국 정부에 의하여 1950년 매수 분배되었으며, 71만 3천 정보는 해방 직후부터 1950년 농지개혁 이전까지 지주에 의하여 임의 처분된 결과 15만 9천 정보가 잔존 소작지로 남았고, 이 중 7만 4천 정보는 자영 과수원, 개간지, 학교와 종교단체용 농지, 위토 등 농지개혁법에 의한 분배 제외 대상 농지이고 나머지 8만 5천 정보가 불법소작지로 남았다(김성호 외 1989,

1029).

이런 광범위한 재분배가 이루어졌지만, 1951년 전 농가의 78.6%에 해당하는 1,714,525 농가가 1정보 미만 규모의 영세자영농으로 집계되었다. 그들은 소작농은 면했지만 번영하는 독립자영농이라고 말할 수는 없는 수준의 영세성 문제를 안고 있었다(김성호 외 1989, 1040).

박현채(1987), 황한식(1982) 등은 농지 재분배로 형성된 자작농들의 규모가 너무 영세하여 침체에 빠질 수밖에 없어서 지주-소작제도의 부활과 같은 반봉건적 질곡을 벗어날 수 없다고 비판했다. 한국의 농지개혁은 소단위 생산에 종사하던 소작인들을 소단위 자작농으로 바꾸었으니, 생산단위의 규모화와 근대기술의 적용으로 생산성 향상을 지향하던 농업근대화 이론을 역행한 셈이다. 농지재분배 이후 협동조합 운동을 통한 규모화를 추구하기에도 너무 심하게 파편화된 농지상태였기 때문에 도시산업의 폭발적 성장이 뒤따르지 않았다면, 박현채, 황한식의 주장처럼 지주-소작제도의 부활과 반봉건적 질곡에 빠졌을 개연성은 높았다.

정영일(1967), 황한식(1982) 등은 분배농지의 49.2%에 해당하는 71만 3천 정보가 지주에 의하여 임의 처분된 점에 대하여, 국회에서의 법안심의가 지연되는 동안, 농민들이 비싼 가격으로 강매당하였다는 비판론을 제기했다. 농지를 비싼 가격에 사들인 소작농들은 경영수지 압박으로 침체에 빠진다는 것이다. 충남 서산군 근흥면을 대상으로 임의 처분 가격을 조사한 장상환(1984)은 81개 조사 건수 중 38건의 거래가 농지개혁의 분배가인 연소출의 1.5배보다 싼 가격에,

20건이 1.5-2배 가격에, 23건이 2.1배 이상 비싼 가격에 토지를 취득한 것으로 보고했다. "높은 가격으로 방매된 것은 주로 1948년 이전의 일들이었다"고 『농지개혁사연구』의 저자들은 판단하고 있다(김성호 외 1989, 1032).

강정구(1989)는 북한의 토지개혁은 반봉건적 및 자본주의적 착취관계가 모두 파괴되고 제거되어 혁명적이었던 반면, 남한의 농지개혁은 반봉건적 착취관계에서만 벗어난 자유주의적인 것이었다고 비판했다. 북한 농민들은 1946년 토지개혁으로 토지에 대하여 매매·소작·저당 등과 같은 소유권 행사가 금지된 경작권을 얻었다가 1954~1958년 사이에 협동농장에 포함되었다. 강정구가 말하는 '혁명적' 변화는 프롤레타리아 독재권력을 낳는데, 이는 1917년 러시아혁명 이래 농촌과 농민들에게 적대적인 태도를 견지해 왔고(Mitrany 1951), 북한의 농민들도 계급성분적 차별을 아직 견디고 있다(유엔 북한인권조사위원회 2014, 137).

농지개혁의 경제적 성과에 대한 많은 우려에도 불구하고, 농지 재분배 3개월 후 6·25전쟁이 발발하자 그의 전략적 가치가 여실히 드러났다. 조선 노동당 정부는 인민군이 38선을 돌파하면 남한의 후방에서 민중봉기가 일어나서 호응할 것으로 알고 남침했으나, 남로당 빨치산은 지리산에 고립된 채 국군에 의해 토벌되고 말았다. 농지개혁의 혜택을 입은 농촌 민심이 공산주의자들의 선동에 호응하지 않았기 때문이었다(박명림 1996, 318-320).

농지를 분배받은 농민들이 공산당의 선동에 동조하지 않을 것은 이미 앞서 인용한 유진오에 의하여 예견되었던 바이고, 조소앙 역시 1949년 농지개혁을 촉구하면서 이렇게 논한 바 있다. "국민의 애국심은 국방역량에 나타나고 국방역량은 농촌에 그 기초를 두었고 농촌경제와 생명은 토지제도에 뿌리를 박았던 것이다"(조소앙 1979b).

농지개혁으로 토지를 분배받은 소작인들이 무산자에서 유산자로 바뀌면서 사유재산제가 일시에 공고화되었다. 그것은 유상매수·유상분배라 하지만 연소출액의 15할을 5년간 분할상환하는 소작인에게 유리한 조건이었다.

일제말 소출의 5-6배에 달하던 농지가가 미군정의 소작료 1/3 상한선 설정과 이후 토지개혁설에 따른 지주의 토지방매로 지가가 하락하여 미군정이 귀속농지를 매각하던 1948년 3월에는 소출의 3배로 시세를 형성했다고 신한공사 총재직을 수행했던 클라이드 미첼은 기술했다(Mitchell 1949).

건국 후 농지개혁법 입안과정에서 농림부가 보상지가를 소출의 1.5배로 제안함에 따라 농지투매 압력이 더욱 커졌을 것으로 짐작할 수 있다. 기획처안은 보상지가를 2배로 올리고, 국회 산업위원회는 3배 가격으로 법안토의를 시작했지만 결국 소출의 1.5배를 5년간 상환하는 것으로 결정되었다. 1년에 3할이라는 상환액은 부담되었지만 농민들 다수가 단기상환을 원했다(김성호 외 1989, 466).

정부가 리·동별로 작성한 「농가별 분배농지 일람표」가 시·읍·면사무소에서 열흘간 공람된 후 3월 24일 자로 분배가 확정되었다. 그로부터 3개월 후 북한군의 남침이 개시되자 분배농지에 대한 상환과 보상(지가증권 발급), 협동조합 육성, 기술지도와 같은 후속 조치들이 중단되는 혼란을 겪었지만, 농촌 청년들은 투표권을 가진 자경

농가 시민으로서 참전할 수 있었다.

　반면 전시재정이 부족했던 정부는 지주보상을 지연했을 뿐 아니라 지가증권에 물량으로 표시된 보상액에 대한 법정가격 책정에 전시인플레를 반영하지 않아 지주들에게 불이익을 주었다(김성호 외 1989, 1055). 지주들은 전쟁통에 받은 지가증권을 팔아 피란지 생활비에 충당하고 말았다.

　농지개혁으로 창출된 수많은 영세자영농은 소작료 부담에서 벗어나서 어린 자녀들에게 밭일을 시키는 대신 학교에 보낼 수 있게 되었다. 정부가 국민학교 교육을 의무화하는 교육법을 제정한 1949년 국민학교 재정에 필요한 예산의 75%를 사친회에서 부담했다(김영봉 외 1984, 28). 이런 상황에서도 6-11세 아동인구 중 국민학교 취학률은 1953년 59.6%, 1955년 77.4%, 1960년 86.2%를 기록하는데(김영봉 외 1984, 58), 농민들도 사친회비를 부담하고 자녀들을 국민학교에 보냈던 것이다.

　농지개혁과 전쟁이 겹치면서 지주계급은 역사 속으로 사라지고 영세자영농의 자녀들이 의무교육을 받고 전쟁에 참전하면서 대중사회 형성이 촉진되었다. 농지개혁과 교육성장이 상호작용하며 인간자본 축적을 낳아서, 1960년대 본격적 경제발전을 준비했다.

　요약컨대, 1950년 국가가 농지를 재분배하고 인민군의 공격을 격퇴하여 사유재산제를 지켰다. 농지개혁은 한국 정부가 헌법상의 균등경제 원칙을 활용하여 자본주의 질서를 보호했던 사례였다.

Ⅳ. 국민경제, 시장자유 그리고 산업화

1. 균형있는 국민경제의 발전

유진오는 '균형있는 국민경제의 발전'을 설명하면서, "경제균등의 의미로도 생각할 수 있으나, 이곳에서는 그것보다도 우리 국민경제 조직의 균형있는 발전을 의미하는 것으로 보아야 할 것이다"라고 서술하였다(유진오 1950, 111). 이영록(2013, 81)은 유진오의 이 서술이 자립경제의 이상을 표현한 것이라고 해석하며, 식민지에서 독립한 국가가 "경제적으로 노예가 된다면 결국 정치적으로도 자유를 빼앗기게 된다는 황산덕(1954)의 주장으로 뒷받침했다.

1949년 남한인구 2천 18만 9천 명 중 농가인구가 71.4%에 해당하는 1천 4백 41만 6천 명에 달하던(통계청 1998, 22, 308) 당시 상황에서 경제자립에 절실한 것은 산업화였다. 균형있는 국민경제의 발전은 자립경제이고, 자립경제에 절실한 과제는 곧 산업화였다.

바이마르 헌법 151조에는 "국민에게 인간다운 생활의 보장을 목적으로 하는 정의 원칙"은 언급하지만 "균형있는 국민경제의 발전"에 대한 언급이 없다. 바이마르 헌법제정 당시 독일은 이미 산업사회에 진입하여 아직 산업건설을 과제로 안고 있는 신생국의 입장과 달랐다.

한편으로 경제적 균등이 필요하고 다른 한편으로는 산업건설도 요구되는 조건에서 건국강령은 균등생활에 "민족전체의 발전과 국가를 건립보위함에 연환관계"를 추가했던 것이다. 손문의 民生개념 역시 균등경제와 국유산업의 건설 양자를 담고 있다. 민생주의는 1936년 국민정부가 공포한 중화민국헌법초안(5·5헌초)에 규정되었다(신우철 2008).[4]

손문은 1921년『중국의 국제개발(The International Development of China)』이라는 영문저술을 발표해서 제1차 세계대전 당시 전시 물자생산과 전후 유럽재건에 사용된 잉여자본을 중국개발에 투자해서 세계평화에 기여하자는 제안을 했다. 손문의 의도는 선진국의 자본을 수입해서 중국산업을 건설하자는데 있었지만, 당시 선진국 정부 누구도 손문의 제의에 관심을 기울이지 않았다.

산업화는 지정학적 이유에서도 꼭 필요했다. 서양인들이 건설한 근대 정치체제는 민족국가를 단위로 하지만 모든 민족국가는 국경선을 경계로 다른 민족국가들과의 치열한 상호경쟁과 투쟁에서 벗어날 수 없는 지정학적 운명에 처해있다.[5] 그 상호경쟁의 궁극적 형태는 전쟁이고 온건한 형태로는 경제적 경쟁이지만, 강대국들은 평

---

[4] 제헌헌법의 사회권 개념의 연원을 바이마르 헌법개념에서 찾는 김효전 역시 "임시정부가 중국에 있었던 관계로 중국헌법의 영향을 적지않게 받고 있다"고 인정한다(김효전 1986, 10).

[5] 마이클 만(Mann 1986, 27)은 "(지정학적 조직이) 사회학적 이론에 의하여 당연한 듯 무시되고 있다. 그러나 그것은 사회생활의 필수적 부분이고 구성 국가들의 내부적 권력 배열들로 귀납될 수 없다"고 지적한다. 많은 정치학 연구에서도 국제정치와 다른 분야의 논의가 분리되어 진행되는 경향이 있다고 생각된다.

화 시에도 약소국에 대해 힘을 투사(power-projection)한다. 임시정부 건국강령은 "헌법상 경제체계는…국가를 건립보위함에 연환관계를 가지게"한다고 하여 건국 지도자들이 가진 지정학적 인식을 드러내고 있다.

민족국가가 독립을 유지하기 위해서는 국방에 필요한 무기를 조달할 수 있는 산업능력을 필요로 한다. 인민군의 탱크에 맞설 화포가 없어서 후퇴를 거듭했던 6·25전쟁 경험은 한국인들로 하여금 자주국방과 자립경제에 강한 공감대를 형성하게 만들었다.

임시정부나 건국의 지도자들은 당초 일제가 남겨놓고 간 산업자본을 국유화함으로써 국가자본을 확보할 수 있으리라는 기대를 가지고 있었지만, 그 꿈은 국토분단과 6·25전쟁으로 무산되고 만다. 주요한 적산산업시설들은 거의 파괴되었거니와, 발전소나 중화학공장들은 대부분 38선 이북에 있어서 활용할 수 없게 되었다(이대근 2002, 241-248).

게다가 농지개혁 이후 영세자영농이 지배하는 농업구조 하에서는 도시산업에 투자할 수 있는 재원을 농업잉여 추출에서 구할 수 없다. 한국은 균등경제 원칙으로 계급전쟁을 피할 수 있었던 대신 국내적 수탈을 통한 산업화의 길, 즉 내포적 공업화의 길도 막혔다. 이제 한국이 산업화하는 유일한 해결책(solution)은 외국자본에 의존한 외연적 공업화의 길밖에 남지 않은 것이다.

이승만 대통령은 1948년 8월 15일 건국기념사에서 "이 정부가 결심하는 바는 국제통상과 공업을 우리나라의 필요에 따라 발전시킬 것입니다"고 한 뒤 "우리가 가장 필요를 느끼는 것은 경제적 원조입니다…세계 대세가 변하여 각 나라 간에 대소강약은 물론이고 서로 의지해서 살게 되는 것"을 언급하며 국제원조에 대한 기대를 표명했다. 그는 헌법에서 요구하는 농지의 재분배와 산업화를 병존시키기 위해서는 민주주의 우방들로부터의 원조에 의존할 수밖에 없음을 예견하고 있었던 것으로 보인다.

한국은 처음에는 외국원조, 그다음에는 해외차관에 의존해서 도시산업을 건설했다. 손문이 1920년대에 계획했던 국제개발(international development)을 한국인들이 20세기 후반기에 실행하게 된 것이었는데, 손문이 소련의 원조를 받으며 국공합작을 벌인 것과 달리 이승만 대통령은 미국과 서방 국제기구들의 원조를 받음으로써 한국의 산업화는 자유주의 국제질서 속에서 진행된다.

2. 자유주의 국제질서 속에서의 산업화

한국경제는 농지 재분배가 실시된 지 3개월 만에 6·25전쟁에 휩쓸려서 농지개혁 후속 조치들이 혼란에 빠지고 산업시설들은 파괴되는 재앙을 겪었다. 1953년 휴전과 함께 시작되는 전후복구에는 미국을 비롯한 서방각국과 국제기구의 원조가 본격화하면서 자유주의 국제질서 속에서의 한국산업화가 시작된다.

6·25전쟁 후 7년 동안은 미국의 원조자금뿐 아니라 한국의 경제정책 전반을 심의하는 합동경제위원회(Combined Economic Board)가 운영되었다. 한국 정부는 미국 원조기관이 부여하는 자유주의 경제

정책에 적응해야 했다. 위원회에 임하는 한국 정부 입장은 시멘트공장, 비료공장, 발전소, 교통시설정비 등 경제재건과 시설확충에 중점을 두자는 것이었으나, 미국 측은 재정안정을 우선하자고 주장했다(이관구 1953). 한국 측은 생산재 대 소비재 도입비율을 7 대 3 정도로 요청했지만, 미국 측은 3 대 7을 주장했는데 실제 공급한 1954년~1959년 실적을 경제기획원이 시설재, 원자재, 기술원조로 분류하여 합산한 결과 시설재·기술부문과 원자재 부문의 비율이 3대 7로 집계되어 미국의 의지가 관철된 사실로 드러났다(홍성유 1964). 한국 측의 민족주의적 의지와 미국측의 자유주의적 경제정책이 갈등을 빚었다고 말할 수 있다.

한국 정부는 부족한 산업투자재 원조에 대충자금을 보태어 경제부흥특별회계를 설치하여 농지개량사업, 치산치수사업, 교량·도로·항만 등 토목사업과 도시건설·통신 등 정책사업에 투자했다(이대근 2002, 309-312). 정부는 제한된 시설물자 원조로라도 산업철도들을 부설하고, 충주비료공장, 부산조선소, 인천판유리공장, 문경시멘트공장, 장항제련소를 건설하고, 화천수력발전소를 복구하는 등 산업건설에 상당한 진척을 보였다(이대근 2002, 365-370).

한국 정부가 가진 의욕에 비하면 산업건설은 늦고 소비재 원조가 넘쳐났지만, 지금에 와서 보면 미국이 제공한 소비재 중심 원조 물자들이 월남민과 귀국동포들, 그리고 전쟁난민들로 들끓던 도시사회 안정에 기여했고, 그 역시 「국민생활의 기본적 수요를 충족」해주는 균등경제의 기능을 수행했다. 또 미국 정부가 제공하는 소비재 원조물자를 바탕으로 제분, 제당, 면방직 등 소위 삼백산업 분야에서 민간기업들이 성장하기 시작했다(이대근 2002, 332).

　　미국에서 원조물자로 공급된 잉여농산물로 인하여 도시빈민들의 기아 문제에 대처하고 삼백산업이 성장하는 이면에는 국내의 밀과 면화 농사가 도태되는 부작용도 있었다(이대근 2002, 424-435). 도시의 소비시장이 활성화되는 반면에 농촌경제는 침체에 빠져서, 도농 간 이해가 충돌하는 현상이었다.

　　국제협력에 대해서는 조소앙이 1932년 논설에서 "국제적으로 자원의 효용, 기술의 합작, 자본의 수출입 등 교호관계를 전제로 하여 국제 전체에 상응한 조화 및 협조를 촉진하는 것이다(조소앙 1979c, 201)"라고 하여 현대 서방 국제사회의 상호의존(interdependence)을 예견한 듯한 비전을 제시한 바 있다. 제2차 세계대전 이후 미국은 서방 자유무역질서를 구축하여 북미-서유럽-일본을 잇는 초국가적 상호의존 관계망을 만들어 냈고, 이승만 정부도 서방 자유무역질서 속에서 자원과 자본, 그리고 기술을 도입하여 산업을 건설하는 전략을 추구했지만, 일본을 중심으로 동아시아 지역경제의 순환구조를 구축하려는 미국의 자유주의적 전략에 대항하여 민족주의적이고 독자적인 공업화를 고집했다(Woo 1991, 45-60).

　　6·25전쟁 중 미군 군수품 공급을 통해 일본산업은 부흥했고, 미국 정부는 한일 간 국제분업을 한국 정부에게 권고했다. 일본은 공산품과 자본재를 생산하고 한국은 농산물과 경공업 생산에 특화하여 상호무역하는 한일협력을 말했다.

　　예를 들어, 미국 정부가 비료, 시멘트, 판유리 등 필수물자를 국제입찰을 통해 한국에 공급한다고 하면, 한국 정부는 원조자금이 일본의 생산자에게 빠져 나간다고 항의하며, 공장을 지어 필수물자를 생산하고자 노력했다. 한국 정부가 유엔산하기구인 운크라(UN-KRA)를 설득하여 인천판유리공장과 문경시멘트공장을 건설하게 된 이후에야 미국 원조당국도 충주비료공장 설립에 합의하게 되었다(김용삼 2013, 266-287). 이승만 정부는 인천에 대한중공업공사 제강공장과 압연공장도 건설했는데, 역시 미국 원조당국의 외면 속에 자체조달 외화로 서독의 데마그사에게 발주하여 공사했다(김용삼 2013, 210-214).

미국 정부의 경제협력 방식은 1950년대 원조공여에서 1960년대 세계은행 개발자금 차관으로 바뀌어 나갔다. 1950년대 한국 정부에게 안정화 정책을 요구하던 미국 정부가 1960년대에는 한국인들이 수출을 통해 차관자금을 상환할 수 있는 산업에 투자하도록 유도했다.

박정희 정부는 한일국교정상화를 통하여 미국이 주도하는 서방 자유주의질서의 심화에 적극 참여하기 시작했다. 한국인들은 1960년대 합판, 가발, 섬유, 의복 등 경공업 부문에서부터 수출산업을 일으켰다. 1960년대 중반부터 한국의 수출경제가 꾸준한 성장가도를 달리기 시작했다. 미국과 국제자본은 한국경제의 자유화를 유도했고, 한국 정부의 민족적 의지를 제어해 가며 신고전학과 경제학의 국제분업론에 따라 자본과 기술, 그리고 수출시장을 제공했다.

한미동맹의 틀 속에서 안보와 경제발전 문제를 해결할 수밖에 없었던 전후 한국 정부는 미국 정부와 국제금융기구의 점진주의적 접근에 불만족하면서도 자유주의 국제무역질서에 적응해 갔다. 국민경제 발전과 자유경제의 두 원칙 사이에서 적응해 나가는 태도라고 말할 수 있겠다.

하지만 한국 정부의 경제건설에 대한 민족주의적 의지는 한일국교정상화 이후에도 계속 발휘되었다. 박정희 대통령도 집권 초부터 대규모 제철소 건설안을 들고 외자조달에 나섰지만 서방정부와 금융기구의 외면으로 번번이 실패하고, 1970년에 가서야 대일청구권 자금을 배분하고 일본 정부로부터 상업차관 도입에 대한 합의를 이끌어내어 포항제철 건설에 착공할 수 있었다.

한국 정부는 건국 초 설치된 기획처가 1955년 부흥부로 개편되었다가 1961년 경제기획원으로 자리 잡으면서 경제개발5개년계획을 작성하고 실행해 나갈 자본주의 발전국가의 능력을 발휘하기 시작했다.[6] 1970년대에는 포항제철을 짓고, 거기서 생산되는 철강을 활용하는 조선, 자동차, 기계공업 등 고부가가치 분야의 수출산업에 도전했다.

1960~70년대 경제성장에 있어 한국 정부와 기업의 역할에 대하여 한국개발연구원과 하버드 대학교 부설 국제개발연구소의 공동 연구자들은 이렇게 보고했다.

남한에서 1960년대 초기에 시작되어 그때부터 가속되어 온 빠른 경

---

[6] 한국 정부는 1958년 부흥부 내에 산업개발위원회를 설치하여 1959년 경제개발3개년계획을 성안했다. 이 안이 4·19 이후 민주당 정부의 경제개발5개년계획으로 개편된 후, 5·16 군사정권에 의해 재수정되어 실행에 옮겨지게 되었다(이대근 2002, 510).

제성장은 정부가 주도하였으며 그의 주요한 추진력은 사기업이었다. 중앙통제적인 경제발전에 확고한 의지를 보인 정부와 계속적으로 변하는 경제활동구조를 갖고 기획기구(planning machinery)에 도전하는 아주 동태적인 민간부문간의 관계는 투시하고 기술하기 힘든 일련의 상호관계를 제시한다. 한국에서의 기획(planning)은 만약 그것이 정책수립 뿐만 아니라 정책을 집행하는 기술까지를 포함하는 것으로 받아들인다면 그것은 유도적인 것(indicatives) 이상의 것이다. 정부의 손길은 개인회사 활동의 심층부까지 미쳐서 유인(incentives)과 반유인 정책을 조정했다. 동시에 이러한 상황은 어느 모로나 명령경제(command economy)라고 볼 수는 없었다(Mason 외 1985, 268-269).

정부는 금융기관을 통제하여 기업에 대한 신용배분을 주도하는 한편, 기술 허가와 수입 규제 권한을 행사하면서 사기업 활동의 심층부에까지 영향력을 행사했지만, 투자사업에서 비용과 가격을 낮추어 시장경쟁력을 획득하기 위해 분투하는 최전선의 전사들은 언제나 사기업들이었다(Koo and Kim 1992; Kuznets 1994). 정부는 1970년대 중화학공업화라는 목표를 설정한 다음 기업들에게 대규모 투자를 종용하면서 사적 자본의 축적이 가속화하고 재벌기업들이 성장했다. 기업들은 중화학분야에서 시장경쟁력 획득에 부심한 결과 한국 산업자본주의가 고도로 발전하게 되는 결과를 낳았다.

중화학공업은 방위산업으로 연결되어 자주국방의 토대가 되었다. 정부가 자주국방/자립경제를 추구하는 민족적 의지를 발동시키지 않고 시장자유주의 원칙만 지켰다면 한국은 지금까지도 중화학

공업을 건설하지 못했을 가능성이 크다. 그 시장에서는 선진국들의 견제가 작용하여 개별기업들의 능력만으로 도전하기 어렵기 때문이다.[7]

한국은 1950~1953년 전쟁으로 산업시설이 파괴된 후 10년간은 원조자금에 의존하여 그 이후에는 외자에 의존하여 산업건설을 추진했다. 정부는 자유주의 국제질서 속에서 안보와 원조, 그리고 무역의 활로를 찾아 나가면서도, 국민경제 건설에의 의지를 발휘하여 1956년까지는 전후복구를 달성하고, 1960년대부터 발전국가체제를 작동시키기 시작하면서 1970년대에는 중화학공업화와 방위산업에까지 도전하기에 이르렀다. 한국에서 자본주의 발전국가는 계획과 통제로 시장에 개입하되 시장을 육성하고 확대하는 산업정책을 선택함으로써 국민경제 발전과 자유경제 두 원칙을 병행해 나갔다.

V. 농촌 근대화

1950년 시행된 농지개혁은 자작농을 대거 창출하여 계급전쟁을 극복하는 정치적/전략적 성공은 거두었지만, 경제적으로는 그렇지

---

[7] 초국가적 상호의존이 일상화된 서방 자유무역질서 속에서도 자국이익을 우선시하는 국가 간의 권력투쟁은 계속된다고 나이(Joseph Nye 2009, 208)는 설명한다.

못했다. 당시 창출된 자작농가의 대부분이 농가규모 1정보 미만의 영세농이어서(김성호 외 1989, 1040-1041) 생산성 향상을 통하여 스스로의 근대화를 주도할 능력이 없었다. 게다가 미국의 잉여농산물 도입은 곡물과 면화의 시장가격을 하락시켜 농촌경제 침체에 기여했다.

박정희 대통령은 1965년 총선거를 계기로 호남 푸대접론에 대응하기 시작했다(김성호 외 1989, 1072). 그는 호남의 농업을 살리기 위해서는 농업생산단위를 규모화해야 한다는 조언에 귀 기울이게 되었다. 1950년 농지개혁이 남긴 경제적 문제에 직면한 것이다.

박정희 정부는 1967년부터 시작되는 제2차 경제개발 5개년계획에 「농공병진책」을 내걸었다. 그는 농촌에 상업작물 주산지들을 조성하고 농산물 가공공장을 건설해서 상업농과 농기업을 육성할 작정으로 농지소유 3정보 상한선을 철폐하려는 입법을 시도했다.

박정희 대통령의 시도는 농업발전에 대한 자유주의적 접근이었지만, 당시 정부가 제출한 농지법안은 학계와 언론에서 거센 반대여론을 불러일으켜서 여야를 막론하고 국회에서 호응을 얻지 못하고 폐기되고 말았다(김성호 외 1989, 1074-1079). 박정희 정부가 경자유전 원칙이 가진 정치적 저항력을 극복하지 못한 것이다.

이후 정부는 농기업 육성의 길이 막힌 채 농촌종합개발 투자를 추진한다. 1969년에 시작된 이중곡가제에 관개시설투자, 통일볍씨 개발 및 보급, 영농기계화를 더해 가면서 농민들이 도시소비자 시장을 대상으로 한 상업농 활동에 나설 수 있는 여건이 조성되어 나갔다.

쌀의 생산비용 대비 수매가(수매가/생산비용)는 1969년 144.5%, 1971년 186.5%, 1973년 173%로 인상되어서, 1979년에 오면 국내 쌀 도매가격이 국제가격(border price)의 3배에 달하게 된다(Anderson 1989, 147). 농업용수 공급을 위한 댐과 관개수로 공사 등 대규모 농업개발이 늘어나면서 중앙정부 예산에서 농림어업부문이 차지하는 비중이 1970년 7%, 1975년 8%, 1979년 10%를 차지했다(IMF 1980). 통일볍씨에 대한 농민들의 비호감에도 불구하고 정부는 가격지원과 행정적 동원을 통하여 통일벼 파종율을 1972년 16%에서 1978년 85%로 높이는데, 이 과정에서 쌀 자급률 100%를 달성한다. 영농기계화를 위해 장기저리 외자를 공급하고 농업용 기계산업 육성정책을 추진한 결과 1970년대 말에 오면 영세한 농토에 비해 기계화가 과잉상태에 이른다(이종용·문공남 1980).

문팔용과 강봉순(Moon and Kang 1989, 134)은 세계은행 연구과제를 통해 정부의 농산물 가격정책과 공공투자, 연구 및 농촌지도 등을 종합적으로 측정한 결과 1970년대 이후로는 도시부문 잉여가 농업부문으로 이전되었다는 결론을 도출했다. 박정희 대통령은 애초 농업생산단위 규모화를 통한 상업농 육성을 시도하다가 경자유전의 원칙론에 막혀 좌절한 후, 도시잉여의 농촌이전을 통한 농촌근대화에 나섰던 것이다.

농촌사회는 새마을운동을 통하여 마을 진입로를 넓히고, 마을 단위 근대화 사업을 토의하고 실천했다. 정부는 새마을사업을 잘하는 마을부터 우선적으로 전기를 공급한다는 것을 농민들에게 알리는 동시에 장기저리의 외자를 도입하여 정부재정의 부족분을 충당하였다. 농촌전력화 사업으로 총농가 중 전등불 밑에서 생활하는 농가의 비중이 1970년 27%에서 1977년 97.8%로 급속히 늘었다(박진환 2005, 19).

영세농의 상업화가 진행되어, 1974년에 이르면 농촌가계 평균소득이 도시 근로자 가계의 평균소득을 추월하는 성과를 달성했다. 영세농가의 상업적 경영과 소득개선, 그리고 농촌전력화로 농가가 도시산업이 생산한 가전제품들을 소비하고, 도시는 농촌이 생산하는 농산물을 소비하는 국민경제 통합이 이루어졌다.

대부분의 개발도상국에서는 근대부문에 산업화가 진행되는 중에도 전통 부문이 낙후된 채 방치되는 이중경제(dual economy)가 형성된다. 근대산업이 성장해도 전통 부문의 빈곤이 개선되지 않아서 국가경제가 성장할수록 부익부 빈익빈이 심화되는 것이 이중경제의 병폐이다.[8]

한국의 농가 총호수는 계속 증가하다가 1967년에 정점을 찍고 하락하기 시작한다. 인구의 자연증가율이 1967년까지는 도시산업의 노동흡수효과을 상회했던 것이다. 고용효과가 큰 제조업의 성장률은 1962년 13.2%, 1967년 22.8%를 기록했다(한국은행 1977, 262-263). 도시산업의 성장이 농촌의 인구압력을 완화시키는 효과가 가시화된 시점이 1967년이라고 볼 수 있고, 아서 루이스(Lewis 1954)가 말하는 이중경제에서의 이론적 발전 가능성이 실현되고 있다는 징후라 할만했다.

---

[8] 사미르 아민(Amin 1974, 15)은 저개발경제에서는 부문들이 상호 연계되지 않은 채 각자 국제자본에 지배되기 때문에 저개발경제 각 부문 간 생산성 수준에서 불균등이 초래된다고 주장한다.

루이스는 자본주의적 근대부문과 전통적 생존경제 사이의 이중경제가 형성된 나라에서 자본주의적 부문(capitalist sector)에 대한 투자가 계속되고 생존경제 부문(subsistence sector)의 잉여노동이 자본주의적 부문으로 이동하는 과정이 계속되면서 생존경제 부문의 가난도 완화될 수 있다는 이론적 가능성을 제시했다. 이 이론을 적용한다면, 1967년의 한국은 이중경제 속에서도 도시산업 부문에 대한 투자가 계속되어 농촌의 가난이 완화되기 시작하는 시점에 와 있었다.

　　박정희 정부는 1967년 농공병진책을 내걸고 농지소유 상한선을 철폐하고 농기업을 육성해서 농촌을 생존경제로부터 자본주의 경제로 변모시키려 하다가 실패하였다. 그다음으로 실시한 정책은 도시산업의 잉여를 농촌에 투자해서 소농가의 상업화를 추진하는 것이었다. 처음 시도했던 자유주의적 정책이나 그의 실패 후 추진한 소농상태 근대화 정책이나 모두 이중경제 속에서의 발전을 벗어나서 이중경제 자체를 타파하려는 적극적 의지의 발로였다.

　　한국은 1960년대에 해외자본을 도입해서 도시산업을 먼저 일으킨 후, 1970년대에 도시산업의 잉여를 농촌에 투자해서 이중경제 문제를 해소했다. 그래서 한국 사회의 지니계수는 산업건설이 한창 진행되던 1965년 0.3439, 1970년 0.3322, 1976년 0.3908, 1982년 0.3572로 상당히 양호한 기록을 보여주었다.

　　1970년에 농림어업 종사자의 비율은 전체의 50.4%를 기록하고 있었다. 시장자유주의자들의 관점에서 보면 자본을 한계생산성 높은 도시산업에 투자해서 농촌의 잉여노동을 도시산업의 저임금으로 활용할 수 있는 상황이었다. 그것이 자본의 시장 효율적 배분에 맞다. 이 단계에서 한국 정부처럼 농촌에 투자해서 농업의 한계생산성을 높여 놓으면 임금의 최저기준선이 올라가서 도시산업의 이윤을 잠식한다. 국제자본이 싫어하는 정책을 정부가 실시한 셈이다. 박정희 정부가 1970년대에 실시했던 종합적 농업투자는 신고전학파 경제원칙을 거스르는 시장개입에 해당하나, 균등경제 원칙으로는 정당화될 수 있는 행동이었다.

당시 한국 정부는 전후복구 이후 사회주의 경제가 아직 순조롭게 작동하던 북한과 경쟁하고 있었다. 이중경제의 전통적 부문이 농촌에 잔존한 채 산업자본주의 성장을 계속 추진함에 따라 빈익빈 부익부가 구조화하는 것을 방치하다가는 농지개혁으로 극복했던 계급전쟁의 위기를 다시 불러들일 수 있는 위험한 일이었다. 도시잉여를 농촌에 이전하던 1970년대의 농촌근대화 정책들도 1950년 농지개혁과 마찬가지로 경제적 동기보다는 정치적 또는 전략적 동기에 의한 국가의 행동이라고 말할 수 있다.

국가의 개입은 자본시장의 균형을 일정하게 왜곡함으로써 국민경제의 통합과 산업자본주의의 장기적 발전을 도모한 전략적 행동이었다. 국가가 균등경제정책을 실시하여 계급전쟁을 방지함으로써 산업자본주의를 보호한 또 하나의 사례라고 말할 수 있다.

Ⅵ. 결론

초대헌법상의 균등경제 원칙은 1950년 농지개혁에 적용되었다. 농지재분배 3개월 후 시작된 공산주의자들의 남침전쟁에서 후방교란에 나섰던 남로당 빨치산은 지리산에 고립되어 토벌되었다. 농지재분배로 창출된 다수 영세자영농은 공산혁명에 동조하지 않고 사유재산제도의 광범위한 지지세력이 되었다.

하지만, 경제적 관점에서 볼 때, 농지개혁은 농업생산단위의 영세성을 극복하지 못하여 생산성 향상에 한계를 지웠다. 원조로 제공된 해외곡물과 면화도 농촌침체에 일조했다.

한국 정부는 산업자본주의가 꾸준한 성장단계에 들어선 1970년대에 도시산업 잉여를 농촌 근대화에 투자해서 이중경제구조를 제거하고 도농이 통합된 자본주의 국민경제 발전이 가능하게 만들었다. 도시산업이 성장할수록 빈부격차가 심화되는 이중경제를 탈피함으로써 한국농촌은 공산주의자들의 계급투쟁 선동에 대한 취약성에서 벗어나게 되었다. 국가가 균등경제 정책으로 국민경제를 통합하여 자본주의 질서를 보호하고 공고화한 사례이다.

한국은 산업건설을 위한 투자재원을 해외로부터 수입하는 자본으로 조달함으로써 농촌수탈에 의존하지 않고 발전할 수 있었다. 해외자본을 활용하는 경제성장은 자유주의 국제무역질서 속에서 이루어졌고, 한국경제도 시장자유주의 틀 속에서 발전했다. 한국 정부는 자유주의 국제무역질서의 국제분업망 속에서 더 상위의 부가가치 부문으로 진출하기 위한 도전을 주도했고, 그러한 자립경제 의지는 균형있는 국민경제의 발전 원칙으로 정당화되었다. 국가가 계획한 목표와 통제에 따라 중화학공업에 투자한 사기업들은 시장경쟁력을 획득하기 위한 노력 끝에 재벌이라는 대규모 사적 자본축적을 결과했다. 국가의 계획 및 통제 속에서도 사기업의 소유와 경영의 자유는 보장되었던 것이다.

초대 정부의 기획처가 부흥부를 거쳐 경제기획원으로 조직적 발전을 보면서 계획 및 통제기능이 고도화되어 자본주의 발전국가 수준에 이르게 된다. 자유경제와 통제경제라는 모순적 요소들이 시장순응적 정책개입을 구사하는 자본주의 발전국가의 기능 속에 융합되어 경제발전을 촉진했다. 또 자본주의 발전국가는 소득의 공정한 분배를 통하여 경제성장을 최우선으로 놓는 정책을 장기간 유지하는 데 필요한 사회적 합의기반을 유지하려고 노력했다. 자본주의 발전국가는 균등경제, 국민경제 발전, 각인의 경제상 자유 등 제헌헌법 경제질서 3원칙을 포용하면서도 자본주의적 경제발전을 효과적으로 성취할 수 있었다.

건국 지도자들이 발전국가 개념을 가지고 경제질서 3원칙을 헌법에 규정한 것은 아니었다. 그들이 민족국가를 완성하기 위한 자본주의 국민경제 건설에 필요한 요소들을 경제질서 3원칙으로 정리하고 나서, 역대 정부들이 3원칙을 현안 과제 해결에 반영하기 위해 시행착오를 거치는 과정에서 자본주의 발전국가라는 해결책(solution)에 귀착하게 되었다고 말할 수 있다.

한국 근대화 과정에서 도출된 자본주의 발전국가라는 해결책은 건국 당시 현존하던 양대 경제모델이었던 소련식 사회주의도 아니지만 미국식 자본주의와도 일치하지 않는다. 존슨(Johnson 2000, 194)은 일본, 대만, 한국이 성취한 경제질서를 다른 한 종류의 자본주의(a different kind of capitalism)로 본다.[9]

장기집권했던 이승만과 박정희 정부의 통치는 권위주의적이었다고 평가 받지만, 당시 정부들이 권위주의적 계획과 통제에만 의존했다면 관료주의, 부패, 유인결여(loss of incentive), 자원배분의 비효율성 등의 장애를 극복하지 못했을 것이다(Johnson 1987, 140). 정부가 경제성장을 촉진하기 위한 계획과 통제를 제공했지만, 자본주의 산업화의 궁극적 추진력은 시장에서 활동하는 개인과 기업들에서 나온 것이었다. 자본주의 발전국가의 출현을 국가 근대화로 본다면, 마이클 만이 말하는 바 자본주의적 산업화가 국가 근대화(state modernization)와 얽혀서 국민적 조직(national organization)이 강화되는 현상이 한국에서 벌어진 것이다(Mann 1993, 254).

---

[9] 존슨은 2000년 저술에서 Asian model of capitalism, American-style capitalism, Japanese type of capitalism 등의 용어를 쓰고 있다.

참고문헌

강정구. 1989. 『좌절된 사회혁명: 미 군정하의 남한·필리핀과 북한연구』. 부산: 열음사.
김성호·전경식·장상환·박석두. 1989. 『농지개혁사 연구』. 서울: 한국농촌경제연구원.
김영봉·김신복·김기환·N. F. McGinn·D. R. Snodgrass. 1984. 『한국의 교육과 경제발전』. 서울: 한국개발연구원.
김용삼. 2013. 『이승만과 기업가 시대』. 서울: 북앤피플.
김효전. 1986. "한국헌법과 바이마르 헌법." 『공법연구』 14집, 7-48.
민경국. 1999. "제헌헌법과 경제질서." 유광호·민경국·박광작·정중재 편. 『한국 제1·2공화국의 경제정책』, 3-38. 성남: 한국정신문화연구원.
박명림. 1996. 『한국전쟁의 발발과 기원(1)』. 서울: 나남출판.
박진환. 2005. 『박정희 대통령의 한국경제 근대화와 새마을운동』. 서울: (사)박정희대통령기념사업회.
박현채. 1987. "한국사회에서 반봉건과 민주주의." 『창작과 비평』 15권 4호, 324-362.
서희경·박명림. 2007. "민주공화주의와 대한민국 헌법 이념의 형성." 『정신문화연구』 30권 1호, 77-111.
신용옥. 2004. "대한민국 제헌헌법의 주권원리와 경제질서." 『한국사학보』 17호, 209-239.
신우철. 2008. 『비교헌법사: 대한민국 입헌주의의 연원』. 서울: 법문사.
유엔 북한인권조사위원회 저·통일연구원 역. 2014. 『북한인권조사위원회보고서』. 서울: 통일연구원.

유진오. 1949. 『나라는 어떻게 다스리나』. 서울: 일조각.

유진오. 1950. 『헌법의 기초이론』. 서울: 일조각.

유진오. 1959. 『신고 헌법해의』. 서울: 일조각.

유진오. 1980a. "대한민국헌법 제안이유 설명." 『헌법기초회고록』附 VI, 235-246. 서울: 일조각.

유진오. 1980b. 『헌법기초회고록』. 서울: 일조각.

이관구. 1953. "산업재건의 방향과 그 전제조건." 『신천지』 55호, 80-86.

이대근. 2002. 『해방후-1950년대의 경제: 공업화의 사적 배경 연구』. 서울: 삼성경제연구소.

이승만. 1948. "건국기념사." 『이승만기념관 자료실』 (8월 15일), www.이승만기념관.com/bbs/board.php?bo_table=reference&wr_id=5 (검색일: 2025년 4월 19일).

이영록. 2013. "제헌헌법상 경제조항의 이념과 그 역사적 기능." 『헌법학연구』 19권 2호, 69-97.

이종용·문공남. 1980. "주요 농기계의 소유 및 이용실태 분석." 『농촌경제』 3권 3호, 18-28.

장상환. 1984. 『농지개혁과정에 관한 실증적연구』. 서울: 경제사학회.

정영일. 1967. "전후 한국 농지개혁에 관한 일 고찰." 『경제논집』 6권 2호, 77-112.

조소앙. 1979a. "사회당결당대회선언서." 삼균학회 편. 『소앙선생문집 (하)』, 114-116. 서울: 횃불사.

조소앙. 1979b. "삼균주의자가 본 세계." 삼균학회 편. 『소앙선생문집 (하)』, 122-124. 서울: 횃불사.

조소앙. 1979c. "한국독립당당의연구방법." 삼균학회 편. 『소앙선생문집(상)』, 196-205. 서울: 햇불사.

통계청. 1998.『통계로 본 대한민국 50년의 경제사회상 변화』. 대전: 통계청.

한국은행. 1977.『경제통계연보』. 서울: 한국은행.

홍성유. 1964.『한국경제의 자본축적과정』. 서울: 고려대학교출판부.

황산덕. 1954. "헌법과 경제통제."『법률과 경제』 1권 2호.

황승흠. 2004. "제헌헌법 '제6장 경제' 편의 형성과정과 그것의 의미."『법사학연구』 30호, 109-157.

황한식. 1982. "한국 농지개혁 연구."『부산상대논집』 44집, 71-89.

Amin, Samir. 1974. *Accumulation on a World Scale: A Critique of the Theory of Underdevelopment*, Vol. 1. New York: Monthly Review Press.

Anderson, Kym. 1989. "Korea: A Case of Agricultural Protection." In *Food Price Policy in Asia: A Comparative Study*, edited by Terry Sicular, 109-153. Ithaca and London: Cornell University Press.

IMF. 1980. *Government Finance Statistics Yearbook*. Washington, D.C.: IMF.

Johnson, Chalmers. 1982. *MITI and the Japanese Miracle: The Growth of Industrial Policy, 1925-1975*. California: Stanford University Press.

Johnson, Chalmers. 1987. "Political Institutions and Economic Performance: the Government-Business Relationship in Japan, South Korea, and Taiwan." In *The Political Economy of the New Asian Industrialization*, edited by Frederic C. Deyo, 136-164. Ithaca and London: Cornell University Press.

Johnson, Chalmers. 2000. *Blowback: The Costs and Conseqences of American Empire*. New York: Metropolitan Books.

Koo, Hagen and Eun Mee Kim. 1992. "The Developmental State and Capital Accumulation in South Korea." In *States and Development in the Asian Pacific Rim*, edited by Richard Appelbaum and Jeffrey Henderson, 121-149. Newbury Park: Sage Publication.

Kuznets, Paul W. 1994. *Korean Economic Development: An Interpretive Model*. Westport, Connecticut: Praeger.

Lewis, W. Arthur. 1954. "Economic Development with Unlimited Supplies of Labor." *The Manchester School of Economic and Social Studies* 22(2): 139-191.

Mann, Michael. 1986. *The Sources of Social Power*, Vol. 1. Cambridge: Cambridge University Press.

Mann, Michael. 1993. *The Sources of Social Power*, Vol 2. Cambridge: Cambridge University Press.

Mason, Edward S. · 김만제 · Dwight H. Perkins · 김광석 · David C. Cole. 1985. 『한국 경제 · 사회의 근대화』. 서울: 한국개발연구원.

Mitchell, C. Clyde. 1949. "Land Reform in South Korea." *Pacific Affairs* 22(2): 144-154.

Mitrany, David. 1951. *Marx Against the Peasant: A Study in Social Dogmatism*. University of North Carolina Press.

Moon, Pal-Yong and Bong-Soon Kang. 1989. *Trade, Exchange Rate, and Agricultural Pricing Policies in the Republic of Korea: World Bank Comparative Studies*. Washington D.C.: The World Bank.

Nye, Joseph. 2009. *Understanding International Conflicts: An Introduction to Theory and History*. New York: Pearson Longman.

Rutherford, Donald. 1995. *Routledge Dictionary of Economics*. London and New York: Routledge.

Woo, Jung-en. 1991. *Race to the Swift: State and Finance in Korean Industrialization*. New York: Colombia University Press.
孫文(손문). 2011. 『三民主義』. 臺北: 三民書局.

 # 시장참여자로서의 국가역할 심화와 대한민국 재정통치성의 전환[*]

김정부

I. 서론

　근대국가는 항상 변화해 왔고, 이는 아직도 현재 진행형이다. 특히 21세기 선진경제와 신흥시장을 막론하고 국가는 시장과의 관계에서 조성자·심판자(catalyst; referee), 촉진자(facilitator)의 역할을 넘어 다양한 섹터에서 많은 공기업을 소유·운영하는 한편, 국부펀드(Sover-

---

[*] 이 글은 2023년 12월 『한국행정논집』 35권 4호에 게재된 "신자유주의 통치성과 관방주의의 재발견: 공기업·국부펀드 활용의 '공공재정'에 대한 시사점을 중심으로"를 수정·보완한 것이다.

eign Wealth Funds)와 연금기금(public pension funds) 투자를 통해 세계시장에서 막강한 참여자로서 부상하였다. OECD(2017)는 2015년 중국을 포함한 40개 주요 국가의 공기업 현황 조사에서 전체 5.3만여 개의 공기업의 자산규모가 31.6조 달러에 달하며, 이들이 2천9백만 명 이상을 고용하고 있다고 밝히고 있다. 포천지 선정 글로벌 500대 기업(Fortune Global 500) 중 공기업의 수는 2020년 141개에 달한다(Kwiatkowski et al. 2023). 한편, 전 세계 국부펀드 및 연금기금 438개의 자산규모는 27조 달러에 달하고 이들은 세계 곳곳의 상장주식 및 비상장 자산에 투자되고 있다(Megginson et al. 2021).

질적으로 구분되는 국가의 이러한 태세전환은 역설적이게도 신자유주의가 풍미하는 가운데 나타나, 2008~2009년의 글로벌 금융위기를 기점으로 더욱 가속화하였다. 신자유주의에서 국가는 자유시장질서의 확립과 유지에만 초점을 둘 뿐, 거래 참여자로서의 시장개입은 최소화하였다. 개인들은 국가에 의해 조성·유지되는 신자유주의적 시장질서를 바탕으로 자기 자신을 선택 및 투자의 자유를 누리는 기업가-경제인(homo oeconomicus)으로 구성하였다. 또 개인들은 이에 걸맞게 인적자본과 금융자본을 축적하여 개인적 개별적 행복을 실현하고 나아가 삶의 의미를 찾도록 주체화되었다. 대체로 이것이 미셸 푸코가 1979년 파리대학에서 행한 일련의 강의들(『생명관리정치의 탄생』)에 담은 신자유주의 통치성의 작동논리라 할 수 있다(Foucault 2008). 즉, 신자유주의 통치성에서는 국가는 시장질서를 배경으로 시장참여자로서의 역할을 최소화하고, 다만 개인들 각자는 스스로 인적자본을 축적하고 활용하여 자신의 행복을 극대화해 나가는 존재들이다. 개인들은 이러한 행복추구를 최적화·최대화하기 위해 삶의 전 국면과 순간들을 관리하기 위한 자아의 기술(technologies of the self)을 고안하고 실행한다. 개인들은 기업가-경제인으로서 오직 시장질서에 올라탄 그 자신에게만 집중하므로, 거시적 차원에서 볼 때에는 "탁월하게 통치될 수 있는(eminently governable)" 존재가 된다(Foucault 2008, 270). 신자유주의 통치성에서 개인들은 시장질서에 최적화된 자아의 기술을 개발하고 시장질서에 순응함으로써 통치된다고 믿어졌고, 그런 점에서 비판된다.

하지만, 국가의 역할이 전략적이면서도 매우 적극적으로 이윤을 추구하는 글로벌 시장참여자로 전환되고 있다면, 그리하여 자유주의 통치성의 핵심적 장치인 국가의 자기제한(auto-limitation)이나 신자유주의 통치성이 강조하는 '시장질서 밖의 국가'라는 전제가 이전만큼 유효하지 않다면, (신)자유주의 통치성 하에서의 개인은 어떻게 재구성되는가? 또는 새롭게 재구성되지는 않는가? 이러한 국가의 역할변화가 (신)자유주의 통치성의 "제도·절차·분석·숙고·계산·기술(institutions, procedures, analyses and reflections, calculations, and tactics)"(Foucault 2007, 108)에 어떤 함의를 갖는가? 특히 조세를 통한 공공재정의 조성 및 운영이 근현대 조세국가를 관통하는 핵심적 본질이라면, 시장이윤을 통한 재원조성이 재정입헌주의 및 재정민주주의의 제도들에 대해 갖는 함의는 무엇인가? 이 글에서는 21세기와 더불어 새롭게 부상한 이들 공기업과 국부펀드들을 통해 국가가 시장 촉진자 및 조성자와는 질적으로 구분되는 시장참여자로서의 역할을 수행하고 있다는 인식을 바탕으로,[1] 이것이 현대국가의 공공재정 및 그 제도들, 나아가 신자유주의 통치성에서의 주체구성에 갖는 함의를 살펴보고자 한다.

이 장의 이러한 문제의식은 공기업이나 국부펀드에 대한 기존의 행정학 및 경영학의 연구경향과는 그 포괄범위나 시계에서 뚜렷이 구분된다. 공기업에 대한 관리적 접근에서의 연구들은 버넌과 아하로니(Vernon and Aharoni 1981) 및 아하로니(Aharoni 1986) 등 선구적 연

---

1 물론 공기업, 국부펀드, 연금기금 각각이 그 자체로서 매우 다양한 정책목표를 추구하고 있고, 이들 간에도 근본적인 차이점들이 존재하기 때문에 이들을 국가의 시장참여자 역할과 관련하여 하나의 일관된 정책수단으로 보는 것에 이견이 있을 수 있다. 가령, 공기업만 하더라도 시장실패의 조정, 필수서비스의 안정적 공급 등 그 정책목표가 매우 다를 수 있고, 법제도적 틀에 따라 국가마다 그 거버넌스가 달라질 수 있다. 국부펀드나 연금기금은 자산운용에 초점이 있어, 서비스의 생산·제공 기능이 중점이 되는 공기업과 적잖이 다르다. 그럼에도 불구하고 본 연구에서 국가의 시장참여자로서의 역할을 중심으로 이들을 하나의 정책수단으로 보는 이유는, 국가의 시장참여 수단으로서 다양한 정책목표들의 추구와 함께 공공재정의 세입에 기여하는 공통점이 있기 때문이다. 이 과정에서 당연히 이들 정책수단들은 민간기업 및 투자자들과 경쟁하며 시장경제질서에 국가를 편입시킨다. 더불어 시장수입을 통한 공공재정에 대한 기여는 '조세를 통한 공공재정의 구성'이라는 근현대국가 공공재정에 대해 근본적인 도전을 제기할 수 있다. 관방주의가 준절대군주제를 전제로 국가소유 기업을 통한 세입창출에 주목하였는데, 시장수입을 통한 국가재정의 확충은 근본적 수준에서 민주주의적 재정통제의 의문을 던질 수 있다. 또한 이들 정책수단들의 효과적인 활용을 위해서는 시장기반의 전문성, 경영학적 지식의 축적이 필요하다. 즉, 공기업·국부펀드·연금기금은 국가의 시장참여를 통한 수입창출 수단으로서 근현대국가 공공재정의 고유한 전제와 그 제도적 틀에 대해 근본적인 도전을 제기할 수 있다는 점에서 공통점을 갖는다.

구 이래 공기업과 민간기업의 상대적 성과(효율성 비교)(Lazzarini and Musacchio 2018; Megginson and Netter 2001), 혼합조직(hybrid organization)으로서의 공기업 특성(Bruton et al. 2015; Okhmatovskiy et al. 2022; Peng et al. 2016), 공기업지배구조(Daiser et al. 2017; OECD 2015; World Bank Group 2014) 등에 주목하고 있다. 이들은 주로 공기업의 소유·통제 및 조직형태의 다양성, 공기업의 성과 및 조직효과성, 제도적 장치(institutional arrangement)에 주로 초점을 맞추고 있다(Alami and Dixon 2020). 한편, 국부펀드 및 연금기금과 관련한 연구들은 그 국내외 투자전략(Bernstein et al. 2013; Chhaochharia and Laeven 2008; Johan et al. 2013; Kotter and Lel 2011), 금융시장에 대한 영향(Beck and Fidora 2008), 글로벌 정치경제 및 지경학적 의미(Lavelle 2018; Overbeek 2012; Shemirani 2016; Wang et al. 2021; Ward et al. 2023; Yi-chong 2019) 등에 주로 집중하고 있다.[2]

그러나 공기업이나 국부펀드·연금기금들이 공공재정의 세입구조에 가장 직접적인 영향을 미치고, 이에 따라 공공재정의 민주적 책임성을 뒷받침하는 재정·예산제도의 근본적 전제에 일정한 도전을 제기하고 있다는 점에서, 이들이 현대국가의 통치논리와 실천적 제도들에 대해 갖는 함의에 대한 본격적인 탐구는 전반적으로 아직 미진하다고 하겠다. 다만, 구르칸(Gürkan 2018)은 2008년 글로벌 금융위기 이후 정부부채의 급증 등 공공재정의 위기 양상에 대해 신자유주의 맥락에서의 공공재정이 거시적 수준에서는 국가정책과 공공조직

---

2 국부펀드에 대한 문헌연구로는 Alhashel(2015), Megginson and Fotak(2015), Megginson and Gao(2020) 등을 참조할 수 있다.

에 대해 일정한 방향성을 제공하고, 미시적 수준에서는 개인들의 행태에 대한 권력행사를 구체화시키는 통치의 기술이라고 주장한다. 특히 신자유주의에서 조세가 갖는 국가 및 납세자에 대한 규범적 구성적 의미에 주목하고, 조세를 통해 납세자들이 공공서비스에 대한 고객이자 시민으로 구성되며 이것이 신자유주의 공공재정 체계의 본질에 해당한다고 본다. 슈바르츠(Schwartz 2012)는 국부펀드가 보다 거시적으로 공공부문과 민간부문이 경계를 가르는 신자유주의 국가의 수단(계기)에 불과하기 때문에, 최근의 국부펀드의 규모나 숫자의 증가가 신자유주의로부터 국가자본주의로의 이행을 의미하지 않는다고 본다.

구르칸(Gürkan 2018)과 슈바르츠(Schwartz 2012)의 연장선상에서, 본 연구는 징세 및 기채(borrowing)를 통한 세수확대 가능성에 대한 근본적인 제약으로 인해 국가의 시장참여자로서의 역할이 점점 더 확대될 수밖에 없다는 점에 주목한다. 즉 인구성장률 및 경제성장률 둔화, 정부부채의 축적 및 재정준칙의 일반화로 인해 국가세입의 구성에서 공기업 및 국부펀드 등 정책수단들의 활용 필요성이 꾸준히 증대되고 있다. 따라서 신자유주의 통치성에서 공기업이나 국부펀드를 통한 국가의 시장참여자 역할 강화는 일시적인 현상이 아니라, 근현대국가 공공재정 및 그 제도들에 근본적인 도전과 변화를 야기할 잠재력을 갖고 있다고 하겠다. 이 점에 주목하여 본 연구는 자유주의 및 신자유주의 통치성에 대한 논의와 함께 국가를 매우 강력한 경제참여자로 이해한 17~18세기의 독일 관방주의(cameralism)에 대한 논의를 전개하고자 한다. 미셸 푸코는 1978년의 파리대학 강의에서 중농주의나 정치경제(political economy)의 등장 이전에 풍미한 중상주의의 일종으로 관방주의를 다룬 바 있는데, 이때 중상주의나 관방주의는 사법적 주권적 권력(sovereign power) 하에서 상업 진작을 통한 국가 경제 발전의 극대화에 주요 관심이 있었다(Foucault 2007). 중상주의나 관방주의는 절대군주의 사법적 권력을 전제로 절대군주와 동일시되는 국가의 이익확대를 위해 산업과 상업에 대한 전략적 개입의 논리와 방법, 실제수단을 다루었다. 그런데 국가의 적극적 개입을 통한 경제발전의 논리는 재화와 사람의 순환을 강조하는 중농주의나 시장의 근본원리에 천착한 정치경제의 등장과 함께 자연스럽게 퇴조할 수밖에 없었다. 이는 각 개개인들의 이익 추구동기가 사람과 사물을 최적의 역할·장소로 순환시키는 시장질서의 근본적 원리의 구현을 위해 국가의 역할이 자유시장 질서의 조성·유지로 제한된다고 보았기 때문이다. 이리하여 시장질서의 고유한 원리에 천착한 정치경제와는 달리 중상주의나 관방주의는 근대 자유주의 통치성의 핵심적 지식형태(forms of knowledge)가 될 수 없었다.[3]

관방주의는 인구의 행복이 국력과 번영의 근본임을 인식하는 한편, 징세를 부차적인 세입원으로 하는 대신 국가가 보유한 광범위한 토지와 광산개발권 등의 운영을 통해 국가재정을 확충하고자 하였다. 관방주의의 이론가-행정가들은 국가 자체의 경제활동으로 조성

---

[3] 물론 19세기 이후 정치경제가 자유주의 통치성의 핵심적 지식형태로 정착하였고, 20세기에 걸쳐 공공재정(public finance)이나 공공경제학(public economics)으로 정교화되었다.

한 재원을 다시 인적자원의 개발, 미개발지역의 개척, 위생, 풍습의 개선 등에 투자하고자 하였다. 이러한 관방주의의 국가재정 원칙들과 시장참여자로서의 국가의 적극적 역할에 대한 인식은 신흥시장 국가들에서 특히 두드러지는 다국적 공기업(State-Owned Multinational Corporations), 국부펀드, 그리고 선진국들에서의 연금기금 투자 등 국가의 시장참여자로서의 역할강화에 대한 이해에 중요한 시사점을 제공할 수 있다.

한편, 선진국 및 신흥시장을 막론하고 국가의 시장참여자 역할 강화는 기존의 국가-시장, 선진국-개발도상국, 자유-비자유(liberal vs. illiberal) 시장경제 등 전통적 이분법에 따른 자본주의 국가(capitalist state), 개별국가 차원의 개발모델에 따른 국가자본주의(state capitalism) 개념의 적실성에 의문을 제기하였다. 이에 따라 최근 글로벌 시장 참여자로서의 국가의 역할 강화는 지경학(geoeconomics), 국제정치경제, 비교자본주의연구, 전략적 관리 및 비교기업지배구조 연구 등 여러 분야에서 "새로운 국가자본주의(new state capitalism)"로 개념화되고 있다(Alami et al. 2022; Alami 2023; Babić 2023a; 2023b; Bremmer 2008; 2009; Kim 2022; Nölke 2014). 지금껏 모든 자본주의가 본질적으로 국가자본주의였다는 점에서 '새로운 국가자본주의' 개념에 대한 원칙론적 비판(Alami and Dixon 2020; Alami et al. 2022)이 있음에도 불구하고, '새로운 국가자본주의'는 글로벌화에 따른 공기업 등 기업지배구조, 금융시장, 국가주권, 신자유주의 패권, 국가-기업 간 관계 등 (신)자유주의 통치성을 구성하는 제도·과정·논리 전반에 걸쳐 근본적인 의문을 던지고 있다.

이에 본 장에서는 관방주의의 부활(resurgence)이라 할 만한 국가의 시장참여자로서의 역할 강화가 전 지구적 차원에서 '새로운 국가자본주의'로 나타난 상황에서, 구체적으로 이것이 근현대국가의 공공재정과 (신)자유주의 통치성에 던지는 함의에 주목하고자 한다. 국가가 시장참여자로서 전면에 나섰을 때, 즉 기업가-경제인으로서의 개인들, 납세자-공공서비스향유자로서의 시민들에게 시장참여자로서의 국가는 어떤 의미를 갖는가? '새로운 국가자본주의' 하에서의 개인들의 자아와 삶은 (신)자유주의 통치성 하에서의 삶과 어떻게 다른가? '새로운 국가자본주의'는 (신)자유주의 통치성 하에서 권력이 작동하는 방식과는 다른 대안적 행동(counter-conduct)의 가능성을 담고 있는가? 즉, '새로운 국가자본주의'가 (신)자유주의적 통치성과 경쟁하는 통치성에 걸맞는 "제도·절차·분석·숙고·계산·기술의 일관된 전체"(Foucault 2007, 108)의 가능성을 담고 있는가?

이러한 질문에 답하고자 먼저 Ⅱ에서 푸코의 '통치성' 관점에서 공공재정에 관한 유효한 지식의 형태로서 관방주의에 대해 기술하면서, 관방주의에 따른 국가의 역할 및 국가재정과 관련하여 특히 그 시장참여자로서의 역할을 강조한다. Ⅲ에서는 시장참여자로서의 국가의 역할 및 그 현황에 초점을 맞춰, 공기업·국부펀드·연금기금 등 정책수단을 통한 국가의 시장개입 및 그 함의에 대해 간략하게 기술한다. 이를 통해 신자유주의 통치성의 핵심적 논리인 국가의 자기제한이 더 이상 유효하지 않게 될 가능성이 있음을 밝힌다. 이어 Ⅳ에서는 시장참여자로서의 국가의 강화된 역할로 인해 (신)자유주의 통치성과 관방주의가 공생적으로 공존하는 상황을 배경으로 '새로운 국가자본주의'가 담고 있는 공공재정 및 재정민주주의의 제도들, 나아가 시민적 주체의 구성에 대한 함의를 탐색한다.

II. 근대국가 통치성 관점에서 본 관방주의

1. 푸코의 "경험의 장"과 통치성

미셸 푸코는 1960년대부터 『광기의 역사(1961)』, 『말과 사물(1966)』, 『지식의 고고학(1969)』, 『성의 역사 I · II · III(1976, 1978, 1984)』, 그리고 1970~1984년 기간 12차례의 파리대학 강의시리즈를 통해 서구문화에서 인간이 대상화(objectification)되는 세 가지 양태를 탐구해 왔다(Foucault 1982). 푸코 스스로 자신에 대한 어떠한 정체성 규정도 거부한 바 있지만(Foucault 1972, 17),[4] 1980년대로 오면 자신의 학문적 탐구가 결국에는 "인간이 주체로 만들어지는 서로 다른 기제들(modes)의 역사"(Foucault 1982, 777)에 매진했다고 밝히고 있는 것이다. 이 세 가지 대상화·주체화의 양태란 1) 인간과 자연을 연구의 대상으로 하는 지식, 2) 자신과 타인을 구분시키는 관행, 3) 인간 스스로

---

[4] "Do not ask me who I am and do not ask me to remain the same: leave it to our bureaucrats and our police to see that our papers are in order. At least spare us their morality when we write" (Foucault 1972, 17).

자신을 주체로 형성시키는 방식 등을 의미한다. 우선 지식은 자신과 타인들 및 사물(자연)과의 관계를 밝히는 지식의 형태와 관련되는바, 인간은 지식의 대상이 된다. 구분 짓는 관행(dividing practices)은 자신과 타인의 존재양식을 실제 삶에서 구분하는 방식과 그 실천을 지칭하는 것이다. 인간은 지식의 대상이 됨으로써, 또 특정한 존재양식을 갖는 개인들로 (타인들과의 비교를 통해) 구분됨으로써 주체(subject)가 된다. 즉, 자신이 어떤 존재인지에 대한 자기인식, 다시 말해 자아·주체성을 형성한다. 푸코는 이 세 가지 양식의 규명에 자신의 평생의 연구가 일관하고 있다고 본 것이다.

그리고, 푸코는 1983년의 강의에서 자신의 작업들을 '사유의 역사(history of thought)' 프로젝트로 볼 수 있다고 밝힌다. 이때 사유란 위 세 가지 대상화·주체화의 양식들이 서로 얽혀드는 지점, 즉 '경험의 장(focal points of experience)'에 대해 분석하는 것이라고 주장한다(Foucault 2010, 3). 가능한 지식의 형태, 개인들의 행태에 적용될 규범적 틀, 그리고 가능한 주체들의 잠재적 존재양식이 이 경험의 장에서 서로 연결된다. '경험의 장'에서 지식-권력(knowledge-power)의 장이 형성되면 그 효과에 따라 개인은 특정한 유형으로 구분되며, 이러한 구분을 자신의 주체성에다 내면화한다. 이 지식-권력의 효과에 따라 개인은 특정한 개인으로 구성된다. 이러한 경험의 장의 예로서 푸코는 광기를 제시한다. 여기서 의학적, 정신병리적, 심리학적, 사회학적 지식들의 매트릭스로서 광기가 정의되었으며, 이러한 지식들은 '미친 인간'을 탐구의 대상으로 삼았다. 지식의 매트릭스라는 점에서 광기는 동시에 행태규범으로 작용하게 되는데, 즉 사회 내 일탈적 현상을 특정해 내는 데 적용되는 규범적 기준이 되면서 동시에 일탈적이지 않은 행태에 대한 준거(reference)로 작용한다. 광기는 사회 내 개인들을 특정 행태적 특징을 갖는 존재들로 구분하는 기준이 된다. 동시에 광기에 관한 지식과 규범적 기준으로서의 광기는 개인들로 하여금 자신이 일탈적 존재인지 아닌지에 대해 자기 규정하도록 한다. 즉 광기는 개인을 특정한 자아를 갖는 주체로 구성시키는 데에 작용하는 것이다.

이러한 '경험의 장'의 또 다른 예는 성, 범죄, 규율 등이 있다. 이들은 대체로 거시적 권력(Power)의 지배(domination)보다는 권력(power)의 미시적 작용(exercise)에 주안점을 둔다. 즉, 국가권력의 작용이 아니라, 사회 내 모세혈관처럼 뻗은 개인과 개인 간 권력관계와 그 작용을 가능하게 하는 지식형태, 행태규범, 주체화가 주요 이슈로서 분석초점이 된다. 그런데 푸코가 1978~1979년의 강의시리즈에서 탐구하였던 자유주의 및 신자유주의 통치성은 거시적 권력과 미시적 권력이 일관되게 통합적으로 작용하는 여러 "경험의 장"을 담고 있다. 일례로, (신)자유주의적 통치성 하에서는 가능한 지식의 형태로서 18~19세기 정치경제, 경제학, 신고전경제학이, 구분짓는 관행 및 행태적 규범으로서 시장질서에서의 이익추구 및 기업가정신(entrepreneurship)이, 그리고 시장행위자(소비자·기업가)로의 자아정체성 형성(주체화)이 '(신)자유주의적 시장경제'라는 경험의 장에서 서로 얽혀든다.

본 연구에서 주목하는 (신)자유주의 통치성 하에서의 '경험의 장'은 근대에 등장하여 현재까지 지속되고 있는 '공공재정(public finance)'이라는 영역이다. 먼저 공공재정은 근현대 국가에서 나타난 새로운 개념적 실천적 공간이다. 여기서 공공재정은 조세 기반의 일반재원 조성(세입) 및 그 사용(세출)과 관련된 전반적인 국가활동을 지칭한다. 근대국가는 생존을 건 전쟁을 통해 형성되었는데(Tilly 1985), 왕실이 보유한 재산만으로 전쟁수행에 필요한 재원을 충당하기에는 역부족이었다. 이에 국왕은 귀족들의 동의를 얻어 조세를 징수하여 전쟁재원으로 사용할 수밖에 없었다. 이 과정에서 국가재정 규모가 증가하는 한편, 징세 및 세출을 담당하는 관료제의 성장, 왕실재무(royal treasury)와 구분되는 공공재정의 등장이 이뤄지게 되었다. 동시에 조세를 통한 일반재원의 조성을 위해서는 국왕은 납세자들의 동의를 제도화하는 양보를 해야 했다. 즉, 근대적 공공재정의 등장은 의회정치제도의 등장과 정착과 궤를 같이한다. 징세와 지출에 대한 납세자의 동의권한을 의회에 부여함으로써, 재정민주주의가 공공재정과 그 제도들을 뒷받침하는 가장 핵심적 가치로 자리 잡는다(김정부 2021).

이렇듯 국가재정 규모의 확장과 징세의 일반화는 공공재정을 하나의 "경험의 장"으로 성립시켰다. 국가의 재정적 경제적 기능, 시장질서의 원리, 국부에 관한 지식형태로서 중상주의, 관방주의, 중농주의, 정치경제 등이 17세기 이후 경쟁적으로 등장하였다. 이들은 19세기를 거치면서 경제학, 재정학, 공공경제학으로 정교화·과학화되었다. 행태적 규범으로서는 국가기구에 대한 것과 개별 시민들에 대한 것으로 나눠 살펴볼 수 있다. 먼저 재정운영의 원칙으로서, 재정의 조성 및 사용결정, 나아가 그 사용결과에 대한 평가·승인은 최종적으로 국민의 대표자인 의회가 담당하도록 하였다. 이는 재정입헌주의의 근간을 이루며, 예산의 사전의결 및 사후적 결산승인 원칙에 해당한다. 또 국민세금으로 재정이 조성되므로, 정부는 그 재정활동의 내용과 결과에 대해 의회에 설명할 의무가 생겼다. 이를 위해 재정활동을 기록하고 공개하는 제도들이 점차 확립되어갔다. 이는 재정책임성 및 재정투명성의 원칙으로서 국가기구에 적용되는 행태규범에 해당한다. 즉 국가기구는 재정활동을 함에 있어 재원이 국민의 복리증진에 효과적이고 효율적으로 사용되도록 하여야 하며, 그 활동의 전모를 알기 쉽게 적시에 공개하여야 한다. 이를 위해 예산의 단일성, 회계연도, 국고의 집권화를 뒷받침하는 제도들이 정착되었다(김정부 2021). 한편, 근현대 국가에서 시민들은 국가에 대해 납세의 의무를 짐과 동시에 국가로부터 공공서비스를 누릴 권리를 확보하였다. 즉, 시민들은 성실한 납세자여야 한다는 행태규범을 부과받으면서, 다른 한편으로 국가에 대해 자신들이 원하는 공공서비스를 제공하도록 적극적으로 요구할 수 있는 권리를 확보하였다. 이에 따라 근현대국가의 시민들은 자신을 성실납세자, 절세자(tax-avoider), 탈세자(tax-evader) 등으로 구분하는 규범적 틀에 직면하고 있다(김정부 2022). 근현대 국가에서 시민들은 공공재정이라는 경험을 통해 국가와의 관계에서 자신의 정체성을 구성하고 내면화하게 된 것이다. [그림 5-1]은 (신)자유주의 통치성 하에서 푸코적 '경험의 장'으로서 공공재정이 어떻게 지식-권력의 효과를 창출하고 있는지를 개략적으로 담고 있다.

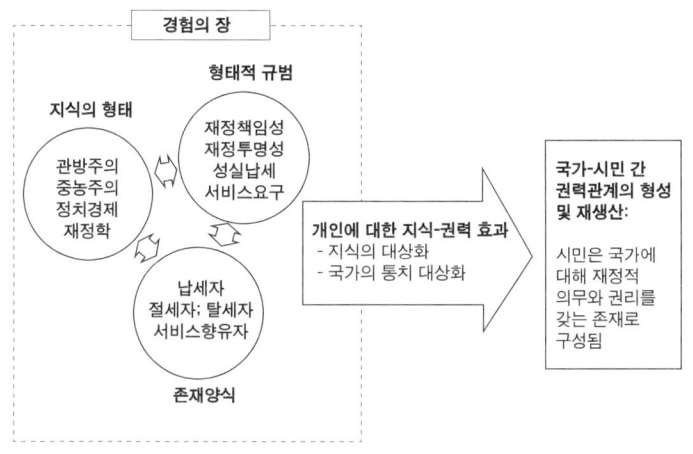

[그림 5-1] (신)자유주의 통치성과 공공재정

한편, 푸코의 강의들에서는 명시적으로 논의되지는 않았으나, '경험의 장'은 통치성을 구성하는 "제도·절차·분석·숙고·계산·기술"(Foucault 2007, 108)이 탄생하고 수정되며 정교화되는 지점이라 할 수 있다. 즉 '경험의 장'에서 지식형태, 인간의 존재양식, 인간의 자기정체성이 상호작용을 통해 일관된 효과(knowledge-power effect)의 장을 만들고, 여기에서 개인은 통치가능한 존재로 구성된다. 근현대국가에서는 (신)자유주의 통치성에 따라 '시장경제'와 이를 전제적 조건으로 하는 '공공재정'이라는 경험의 장에서 그 통치성의 구성요소인 제도·절차·분석·숙고·계산·기술이 경쟁적으로 등장하고 수정되고, 또 재조합되면서 변화해 간다. 그리고, 본 연구에서는 (신)자유주의 통치성 하에서 경험의 장인 '공공재정'을 대상으로 어떻게 그 지식형태가 변화할 수 있는지를 관방주의에 주목하여 살펴보고자 한다. 앞서 언급하였듯이, 중농주의와 정치경제가 독일에 소개되면서 관방주의는 급격히 쇠퇴하여 자유시장 경제를 전제하는 공공재정과 관련한 유효한 지식형태로서 그 적실성을 상실한 것처럼 보였다. 왜냐하면, 자기이익에 근거한 자유 시장거래를 통한 사람과 사물의 적재적소로의 순환이 자유주의 통치성의 본질적 원리로서, 국가의 역할은 그러한 시장질서의 구성·유지 및 시장실패의 치유로 제한되기 때문이다. 이러한 국가역할은 국가를 시장거래자로 상정하지 않는다. 하지만 최근의 공기업·국부펀드·연금기금을 정책수단으로 하는 국가의 시장참여자 역할 강화는 바로 이러한 국가역할을 국가재정의 핵심으로 보았던 관방주의와 그 제도적 전제(준절대왕정)에 주목할 필요성을 제기한다.

2. 근대적 통치성의 지식형태로서의 관방주의

관방주의는 "사회과학의 역사에서 거의 잃어버린 장(a lost chapter)"으로 간주되다가(Small 1909, vii), 근래 새롭게 발견되고 있다. 학문적으로는[5] 국가 및 정부에 대한 과학 및 관료제 기원(Tribe 1984, 2006), 행정학의 정체성 위기(Rutgers 1997; Spicer 1998; Stillman 1997)에서 관방주의가 꾸준히 재소환되고 있는 것이다. 행정학에서의 관방주의 논의는 주로 공공관리에서의 효율성 추구와 관련되어 있다. 재정학과

---

[5] 실제에서는 2000년대 이후 새롭게 나타난 '새로운 국가자본주의'가 관방주의의 재등장을 보여준다고 판단된다. 이에 대해서는 IV에서 다룬다.

재정사회학(fiscal sociology)에서는 국가와 그 기능에 대한 입장과 관련하여 주류 재정학과 대비하여 관방주의적 시사점을 찾으려고 한다(Backhaus and Wagner 2005a; Wagner 2012). 공공선택론에서는 관방주의의 등장과 확산 배경으로 작용하였던 1648년 이후 신성로마제국 독일어 사용권의 정치적 분절화에 주목하여 그 이론적 시사점을 찾으려는 시도들도 나타났다(Backhaus and Wagner 1987; 2005b). 비교적 최근에는 관방주의와 계몽의 관계(Nokkala and Miller 2020), 관방주의적 행정관행과 정책의 실제(Seppel and Tribe 2017; Wakefield 2009), 독일에서의 개발경제학 전통(Reinert and Rössner 2016), 금융이론과 경제관리에서 관방주의의 시사점(Rössner 2018) 등에 대한 연구가 있다. 물론 관방주의와 중상주의 및 중농주의와의 비교점도 꾸준히 연구되고 있다(Magnusson 2021; Wakefield 2014; 2019). 또한 주요 관방주의자인 Justi(Adam 2006; Backhaus 2009; Peukert 2006; 2009; Reinert 2009; Schmidt am Busch 2009)와 Seckendorff(Reinert and Rössner 2016) 등이 집중적인 조명을 받는다. 특히 관방주의를 집대성했다고 평가받는 Justi의 조세 및 국가재정에 대한 입장은 영국의 정치경제에 대비되면서 집중적으로 재평가되고 있다(Peukert 2006; Schmidt 2009).

관방주의의 등장과 성장은 유럽에서 30년 전쟁이 끝난 이후, 즉 웨스트팔리아조약(1648)에 따라 형성된 국제질서 하에서 신성로마제국 지역의 300여 개에 달하는 군주국들(principalities) 간의 생존경쟁을 배경으로 한다. 30년 전쟁(1618~1648)으로 인해 독일어 사용권 군주국들의 인구는 2천1백만 명에서 약 1천3백만으로 감소하였는데, 뷔르템베르크(88%), 팔츠·켐니츠·마그데부르크(90%), 보헤미아(73%),

베를린(50%) 등의 인구는 말 그대로 급감하였다(Backhaus and Wagner 1987). 전쟁으로 극심한 피해를 입은 이 지역은 아직 봉건제적 요소가 여전히 남아 있어 경제적으로 이웃한 프랑스나, 네덜란드, 영국 등에 비해 크게 뒤처져 있었던 반면, 여전히 군주들은 막대한 토지와 다양한 기업들을 소유하고 있었다. 웨스트팔리아 조약으로 마련된 균형상태에서 이 지역 국가들 간 비교적 자유로운 인구이동이 가능했기 때문에, 이들 군주국들은 국가소유의 토지와 기업을 활용하여 군사력의 강화, 인구의 유지·증가, 미개발지의 개척, 경제발전, 나아가 신민들의 행복을 도모하였다. 특히 인구이동의 자유와 이들 간의 경쟁은 징세를 통한 세수확충에 근본적인 제약요인으로 작용하였다. 이에 따라 군주들에게 국유재산과 국영기업에 관한 재정적, 경제적, 관리적 조언을 제공하고 동시에 이러한 조언을 집행하는 소수 참모들의 역할이 중요해졌다. 바로 이들이 군주의 관방(Kammer)을 구성한바, 이들이 제공한 국가경제 및 국가운영의 원칙과 기법이 17세기 및 18세기에 걸쳐 관방학 또는 관방주의로 구체화되었다.

이러한 역사적 배경에 따라 관방주의는 생존경쟁에서 살아남기 위한 국가운영에 꼭 필요한 지식의 생산, 나아가 실제 국가재정 및 행정에 대한 이러한 지식의 적용까지 포괄한다. 이런 이유에서 관방주의는 "응용경제학 또는 정책분석"(Backhaus and Wagner 1987, 3), "경제이론"(Schmidt am Busch 2009, 409), "국가관리 과학 또는 응용 정치경제"(Schabas 2015, 356), 독일·오스트리아 버전의 중상주의(Recktenwald 2008, 625; Sommer 1930, 159) 등으로 다양하게 규정된다. 또 관방주의자들은 "경제학자"(Roscher 1874), "주로 정치학자(primarily political scientists)"(Small 1909, 83), "컨설턴트이자 행정가(Consultant Administrators)"(Schumpeter 1954), "국가의 공복", "부분적으로는 경제학자이면서, 동시에 정치학자이며, 또 행정가이면서 변호사"(Wagner 2012, 124) 등 2중 3중의 지향을 갖는 것으로 이해된다. 이렇듯 관방주의는 당시의 실천적 필요와 학문적 지향을 그대로 반영하고 있다고 하겠다.

처음으로 관방주의를 미국에 본격 소개한 스몰(Small 1909, 83)은 17-8세기 관방주의자들이 아직 추상적인 형태로 제기되지는 않은 경제적 질문들에 대해 예단하였던(prejudged) 정치학자들이라고 본다. 스몰(Small 1909)이 훑어본 주요 관방주의자들에는 "관방주의의 Adam Smith 격인"(Small 1909, 63) 바이트 루트비히 폰 세켄도르프(Veit Ludwig von Seckendorff, 1626~1692), "관방주의의 John Stuart Mill"(Small 1909, 285)로서 관방주의를 집대성했다고 할 만한 요한 하인리히 고틀롭 저스티(Johann Heinrich Gottlob von Justi, 1717~1771), 그리고 오스트리아의 영광을 꿈꾸며 인구증가에 천착하던 요제프 폰 존넨펠스(Joseph von Sonnenfels, 1733~1817)가 있다. 1656년의 Seckendorff의 역작(*Der Teutsche Fürsten Staaten*) 이래 사이먼 피터 가서(Simon Peter Gasser, 1676~1745), 유스투스 크리스토프 디트마(Justus Christoph Dithmar, 1677~1737) 등에 의해 무수히 많은 관방주의의 저작들이 쏟아져 나왔다. 프러시아에서는 프리드리히 윌리엄 1세가 1727년에 처음으로 할레 대학에 "Oeconomic, Policey und Kammer-Sachen"이라는 관방학과를 설치하여 Gasser가 초대 학과장(academic chair)으로 취임하였다. 곧이어 프랑크푸르트 대학에서도 관방학과가 설치되었고 Dithmar가 학과장을 맡았다. 1765년에는 작센의 프란시스 자비에르(Francis Xavier) 왕이 프라이베르크에 광산학교(Bergakademie zu Freiberg)를 설치하였고 이러한 전문학교는 곧 독일어권 전체로 확산되었다. 험퍼트(Humpert 1937)가 관방주의의 저작물이 14,040개 달한다고 보고하고 있을 정도로(Backhaus and Wagner 1987), 17~18세기 독일어권에서 관방주의 저작 및 실천 활동은 지대했다고 볼 수 있다. 그러나 관방주의는 18세기 말 프랑스의 중농주의 및 영국의 정치경제에 대한 소개가 본격적으로 이뤄지면서, 다른 한편으로 국가운영에 대한 행정적 관리적 접근보다 시민들의 권리와 의무에 초점을 두는 법학적인 접근법이 강화되면서 급격히 쇠락하게 된다(Walker 1978).

국가경제를 둘러싼 지식의 형태로서 관방주의의 지향, 논리, 실천성을 가장 잘 드러내는 대표적인 관방주의자는 앞서 언급한 Seckendorff와 Justi이다. 먼저 Seckendorff는 *Der Teutsche Fürsten Staaten*(『독일 군주국』)[6]에서 전체적으로 한 국가가 이웃 국가에 비해 더 부강해지기 위한 전제적 조건들 및 이 조건을 충족시킬 방법을 다루고 있다. 이들은 정부형태 등 국가의 상태, 국가행정 체계, 행정에 있어서 통치자의 특권, 기독교적 원칙과 목표에 따른 시민적 행동 기풍의 제고 등의 문제를 포함한다. 우선 정부형태 및 국가의 조건·상태에서는 군왕의 개인적 품성, 국가정책에 영향을 미치는 외부적 조건, 지리적 지형적 특성, 국토 전반에 걸친 사법적 행정적 편제, 국가 공복들의 현황, 도로·거리·교량, 토지의 생산성(비옥함), 거주민들의

---

[6] 여기서 Seckendorff의 주장에 대한 논의는 주로 스몰(Small 1909)에 의존하고 있다.

기질, 계급구성, 생계방편 등이 여기에 해당한다. 이들은 국가의 통치 및 행정시스템, 물리적 특성, 인구의 특성과 산업 등으로서 권력의 주체로서의 군왕과 그 지배대상의 기본적 특징에 해당한다. 둘째, 준절대왕정의 국가행정에 있어 근본적인 원칙으로서 군주가 절대적 주권자라는 점이다. 영토는 군주가 정당한 권위에 의거하여 지배하는 영역으로서, 이러한 지배는 영토 내 모든 토지와 신민에게 미친다. 그리고 지배의 목적은 "이윤과 복리(profit and welfare)"이다. 이때 오직 군주만이 인민들과 국가에게 좋은 것이 무엇인지 판단할 수 있으며, 동시에 군주의 복리는 곧 신민의 복리와 동일시된다. 하지만 군주는 자신에게 책임이 있는 것과 마찬가지로 신민들에게 책임이 있다. 셋째, 행정에 있어 군주의 고유한 의무이자 가장 중요한 권한(prerogatives)은 좋은 법규를 제정하고 도덕, 평화, 안식, 생활방편, 즉 신민들의 행복을 증진·실현하는 것이다. 여기서 관방주의의 역할은 정부조직과 그 운영의 기법을 제공하여 경제적 번영, 평화와 질서의 유지에 기여하는 것이다. 넷째, 군주국들은 기독교적 원리와 목적에 맞게 신민들의 품행(civic conduct)을 교화하여야 한다. 각 개인들은 "우연적인 사회적 지위에 상관없이 각 계층별 또는 개인별 행복을 추구할 수 있어야 한다…각자는 연령과 시절에 맞게 건강, 먹을 것, 의복, 그 외 삶의 여러 필수품과 안락을 누릴 수 있어야 하며, 결혼을 하고, 자식을 낳으며, 천수를 누리면서 불의의 사고로 사망하지 않아야 한다…여기에 더해 이들은 공동의 공민적 복리(civic well-being), 자신의 선택에 따라 다른 사람들과 연합할 수 있는 자유나 권리, 온당한 존중과 명예를 받을 권리, 악행과 폭력으로부터의 보호 및 평화를 누릴 수 있는 권리를 누려야 한다"(Seckendorff 1656, 188; Small 1909에서 재인용). 이렇듯 신민들(인구)의 일상적 안전과 물질적 안락이 국가의 존속과 번영에 핵심적인 요인으로서 관방주의의 주요 학문적 실천적 대상이 된다. 그리고 이를 위해 국유재산, 징세, 자금, 무역, 인구 및 그 경제활동, 그리고 이와 관련된 국가기구들이 관방주의적 처방에 따라 합리적이고 효율적으로 관리되어야 한다.

이와 함께, 관방주의에서 국가와 사회는 서로 구분되는 영역으로 인정되지 않는다. 인구를 구성하는 인자들은 시민으로서의 권리를 향유하는 독립적 개인의 지위를 갖지 못하며, 그들의 사업과 물질적 안락은 국가가 언제든 동원할 수 있는 자원을 의미할 뿐이다. 국가와 사회, 국가와 개인들의 관계에 관한 관방주의의 이러한 입장은 관방주의자들에게 지대한 영향을 미친 법학자이자 정치철학자인 사무엘 폰 푸펜도르프(Samuel von Pufendorf, 1632~1694)의 '자연상태(state of nature)' 개념에서 그 뿌리를 찾을 수 있다(Lindenfeld 1997, 18-19). Pufendorf에 따르면 자연상태에서 인간 각자는 식욕, 충동, 이성으로 인해 필연적으로 타인과 분리될 수 없는바, 이러한 "고유한 사회성(inherent sociability)"이 인간의 본성의 핵심적 요소를 구성한다. 인간은 자연상태에서 본질적으로 상호 의존적이어서, 공동체로부터 떼내어진 개인을 상정할 수 없다는 것이다. 즉 Pufendorf가 이해한 자연상태는 각자 구분되고 독립적인 개인들을 상정하는 홉스적 자연상태와는 본질적으로 다르다. 이에 따라 Pufendorf에게 있어 사회계약은 사회성이 있고 사회적인(sociable and social) 개인들의 호혜적인 의무의 표현에 지나지 않는다. 같은 맥락에서 관방주의에서 국가는 목적적 연합(purposive association), 또는 "사회-정치적 조직"으로서 '사회'와 '정치체(polity)'는 서로 구분될 수 없고, 다만 본질적으로 같은 것이다 (이문수 2009; Tribe 1988, 28-29). 이런 점에서 공동의 복리를 위해 모든 신민들이 서로 구분되지 않고 사회성으로 묶여 단일체를 구성하고 있는 한, 이들에게 사적인 활동과 자원은 그 개별적 개인적 의미를 상실한다. 이것들은 국가가 그 목적달성의 필요에 따라 언제든 동원될 수 있는 수단이 된다.

이러한 국가-사회의 일체성 또는 미분화성에 대한 관념은 관방주의에서의 '행복'의 의미를 이해하는 데에 매우 중요하다. 관방주의에서 준절대왕정을 정당화하는 핵심적 장치가 신민들의 행복에 대한 강조이다. 관방주의 원칙과 정책들의 궁극적인 목적은 국가와 그 신민들의 행복인바, 이때 행복은 "국가의 행복(happiness of the state)"이다. 국가의 행복은 다시 군주의 행복과 신민의 행복으로 구성되며, 군주의 행복은 신민의 행복과 동일시된다. 이는 신민 전반의 행복, 즉 "평등주의적 공리주의적(eudaemonistic utilitarian)" 행복이다(Sommer 1930, 160). 이러한 공동의 행복은 모든 국가의 궁극적 목적으로서, 국가의 최고 권력은 이러한 행복을 실현하기 위해 존재하는 것이다. 그리고, 국가의 행복은 인구의 증가를 통해 더 나은 물질적 복리를 실현함으로써 성취되는 것이다. 이런 논리에서 18세기 말 오스트리아 관방주의자인 Sonnenfelds는 인구의 증가를 관방주의 정책의 최종적 지향점으로 간주하게 된다.

이렇듯 관방주의의 군주국은 기본적으로 준절대왕정으로서 군주가 사법적 행정적 결정에서 절대적 권한을 행사하고 있다. 군주는 자신의 행복과 신민들의 행복을 동일시하며, 신민들이 기본적인 의식주와 건강, 평화, 안식을 누릴 수 있도록 법규를 제정하고 집행하여야 한다. 이를 위해 군주와 그를 뒷받침하는 관방은 영토의 물리적 지리적 특징과 영토 내 신민들의 경제적 사회적 기질적 특징을 파악하고 이를 경제발전에 연결할 수 있어야 한다. 이렇듯 영국의 정치경제와 마찬가지로, 관방주의에서도 인구와 그 경제적 활동이 지식의 주요 대상으로 설정되고 있다. 하지만, 관방주의는 인구와 그들의 행복을 다만 국가의 부강을 위한 조건(수단)으로 보면서 아직 인민들을 시장에서의 자기이익과 더불어 국가에 대해 고유한 시민적 권리를 갖는, 자유로운 존재로 보지 않는다. 즉, 인구에 대한 관심이 여전히 주권적 권력의 작용을 원활하게 하는 도구적 장치라는 인식에 국한되고 있다. 지식의 형태로서의 관방주의와 그 국가재정 원칙을 도식화하면 [그림 5-2]와 같다.

[그림 5-2] 근대국가 통치성의 지식형태로서의 관방주의와 국가재정

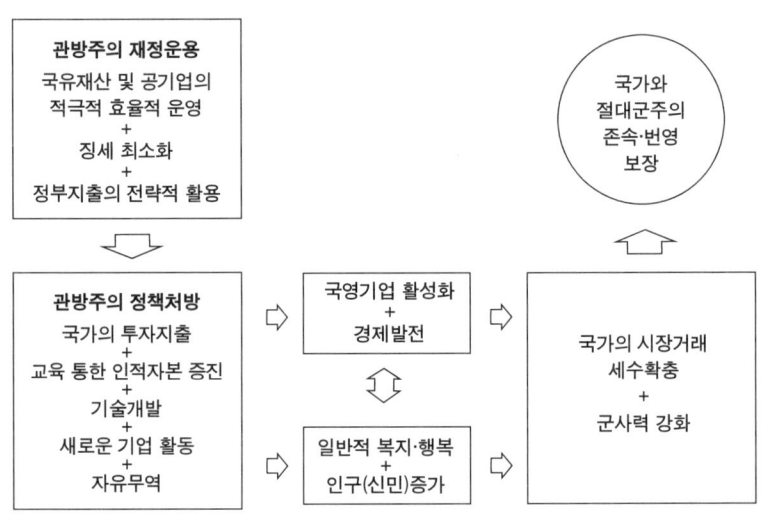

3. 재정에 대한 관방주의의 입장

국가재정의 원칙을 설정하고 집행하는 것은 관방주의의 정수라고 해도 과언이 아니다. 30년 전쟁 후 신성로마제국이라는 인큐베이터에서 무수한 군주국들이 생존경쟁에 내몰렸을 때, 그 생존을 가능하게 하는 것은 다름 아닌 군사력이었다. 군사력은 다시 국가의 세수에 의존하고, 세수는 인구와 그 인구의 경제적 활동에 의존한다. 관방학[7]의 하위 분야로서 국가재정은 국가가 소유한 재산과 기업을 잘 활용하여 좀 더 많은 수입을 창출하는 것, 인구의 구성·기질 및 경제적 활동의 전모를 파악하고 이를 재정지출을 통해 진작시키는 것, 그리하여 (이웃 군주국으로부터의 유입 및 출생을 통한) 인구증가를 달성하는 것에 관한 원칙, 정책수단, 관리기법을 다룬다. 즉, 국가재정으로서의 관방주의는 세수의 창출과 증대, 그 지출, 즉 예산이슈를 중심에 놓고 있다(Lindenfeld 1997). 그러면서 관방주의는 군주(정부)의 수단들을 국가의 생존·번영·행복이라는 목적에 부합하도록 조정하는 것, 즉 효율적으로 정부를 관리하는 데에 적용될 원칙을 '과학적

---

7 관방주의를 집대성한 Justi는 매우 방대한 저작들을 남겼는데 그의 대표적 저작이라 할 수 있는 『국가경제(*Staatswirthschaft*)(1755)』는 관방학의 하위분야로 경제학(Oekonomisch Wissenschaft), 경찰학(Policeywissenschaft), 그리고 국가재정을 주로 다루는 좁은 의미의 관방학(Cameralwissenschaft)을 적시하고 있다. 이들 하위분야들은 모두 국가의 세입증대를 위한 원칙과 방안을 담고 있다(Small 1909). 좁은 의미의 관방학은 이후 Sonnenfelds가 재정과학(Finanzwissenschaft)으로 지칭하고 있다.

으로' 정립하고자 하였다.

저스티(Justi 1755)가 정리한 국가재정에 대한 관방주의의 원칙의 가장 핵심은 국가·사회의 모든 수단·자원(means; resources)을 증가시키는 것이다. 여기에는 국가(군주)와 신민이 소유한 모든 동산과 부동산은 물론, 인구를 구성하는 신민들의 재능 및 기술, 즉 인적자본도 포함된다. 국가가 당장 사용할 수 있는 재원, 즉 현금을 조성할 때에는 신민들 각자가 소유하고 있는 재원은 최대한 보호하여야 한다. 신민들이 스스로의 경제적 활동을 통해 수입을 창출하려는 의지나 능력을 훼손해서는 안 되며, 정부가 세수를 걷어가더라도 신민들은 여전히 경제적 활동을 지속할 수 있을 정도로 경제적 수단을 충분히 보유할 수 있어야 한다. 다른 한편, 이렇게 조성된 세수는 합리적이고 현명하게 사용되어야 한다. 우선, 신민들의 경제적 활동에 대한 부정적 영향을 최소화하면서 세수를 확보하는 데 사용되어야 한다. 둘째, 경제 전반의 사회간접자본을 확충하고, 신민들의 재능과 기술을 개발하는 데에 투자되어야 한다. 이를 위해 국가는 국가경제 전반의 활동에 대한 지식(통계)을 생산하여 경제 및 인구가 무엇을 필요로 하는지를 파악하여야 한다. 이렇듯 관방주의에서 국가재정은 국가세입의 확보 및 증대, 국가 공통의 행복증진을 위한 지식으로써, 그 근본적 가치지향은 '효율적 경제적 관리'라 할 수 있다.

관방주의에서 주목하는 세원을 살펴보면, 크게 2가지를 들 수 있다. 첫째는 국가·군주의 특권적 소유물(Regalia)로서 산림·하천 등 국유지, 왕실 토지와 광산이나 수로 등을 운영하기 위한 공기업들이 여기에 해당한다. Justi는 Regalia가 국가세입의 근본이 되어야 하며, 국가와 군주에 귀속된 토지와 기업들을 잘 관리하는 것이 국가 재정의 핵심적 역할이라고 보았다(Small 1909, 387). 관방주의에서 부차적인 세입원으로 본 것은 다름 아닌 산업활동, 재산, 노동, 소비에 대한 과세이다. Justi는 신민들이 각자의 재원에 비례하여 공평하게 세금을 내야 한다고 주장하면서 동시에 세금 때문에 상업, 산업, 신민의 자유가 방해를 받아서는 안 된다고 보았다.

Justi가 주장한 징세의 원칙은 다음과 같다. 첫째, 국가는 신민들이 행복한 마음에서 기꺼이 세금을 스스로 잘 낼 수 있도록 최선의 노력을 다해야 한다. 이는 국가의 재정활동 전반과 세금이 신민들의 경제활동과 삶의 질 향상에 효과적으로 쓰여야 하고, 또 신민들이 이를 잘 알고 있어야 한다는 점을 전제한다. 둘째, 세금은 인간 행동의 적절한 자유, 상인들의 신용, 무역 등을 방해해서는 안 되며, 개인의 활동과 상업에 억압적으로 작용해서도 안 된다. 이는 조세의 경제활동 왜곡 효과를 최소화해야 한다는 원칙이다. 셋째, 세금은 모든 인민들에게 정당하고 공평하게 부과되어야 하며, 모든 신민들이 국가의 보호와 편익에 대한 부담을 공유하여야 한다. 이는 조세 형평성의 원칙에 해당한다. 넷째, 세금의 계산은 확실한 원칙과 기준에 따라야 하며, 과세 및 징세는 신속하고 정확하여야 한다. 다섯째, 과세 및 징세의 과정에서 탈세나 기망의 가능성이 최소화되어야 한다. 여섯째, 징세는 징세기관 및 그 공무원에게 과도한 부담으로 작용해서는 안된다. 즉 징세는 징세관료제의 확충을 동반하여야 한다(Backhaus and Wagner 1987; 2005; Small 1909).

관방주의의 조세원칙은 Adam Smith가 『국부론(1776)』에서 제시한 조세원칙과 많은 부분에서 겹친다. 공평성, 확실성, 납부편의성, 경제적 효율성(efficiency) 등이 그러하다. 하지만 Seckendorff, Justi, Sonnenfelds 등 관방주의자와 Smith의 조세원칙들 간에는 근본적인 차이점이 있다. 바로 Smith는 조세를 1차적인 국가의 세입원으로 본 반면, 관방주의는 부차적인 세입원으로 본 사실이다. 관방주의는 조세가 세입확보의 최후수단(last resort)이 되어야 한다고 보았는데, 이는 조세가 민간의 투자 등 경제활동을 위축시키기 때문이다. Seckendorff는 세금은 예외적인 상황에서 영지들(estates)의 동의를 얻어 부과되어야 한다고 보았고, Sonnenfelds도 조세가 납세자의 부를 축소시켜서는 안 된다고 보아, 다른 세원의 중요성을 강조하였다. 특히 징세를 통해 마련된 재원은 국방에 할당하고, 국내적 경찰적 지출은 Regalia에서 나오는 수입으로 충당할 것을 주장하였다.

관방주의의 이러한 입장은 당시 독일 지역의 많은 군주국들이 실제로 방대한 Regalia를 소유하고 그 운영을 통해 막대한 세수를 걷고 있었다는 사실에 의해 뒷받침된다. 박하우스와 와그너(Backhaus and Wagner 1987)가 인용하고 있는 에헤베르크(Eheberg 1900) 및 림플러(Rimpler 1900)에 따르면 1880년대 농업분야 공기업이 세수에서 차지하는 비중이 프랑스(1.5%), 영국(3%), 오스트리아-헝가리(3.9%), 러시아(3.6%) 등에서는 5%를 넘지 못하였던 반면, 프러시아(16.4%), 바덴(7.1%), 뷔르템베르크(13.2%), 바바리아(17.3%) 등 독일지역에서는 훨씬 높았다. 19세기에 농업이 점차 쇠퇴하고 있었다는 점을 감안할 때 17~18세기 농업공기업에 의한 세수의 비중은 더 높았을 것으로 추측할 수 있다. 또 1896~1897년 기간에 공기업 전체로부터의 수입이 프러시아 세수의 56.8%를 차지했으며, 같은 시기 작센(59.5%), 뷔르템베르크(47.7%), 바바리아(30.7%)도 그 세수를 공기업에 상당 부분 의존하고 있었던 것이다(Backhaus and Wagner 1987).

본 장의 초점(공기업·국부펀드·연금기금에 대한 국가의 적극적인 활용이 공공재정에 갖는 통치성 차원의 함의)에 비춰볼 때 국가재정에 대한 관방주의의 입장에서 주목되는 점은 관방주의가 경제(시장)와의 관계에서 국가의 역할을 어떻게 설정했는가 하는 점이다. 먼저, 관방주의는 '경찰(policey, 공공정책)' 기능을 통해 군주국이 정치공동체로서 생존하는 데에 필요한 공공재의 생산·공급이 이뤄져야 한다고 본다. 이러한 입장은 국가가 시장과 구분되는 입장에서, 즉 시장의 바깥에서 시장의 유지에 필요한 제도적 인프라를 제공해야 한다는 관점이다. 국가가 시장에 대해 중립적 독립적 외부적 존재라고 보는 것이다. 이러한 입장은 Adam Smith가 『국부론』에서 전개한 입장과 일맥상통한다. 하지만 동시에 관방주의에서 국가는 직접적으로 시장에 참여하여 시장거래를 통해 수익을 창출하는 존재로 나타난다. 여기서 관방주의가 시장원리에 대해 과학적 탐구의 대상으로 설정하지 않고 있음에도 불구하고 시장의 원활한 작동을 전제하고 있다는 점이 드러난다. 관방주의적 국가는 시장거래에 대한 적극적인 참여당사자이며, 시장거래를 통한 수익으로 국내적 정책추진, 즉 경찰기능에 필요한 재원을 마련하여야 한다. 토지, 광산, 하천 등 국유재산과 이를 운영할 공기업을 소유한 국가는 국유재산을 효율적으로 운영하여 최소의 비용으로 최대의 이윤을 남겨야 한다. 이 점에서 국가 자체가 다른 국가와 경쟁하는 하나의 회사처럼 인식된다. 물론 이때 다른 국가 또한 경쟁 회사로 간주된다. 그러므로 국가경제와 그 운영에 관한 관방주의적 지식은 본질적으로 국가-회사를 대상으로 하는 경영학에 다름 아니다. 국가가 시장질서에 따라 Regalia를 경제적으로 활용하여 이윤을 창출하기 위해서는 기업경영 지식, 신민들 및 기업들의 경제활동, 나아가 국가경제 전반에 대한 지식을 갖추어야 하고, 이를 기업경영에 적용하여야 한다. 즉, 국가기구는 국내 정책을 담당하는 경찰기구와 Regalia의 운영을 담당하는 기업들로 양분될 것이다. 그리고 이들은 각각 경찰학(Policeywissenschaft)과 국가재정(Finanzwissenschaft)의 학문적 대상이 된다.

또 하나 주목되는 점은 관방주의가 준절대왕정을 전제로 군주국의 생존·번영의 원리와 방책을 탐구하면서 국가에 대해 군주를 정점으로 하는 단일한 합리적 행위자(unified rational actor)라고 가정하고 있다는 사실이다. 국가는 군주와 신민의 행복이라는 단일한 목적(telos)을 추구하는 존재로서 그 지배의 내용과 과정 모두 이 목적에 부합하여야 한다. 국가는 관방주의의 처방에 따라 국유재산과 기업을 효율적으로 운영하여 신민들에 대한 부담을 최소화하는 방식으로 세수를 마련하여야 하며, 동시에 이렇게 마련된 세수를 신민들의 경제적 활동을 진작하는 데에 효율적으로 사용하여야 한다. 즉 국가재정활동의 전반이 효율성이라는 단일한 가치지향에 따라 조직되어야 하며, 그렇게 할 때에 국가의 생존·번영이 보장되는 것이다. 그리고 관방주의는 국가경제 및 국가재정 전반의 효율성을 보장하는 데에 필요한 지식을 제공한다. 관방주의의 이러한 가정은 시장참여자의 역할을 강화하고 있는 현대국가에 매우 중요한 시사점을 던진다. '새로운 국가자본주의'의 등장에 따라 국가에 요구되는 전문성과 가치, 나아가 책임성 기제가 이전과는 본질적으로 달라질 가능성이 생긴 것이다. 근현대국가의 공공재정이 조세를 기반으로 한다는 바로 그 본질적 사실이 공공재정에 대한 입헌민주주의 및 재정책임성의 제도를 자유주의 통치성의 핵심적 기술(technologies)로 형성·정착시켰다면, 이제 시장참여를 통한 수입에 점점 더 의존하게 되는 상황은 재정입헌주의와는 구분되는 시장원리에 입각한 책임성 기제의 부상·강화를 예견해 볼 수 있게 한다. 이하에서는 시장참여자 및 시장수입의 창출자로서의 국가역할을 위한 정책수단의 현황에 대해 구체적으로 살펴보고, 그 통치성 차원의 시사점을 검토하고자 한다.

Ⅲ. 시장참여자로서의 국가역할 강화: 공기업·국부펀드·연금기금

공기업 및 국부펀드·연금기금은 사회적 수수께끼이면서 정치적 딜레마이자 혼란의 진원지이다(Aharoni 1986; Vernon and Aharoni 1981). 왜냐하면 공기업은 국가가 소유하고 통제하며 공공가치를 생산·유지·확산해야 하는 존재이면서, 동시에 시장에서 재화나 서비스를 판매하여 그 생산비용의 전부 또는 일부를 회수해야 하기 때문이다. 또 국부펀드나 연금기금은 정부가 시장참여자로서 자산시장에 투자하여 수익을 창출하여야 한다. 정부가 소유한 정책수단으로서 공기업은 한편으로는 공공부문의 지배적인 민주주의 원리에 근거한 가치체계 및 조직·운영원리를 따라야 한다. 이는 민주주의, 대표성, 관료제, 명령체계, 위계질서, 설득, 강제력 등과 같은 원리들이다(Wamsley and Zald 1973). 또한 공공부문의 핵심적 가치들인 형평성, 자유, 반응성, 책임성 등을 균형 있게 추구하여 궁극적 소유자인 국민들에게 봉사하여야 한다. 이렇듯 공기업과 국부펀드는 그 운영과 성과에서 공공성을 내재화하여야 한다. 그리고 이들에 대한 책임추궁은 궁극적으로 선거기제를 통해 이뤄진다. 다른 한편으로 이들은 시장거래 참여자로서 수익을 내야하고, 이를 위해 시장기업들과 경쟁하면서 효율성을 추구하여야 한다. 즉, 공기업과 국부펀드는 수익성 또는 기업성(profit orientation)을 담보할 수 있어야 한다. 이렇듯 시장 참여자로서의 공기업과 국부펀드에는 공익성과 수익성의 요청이 동시적으로 작용하고 있는 것이다(김준기 2014; Sharkansky 1979; World Bank Group 2014). 이러한 공기업과 국부펀드가 연금기금과 더불어 국가의 중요한 정책수단으로서 국내는 물론 글로벌 시장에서 지난 20여년에 걸쳐 매우 중요한 행위자로 부상하였다. 이는 적어도 국가가 시장과의 관계에서 갖는 여러 역할들의 조합에서 일정한 재구성(reconfiguration)이 일어나고 있음을 시사한다(van Apeldoorn and de Graff 2022). 이하에서는 국내외에서의 이들의 현황을 구체적으로 살펴보고 이것이 관방주의적 시각에서 (신)자유주의 통치성에 갖는 함의를 탐색하고자 한다.

1. 국내외 공기업·국부펀드·연금기금의 현황

우리나라는 1960년대 이래로 미국의 원조 및 한일 국교정상화에 따른 배상금을 바탕으로 광범위한 섹터에 걸쳐 매우 적극적으로 공기업 등 정부출자기관을 설립하여 운영해오고 있다. 여기에는 여러 요인이 작용하고 있으나, 이는 6·25전쟁에 따른 민간자본 축적 및 민간기업가의 미비에 더해 국가적 경제발전전략의 실현이나, 부족한 세수의 확충 등이 크게 작용한 결과이다. 철도, 체신·통신, 전매, 에너지, 광업, 중공업·기계공업, 운수, 화학, 금융 등 경제 전반에 걸쳐 공기업이 설립되었고, 이들 기관들은 이후 일부는 민영화되었으나, 국가 기간 인프라를 담당하는 교통, 에너지 공기업들은 꾸준히 통합·개편·개칭되면서 현재에 이르고 있다(유훈 2005). 기획재정부는 2025년 현재 31개의 공기업, 57개 준정부기관, 243개 기타공공기관을 지정하고 있다(기획재정부 2025).[8] 공기업은 시장형(자체수입 비

---

[8] 우리나라의 공기업 분류는 기본적으로 「공공기관의 운영에 관한 법률」 제5조 및 동법 시행령 제7조에 규정에 따른다. 기획재정부는 매년 「공공기관의 운영에 관한 법률」 제5조 및 동법 시행령 제7조에 규정에 따라, 직원정원 300명 이상, 수입총액 200억 원 이상, 자산규모 30억 원 이상의 기관에 대해 공기업이나 준정부기관으로 지정한다. 먼저, 총수입액 중 자체수입액이 50% 이상인 경우 공기업으로 지정하되, 이 중 자산규모가 2조 원 이상이고 자체수입액 비중이 85% 이상인 기업은 시장형 공기업으로, 그 외 기관은 준시장형 공기업으로 지정한다. 직원정원, 수입총액, 자산규모 기준을 충족하면서 공기업이 아닌 기관은 준정부기관으로 분류하며, 상기 기준을 충족하지 않아 공기업이나 준정부기관이 아닌 기관은 기타공공기관으로 분류하여 지정

중 85%이상)과 준시장형(자체수입 비중 50%~85%)으로 나뉘는데, 시장형 공기업에는 한국가스공사(KOGAS), 한국전력공사(KEPCO) 등 13개, 준시장형 공기업은 한국토지주택공사(LH), 주택도시보증공사(HUG), 등 19개가 있다. 공기업들은 주로 에너지·자원(석유·석탄·원자력·전력), 교통(도로·철도·공항), 부동산 등 분야에 집중되어 있다. 준정부기관으로서 기금관리형에는 국민연금공단(NPS), 공무원연금공단, 한국자산관리공사(KAMCO), 한국주택금융공사 등 12개 기관이 있고, 위탁집행형에는 국민건강보험공단, 건강보험심사평가원 등 45개 기관이 있다. 그 외 기타공공기관에는 매우 다양한 기관들(243개)이 포함되나, 국가와 시장의 관계를 중심으로 신자유주의 통치성의 현재적 의미를 논구하는 이 장의 목적에 비춰볼 때 특히 주목되는 기관들은 금융위원회 산하의 한국산업은행, 중소기업은행, 기획재정부 산하의 한국투자공사, 한국수출입은행 등이다.

여기에서 특히 한국투자공사(Korea Investment Corporation)가 주목되는데, 한국투자공사는 「한국투자공사법」에 따라 정부의 외환보유액을 운용·관리하는 국부펀드 운용기관으로 2005년 설립되었다. 핵심 미션은 "정부와 한국은행, 공공기금 등으로부터 위탁받은 자산의 운용업무를 효율적으로 수행하여 금융산업 발전에 이바지"하는 것으로서, 구체적으로는 "효율적 자산운용을 통한 높은 자산운용 성과 창출", "공공부문 해외투자의 중심축 역할 수행", "금융산업

한다.

발전 지원" 등을 목표로 하고 있다. 이를 통해 인플레이션을 초과하는 수익률을 달성하여 세대 간 부의 공유, 외환보유액, 연기금 등의 해외투자 활성화, 국내 금융산업의 국제경쟁력 향상을 도모하고 있다(한국투자공사). 한국투자공사는 기획재정부 및 한국은행으로부터 1,150억 달러의 자산을 위탁받아 2021년 현재 약 2천50억 달러 규모의 자산을 운용하고 있다(Korea Investment Corporation 2022). 우리나라의 공공기관의 전반적인 현황은 〈표 5-1〉에 요약되어 있다.

〈표 5-1〉 2024~5년 우리나라 공공기관 현황

구분(기관수)		임직원수(명)*	자산(조 원)**	부채(조 원)**	부채비율(%)**
공기업	시장형(14)	75,110	446.1	332.0	291.1
	준시장형(17)	73,638	304.9	205.4	205.4
준정부기관	기금관리형(12)	31,323	186.6	97.3	109.0
	위탁집행형(45)	86,897	117.5	72.7	162.1
기타공공기관(243)		158,670	96.9	34.0	54.2
합계(331)		426,239	1,151.9	741.5	18

* 2025.3.31. 현재
** 2024.12.31. 현재
출처: 공공기관 경영정보 공개시스템(ALIO).

이들 공기업의 2024년 총지출은 시장형 261.1조 원, 준시장형 82.0조 원 등 343.1조 원(예산 기준)으로 정부 총지출(639.0조 원)의 53.8%에 달한다(국회예산정책처 2025). 2024년 공기업의 자산규모는 751.0조 원으로서, 국가결산 상 자산 3,221.3조 원의 23.3%에 이른다. 같은 해 공기업의 부채는 537.5조 원으로 국가채무 1,175.2조 원의 47.7%, 국내총생산(GDP, 2,549.1조 원)의 20.1% 규모이다.[9] 한편, 준정부기관인 국민연금공단의 기금운용본부가 관리하는 국민연금기금의 규모는 2025.4월 현재 1,228.4조 원으로서 GDP의 48.2%에 달한다. 이 기금 누적액은 국내주식(156.1조 원, 전체 자산의 12.7%), 국내채권(340.4조 원, 27.7%), 해외주식(424.7조 원, 34.6%), 해외채권(91.3조 원, 7.4%), 해외 사모투자·부동산·인프라(212.5조 원, 17.3%) 등에 분산투자하여 운용하고 있다. 운용수익의 누적액은 2023년 7월 말 현재 334.6조 원에 이른다(국민연금기금운용본부).

한편, 2022년 12월 31일 현재 중앙정부로부터 출자를 받고 있는 공공기관은 공기업(16개), 준정부기관(6개), 기타공공기관(12개) 등 10개 부처에 걸쳐 34개이다(국회예산정책처 2023). 이들 기관들에 대한 정부출자액은 166.4조 원으로 정부지분율은 87%에 이른다. 특히 공기업에 대한 정부출자가 117조 원으로 전체의 70.3%로 가장 많다. 주요 정부출자기관을 보면 한국토지주택공사가 38.9조 원으로 가장 많고, 한국도로공사(35.7조 원), 한국산업은행(23.2조 원), 한국철도공사(10.9조 원), 한국석유공사(10.7조 원)에 대한 정부출자가 각각 10조 원을 상회하고 있다.

정부는 이들 출자기관으로부터의 2017~2021년 동안 총 8.5조 원의 배당수입을 내고 있다(〈표 5-2〉 참조). 이 기간 동안 매년 정부출자기관으로부터의 정부배당은 1.4조 원 이상으로 실제 상당한 규

---

9 여기서 인용된 공기업, 준정부기관 및 기타공공기관 규모 정보는 정부의 공공기관 경영정보 공개시스템(ALIO, www.alio.go.kr)에서 제공된 것이다.

모로 정부배당이 이뤄지고 있음을 알 수 있다. 한국토지주택공사(LH)가 이 기간 동안 매해 배당하여 정부배당은 총 2.5조 원에 달했다. 인천국제공항공사는 2020년을 제외하고 매해 배당하였는데, 그 액수는 1.2조 원을 상회하고 있다. 준정부기관에서는 한국주택금융공사가 2천억 원가량을 정부배당하고 있다. 한편, 기타공공기관으로는 한국산업은행(1.4조 원), 중소기업은행(1.2조 원), 한국수출입은행(3천억 원), 한국투자공사(2천6백억 원) 등이 정부배당을 실시했다. 이러한 배당현황은 정부가 정부출자기관으로부터 상당한 재정수입을 얻고 있음을 보여준다.

〈표 5-2〉 정부출자기관 유형별 정부배당 현황: 2017~2021

단위: 억 원, %

구분	2017	2018	2019	2020	2021	합계
공기업	12,594(70.0)	9,296(64.7)	9,503(67.7)	8,051(56.1)	8,903(36.4)	48,347(56.7)
준정부기관	803(4.5)	782(5.4)	328(2.3)	603(4.2)	759(3.1)	3,275(3.8)
기타공공기관	4,586(25.5)	4,293(29.9)	4,202(29.9)	5,689(39.7)	14,825(60.5)	33,595(39.4)
합계	17,983(100.0)	14,371(100.0)	14,033(100.0)	14,343(100.0)	24,487(100.0)	84,217(100.0)

출처: 국회예산정책처(2023)의 자료를 재구성.

앞서 지적했듯이, 국가가 공기업·국부펀드·연금기금을 활용하여 세계시장에 주요한 참여자로 행동하는 것은 비단 신흥시장 국가들의 경우에 국한되지 않는다(Alami et al. 2022; Kim 2022). 중국, 러시아, 브라질, 중동국가들은 물론이거니와 미국, 유럽의 국가들도 매우 공격적으로 이들 정책수단을 활용하여 국가의 전략적 목표와 시장수익을 추구하고 있다. 먼저 전 세계에 걸쳐 공기업이 얼마나 활용되고 있는지에 대한 통계자료의 수집·분석은 Christiansen(2011), OECD(2017), International Monetary Fund(2020) 등에 의해 이뤄지고 있으나 그 포괄성이나 공기업에 대한 기준 등이 일관되지 않아[10] 그 전모에 대해 파악하는 것은 대체로 불가능하다. 그럼에도 불구하고 이들 연구들은 주요 국가들에서 공기업이 얼마나 적극적으로 활용되고 있는지에 대해 개략적인 현황은 제공하고 있다. 이와 함께 크비아트코프스키 외(Kwiatkowski et al. 2023)는 포천지 선정 글로벌 500대 기업 중 공기업의 비중이 어떻게 변화해 오고 있는지를 살펴보고 있다.

먼저 OECD(2017)는 2015년을 기준으로 OECD 나라들 및 중국, 사우디아라비아, 인도 등 40개 국가를 조사하였다. 중국을 제외한 39개국에서는 전체 2,467개의 공기업이 9.2백만 명을 고용하고

---

[10] 공기업 정의와 관련, OECD(2017, 11)는 "법에 의해 기업으로 인식되면서 중앙정부가 소유권과 통제를 행사하는 법인(any corporate entity recognized by national law as an enterprise and in which the central level government exercises ownership and control)"을 공기업으로 정의하고 있다. 일반적으로 공기업은 그 자체의 독립적 법인격을 갖고, 정부기관에 의해 전적으로 또는 부분적으로 통제되며, 동시에 주로 상업적 경제적 활동에 종사하고 있다는 공통점을 갖는다(International Monetary Fund 2020, 47). 즉 공기업은 재화나 용역을 생산하여 가격을 부과하여 판매함으로써 그 생산비용을 (적어도 일부) 회수하는 독립적 법인체라 할 수 있다. 공기업에 대해 정부는 100% 또는 적어도 과반의 지분을 소유하는 경우가 많다. 하지만 황금주(golden shares)의 경우에서와 같이 소수지분을 소유하고서도 기업의 의사결정에 결정적 영향을 미칠 수 있다면 공기업으로 분류할 수 있다.

있었다. 섹터별 공기업의 분포를 보면 기업가치 기준으로 절반 정도의 공기업이 네트워크 산업(전기·가스, 통신, 교통, 우편 등)에 분포하고 있으며, 이 산업들의 공기업의 고용은 전체의 70% 이상을 점하고 있다. 기업가치 및 고용측면에서 가장 두드러지는 섹터는 전기·가스로서 기업가치에서 21%, 고용에서 19%를 차지한다. 다음으로 큰 섹터는 금융·은행으로 전체 공기업 기업가치의 26%, 고용의 38%를 각각 점하고 있다. 반면, 교통관련 공기업은 기업가치에서 18%를 점하고 있지만, 고용은 그 절반인 8% 수준이다.[11] 2018년 데이터까지 포함하는 International Monetary Fund(2020)에서도 공기업이 특히 금융·은행, 에너지, 제조업, 유틸리티 산업에 집중적으로 분포하고 있음을 알 수 있다. 금융·은행 부문자산에서 금융공기업이 차지하는 비율은 인도·중국 등 신흥시장에서는 60%를 상회하고, 독일·네덜란드·한국·스위스에서는 적게는 20%, 많게는 40%에 육박한다(International Monetary Fund 2020).

한편, 전 세계 주요 기업들을 대상으로 공기업의 부상과 그 규모를 분석하여 글로벌 시장에서 공기업의 역할과 의미에 주목하는 연

---

[11] 한편, 중국 공기업의 규모는 다른 조사대상 39개 국가를 압도하면서, 주요 섹터별 분포도 독특하다. 중국에는 51,341개의 국유기업이 총 2천여만 명을 고용하고 있다. 기업가치는 29.2조 달러에 달해 미국의 2015년도 GDP(18.2조 달러)의 1.6배, 중국 GDP(11.1조 달러)의 2.64배에 달한다. 먼저, 기업가치 측면에서 금융·은행섹터 58%, 1차 산업 9%, 교통 7%, 전기·가스 6%, 제조업 6%, 통신 3% 등으로 분포한다. 고용 기준으로 보면, 1차 산업 29%, 제조업 18%, 금융·은행 11%, 교통 12%, 전기·가스 8%, 통신 6% 등의 분포를 보인다.

구들(Florio 2014; Kowalski et al. 2013; Kwiatkowski et al. 2023; Lin et al. 2020)이 있다. 코발스키(Kowalski et al. 2013)가 글로벌 GDP 대비 매출액 51.1%, 자산규모 28.6%, 시장가치 58.4% 차지하는 '포천 글로벌 2000'(2010년 기준)을 분석한 결과, 공기업의 수는 약 10% 수준인 204개였다. 이들 공기업은 매출액은 글로벌 GDP의 5.7%, 자산규모는 35.8%, 시장가치는 7.8%를 점했다. '포천 글로벌 2000'에서 공기업들이 차지하는 비율은 각각 매출액 11.15%, 자산규모 16.38%, 시장가치 13.36%였다. 이들 공기업의 매출액순이익률(ROS = profit/sales), 총자산수익률(ROA = profit/assets), 자기자본이익률(ROE = profit/market value)은 각각 8.77%, 1.40%, 6.41%로, '포천 글로벌 2000' 기업들의 평균인 7.24%, 1.69%, 6.33%를 상회하였다. 크비아트코프스키 외(Kwiatkowski et al. 2023)는 범위를 더 좁혀 2005년부터 2020년까지의 '포천 글로벌 500'에서 공기업의 현황 및 실적을 분석하고 있는데, 이에 따르면 세계 500대 기업 중 공기업은 같은 기간 64개에서 141개로 증가하였다. 이들은 주로 석유·가스 등 천연자원, 제조업, 유틸리티산업, 금융·은행 분야에 집중되어 있다. 100대 기업 중 공기업은 15개에서 29개로 증가하였고, 4개의 공기업(SINOPEC, State Grid, China National Petroleum, Saudi Aramco)이 새로이 Top10에 진입하였다.

'포천 글로벌 2000'이나 '포천 글로벌 500'에 올라오는 공기업들은 본질적으로 다국적 공기업(SOMNCs)에 해당한다. 이들은 전체 다국적 기업의 15%를 점하고 있는데(Clifton and Fuentes 2023), 이들 공기업들은 해외자산, 해외매출의 비율이 매우 높으면서도 본국정부의 지분율이 많은 경우 50~100%에 이르고 있다(Cuervo-Cazurra et al. 2014).

이들 SOMNCs는 자체의 투자전략이나 본국정부의 정책목표에 따라 적극적인 해외직접투자(FDIs)를 통해 유럽, 북미, 동아시아 지역에서 에너지 생산, 기술집약 제조업, 교통·물류 산업을 중심으로 생산과 시장을 확장해 가고 있다(Babić 2023a; Szarzec et al. 2021). 또 이들은 본국 정부의 정책목표들을 해외로 투사하는 역할을 하는 경향이 있다(Petricevic and Teece 2019). 즉 공기업은 국내시장뿐만 아니라 글로벌 시장에서 생산 및 투자의 주요한 행위자로 등장하였고, 그 뒤에서는 이러한 공기업을 소유한 정부들의 시장개입의 정책목표가 작용하고 있는 것이다.

한편, 국가의 글로벌 자산시장 참여의 주요 정책수단으로서 국부펀드와 공적 연금기금들이 있다. 국부펀드는 조세수입이나 수출입 등에서의 급격한 변동성(volatility)에 대한 대응 및 재정안정화(stabilization), 미래세대를 위한 저축, 다양한 사회적 경제적 목적을 갖는 국내적 개발투자 여력의 확보 등을 위해 설치·운영되고 있다(Boston Consulting Group 2012). 국부펀드는 산유국들이 석유수출로 발생한 여유자금을 활용할 목적으로 처음 설립되었다. 이 이외에도 공기업 사업수입, 연금기금, 기타 여유자금을 운영하기 위해 여러 나라들에서 경쟁적으로 국부펀드를 설립해 갔다. 메긴손 외(Megginson et al. 2021)은 국부펀드와 연금기금에 대해 "국가소유 투자자의 부상(rise of state-owned investors)"으로 이해하고, 글로벌 시장에 투자하는 국부펀드 및 연금기금의 현황과 규모를 Global SWF LLC의 데이터를 활용하여 제시하고 있다. 이들에 따르면, 2020년 9월 현재, 전 세계적으로 155개의 국부펀드(자산규모 8.8조 달러)와 283개의 연금기금(18.2조 달러)이 있다. 국부펀드와 연금기금의 수 및 자산규모를 주요 국가별로 보면, 미국이 단연 압도적인데, 국부펀드 23개와 연금기금 87개가 총 8.70조 달러(전체의 32.2%)의 자산을 운용하고 있다. 다음은 중국으로 국부펀드 8개 및 연금기금 5개가 2.73조 달러의 자산을 관리하고 있다. 중국은 국부펀드의 규모가 연금기금에 비해 훨씬 커 2.27조 달러가 국부펀드이다.

이렇듯 한국뿐만 아니라 서구 선진국들, 신흥경제국 등에서 공기업·국부펀드·연금기금을 국가의 시장참여 수단으로써 매우 활발하게 활용하고 있다. 이들 국가소유 정책수단들은 그 운영에서의 자율성과 창의성이 필요하다는 점에서 국가기관과 구분되는 독립적 법인으로서의 법적 지위를 갖는 경우가 대부분이다. 그럼에도 불구하고 이들에 대한 소유, 통제, 운영에서는 여전히 많은 제도적 미비점과 더불어 불확실성이 존재한다. 다음 소절에서는 이를 거버넌스 차원에서 논의하고, 이어지는 IV에서는 그 (신)자유주의 통치성에 대한 함의를 검토하고자 한다.

2. 공기업·국부펀드·연금기금 운영과 관련한 거버넌스(governance) 차원의 도전

앞에서 논의한 바와 같이 국가가 시장참여를 위해 공기업·국부펀드·연금기금 등을 정책수단으로, 적극적으로 활용하는 것은 이들에 대한 정부의 소유권 행사 및 자율성 보장 등 거버넌스 차원에서 여러 가지 도전과 문제점을 배태하고 있다. 정부의 시장참여를 위한 정책수단은 국가소유권(state ownership)에 따른 통제를 받아야 하기 때문에 사적 소유권(private ownership)에 따르는 민간기업들과는 근본적으로 다른 방식으로 작동한다(Peng et al. 2016). 나아가 이러한 차이는 국가소유 기업들과 민간기업들이 직면하는 경쟁환경을 왜곡시켜 결국 사회 내 자원배분을 왜곡시킬 가능성을 높인다.

먼저, 공기업·국부펀드·연금기금의 목적은 이윤극대화가 전부는 아니다. 정부는 이들 정책수단을 통해 다양한 이해관계자들을 만족시켜야 할 뿐만 아니라 다양한 정책목표를 추구한다. 여기에는 자연독점(natural monopoly) 등 비경쟁 시장에서의 효율성 증진, 특정 재화의 안정적 공급, 사회적 가치(public values)의 조직 내 체화(reification)·창출·확산, 유동성 위기에 빠진 기업의 구제(bail-out), 안정적인 고용의 유지·공급, 물가안정,[12] 전략 산업부문에 대한 보호·육성 등 얼핏 이질적이고 상충적인 것으로 보이는 정책목표들이 포함된다(Cremer et al. 1989; De Fraja and Delbono 1989; Harris and Wiens 1980; Merril and Schneider 1966). 즉, 정책수단으로서 이러한 공기업과 기금들은 일정한 수입을 달성해야 하면서 동시에 수입의 창출과는 크게 상관이 없는 다양한 목표를 동시에 추구한다. 그런데 다양하면서도 상충적인 목표들은 소유권 기관(ownership entity), 정책집행부처, 재무부, 의회, 공기업이사회·경영진 및 노조, 서비스사용자·소비자, 투입물공급자(input suppli-

---

[12] 일례로 우리나라에서 전기, 지하철 등 공공요금의 결정은 「물가안정에 관한 법률」에 따른다.

ers), 현재 및 미래 투자자, 경쟁기업 등 매우 다양한 이해당사자들과 관련된다. 이들은 정부의 소유권적 정책수단에 대한 상이하면서도 상충적인 기대와 이해(interests)를 갖는 경향이 높고, 이는 이들 정책수단에 대한 일관된 정책목표와 관리수단을 적용하기 어렵게 한다.

다양한 이해당사자들은 복주인(multiple principals)으로 개념화할 수 있다. 이들은 공기업·국부펀드·연금기금에 대해 정당한 요구를 투사할 수 있는 존재로 인정되고, 실제로 이들 정책수단의 활용 및 운영에 대해 영향력을 행사한다. 복주인 문제는 이들 기관들의 대리인 비용을 증가시킬 수 있다. 기관이 당초 설립목적에 맞지 않게, 특정 주인(가령, 중요 정치인)의 목적이나 그 자체의 조직-이기적 목적을 추구하거나, 조직운영의 비효율성을 높일 수 있다. 공기업이나 기금이 장기적인 공익성보다는 단기적인 성과에 집착하게 할 수도 있다. 이에 따라 경영평가, 정보공개 및 투명성 제고, 이사회 구성, 재무건전성 확보 등 소유권 기능(ownership functions)보다는 단기적 정책목표에 치중하여 그 지속가능성과 장기적 수익성을 저해할 수 있다.[13] 즉 정부의 소유권 기능과 정책결정·집행 기능에 혼동이 발생할 수 있다. 이는 공기업이나 기금들에게는 여러 날의 칼로 작용할 수 있다. 즉 정부가 이들이 공익목적을 추구하도록 강제하면서도 실제 그 비용을 부담하지 않아 이들 기관들의 재무건전성 위기를 낳을 수 있다. 공기업이 생산하는 서비스에 대한 가격구조, 투입물 구입조건, 해외투

---

13 가령, 국부펀드나 연금기금의 운영에서 수익성보다는 특정한 (국제)정치적 정책적 목표의 달성을 추구할 수 있다.

자 등에서 정부가 정책적 개입을 주도하고, 실제 그 비용은 고스란히 공기업이 부담할 수도 있다. 이는 공기업·국부펀드의 수익성에 전반적인 악영향을 미치게 됨은 물론, 이들로 하여금 경영·투자의 효율성·수익성을 제고하려는 동기를 훼손할 수 있다.

나아가 공기업 등 정책수단의 활용은 경제 전반의 자원배분을 왜곡시킬 수 있다. 이러한 문제는 경쟁적 중립성(competitive neutrality), 즉 공기업과 민간기업이 공평한 운동장(level playing field)에서 경쟁할 수 있는 환경이 훼손될 가능성이 높기 때문에 발생한다. 공기업 및 국부펀드 등 정책수단은 대부분 설립법을 통해 설치되기 때문에 그 자체의 재무구조와 상관없이 파산하지 않고 지속하리라는 암묵적 기대가 있다. 즉 공기업이 부채상환 불능상황에 빠지더라도 결국 정부가 이를 부담할 것으로 시장에서 판단하는 것이다. 정부가 공기업 부채에 대해 묵시적으로 지급보증을 하게 되는 것이다. 따라서 공기업은 채권발행 시에 더 낮은 이자비용을 지불할 수 있게 된다(International Monetary Fund 2020; World Bank Group 2014). 많은 공기업과 기금들이 실제 시장에서 민간기업·투자자들과 경쟁하고 있으므로, 정부에 의한 명시적 암묵적 특혜의 제공은 민간에 비해 비효율적으로 운영되는 이들 기관들이 계속하여 생존할 가능성을 높인다. 공기업 스스로도 자신들이 설립법에 의해 그 존속이 보장받으면서 연성예산제약(soft budget constraints)에 직면하고 있음을 잘 알고, 방만경영과 각종 비리·부패 사례에서 보이듯이 이를 악용하기도 한다. 이렇듯 더 효율적인 민간기업은 파산하는 반면, 비효율적인 공공기관은 계속 유지되므로, 경제 전체적으로는 자원의 배분적 효율성이 저하되는 문제

가 있다.[14]

공기업 등 정책수단의 이러한 잠재적인 문제점들로 인한 경쟁왜곡은 국내시장을 넘어 글로벌 시장으로 확산할 가능성이 있다(International Monetary Fund 2020). 특히 다국적 공기업(SOMNCs)은 그 자체적인 경영적 판단에 더해 국내 제도적 정책적 여건에 따라 해외투자에 나설 가능성이 높고(Cuervo-Cazurra et al. 2014), 또 본국 정부의 정책목표를 해외에 투사하는 수단이 된다. 정부는 공기업으로 하여금 지경학적(geoeconomic) 국제정치적 목적을 추구하도록 하고, 대신 재정지원, 부채비용 경감, 규제장치, 우월적 시장지위 등 다양한 수단들을 통해 공기업을 시장경쟁으로부터 보호할 수 있다. 글로벌 시장에서의 공기업의 이와 같은 활용은 시장의 재원배분 왜곡 및 비효율로 나타날 것이다. 이러한 문제점을 극복하기 위한 방안으로 World Bank Group(2014) 및 OECD(2015)는 공기업 지배구조 개선을 위한 법제도적 틀의 명확화, 공기업 이사회의 자율성·독립성·전문성 강화, 감사 기능의 회복, 국제표준에 따른 재무적·비재무적 정보의 공개 등 투명성 제고, 경영평가체계의 합리화 등을 제시한다.

이상의 논의에서 국가가 시장의 조성자나 촉진자로서 시장에 개입하는 것을 넘어서 시장거래의 참여자로서 행동하는 데에 활용하

---

14 가령, 지난 몇 년 동안 정부의 전기요금 인상 억제에 따라 한국전력공사는 막대한 적자를 안게 되었고, 이에 따라 회사채를 발행하여 적자분을 메꾸고자 하였다. 이는 채권시장을 교란하여 민간기업들의 회사채 발행을 어렵게 하고 그 발행비용을 상승시켰다.

는 주요한 정책수단들의 현황과 다소 제한적 의미에서의 거버넌스적 함의를 살펴보았다. 공기업·국부펀드·연금기금은 기본적으로 정부가 소유한 존재들이면서, 동시에 시장판매를 위한 서비스를 생산하거나 직접 민간의 자산시장에 투자함으로써 수입을 창출하고자 한다. 이들에 대해 정부가 소유권을 갖고 있다는 사실은 정부가 이들 정책수단을 활용하여 매우 다양하면서도 상충적인 정책목표를 실현하기 위해 국내외 시장·비시장 행위자에게 영향을 미칠 수 있다는 의미이다. 공기업·국부펀드·연금기금의 지배구조를 합리화하기 위한 제도적 개선들(OECD 2015)은 적어도 각 국가별 정치문화, 이들 정책수단들과 관련한 역사적 경험, 정치제도 등 복합적이고 경로의존적 요인에 의해 그 실효성이 매우 낮거나, 제도 정착에 매우 오랜 기간이 필요하다. 즉 국가는 여러 시장행위자들 중 하나(one of them)로서 시장에 참여하는 것이 아니기 때문에, 국가의 시장참여가 국내시장은 물론 글로벌 시장에서 시장의 조성자나 촉진자로서의 국가역할에 자가당착적 모순을 야기할 수 있다. 그러므로 이는 다음 장에서 논의하듯이 (신)자유주의 통치성의 기본적 전제에 대한 중대한 의문을 던진다고 하겠다.

Ⅳ. 국가의 시장참여자 역할 확대와 (신)자유주의적 공공재정

1. 시장참여자로서의 국가역할 강화와 국가자본주의

시장과 관련한 국가의 역할은 크게 시장의 조성자·심판·규제자(catalyst; referee; regulator), 촉진자(facilitator), 참여자(participant)로 나뉠 수 있다.[15] 시장조성자로서의 국가역할은 재산권의 확립 및 집행과 함께, 시장거래의 자율성 및 안정성을 보장하는 것이다. 이는 거래의 불완전성을 극복하기 위한 것으로 재산권의 확립·집행, 나아가 자유경쟁시장의 작동을 가능하게 하는 제도적 인프라를 제공하는 역할이다. 정부의 시장촉진자 역할은 도로·항만·철도 등 공공재·

---

15 반 아펠도른과 드 그라프(van Apeldoorn and de Graff 2022)는 자본과의 관계를 기준으로 정부의 역할을 시장창출(creation), 시장교정(correction), 시장개입(intervention), 그리고 시장지도(direction)로 나누고 있다. 시장창출은 시장의 조성자, 시장교정은 심판자·규제자의 역할로 이해할 수 있으며, 이들 역할은 국가가 시장에 대하여 외재적인 존재임을 가정한다. 시장개입 및 시장지도는 단기적 장기적 시각에서 시장의 위기에 대응하거나 시장거래의 결과(outcomes)를 일정한 방향으로 조정·유도하는 정부의 역할이다. 이 역할은 정부가 어떠한 정책수단을 활용하는가에 따라, 즉 산업정책적 수단 또는 소유권적 수단(공기업·국부펀드·연금기금)에 따라 국가와 시장의 관계에 대한 유형화가 달라질 것이다. 가령, 산업정책적 수단은 국가가 시장에 대해 외재적인 존재로 이해되지만, 소유권적 수단의 활용을 위해서는 국가가 시장참여자의 역할을 수행해야 한다.

준공공재를 제공하고 연구개발(R&D) 등을 지원하거나 직접 수행하여 민간기업의 경제활동을 간접적으로 지원하는 것을 의미한다. 시장의 조성자나 촉진자로서의 정부역할은 시장의 밖(outside)과 위(above)에서 시장에 개입하는 것으로, 국가가 시장거래에 당사자로서 직접적으로 참여하는 것을 전제하지 않는다. (신)자유주의 통치성은, 국가가 제도적 물리적 인프라를 통해 시장을 조성·촉진하면, 무수한 생산자와 소비자들의 이익추구를 근본적 동인(motives)으로 하는 시장거래는 분권적으로 (정부의 간섭 없이) 민간의 자발적 주도로 자연스럽게 이뤄진다는 합리성[16]을 내장하고 있다. 그러므로 (신)자유주의 통치성에서 국가가 퇴조한 것은 아니고, 다만 시장개입, 시장지도 및 시장참여와 관련한 국가역할의 개념적 공간이 마땅하지 않은 것이다. 한편, 시장참여자로서 정부는 자본을 소유하고 시장거래를 통해 수익을 창출한다. 정부는 공기업을 소유하여 필수불가결한 서비스를 생산하여 판매하기도 하고, 직접적으로 민간기업과 경쟁하기도 하며, 국부펀드·연금기금을 자산시장에 투자하여 수익을 창출하면서도 민간의 경제활동을 특정한 방향으로 유도하거나 시장의 자발적인 자원배분을 왜곡할 수도 있다. 이는 반 아펠도른과 드 그라프(van Apeldoorn and de Graff 2022)가 지목한 국가의 시장지도의 역할과 겹친다고 하겠다.

21세기 국가가 시장참여자로서 적극적인 역할을 수행하는 현상

---

[16] 시장의 가격신호에 따르는 이러한 자발적 거래는 자원배분에 있어 기술적 배분적 효율성(technical and allocative efficiency)을 제고시킨다.

은 얼핏 이전과 질적으로 다르지 않다고 볼 여지가 없지는 않다. 또 근현대국가는 어떤 면에서는 항상 자본주의적 국가(capitalist state)이지 않았는가. 그런데 비교자본주의(comparative capitalism), 국제정치경제(international political economy), 지경학(geoconomics) 분야의 일군의 연구자들은 최근 20여 년 기간 국내시장은 물론 글로벌 시장에서 시장참여자로서 국가의 역할강화를 "새로운 국가자본주의(new state capitalism)"로 개념화하고 있다. 국가자본주의는 "국가가 자본축적을 관리감독하거나 자본을 직접적으로 소유·통제하는 데 있어 강한 역할을 담당하는 자본주의의 구성·조합"으로 정의된다(Alami et al. 2022, 247). 이는 구체적으로 "세계 자본주의 경제들에 걸쳐 촉진자, 감독자, 자본소유자로서의 국가역할의 전반적인 확대"(Alami and Dixon 2023, 78)를 의미한다. 이제 국가는 "국가-자본 혼성체(hybrids)"(Alami and Dixon 2023, 78) 또는 "국가-자본 집합체(nexus)"(van Apeldoorn and de Graaff 2022, 308)로서 시장의 가장 중요한 참여자가 된 것이다. 국가자본주의에서는 선진국은 물론 신흥국들의 정부들이 시장을 정치적 목적에 활용하는 방법을 배우고 실제 실행하고 있다(Bremmer 2008). 시장의 '보이지 않는 손'이 이제 시장에 직접 참여하는 국가라는 '보이는 손'과 뒤섞이거나 밀려나는 현상이 나타나 그 경향이 강화하고 있다는 것이다(The Economist 2012).

이들 연구자에 따르면 국가자본주의는 대체로 3단계에 걸쳐 변천해 왔다. 즉, 국가자본주의의 첫 번째 물결에서는 19세기 미국, 독일, 스칸디나비아 국가들, 일본 등이 보호무역주의 기조 아래 국내산업의 발전을 통해 영국 주도의 식민정책에 대항하고자 하였다. 그

다음 물결은 대공항 이후 20세기 중후반을 아우르는데, 여기서는 미국, 유럽, 소련, 일본, 그리고 한국 등 아시아 국가들의 국가기획을 중심으로 한 발전국가모델이 특징이다. 이 시기 동안 국가의 경제개입은 이전에 비해 훨씬 포괄적이었고, 국가마다 고유의 정책수단을 통해 기업에 대한 규제를 강화하고, 특정 산업활동을 발전계획에 맞게 유도하였다. 또 국가주의적 경제개입을 통해 사회안전망을 마련하는 한편 주요 산업의 기업들을 국유화하였다. 하지만 20세기 말에는 레이건이나 대처 등의 개혁시도에서 보이듯 신자유주의적 개혁물결의 확산에 따라 많은 공기업이 민영화되면서 경제에 대한 국가의 개입이 퇴조하였다(The Economist 2012). 세 번째 물결은 21세기 중국, 인도, 브라질, 러시아 등 신흥강국들에 의해 주도되고 있는데, 이전처럼 보호무역이나 국가기획 기능을 위주로 하기보다는, 정책당국과 기업의 공식적 비공식적 관계의 다변화와 더불어 공기업, 국부펀드, 해외직접투자(inward and outward FDI) 등 정책수단을 전략적으로 활용하고 있다(Nölke 2014, 3).

국가자본주의의 도래는 비단 중국, 러시아, 인도, 브라질 등의 신흥경제 국가들에서 공기업 및 국부펀드를 확충하고 이를 통해 글로벌 시장에 대한 공격적인 투자에 나선 때문만은 아니다. 가령, 2000년 이후 미국, 노르웨이, 핀란드, 스웨덴, 일본 등 30개 고소득 국가 정부의 대차대조표상 '지분투자기금 비율(Equity and Investment Fund Shares, EIFS)'[17] 데이터를 분석한 김(Kim 2022, 290)은 EIFS가 2001년 2.7조 달러에서 2018년 7.9조 달러로 증가하였다고 보고한다. 이는 연평균 6.6% 증가한 것으로, 같은 기간 이들 국가의 명목 GDP 증가율 4.1%를 상회하는 것이다. 2018년 현재 EIFS가 가장 높은 나라는 일본(전체 EIFS의 17.6%), 노르웨이(10.8%), 독일(8.6%), 프랑스(8.2%), 대한민국(7.2%) 등이다. 이들의 GDP대비 비율은 2001년 약 17%에서 2018년 26% 수준으로 증가였다. 미국은 EIFS가 낮고 직접적인 공기업 소유는 대체적으로 미약하지만, 23개의 국부펀드와 87개의 연금기금을 통해 8.7조 달러의 자산을 자산시장에서 운용하고 있다(Megginson et al. 2021). 또한 미국은 최근 지정학적 국가안보적 고려에서 보다 적극적으로 시장에 대한 정책적 개입을 강화하고 있다(Alami et al. 2022; van Apeldoorn and de Graaff 2022).

이러한 국가소유권에 근거한 시장참여자로서의 국가역할 강화, 나아가 '새로운 국가자본주의'의 등장은 17~18세기 독일에서 풍미한 관방주의의 현재적 시사점을 곱씹어 볼 수 있게 한다. 관방주의는 준절대왕정을 전제로 국가의 생존·번영의 비밀이 인구의 행복에 있다고 보았다. 관방주의는 국가와 사회를 구분하지 않고, 시민이 아닌 국가로부터 분화하지 않은 신민(subjects)을 전제하면서, 국가가 경제를 적극적으로 조직하고 이에 참여하여 경제활동 자체를 진작하는 동시에 국유재산을 활용하여 세입을 창출할 것을 처방하였다. 이러한 처방은 30년 전쟁을 통해 인구가 격감하고 경제활동의 기반이 파괴된 상황에서도 300여 개의 군주국이 생존경쟁에 몰두할 수밖에 없었던 현실을 반영한다. 이러한 상황에서는 징세를 통한 세

---

17 김(Kim 2022)은 이를 정부에 의한 기업소유 정도를 측정하는 지표로 사용하였다.

수확보가 매우 제한적일 수밖에 없었기 때문이다. 최근 '새로운 국가자본주의'의 부상은 30년 전쟁 후 신성로마제국 지역의 여건과 일견 비슷한 면이 없지 않다. 물론 '새로운 국가자본주의'는 선진 자유시장 경제와 신흥경제의 각기 다른 사정을 반영한 것으로 보인다. 우선 선진국들이 경험하고 있는 인구구조의 변화, 경제성장률의 둔화, 반복되는 경제위기, 정부부채의 증가는 정부의 징세역량을 약화시켜 징세 이외의 수단을 통한 재원조성 역량의 강화를 요구하게 되었다. 이는 관방주의의 사회적 경제적 정치적 배경과 일맥상통한다. 반면, 신흥경제국들은 국가소유 정책수단들을 통해 신자유주의 글로벌 시장경제를 적극 활용하여 수입(state revenues)을 창출하면서도 동시에 자신들의 국제정치적, 지경학적 이익을 추구하고자 한다. 즉 신흥국들의 공기업·국부펀드 등 국가소유 정책수단의 시장경제적 활용은 그 자체로서 전 지구적 수준에서 신자유주의 통치성의 심화를 전제하고 있는 것이다.

그러므로 '새로운 자본주의'의 등장은 신자유주의 물결에 따라 '후퇴'하였던 국가의 복귀(return)가 아니며, 브레머(Bremmer 2008)가 주장하는 것처럼 '국가자본주의'의 복귀도 아니다. 왜냐하면, 적극적으로 시장에 개입하든 그렇지 않든 국가는 시장경제질서 그 자체의 작가(author)이기 때문이다. 신자유주의를 통해서도 국가는 시장의 조성자·심판자로서의 역할을 수행하였다. 다만, 이전의 '국가자본주의'와 '새로운 국가자본주의'가 다른 점은 이제 국가가 그 자체의 이윤동기에 따라 국내시장을 넘어 글로벌 시장에 적극적으로 참여하게 되었다는 점이다. 그러므로 '새로운 국가자본주의'는 시장과 자본에 대한 국가의 여러 역할들 간의 재조정(reconfiguration)의 최근의 특징적 양상을 지칭한다고 하겠다. 그렇다면, 국가의 시장참여자 기능의 강화, 나아가 국가세수에서 시장수익이 차지하는 상대적 비중이 높아질 경우 실제 공공재정 및 그 제도에는 어떤 영향을 미칠 것인가? 즉 공공재정을 둘러싼 재정입헌주의·재정민주주의의 제도에는 어떤 시사점을 갖는가? 관방주의에서 신민이었던 인민들이 (신)자유주의 통치성에서는 납세자·공공서비스향유자(taxpayer-service beneficiaries)이자 인적자본을 축적·활용하는 기업가(entrepreneurs)인 개인들로 대상화되었다면, '새로운 국가자본주의'에서 개인들은 어떤 주체로 변모할 것인가?

2. 공기업·국부펀드·연금기금의 적극적 활용과 (신)자유주의 통치성 심화

국가가 공기업·국부펀드·연금기금을 시장참여자로서 활용하는 것은 크게 두 가지 측면에서 긍정적 또는 부정적인 영향을 공공재정에 미칠 수 있다. 우선 긍정적 측면에서는 이들 정책수단들을 통해 성공적으로 이윤이 창출된다면 이는 앞서 우리나라의 공기업 배당에서 본 바와 같이 일반재정의 세입을 확충할 수 있을 것이다. 이러한 효과는 공기업과 국부펀드의 활용에서 기대할 수 있다. 이는 인구구조변화, 경제성장률 둔화, 반복되는 경제위기로 인한 세원확대·증세의 어려움 그리고 시민들의 증세거부감을 고려할 때 부분적으로 정부부채 증가 억제, 재정건전성 악화 완화에 기여할 것이다. 다른 한편, 연금기금의 투자를 통한 수익 창출은 연금기금의 고갈을 일정 기간 뒤로 미루는 효과가 있다. 특히 연금개혁이 극도로 어렵다는 점에서 정부의 연금기금 투자 수익률 향상 동기는 그만큼 높다고 하겠다. 즉 재정수입의 확보 차원에서 조세의 확장성 저하를 보완할 수 있을 것이다.

반면, 국가가 시장참여자로서 수익창출에 실패할 경우에 공공재정 및 국민의 삶에 미치는 여파를 고려해 볼 수 있다. 국부펀드의 활용이 징세의 어려움에 대한 하나의 보조적인 대안의 의미를 갖는다는 점에서 보면, 국부펀드의 투자실패는 직접적으로 재정에 대한 압박, 징세압력으로 작용할 것이다. 공기업 운영의 실패는 공기업 자체의 재무건전성을 해치는 것에서 나아가 장기적으로 결국 국가에 의한 구제(bail-out)를 불가피하게 하여 재정적 위험(fiscal risks)을 가중시킬 것이다. 연금기금 투자의 실패는 은퇴 연금생활자들은 물론 노동시장에 있는 현세대에게도 은퇴 후 삶에 대한 불확실성을 높이게 된다. 이는 변화하는 인구구조(노령화)와 더불어 현세대에게 연금부담 증가라는 압박을 강화하고, 나아가 자신의 은퇴 후 기대 연금소득을 저하시키기 때문이다. 연금수급개시연령을 상향조정하면서 보험료율을 인상하고 소득대체율을 낮추는 개혁이 현실적으로 매우 어렵다는 점에서, 연금기금의 운영실패는 연금제도 자체의 지속가능성과 제도 자체에 대한 시민들의 신뢰성을 저하시킬 것이다.

하지만 정부소유 기업이나 기금의 활용이 전체적으로 긍정적인 역할을 할 것으로 가정하고 동시에 이들 수단들에 대한 의존도가 점차 높아질 것으로 보았을 때, 이는 근현대국가 공공재정의 구조를 일정하게 변화시킬 것이다. 시장수익의 재정기여도가 증가하면서 조세수입의 상대적 비중은 일정하게 줄어들게 된다. 즉 공공재정 영역이 상대적으로 축소할 수 있다. 이러한 공공재정 구조의 변화는 (신)자유주의 통치성이 내장한 재정입헌주의·재정민주주의의 제도적 원칙들이 국가에 의한 수익추구 활동을 적극적으로 고려하고 있지는 않다는 점에서 몇몇 제도적 이슈를 제기한다. 근대국가의 등장으로 나타난 공공재정으로 인해 징세 및 조세기반 공공지출에 대한 책임성을 강화하는 장치들이 마련되었다.[18] 이는 재정입헌주의의 원칙으로 제도화되었다. 즉 세입 및 세출 예산에 대한 의회의 사전의결 원칙, 결산에 대한 의회의결 원칙, 예산의 단일성 원칙, 회계연도 제도, 재정투명성 원칙, 행정부 내 예산과정의 집중, 행정부에 대한 재정책임성 집중 등이 근현대국가의 공공재정을 둘러싼 가장 근본적인 제도적 틀에 해당한다(김정부 2021; Stourm 1917; Sundelson 1935). 이러한 제도의 틀은 기본적으로 민주적 선거제도 등 대의제도를 근간으로 한 것이다. 그런데 국가의 시장참여자로서의 역할이 강화되고, 동시에 시장참여자로서의 실패가능성이 엄존한다면, 공공재정에 대한

---

[18] 조세는 기본적으로 "일반정부에 대한 강제적이고 보상이 따르지 않는 지급"(OECD 1996, 3)이다. 즉, 세금을 낼 때 직접적인 보상(direct return)을 받지 못하며, 세금을 납부했다고 하여 더 많은 공공서비스 혜택을 누리거나, 세금을 내지 않았다고 하여 공공서비스 혜택에서 배제되지 않는다. 조세는 납세자들의 재산권에 대한 직접적 대가 없는 제한을 의미하므로, 시민들은 징세 및 세금의 사용에 관한 결정에 직접적인 당사자가 될 수밖에 없다.

기존의 제도적 틀의 중요성이나 제도의 실효적 정당성에 일정한 변화를 예상해 볼 수 있다.

먼저, 국가의 시장참여자로서의 역할에 대한 책임성 기제의 문제이다. 국가는 시장참여적 소유권적 정책수단의 효율성을 제고하기 위해 이들 공기업·국부펀드·연금기금 운영의 전문성을 제고할 필요가 있다. 즉 자유시장논리에 따른 정책수단의 운용이 필요한 것이다. 이를 위해 정책수단의 집행은 국가의 직접적인 통제로부터 일정한 자율성을 누릴 수 있도록 디자인되어야 한다(OECD 2015). 이런 이유에서 이들 정책수단 자체가 이미 정부조직과는 구분되는 독립적 법인격(corporation)을 갖는다.[19] 이런 점에서 시장참여자로서의 국가에 대해 대의제적 기제를 통해 책임을 묻는 전통적인 책임성기제의 효과성은 저하될 수 있다. 왜냐하면, 이러한 정책수단들은 1단계 추가적인 주인-대리인 관계를 동반하기 때문이다. 또 민주적 기제를 통한 사전적 사후적 책임을 묻는 장치들이 공기업·국부펀드 등에서는 그 정당성이 약화된다. 시장원리에 따라야 하는 이들 정책수단들은 시장의 규율에 노출되어, 시장의 평가를 받는다. 즉 시장참여자로서의 국가에 대해 투표가 아닌 시장기제에 의한 규율이 책임성기제로

---

[19] 물론, 국가가 이들을 완전히 자유시장논리에 따라 운영될 수 있도록 허용하는가는 별개의 문제이다. 국가는 이들 기관들의 이사회 구성, 경영지침, 경영평가 등을 통해 꾸준히 (비경제적) 정책목적을 투사할 수 있기 때문이다. '운영의 전문성 제고를 통한 수익성 확보'와 '그 외 다양한 정책목표의 추구'라는 다중적 지향으로 인해, 이들 정책수단의 운영은 전문성에 근거한 자율성을 충분히 누리는 데에 근본적인 한계가 존재할 수 있다.

작용하는 것이다. 이에 따라 이들 소유권적 정책수단의 운영에서 공공성보다는 사업성(business orientation)을 더 적극적으로 고려할 가능성이 높아질 것이다.

둘째, 징세가 아닌 시장참여적 소유권적 정책수단의 활성화는 정부에 요청되는 전문성을 변화시킬 가능성이 높다. 기존에는 정책문제 대응에 필요한 전문성(즉, 정책문제의 성격이나 해결책·정책의 설계·집행과 관련한 인과적 지식의 축적), 이와 관련한 법적 전문성과 더불어 공공재정(조세 및 세출)과 관련한 재정학적 전문성의 중요성이 높았다. 이는 공공가치의 생산·유지·확대를 위한 전문성으로서 공공조직(관료제)의 규칙이나 관행(routines)을 통해 조직의 기억으로 축적되고 전승된다. 반면 정부의 시장참여는 시장경제 주요 행위자·경쟁자 및 자산시장에 대한 지식, 공기업·국부펀드 등의 재무관리·위험관리에 대한 전문성 축적의 필요성을 더욱 부각시켰다. 이러한 경영적 전문성은 공기업·국부펀드 등의 경영진 및 이사회, 나아가 소유권기관이나 정책집행 공공조직에 축적될 것이다. 즉 공공가치 추구·실현을 핵심적 목적으로 하는 전통적 의미에서의 정책적 전문성보다는 시장수익 창출을 핵심적 목적으로 하는 경영적 전문성이 공기업과 공공조직에 내재화되면서 더욱 중요한 가치를 가질 것이다. 이러한 지식은 관방학적 지식의 현대판이라고 할 만하다.

한편, 시장참여자로서의 국가역할 강화는 국가와 민간기업 및 투자자 간 경쟁구도를 강화시킬 것이다. 국가소유 기업들이 다국적 기업들(MNCs) 및 다른 국가의 공기업들과 전면적으로 경쟁하게 된다. 이러한 경쟁의 격화는 궁극적으로 국가가 시장참여자로서 시장에 전략적으로 개입하는 공간을 축소시킬 것이다. 즉, 국가는 점점 더 많은 영역에서 시장행위자로서 시장규율에 영향을 받게 될 것이다. 동시에 시장의 불확실성에 더 많이 노출될 것이다. 국가의 자산시장 투자 강화는 지구적 차원에서의 금융화(financialization) 경향을 가속화시킬 것인바, 이는 국가의 글로벌 자산시장에 대한 취약성, 나아가 공공재정 자체의 취약성 및 불확실성을 높일 것이다. 즉 개인들의 납세부담, 은퇴 후 삶이 시장참여자로서의 국가역할의 효과성과 직접적으로 연결되어 있다는 점에서, 이는 개인들의 직면하는 삶의 불확실성이 높이게 된다.

이에 따라 공공재정에 포섭된 국민의 삶이 국가의 이윤추구 동기와 기업가적 지향성에 의해 점점 더 영향을 받게 된다. 시민(개인)들은 자신들의 삶의 점점 더 많은 영역이 국가의 시장참여로 인해 영향을 받을 것임을 이해하고, 국가가 더욱 적극적이고 창의적으로 시장질서를 이용하도록 압박할 수 있다. 즉 정부의 기업가적 이익 추구가 점점 더 바람직한 것으로 인식될 것이다. 이는 국가의 시장조성자 및 심판자로서의 역할과 시장참여자로서의 역할 간의 적절한 구분과 조화를 어렵게 할 수 있다. 특히 글로벌 시장에서 각 국가들은 시장이윤추구뿐만 아니라 전략적 이해관계에 따라 시장을 일정한 방향으로 유도하기 위해 이들 국가소유 정책수단들을 더욱 적극적으로 활용할 수 있다. 또 국가는 시장참여자로서 민간기업 및 다른 나라의 공기업들에 대해 부당한 경쟁자로 행동할 가능성이 상존한다. 즉 민간기업들은 국내외 시장에서 국가가 경쟁적 중립성을 위반하는 도전에 직면할 수 있다. 이러한 가능성은 공기업·국부펀드들과 그 운영을 탈정치화(depoliticization) 하려는 거버넌스 개혁 노력이 각 국가들의 정치적 역사적 맥락에 따라 매우 불균등하다는 점에서 더욱 현실적이다. 그럼에도 불구하고 개인들은 자신들뿐만 아니라 국가 또한 시장적 전문지식을 확충하고 활용하도록 기대할 것이므로 이는 자유시장경제 및 그 원리에 대한 신뢰의 강화로 귀결될 것이다. 이러한 신뢰의 강화는 기업가-소비자로서의 자아정체성의 강화를 동반할 것인데, 이는 국가의 시장참여자로서의 역할확대에도 불구하고 국가 자체가 신자유주의적 시장질서로부터 후퇴할 가능성을 근본적으로 제약할 것이다. 즉, 자유주의 통치성의 핵심적 특징이니 국가에 대한 시장의 제한, 국가의 자기제한이 더욱 고도화하게 될 것이다.

공공재정 영역의 축소 및 국가의 경영적 전문성 강화에 따라 개인들은 국가에 대한 납세자·서비스향유자로서의 자기정체성보다는 "공공서비스 소비자"로서의 정체성을 더 강화시킬 것으로 예상된다. 즉 세금을 매개로 한 국가와의 거래적 관계설정에 따른 정체성이 약화될 것이다. 이는 전통적인 공공서비스의 제공이나 연금지급 등에서 국가가 시장참여자로서 창출한 이윤이 국가재정에서 점점 더 큰 역할을 담당할 것이기 때문이다. 즉 인구구조변화, 성장률 둔화 등으로 인해 국가의 징세가 점점 더 어려워지는 한편으로, 이러한 시장이윤이 공공서비스의 제공에 더 중요한 기여를 하게 된다. 이에 따라 개인들의 입장에서는 공공서비스를 누리는 대가로 세금을 내야 하는 납세자-서비스향유자로서의 공적 자아보다는 국가가 제공하는 서비스를 비용부담 없이 누리는 존재로 재주체화(re-subjectivation) 될 가능성이 열리게 되는 것이다.

다른 한편, 국가가 제공하는 서비스들이 징세를 통해 마련된 재원으로 생산·공급되기보다는 공기업을 통해 생산·판매되거나 국부펀드의 수익으로 그 재원이 조달되기 때문에 개인들의 입장에서는 납세자로서 공공서비스를 누린다는 인식보다는, 소비자로서 시장거래에 참여하여 가격을 지불하고 서비스를 소비한다는 인식이 강화될 것이다. 근현대국가의 공공재정에서는 공공서비스 향유와 비용지불 간의 연결고리가 끊겼었는데, 이제 국가의 시장거래 참여 강화에 따라 이 연결고리가 새로이 복원될 것이다. 이는 근현대국가에서 개인의 주체화 '경험'의 핵심내용이 납세자주권에서 소비자주권으로 바뀔 수 있을 의미한다. 근현대국가에서는 납세자-서비스향유자로서의 공적 자아·주체성(subjectivity)과 기업가·소비자로서의 사적 자아·주체성이라는 이중적 자아의 안정적 공존이 특징이라면, 이제 국가의 시장참여자 역할이 강화됨에 따라 공적 주체성이 후퇴하고, 기업가·소비자로서의 사적 주체성이 더욱 강화될 가능성이 열리고 있다고 하겠다. 이러한 신자유주의 통치성에서의 주체성의 재구성은 행정과정에서 시민, 참여자, 파트너, 고객, 소비자 등 공공(the public)에 대한 다양한 개념화(Frederickson 1991; Thomas 2013)에서 그 강조점이 고객이나 소비자로 점차 옮겨갈 것을 의미한다.[20]

---

20 이는 신공공관리론(New Public Management)에 입각한 행정패러다임이 쉽사리 물러가기는커녕 국가재정운영 과정 전반에 대한 그 철학적 영향을 강화할 것임을 시사한다.

이상의 논의들은 공기업·국부펀드·연금기금을 활용한 국가의 시장참여 확대가 갖는 함의가 관방주의의 역사적 배경 및 정치적 철학적 전제와 밀접히 맞닿아 있다는 점을 드러낸다. 우선 관방주의는 준절대군주정을 전제하면서 군주와 국가, 국가와 사회, 국가와 신민을 구분하지 않았다. 영국의 정치경제나 프랑스의 중농주의와는 달리 관방주의는 국가와 구분되는 독립적인 시장경제의 고유한 질서를 전제하지 않았다. 또한 군주의 행복이 국가의 행복이며, 국가의 행복은 신민의 행복이라고 보았다. 신민의 행복은 군주의 행복과 구분되거나 이에 앞설 수 없는데, 이는 인민들은 아직 국가에 대하여 권리와 의무를 갖는 존재가 아닌, 다만 지배(dominion)의 대상인 신민들이기 때문이다. 관방주의에서 신민들의 물질적 행복은 오직 국가와 군주의 존속과 번영에 기여한다는 점에서 의미있는 것이었다. 반면, 기채 및 징세의 어려움에 따라 국가의 시장참여 역할이 활성화된 신자유주의 통치성에서 국가는 시장질서를 조성·유지해야 할 뿐만 아니라, 기업가-소비자로 구성된 개인들과 더불어 그 고유의 원리를 갖는 시장에 거래당사자로 참여하면서, 동시에 시장수익을 창출하여 공공서비스를 제공하는 삼중적 존재로 나타난다. 시장거래 참여를 통해 수익을 창출하는 존재라는 점에서 국가는 경영학적 전문성을 축적하여야 하며, 공기업·국부펀드 등 정책수단을 시장규율에 따라 운영하여야 한다. 이는 관방주의가 국가를 하나의 단일한 회사로 본 것과 같이, 국가의 시장참여자 역할이 확대된 신자유주의 통치성에서도 시장원리, 경영학적 지식과 실천이 근본적인 통치논리로서 국가기구와 공기업들에 침윤된다는 의미이다. 관방주의가 준절대왕정을 전제한 것과 같이, 이러한 신자유주의 통치성은 시장기제에 의한 통제기제의 확대와 더불어 경영전문가(technocrats), 즉 현대적 관방주의자들(modern cameralists)에 의한 통치를 강화하고, 결과적으로 근현대국가 공공재정의 기반이 되는 시민적 통제 중심의 재정민주주의 제도들을 약화시킬 수 있다. 이런 점에서 공기업·국부펀드·연금기금 등 시장거래적 정책수단의 적극적인 활용은 현대국가의 재정민주주의 및 재정책임성의 제도들에 대한 트로이의 목마에 비유될 수 있을 것이다. [그림 5-3]은 국가의 관방주의적 시장참여가 (신)자유주의 통치성에 대해 갖은 함의에 대한 이상의 논의를 정리하고 있다.

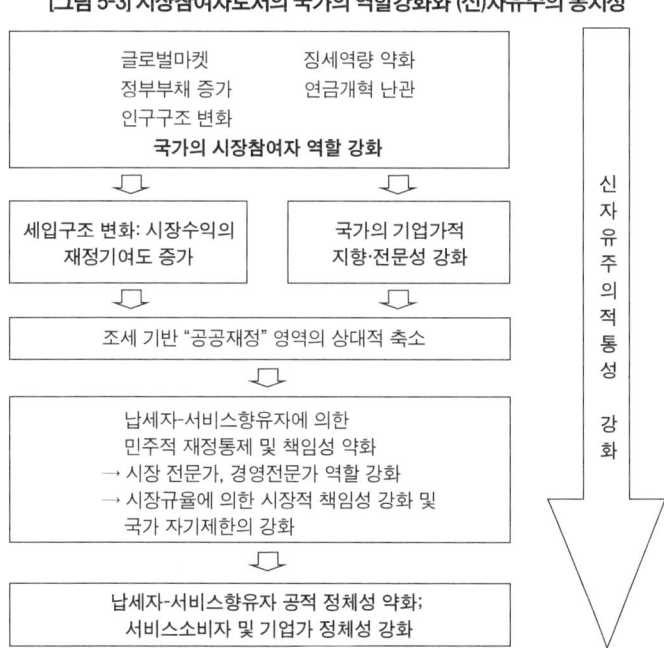

[그림 5-3] 시장참여자로서의 국가의 역할강화와 (신)자유주의 통치성

V. 결론

스몰(Small 1909)이 직시한 바와 같이 관방주의는 사회과학의 역사에서 거의 잊혔었지만, 17~18세기 독일에서는 정치학 겸 경제학이자 정책분석이었으며, 군주들을 위한 정책결정의 안내서이면서, 동시에 행정가들에게는 실무지침이었다. 관방주의는 Adam Smith와는 달리 국가를 경제에 대한 참여자로 인식하고, 국가가 이를 통해 사업수입을 창출하여 국내적 지출에 충당하여야 한다고 보았다. 이는 막대한 국유재산 및 이를 경영하는 공기업들이 존재한다는 현실적 조건, 그리고 징세 때문에 경쟁 국가들에게 인구를 빼앗길 수 없다는 절박하고 현실적인 제약 때문이었다. 관방주의의 정책처방은 경제원리에 대한 선이론적(pre-theoretical) 판단을 전제하고 이를 과학적 분석의 대상으로 삼지는 않았다. 하지만 18세기 영국에서 정치경제의 시장원리 분석이 부상하면서 관방주의는 중상주의와 함께 근대 자유주의 통치성과 공공재정에 대한 유효한 지식의 형태로서 정립되지 못했다. 그런데 21세기 현재 관방주의의 이러한 관점과 처방을 다시 찾아보게 만드는 국가역할의 재구성이 나타나고 있다. 바로 국가소유 정책수단을 통한 국가의 시장참여자 역할의 확대를 배경으로 한 '새로운 국가자본주의'의 등장이다.

이 글에서는 현대국가에서 시장참여자로서의 국가역할이 공기업·국부펀드·연금기금의 적극적 활용을 통해 더욱 강화되고 있는 현실에서 이것이 푸코의 (신)자유주의 통치성에 갖는 함의, 나아가 공공재정 및 그 제도들에 대한 실제적 잠재적 영향을 검토하였다. 푸코의 통치성 강의들(Foucault 2007; 2008)을 일관하고 있는 논제는 자유경쟁 시장의 국가에 대한 제한 및 국가의 자기제한(auto-limitation)이다. 근대 이전의 사법적 주권적 권력 대신 이제는 이익추구 동기에 따라 작동하는 시장원리가 국가의 자기제한을 낳았다는 것이다. 자유주의 통치성은 국가가 시장의 조성자나 심판자로 기능해야 할지언정, 시장행위자로서 직접 시장거래에 나서는 것을 상정하지는 않는다. 이 점에서 최근 국가의 관방주의적 시장참여 확대, 즉 '새로운 국가자본주의'는 (신)자유주의 통치성에서 근본적 모순이자 하나의 수수께끼라 할 수 있다.

이 수수께끼를 푸는 실마리는 국가의 시장참여적 정책수단들이 공공재정에 미치는 영향에 있다. 정부는 공기업·국부펀드 운영을 통해 구조적 요인으로 인해 점차 약화하고 있는 징세역량을 보완하고, 연금기금의 자산시장 투자를 통해 그 지속가능성을 제고하기 위한 제도개혁 지연의 재정적 파장을 최소화하고자 한다. 이러한 전개는 조세를 근간으로 한 공공재정의 운영을 뒷받침하는 현대적 재정예산제도들의 적실성에 중대한 의문을 제기한다. 왜냐하면, 정부의 시장참여를 통한 수입창출의 과정과 그 조성되는 재원에 대해서는 민주적 통제기제보다는 경영적 기업가적 전문성 및 시장규율이 더 적실성을 갖기 때문이다. 또 근현대국가 의회민주주의 제도화가 공공재정에 대한 입헌주의적 통제의 확립과 궤를 같이하는바, 공공재정에서 시장참여를 통해 조성되는 재원의 확대와 경영학적 전문지식의 강조는 이러한 근현대적 재정예산제도의 근본적 전제를 훼손하는 것이다.

나아가 정부의 시장참여 및 시장수입의 확대는 시민의 자기정체성에도 영향을 미칠 수 있다. 근현대국가 자유주의 통치성의 공공재정이라는 '경험의 장'에서 개인들은 납세자이면서 납세를 대가로 공공서비스를 향유하는 주체로 구성된다. 국가와의 관계에서 시민들은 자기기익에 대한 근본적 제약인 납세의 의무를 지지만, 양질의 공공서비스를 누릴 권리를 쟁취한 존재인 것이다. 즉 납세자와 공공서비스 향유자(beneficiaries)로서의 주체성이 일관된 균형을 이루고 있다. 그런데 국가의 시장참여 확대와 이로 인한 시장수입의 재정적 기여 확대는 개인들로 하여금, 조세를 통해 생산되는 공공서비스의 향유자라기보다는 가격을 지불하고 공기업의 서비스를 소비하는 소비자(consumers)가 되게 한다. 또는 말 그대로 정부가 (시장이윤을 재원으로 하여) 생산·공급하는 서비스를 아무런 대가를 지불하지 않고 누리는 무임승차자가 될 수도 있다. 개인들은 국가와의 관계에서 정당한 대가를 주고받는 시민이라는 정체성보다는 국가의 서비스를 대가지불 없이 소비하는 (국가에 대하여) 수동적인 존재로서의 정체성이 형성될 수 있다. 심지어 조세납부 의향은 없으면서도 공공서비스 향유의 권리만 일방적으로 강조·주장하는 당연승차자(the deserving rider) 또는 당연수혜권자(the deservant) 정체성도 나타나고 있다. 이에 따라 관방주의적 '새로운 국가자본주의'의 개인들은 납세자-서비스향유자라는 공적 자아보다는 기업가·소비자라는 사적 자아로 주체화될 가능성이 더 높아지게 된다. 이는 공적 자아의 축소(시민성의 약화)로 귀결될 것인데, 시민성을 우회하는 자아의 기술(technologies)은 국가를 자기제한의 한계에 가두는 신자유주의 통치성의 핵심적 장치가 된다. 이에 따라 기업가-소비자로서의 개인주체들은 지금보다 '훨씬 더 탁월하게 통치가능한(much more eminently governable)' 존재가 된다.

물론 이러한 논의는 단지 하나의 경향성에 대한 탐색에 불과할 수 있다. 그러나 경제성장률 둔화, 인구구조 변화, 재정건전성의 급격한 악화 등 재정 환경 및 여건을 고려할 때 이전에는 부각되지 않았던 시장참여자로서의 국가역할이 향후 훨씬 더 강화될 가능성이 농후하다. 국가가 공공서비스 생산·공급에 필요한 재원을 조달하기 위해 점점 더 적극적으로 시장거래에 직접적 당사자로서 참여하게 될 때, 이것이 17세기 이후 4세기에 걸쳐 구축된 공공재정의 제도에 어떤 영향을 미칠 것인지, 또 이것이 시민들이 국가와의 관계에서 갖는 자기정체성에 어떤 영향을 미칠 것인지는 보다 적극적으로 세심하게 분석할 필요가 있다. 이 연구는 그 작은 출발점이라는 데에 의의가 있을 것이다.

참고문헌

공공기관 경영정보 공개시스템. https://www.alio.go.kr/main.do(검색일: 2025년 6월 25일).

국민연금기금운용본부. https://fund.nps.or.kr/jsppage/fund/mcs/mcs_02_02.jsp(검색일: 2025년 6월 25일).

국회예산정책처. 2023. 『2023 대한민국 공공기관』. 서울: 경성문화사.

국회예산정책처. 2025. 『2024 대한민국 공공기관』. 서울: 경성문화사.

기획재정부. 2025. "2025년도 공공기관 지정." (1월21일), https://www.moef.go.kr/nw/nes/detailNesDtaView.do;jsessionid=L7Q1EyEaF16So5OE5ovess2v.node50?searchBbsId1=MOSFBBS_000000000028&searchNttId1=MOSF_000000000072339&menuNo=4010100(검색일: 2025년 6월 25일).

김정부. 2021. "근대국가 통치성(governmentality)의 형성과 재정·예산제도의 발전: 영국·프랑스·미국의 경험을 중심으로." 『한국행정논집』 33권 2호, 401-436.

김정부. 2022. "다층적 통치성, 재정·예산제도, 그리고 영원한 감옥: 재정투명성과 조세윤리에 대한 시론적 분석을 중심으로." 『한국행정논집』 34권 4호, 581-612.

김준기. 2014. 『공기업 정책론』. 고양: 문우사.

유훈. 2005. 『공기업론』. 파주: 법문사.

이문수. 2009. "통치성 관점에서 본 관방학에 대한 새로운 이해: 푸코의 주장을 중심으로." 『정부학연구』 15권 3호, 29-56.

한국투자공사. https://www.kic.kr/ko/index.jsp(검색일: 2023년 10월 15일).

Adam, Ulrich. 2006. *The Political Economy of J.H.G Justi*. Oxford: Peter Lang.

Aharoni, Yair. 1986. *The Evolution and Management of State-Owned Enterprises*. Cambridge, MA: Ballinger Publishing Company.

Alami, Ilias and Adam D. Dixon. 2020. "State Capitalism(s) Redux? Theories, Tensions, Controversies." *Competition & change* 24(1): 70-94.

Alami, Ilias and Adam D. Dixon. 2023. "Uneven and Combined State Capitalism." *EPA: Economy and Space* 55(1): 72-99.

Alami, Ilias, Milan Babic, Adam D. Dixon, and Imogen T. Liu. 2022. "Special Issue Introduction: What Is the New State Capitalism?." *Contemporary politics* 28(3): 245-263.

Alami, Ilias. 2023. "Ten Theses on the New State Capitalism and Its Futures." *Environment and Planning A: Economy and Space* 55(3): 764-769.

Alhashel, Bader. 2015. "Sovereign Wealth Funds: A Literature Review." *Journal of Economics and Business* 78: 1-13.

Babić, Milan. 2023a. "State Capital in a Geoeconomic World: Mapping State-led Foreign Investment in the Global Political Economy." *Review of International Political Economy* 30(1): 201-228.

Babić, Milan. 2023b. *The Rise of State Capital: Transforming Markets and International Politics*. Newcastle upon Tyne: Agenda Publishing Limited.

Backhaus, Jürgen G. 2009. *The Beginnings of Political Economy: Johann Heinrich Gottlob von Justi*. New York: Springer.

Backhaus, Jürgen G. and Richard E. Wagner. 1987. "The Cameralists: A

Public Choice Perspective." *Public Choice* 53(1): 3-20.

Backhaus, Jürgen G. and Richard E. Wagner. 2005a. "Society, State, and Public Finance: Setting the Analytical Stage." In *Handbook of Public Finance*, edited by Jürgen G. Backhaus and Richard E. Wagner, 1-18. Boston: Kluwer Academic Publishers.

Backhaus, Jürgen G. and Richard E. Wagner. 2005b. "Continental Public Finance: Mapping and Recovering a Tradition." *Journal of Public Finance and Public Choice* 23: 43-67.

Beck, Roland and Michael Fidora. 2008. "The Impact of Sovereign Wealth Funds on Global Financial Markets." *Intereconomics* 43(6): 349-358.

Bernstein, Shai, Josh Lerner, and Antoinette Schoar. 2013. "The Investment Strategies of Sovereign Wealth Funds." *Journal of Economic Perspectives* 27(2): 219-238.

Boston Consulting Group. 2012. *Mobilizing the Potential of GCC Sovereign Wealth Funds for Mediterranean Partner Countries—Overview*. Luxembourg: European Investment Bank.

Bremmer, Ian. 2008. "The Return of State Capitalism." *Survival* 50(3): 55-64.

Bremmer, Ian. 2009. "State Capitalism Comes of Age: The End of the Free Market?." *Foreign Affairs* 88(3): 40-55.

Bruton, Garry D., Mike W. Peng, David Ahlstrom, Ciprian Stan, and Kehan Xu. 2015. "State-owned Enterprises around the World as Hybrid Organizations." *Academy of Management perspectives* 29(1): 92-114.

Chhaochharia, Vidhi and Luc Laeven. 2008. *Sovereign Wealth Funds: Their Investment Strategies and Performance*. CEPR Discussion Paper No.

DP6959.

Christiansen, Hans. 2011. *The Size and Composition of the SOE Sector in OECD Countries*. OECD Corporate Governance Working Papers No. 5. OECD Publishing.

Clifton, Judith and Daniel Díaz Fuentes. 2023. "How Do State Owned Enterprise Multinationals Behave Abroad? A Multi-dimensional Framework for Analysis." *Journal of Economic Policy Reform* 26(1): 67-81.

Cremer, Helmuth, Maurice Marchand, and Jacques-Francois Thisse. 1989. "The Public Firm as an Instrument for Regulating an Oligopolistic Market." *Oxford Economic Papers* 41(2): 283-301.

Cuervo-Cazurra, Alvaro, Andrew Inkpen, Aldo Musacchio, and Kannan Ramaswamy. 2014. "Governments as Owners: State-owned Multinational Companies." *Journal of International Business Studies* 45(8): 919-942.

Daiser, Peter, Tamyko Ysa, and Daniel Schmitt. 2017. "Corporate Governance of State-owned Enterprises: A Systematic Analysis of Empirical Literature." *International Journal of Public Sector Management* 30(5): 447-466.

De Fraja, Giovanni and Flavio Delbono. 1989. "Alternative Strategies of a Public Enterprise in Oligopoly." *Oxford Economic Papers* 41(2): 302-311.

Eheberg, K. T. R. von. 1900. "Finanzen und Finanzwirtschaft." In *Handwörterbuch der Staatswissenschaften III*, 902-936. Jena: Gustav Fischer.

Florio, Massimo. 2014. *The Return of Public Enterprise*. Working Paper No.

01/2014. Centre for Industrial Studies.

Foucault, Michel. 1972. *The Archaeology of Knowledge*. New York: Vintage Books.

Foucault, Michel. 1982. "The Subject and Power." *Critical inquiry* 8(4): 777-795.

Foucault, Michel. 2007. *Security, Territory, Population: Lectures at the Collège de France 1977-1978*. New York: Picador.

Foucault, Michel. 2008. *The Birth of Biopolitics: Lectures at the Collège de France 1978-1979*. New York: Palgrave Macmillan.

Foucault, Michel. 2010. *The Government of Self and Others: Lectures at the Collège de France 1982-1983*. New York: Palgrave Macmillan.

Frederickson, H. George. 1991. "Toward a Theory of the Public for Public Administration." *Administration & Society* 22(4): 395-417.

Gürkan, Ceyhun. 2018. "Foucault, Public Finance, and Neoliberal Governmentality: A Critical Sociological Analysis." *Yönetim ve Ekonomi Dergisi* 25(3): 677-694.

Harris, Richard G. and Elmer G. Wiens. 1980. "Government Enterprise: An Instrument for the Internal Regulation of Industry." *Canadian Journal of Economics* 13(1): 125-132.

Humpert, Magdalene. 1937. *Bibliographie der Kameralwissenschaften*. Köln: Karl Schroeder Verlag.

International Monetary Fund. 2020. "State-owned Enterprises: The Other Government." In *Fiscal Monitor*, 47-74. Washington: International Monetary Fund.

Johan, Sofia A., April Knill, and Nathan Mauck. 2013. "Determinants of

Sovereign Wealth Fund Investment in Private Equity vs Public Equity." *Journal of International Business Studies* 44: 155-172.

Justi, Johann Heinrich Gottlob von. 1755. *Staatswirthschaft*. Leipzig.

Kim, Kyunghoon. 2022. "Locating New 'State Capitalism' in Advanced Economies: An International Comparison of Government Ownership in Economic Entities." *Contemporary Politics* 28(3): 285-305.

Korea Investment Corporation. 2022. *2021 Annual Report: A New Page*. Seoul: KIC.

Kotter, Jason and Ugur Lel. 2011. "Friends or Foes? Target Selection Decisions of Sovereign Wealth Funds and their Consequences." *Journal of Financial Economics* 101(2): 360-381.

Kowalski, Przemyslaw, Max Büge, Monika Sztajerowska, and Matias Egeland. 2013. *State-owned Enterprises: Trade Effects and Policy Implications*. OECD Trade Policy Papers No. 147.

Kwiatkowski, Grzegorz, Marlena Gołębiowska, and Jakub Mroczek. 2023. "How Much of the World Economy Is State-owned? Analysis Based on the 2005-20 Fortune Global 500 Lists." *Annals of Public and Cooperative Economics* 94(2): 659-677.

Lavelle, Kathryn C. 2018. "Sovereign Wealth Funds and Foreign Policy." In *The Oxford Handbook of Sovereign Wealth Funds*, edited by Douglas J. Cumming, Geoffrey Wood, Igor Filatotchev, and Juliane Reinecke, 182-207. New York: Oxford University Press.

Lazzarini, Sergio G. and Aldo Musacchio. 2018. "State Ownership Reinvented? Explaining Performance Differences between State-owned and Private Firms." *Corporate Governance: An International Review* 26(4):

255-272.

Lin, Karen Jingrong, Xiaoyan Lu, Junsheng Zhang, and Ying Zheng. 2020. "State-owned Enterprises in China: A Review of 40 Years of Research and Practice." *China Journal of Accounting Research* 13(1): 31-55.

Lindenfeld, David F. 1997. *The Practical Imagination: The German Sciences of State in the Nineteenth Century*. Chicago: University of Chicago Press.

Magnusson, Lars. 2021. "Cameralism as Sonderweg of German Mercantilism?." *History of Political Economy* 53(3): 389-405.

Megginson, William L. and Jeffry M. Netter. 2001. "From State to Market: A Survey of Empirical Studies on Privatization." *Journal of Economic Literature* 39(2): 321-389.

Megginson, William L. and Veljko Fotak. 2015. "Rise of the Fiduciary State: A Survey of Sovereign Wealth Fund Research." *Journal of Economic Survey* 29(4): 733-778.

Megginson, William L. and Xuechen Gao. 2020. "The State of Research on Sovereign Wealth Funds." *Global Finance Journal* 44: 100466.

Megginson, William L., Diego Lopez, and Asif I. Malik. 2021. "The Rise of State-owned Investors: Sovereign Wealth Funds and Public Pension Funds." *Annual Review of Financial Economics* 13: 247-270.

Merrill, William C. and Norman Schneider. 1966. "Government Firms in Oligopoly Industries: A Short-run Analysis." *The Quarterly Journal of Economics* 80(3): 400-412.

Nokkala, Era and Nicholas B. Miller. 2020. *Cameralism and the Enlightenment: Happiness, Governance and Reform in Transnational Perspective*.

New York: Routledge.

Nölke, Andreas. 2014. *Multinational Corporations from Emerging Markets: State Capitalism 3.0*. London: Palgrave Macmillan.

OECD. 1996. *Definitions of Taxes*. Negotiating Group on the Multilateral Agreement on Investment(MAI), Organization for Economic Cooperation and Development.

OECD. 2015. *OECD Guidelines on Corporate Governance of State-Owned Enterprises*. Paris: OECD Publishing.

OECD. 2017. *The Size and Sectoral Distribution of State-owned Enterprises*. Paris: OECD Publishing.

Okhmatovskiy, Ilya, Anna Grosman, and Pei Sun. 2022. "Hybrid Governance of State-owned Enterprises." In *The Oxford Handbook of State Capitalism and the Firm*, edited by Mike Wright, Geoffrey T. Wood, Alvaro Cuervo-Cazurra, Pei Sun, Ilya Okhmatovskiy, Anna Grosman, 449-478. Oxford: Oxford University Press.

Overbeek, Henk. 2012. "Sovereign Wealth Funds in the Global Political Economy: The Case of China." In *Neoliberalism in Crisis*, edited by Henk Overbeek and Bastiaan van Apeldoorn, 138-160. London: Palgrave Macmillan UK.

Peng, Mike W., Garry D. Bruton, Ciprian V. Stan, and Yuanuyan Huang. 2016. "Theories of the (State-owned) Firm." *Asia Pacific Journal of Management* 33: 293-317.

Petricevic, Olga, and David J. Teece. 2019. "The Structural Reshaping of Globalization: Implications for Strategic Sectors, Profiting from Innovation, and the Multinational Enterprise." *Journal of International*

Business Studies 50: 1487-1512.

Peukert, Helga. 2006. "Justi's Moral Economics and His System of Taxation (1766)." *Journal of Economic Behavior & Organizations* 59(4): 478-496.

Peukert, Helga. 2009. "Justi's Concept of Moral Economics and the Good Society." In *The Beginnings of Political Economy*, edited by Jürgen Georg Backhaus, 117-132. New York: Springer US.

Recktenwald, Horst Claus. 2008. "Cameralism." In *The New Palgrave Dictionary of Economics*, edited by Steven N. Durlauf and Lawrence E. Blume, 625-626. London: Palgrave Macmillan.

Reinert, Erik S. 2009. "Johann Heinrich Gottlob von Justi — The Life and Times of an Economist Adventurer." In *The Beginnings of Political Economy*, edited by Jürgen Georg Backhaus, 33-74. New York: Springer US.

Reinert, Erik S. and Philipp R. Rössner. 2016. "Cameralism and the German Tradition of Development Economics." In *Handbook of Alternative Theories of Economic Development*, edited by Erik S. Reinert, Jayati Ghosh, and Rainer Kattel, 63-86. Cheltenhan, UK: Elgar.

Rimpler. 1900. "Geschichte der Domänen." In *Handwörterbuch der Staatswissenschaften III*, 194-205. Jena: Gustav Fischer.

Roscher, Wilhelm. 1874. *Geschichie der National-Oekonomik in Deutschland (History of National Economics in Germany)*. München: Oldenbourg.

Rössner, Philipp R. 2018. "Monetary Theory and Cameralist Economic Management, C. 1500-1900 A.D." *Journal of the History of Economic Thought* 40(1): 99-134.

Rutgers, Mark R. 1997. "Beyond Woodrow Wilson: The Identity of the Study of Public Administration in Historical Perspective." *Administration & Society* 29(3): 276-300.

Schabas, Margaret. 2015. "Political Economy, History of." In *International Encyclopedia of the Social & Behavioral Sciences* (2nd ed.), edited by James D. Wright, 356-361. Amsterdam: Elsevier Ltd.

Schmidt am Busch, Hans Christoph. 2009. "Cameralism as 'Political Metaphysics': Human Nature, the State, and Natural Law in the Thought of Johann Heinrich Gottlob von Justi." *The European Journal of the History of Economic Thought* 16(3): 409-430.

Schmidt, Karl Heinz. 2009. "Justi's Concept of Taxation." In *The Beginnings of Political Economy*, edited by Jürgen Georg Backhaus, 157-170. New York: Springer US.

Schumpeter, Joseph A. 1954. *History of Economic Analysis*. London: George Allen & Unwin Ltd.

Schwartz, Herman. 2012. "Political Capital and the Rise of Sovereign Wealth Funds." *Globalizations* 9(4): 517-530.

Seckendorff, Veit Ludwig von. 1656. *Der Teutsche Fürsten Staaten*. Frankfurt: Götze.

Seppel, Marten and Keith Tribe. 2017. *Cameralism in Practice: State Administration and Economy in Early Modern Europe*. Woodbridge: Boydell Press.

Sharkansky, Ira. 1979. *Wither the State? Politics and Public Enterprise in Three Countries*. Chatham, NJ: Chatham House Publishers, Inc.

Shemirani, Manda. 2016. *Sovereign Wealth Funds and International Political*

Economy. NY: Routledge.

Small, Albion W. 1909. *The Cameralists: The Pioneers of German Social Polity*. Chicago: University of Chicago Press.

Sommer, Louise. 1930. "Cameralism." In *Encyclopedia of the Social Sciences*, Vol. 3, edited by Edwin R. A. Seligman, 158-160. New York: The Macmillan Company.

Spicer, Michael W. 1998. "Cameralist Thought and Public Administration." *Journal of Management History* 4(3): 149-159.

Stillman, Richard J. 1997. "American vs. European Public Administration: Does Public Administration Make the Modern State, or Does the State Make Public Administration?." *Public Administration Review* 57(4): 332-338.

Stourm, Rene. 1917. *The Budget*. New York: D. Appleton & Company.

Sundelson, J. Wilner. 1935. "Budgetary Principles." *Political Science Quarterly* 59(2): 236-268.

Szarzec, Katarzyna, Wanda Nowara, and Bartosz Totleben. 2021. "State-owned Enterprises as Foreign Direct Investors: Insights from EU Countries." *Post-Communist Economies* 33(5): 517-540.

The Economist. 2012. "The Rise of State Capitalism." *The Economist* (January 21), 12.

Thomas, John Clayton. 2013. "Citizen, Customer, Partner: Rethinking the Place of the Public in Public Management." *Public Administration Review* 73(6): 786-796.

Tilly, Charles. 1985. "War Making and State Making as Organized Crime." In *Bringing the State Back In*, edited by Peter Evans, Dietrich

Rueschemeyer, and Theda Skocpol, 169-191. Cambridge: Cambridge University Press.

Tribe, Keith. 1984. "Cameralism and the Science of Government." *The Journal of Modern History* 56(2): 263-284.

Tribe, Keith. 1988. *Governing Economy: The Reformation of German Economic Discourse, 1750-1840*. Cambridge: Cambridge University Press.

Tribe, Keith. 2006. "Cameralism and the Sciences of the State." In *The Cambridge History of Eighteenth-Century Political Thought*, edited by Mark Goldie and Robert Wokler, 525-548. Cambridge: Cambridge University Press.

van Apeldoorn, Bastiaan and Naná de Graff. 2022. "The State in Global Capitalism before and after the Covid-19 Crisis." *Contemporary Politics* 28(3): 306-327.

Vernon, Raymond and Yair Aharoni. 1981. *State-Owned Enterprise in the Western Economies*. London: Routledge.

Wagner, Richard. E. 2012. "The Cameralists: Fertile Sources for a New Science of Public Finance." In *Handbook of the History of Economic Thought: Insights on the Founders of Modern Economics*, edited by Jürgen Georg Backhaus, 123-135. New York, NY: Springer.

Wakefield, Andre. 2009. *The Disordered Police State*. Chicago: University of Chicago Press.

Wakefield, Andre. 2014. "Cameralism: A German Alternative to Mercantilism." In *Mercantilism Reimagined: Political Economy in Early Modern Britain and Its Empire*, edited by Philip J. Stern and Carl Wneerlind, 134-150. Oxford: Oxford University Press.

Wakefield, Andre. 2019. "Cameralism, Physiocracy and Antiphysiocracy in the Germanies." In *The Economic Turn: Recasting Political Economy in Enlightenment Europe*, edited by Sophus Reinert and Steven Kaplan, 657-675. London: Cambridge University Press.

Walker, Mack. 1978. "Rights and Functions: The Social Categories of Eighteenth-century German Jurists and Cameralists." *The Journal of Modern History* 50(2): 234-251.

Wamsley, Gary L. and Mayer N. Zald. 1973. *The Political Economy of Public Organizations: A Critique and Approach to the Study of Public Administration*. Lexington, MA: Lexington Books.

Wang, Di, Robert J. Weiner, Quan Li, and Srividya Jandhyala. 2021. "Leviathan as Foreign Investor: Geopolitics and Sovereign Wealth Funds." *Journal of International Business Studies* 52: 1238-1255.

Ward, Callum, Frances Brill, and Mike Raco. 2023. "State Capitalism, Capitalist Statism: Sovereign Wealth Funds and the Geopolitics of London's Real Estate Market." *Environment and Planning A: Economy and Space* 55(3): 742-759.

World Bank Group. 2014. *Corporate Governance of State-owned Enterprises: A Toolkit*. Washington DC: The World Bank.

Yi-chong, Xu. 2019. "Sovereign Wealth Funds and International Political Economy." In *The Palgrave Handbook of Contemporary International Political Economy*, edited by Timothy M. Shaw, Laura C. Mahrenbach, Renu Modi, and Xu Yi-chong, 429-445. London: Palgrave Macmillan.

6장 여론조사 공천방식에 내재된 통치성: 공정성과 선거 4대 원칙의 충돌*

장대홍

I. 서론

정당은 선거를 앞두고 당을 대표할 후보를 결정하는 '공천' 과정을 수행하며, 이는 "선택 전의 선택(the choice before the choice)"이라 불릴 만큼 정치적으로 중대한 의미를 지닌다(Rahat 2007). 여기서 공천은 단순한 후보자 선출의 절차를 넘어, 선거에 필적할 만큼 결정적인 역할을 하며(Duverger 1954; Key 1964; Rush 1969), 실제로 선거 결과에

---

* 이 글은 2025년 6월 『정치와 공론』 36집에 게재된 "여론조사 공천방식과 공정성: 선거의 4대 원칙 관점에서"를 수정·보완한 것이다.

중대하고 결정적인 영향을 미치는 핵심 변수로 작용한다(이현출 2003, 30). 따라서 공천은 정당의 가장 핵심적인 활동 중 하나로 평가된다 (Schattschneider 1942, 64).

이처럼 정치적으로 중대한 의미를 지니는 공천은 민주적 절차에 따라 공정하게 운영되어야 함에도 불구하고(윤종빈·박병훈 2011, 189), 과거 한국 정당의 공천방식은 폐쇄적이고 비민주적인 하향식 공천으로 인해 '밀실 공천', '낙하산 공천'이라는 비판을 받아왔다. 이러한 구조적인 한계로 인해 공천방식의 개혁 필요성이 지속적으로 제기되어 왔으며(장대홍 2024, 11), 하향식 공천방식에 대한 불만이 커질수록 당내 민주적인 공천방식으로의 변화를 요구하는 사회적 목소리도 그에 비례해 확대되었다(임성호 2006, 115-116). 특히, 비민주적 공천이 지속될 경우, 선거의 민주화를 기대하기 어렵고, 나아가 대의민주주의의 근간을 훼손할 수 있다는 우려도 제기되었다(박상철 2008, 113). 이는 단순한 제도개선의 차원을 넘어, 공정성과 투명성 확보를 위한 민주적 공천방식의 도입이 필연적이라는 점을 시사한다.

공천의 공정성은 정당민주주의를 실질적으로 작동하게 만드는 제도적 핵심 장치이자, 정당성과 대표성 확보를 위한 최소한의 요건이다. 민주주의가 단순히 다수결의 원리에 기초하는 것이 아니라, 절차의 공정성, 참여의 보장, 경쟁의 자유 등 민주주의의 제반 원칙 위에서 작동해야 한다는 인식이 확산함에 따라 공정한 공천의 중요성도 더욱 주목받았다. 그리고 공천은 단순히 선거권을 행사하는 수준에서 머무르는 것이 아니라, 그 절차가 모든 일반 국민에게 동등하게 적용되어야 하며, 과정의 공정성 또한 민주주의 실현의 필수 조건으로 간주한다.

　이러한 문제의식 속에서 2002년 제16대 대통령선거를 기점으로 한국의 거대정당은[1] 공천의 공정성과 민주성을 제고하기 위한 제도적 개혁을 시도해 왔다. 대표적인 사례로는 일반 국민의 참여를 허용한 '국민참여경선'과 '여론조사 공천방식'의 도입이 있다. 이는 보스 중심의 폐쇄적인 하향식 공천방식을 극복하고 공천방식의 민주성과 투명성, 공정성을 제고하려는 시대적 요구에 부응한 결과였다 (채진원 2015, 131-132). 이러한 변화는 단순한 절차적 개선의 필요성을 넘어 정당정치와 당내 민주화 측면에서 중대한 의의를 지닌다.

　그러나 거대정당이 도입한 여론조사 공천방식은 외형적으로는 국민의 참여를 확대하는 상향식 공천으로 포장되어 있으나, 실질적으로는 정당이 여론을 통제 가능한 방식으로 조직·관리하고, 전략적 목적에 따라 선별적으로 반영함으로써 '통치성의 도구'로 기능하고 있다는 비판도 제기된다. 즉, 이 방식은 참여의 형식을 갖추고는 있지만, 자율성과 책임성이 결여된 상태에서 형식적 정당성만을 획득하려는 정당의 전략적 수단으로 작동할 수 있으며, 실질적인 민주주의의 원칙을 훼손할 우려가 있다.

　실제로 여론조사 공천방식이 도입된 이후에도 공천의 공정성을

---

[1] 2002년 제16대 대통령선거를 기점으로 여론조사 공천방식이 도입된 이후, 실제로 이 방식을 활용한 정당은 더불어민주당과 국민의힘 계열의 거대정당에 한정된다. 따라서 이 글에서 '거대정당'은 더불어민주당과 국민의힘 계열의 정당을 지칭하는 것으로 정의한다.

둘러싼 논란은 지속되고 있다. 선거 때마다 여야를 막론하고 공천과 관련된 잡음이 반복되었으며, 특히 예비후보 간 과도한 비방, 경선 관리의 허술함, 공천결과의 번복 및 편파성 논란 등이 잇달았다. 더욱이 여론조사 공천방식은 여러 지역에서 공정성 시비를 일으켰으며, 탈당한 예비후보들의 재심 요구, 무소속 출마, 단식농성, 고소·고발 등 다양한 형태의 불복과 갈등이 발생하고 있다(장대홍 2024, 8).

이처럼 여론조사 공천방식의 이면에는 수많은 역기능과 구조적 한계를 노정하고 있다. 무엇보다 여론조사의 표본 대표성, 응답 신뢰성, 응답자 자격 문제, 왜곡 및 조작 가능성 등 절차적 공정성 측면에서 근본적인 문제를 내포하고 있다. 또한 정당이 여론을 특정 방식으로 조직화하고 관리함으로써 통치성을 강화하는 도구로 활용될 수 있다는 점은 공정성이라는 민주주의의 핵심 가치와 충돌한다. 이는 여론조사 공천방식이 과연 실질적인 정당민주주의를 구현하고 있는가에 대한 비판적 성찰을 요구한다.

따라서 이 글은 여론조사 공천방식의 공정성을 중심으로 그 정치적·제도적 영향력을 실증적으로 고찰하고, 이 방식이 어떻게 통치성을 강화하는 수단으로 작동하는지를 분석하는 데 목적이 있다. 이를 위해 민주주의 선거의 4대 원칙인 보통·평등·직접·비밀선거를 분석 틀로 여론조사 공천방식의 공정한 참여 구조를 실질적으로 보장하고 있는지를 평가한다.

이 글의 구성은 다음과 같다. Ⅱ장에서는 여론조사 공천방식에 대한 기존연구의 동향과 쟁점을 검토한다. 다음으로 Ⅲ장에서는 민주주의 선거의 4대 원칙(보통·평등·직접·비밀선거)을 분석 틀로 여론조사 공천방식의 공정성 기준을 정립한다. 이어서 Ⅳ장에서는 '형식적 개방성과 제한된 참여 구조', '표의 등가성 위배와 가치의 불균형', '비자발적 참여와 책임성 결여', '자율적 판단 훼손과 여론조사의 전략적 조작 가능성' 등의 측면에서 여론조사 공천방식의 구조적 문제와 통치성 작동 양상을 실증적으로 분석한다. 마지막으로 결론(Ⅴ장)에서는 연구 결과를 종합하고, 여론조사 공천방식이 정당정치에 미치는 시사점을 제시한다.

Ⅱ. 여론조사 공천방식에 대한 기존연구의 동향과 비판적 쟁점

과거 한국 정당의 공천방식은 폐쇄적이고 비민주적인 하향식 공천방식으로 운영되었다. 이러한 공천방식은 오랫동안 비판받으며 제도적 개선의 필요성이 제기되어 왔다. 이에 거대정당은 공천의 투명성과 민주성을 높이기 위한 자구적 노력의 하나로 여론조사를 기반으로 한 상향식 공천방식을 도입하였다. 그러나 이러한 여론조사 공천방식은 도입 초기부터 현재에 이르기까지 지속적인 불신과 논란이 끊이지 않고 있으며, 이에 따라 이 방식이 정당의 공천방식으로서 과연 적절한가에 대한 근본적인 의문을 제기하고 있다.

기존연구는 여론조사 공천방식이 정치적, 구조적, 기술적 측면에서 다양한 문제를 야기하고 있다는 점을 지적하고 있다. 첫째, 여론조사 공천방식은 정치적 측면에서 참여의 원칙을 위배하고 책임 정당정치를 약화한다는 비판을 받는다(강원택 2009; 문우진 2011; 박명호 2011). 여론조사 공천방식의 참여는 자발적인 정치참여라기보다는 수동적 응답에 불과하며, 이는 선거와는 다른 성격의 소극적 선호 표출에 불과하다는 점에서 진정한 의미의 정치참여로 보기 어렵다는 지적이다(강원택 2009, 41-44; 박명호 2010, 11). 특히 여론조사 공천방식의 응답자와 실제 선거의 유권자가 일치하지 않을 가능성이 높고(전용주 2014, 476-477; 지병근 2010, 68-70), 이는 위임의 실패와 정치참여의 왜곡, 불평등한 참여로 이어져 정당의 책임성과 민주적 기능을 약화할 수 있다(문우진 2011).

둘째, 여론조사 공천방식은 정당정치를 약화하고[2] 인물 중심의

---

2   정당 내부에서도 여론조사 공천방식이 정당정치를 훼손할 수 있다는 비판적 태도를 보이고 있다. 예컨대, 윤왕희(2022)가 2021년 4월 22일 진행한 국민의힘 계열 당대표 상근특보와의 인터뷰를 보면,

> 내가 보기엔, 그럼 공천제도가 필요가 없어. 그냥 플랫폼, 그야말로 "플랫폼에 다 모여라", 그 다음에 거기서 여론조사 하고 후보 내면 되는 거지. 그러면 그 사람들이 왜 당에 와서 일을 하냐고. 정당정치가 없어지는 거지. 정당은 책임지는 거야. 그렇잖아. 우리 정당에서 낸 정책과 정당에서 낸 사람에 대해서 책임지겠다고 하는 게 정당정치 아냐? 그런데 지금 이게 무슨 정당이야. 정당 자체가 없어지는 거지. 정당정치라고 하는 게…(윤왕희 2022, 253-254).

이러한 발언은 여론조사 공천방식이 정당을 책임 주체가 아닌 단지 플랫폼으로 전락시켜, 공천의 정치적 책임을 약화하며, 결과적으로 정당정치의 본질이 훼손될 수 있다는 우려가 반영되어 있다.

인기투표로 변질될 위험이 있으며, 결과적으로 정치적 책임성과 정당의 이념적 정체성을 약화할 수 있다는 비판도 있다(강원택 2009; 문우진 2011; 박명호 2011; 이준한 2014; 전용주 2014; 지병근 2010). 즉, 여론조사 공천방식은 정당 간 이념적 경계가 모호해진 상황에서 대중의 인지도에 기반한 인기투표로 기능할 가능성이 높으며(채진원·장대홍 2015, 141), 이로 인해 정치적 책임성과 안정성 측면에 부정적인 영향을 미칠 수 있다(강원택 2009, 44-47).

셋째, 여론조사 공천방식이 당원을 소외시킬 수 있다는 문제가 제기된다(강원택 2009; 문우진 2011, 111; 윤종빈·박병훈 2011, 187-188; 이준한 2014, 9-10). 여론조사 공천방식은 일반 국민의 참여가 강조되며 이들이 공천주체가 되지만, 당원을 공천에서 소외시키고 당내 조직의 역할을 약화할 수 있다. 이처럼 당원의 정치적 권한과 정체성이 약화하면, 정당은 외부에 의해 휘둘리는 조직으로 전락할 위험이 있다(강원택 2009, 52-53).

넷째, 여론조사 공천방식은 측정 도구로서의 기술적 한계를 지닌다(강원택 2009; 문우진 2011; 박명호 2011; 조성겸 외 2007; 지병근 2010). 응답의 객관성과 신뢰성, 결과의 정확성을 확보하기 어려운 구조 속에서 이루어지는 공천은 절차적 정당성을 확보하기 어려우며, 이는 공천 결과에 대한 신뢰를 저해할 수 있다.

이러한 비판은 단순한 제도적 결함을 넘어 여론조사 공천방식이 정당에 의해 전략적 통치수단으로 활용되고 있다는 점으로 확장된다. 즉, 정당이 이 방식을 통해 외형적으로는 일반 국민이 공천에 참여할 수 있는 개방성을 갖추면서도, 실질적으로는 정당이 여론을 선별적으로 관리함으로써 통제 가능한 방식으로 권력을 정당화하는 구조로 작동될 수 있다는 것이다. 이는 일반 국민의 참여를 명분으로 하면서도 실제로는 참여를 통제하고 반응을 관리하는 통치 메커니즘이 작동하고 있음을 의미하며, 여론조사 공천방식이 민주주의의 절차적 형식을 유지하면서도, 통제된 참여를 통해 정당성을 확보하려는 전략적 장치로 기능하고 있다는 점에서 문제의 심각성이 제기된다.

한편, 여론조사 공천방식에 대한 긍정적 평가도 일부 존재한다. 이 방식은 일반 국민의 의견을 수렴할 수 있는 가장 낮은 수준의 정치참여 방식으로 기능할 수 있으며(조진만 2012, 140-142; Verba 1996), 상대적으로 낮은 사회적 비용으로 국민의 선호를 반영하고, 후보 간 경쟁과 정당 간 갈등을 완화하는 장점이 있다는 주장도 있다(지병근 2010, 60-61). 또한 일부 연구에서는 여론조사 공천방식이 정당정치의 위기 상황에서 나타난 결과일 뿐, 그 자체가 위기의 원인은 아니라는 해석도 제기되었다(최준영 2012, 77). 또한 정당이 변화하는 사회 환경에 유연하게 대응하기 위해 여론조사 공천방식을 활용하는 것은 불가피하며(박명호 2011, 103), 민주주의의 이론적 관점에서 문제가 있다면 폐지해야겠지만, 기술적 한계만 존재한다면 개선을 통해 효과적으로 활용 가능하다는 시각도 존재한다(조진만 2012, 134).

그러나 지금까지의 논의는 정치적 결과와 정당정치에 미치는 영향, 기술적 한계에 초점을 맞추었을 뿐, 공정성이라는 민주주의 핵심 가치에 기반한 실증적이고 구조적으로 분석한 연구는 여전히 부족한 실정이다. 공천은 단순히 후보를 선출하는 절차가 아니라, 정당의 민주적 운영과 정치적 책임을 실현하는 핵심 메커니즘이다. 그리고 공정성은 일반 국민과 당원의 정당에 대한 신뢰를 형성하는 기반이며, 궁극적으로는 정당의 정치적 정당성에 직결된다. 그런데 만약 절차적 불공정성이 존재할 경우, 정당의 공천은 전체 선거 과정의 신뢰성을 훼손할 수 있으며, 이는 민주주의에 대한 국민적 신뢰의 위기로 이어질 수 있다.

따라서 이 글은 여론조사 공천방식을 공정성의 관점에서 체계적으로 검토하고, 그 이면에 작동하는 통치 메커니즘이 어떠한 방식으로 참여를 조직하고 통제하는지를 규명하고자 한다. 이는 공천방식의 민주적 정당성과 정당정치의 본질 회복을 위한 이론적·실천적 탐색이 된다.

Ⅲ. 선거의 4대 원칙을 통해 본 여론조사 공천방식의 공정성 검토

민주주의 국가에서 선거는 국민이 주권을 행사하는 핵심적인 수단이며, 그 과정에서 가장 중요한 요소는 '공정성'이라 할 수 있다. 왜냐하면, 선거의 공정성은 민주주의가 실질적으로 작동하도록 만드는 핵심적인 제도적 장치이자, 정치적 대표성과 정당성을 확보하기 위한 최소한의 조건이기 때문이다. 따라서 공정한 선거는 단순한 이상적 규범이 아니라 반드시 달성해야 할 현실적 과제가 된다.

과거에는 선거에 참여할 수 있는 권리가 특권으로 여겨져 특정

계층에게만 부여되었다. 그러나 근대 시민사회의 형성과 함께 정치적 평등과 시민의 참여권이 확대되면서, 선거는 더 이상 특정 계층의 전유물이 아닌 모든 시민의 권리로 인식되기 시작했다. 이 과정에서 참여 기회의 보장, 자유롭고 공정한 경쟁, 절차적 공정성의 확보는 민주주의 선거의 필수적 요건으로 강조되었다. 만약 이러한 공정성이 결여된다면 선거 결과에 대한 신뢰성이 낮아지고 선출된 대표의 정당성에도 심각한 문제가 발생하게 되며, 이는 민주주의가 실질적 정치체제로서 기능하지 못하고, 형식적인 절차에 불과한 껍데기로 전락할 수 있다.

따라서 진정한 의미의 공정한 선거를 위해서는 단순히 선거권을 부여하는 데 그치지 않고, 선거의 제도와 절차 전반이 모든 일반 국민에게 동등하고 공정하게 적용되도록 설계되고 운영되어야 한다. 이는 단지 결과의 공정성뿐만 아니라 과정의 공정성까지 확보되어야 하며, 이는 민주주의 제도의 핵심 원리와도 밀접하게 연결된다.

이러한 인식 아래, 오늘날 대부분의 민주주의 국가들은 공정한 선거를 제도적으로 보장하기 위해 보통·평등·직접·비밀선거라는 이른바 선거의 4대 원칙을 채택하고 있다. 그리고 우리나라 또한 이를 헌법에 명확히 명시하고 있다. 「대한민국헌법」 제41조는 "① 국회는 국민의 보통·평등·직접·비밀선거에 의하여 선출된 국회의원으로 구성한다"고 규정하고 있으며, 제67조는 "① 대통령은 국민의 보통·평등·직접·비밀선거에 의하여 선출한다"고 명시하고 있다. 이러한 원칙은 지방의회와 지방자치단체장의 선거에서도 동일하게 적용되며, 「지방자치법」 제38조는 "지방의회의원은 주민이 보통·평등·

직접·비밀선거로 선출한다"고, 제107조는 "지방자치단체의 장은 주민이 보통·평등·직접·비밀선거로 선출한다"고 규정하고 있다.

그런데 오늘날의 선거 및 공천방식은 단순히 제도적 원칙의 충실한 이행 여부를 넘어 권력이 어떻게 구성되고 정당화되는지를 둘러싼 통치성의 문제와도 긴밀히 연결된다. 특히 여론조사 공천방식은 외형상으로는 상향식 공천방식이지만, 실제로는 정당이 여론을 특정 방식으로 수렴하고 관리함으로써 특정한 권력 질서를 재생산하는 메커니즘으로 작동할 수 있다. 이는 단순히 공정성의 충족 여부뿐만 아니라, 참여가 어떻게 통치되고 있는가라는 측면에서도 주목할 필요가 있다.

따라서 본 장에서는 보통·평등·직접·비밀선거라는 선거의 4대 원칙을 기준으로 현재 거대정당이 공천방식으로 활용하고 있는 여론조사 공천방식이 공정한 선거 실현을 위해 어떠한 측면에서 검토되어야 하는지를 구체적으로 살펴보고자 한다.

1. 보통선거의 원칙: 참여 구조

'보통선거'는 연령 이외의 어떠한 자격 조건을 두지 않고, 모든 국민에게 선거권을 부여하는 것을 의미한다. 즉, 성(性), 인종, 종교, 재산, 학력, 사회적 신분 등에 관계없이 일정 연령(통상 18세 또는 20세 이상)에 도달한 국민이라면 누구나 차별 없이 선거에 참여할 수 있도록 보장하는 원칙을 말한다. 이는 민주주의 체제에서 일반 국민의 참여권을 실현하기 위한 핵심적인 제도적 기반이다.

그러나 이러한 선거권은 처음부터 모든 국민에게 주어진 권리는 아니었다. 과거에는 일부 사람들의 특권으로 간주되었으며, 예를 들어 미국의 건국 세력 중 다수는 선거권을 권리(right)가 아닌 특권(privilege)으로 인식하여 국가가 부여하거나 박탈할 수 있다고 여겼다. 이들은 선거권이 자연권으로 간주될 경우 계약 하인, 토지 미소유자, 심지어 노예들까지도 선거권을 갖게 될 수 있으며, 이는 "폭도에 의한 통치(rule by the mob)"로 이어질 수 있다고 우려하였다(Knutson 2019, 94). 이러한 인식에 따라 당시 미국과 다수의 서구 국가에서는 성(性), 인종, 연령, 재산, 납세 능력 등에 따라 선거권이 제한되는 '제한선거'가 실시되었다.

서구 민주주의 국가들은 이 같은 차별을 극복하기 위해 오랜 시간에 걸쳐 점진적인 선거권 확대를 이루었으며, 20세기 이후 제한선거는 점차 사라지고, 오늘날 대부분의 국가는 '보통선거의 원칙'을 헌법에 명시하고 있다. 이처럼 선거권 확대의 역사적 과정은 모든 국민이 차별 없이 선거에 참여할 수 있는 권리를 보장하는 방향으로 나아갔으며, 이는 정치참여를 확대하고 민주주의를 발전시키는 데 중요한 역할을 하였다.

한국은 1948년 제정된 제헌 헌법에서부터 보통선거의 원칙을 명시하였고, 현재까지 성(性,) 인종, 종교, 재산, 학력, 사회적 신분 등에 따른 선거권의 차등 부여 없이 이를 헌정사 속에서 일관되게 유지해 왔다. 그리고 현재 선거권을 가지기 위한 요건은 다음과 같다. 첫째, 국적 요건으로 대한민국 국민이어야 하며, 「대한민국헌법」 제24

조("모든 국민은 법률이 정하는 바에 의하여 선거권을 가진다.")에 따라 대통령, 국회의원, 지방의회, 지방자치단체의 장의 선거권을 가진다. 둘째, 연령 요건으로 「공직선거법」 제15조(선거권)에 따라 18세 이상의 국민에게 선거권이 부여된다. 셋째, 주소 요건으로 「공직선거법」 제15조(선거권)에 따라 해당 선거구에 주민등록이 되어있어야 선거권을 행사할 수 있다.

이처럼 선거권은 과거 일부 계층의 특권으로 여겨졌지만, 오늘날 대부분의 민주주의 국가에서는 보편적인 기본권으로 자리 잡았으며, 헌법에 명시된 보통선거의 원칙에 따라 모든 국민은 차별 없이 선거에 참여할 권리를 가진다. 즉, 선거권의 주체는 바로 국민이며, 이들의 적극적이고 동등한 참여가 민주주의 실현의 핵심이라고 할 수 있다.

로버트 달(Robert A. Dahl 2010, 21-22)은 최소한의 이상적인 민주주의를 위해 효과적인 참여를 필수 요소로 꼽았다. 그는 모든 시민이 정치적 의사 형성 과정에 실질적으로 참여할 수 있어야 하며, 투표 결과가 공정하게 반영되어야 한다고 주장했다. 따라서 공정한 선거란 단지 투표권의 형식적 보장뿐 아니라, 실질적 참여의 기회가 모두에게 동등하게 보장되는 것을 의미한다.

이러한 관점에서 정당의 공천은 단순한 내부적 절차를 넘어 후보자 선택이라는 정치적 대표 결정의 핵심 과정이므로, 하나의 '선거'로 간주할 수 있다. 따라서 보통선거의 원칙은 공천방식에도 적용되어야 하며, 공정한 공천이 이루어지기 위해서는 보통선거의 원칙에 따라 모든 구성원에게 동등하고 실질적인 참여 기회가 보장되어야 한다.

그러나 현재 거대정당이 활용하고 있는 여론조사 공천방식은 응답자의 자격이나 참여 기회의 통제 가능성 측면에서, 누가 참여할 수 있는가라는 점에서 구조적 불균형을 초래할 수 있다. 이 방식은 참여의 외형은 갖추고 있으나, 실제로는 정당의 설계 방식, 표본 구성, 반영 비율 등을 통해 참여의 통제 가능성을 확보하고 있다.

결과적으로 이는 참여의 형식은 유지하되, 실질적인 개방성을 축소하는 방식으로 기능하며, 공천이라는 정치적 결정 과정이 통치성을 내포한 장치가 될 수 있음을 시사한다. 따라서 현재 거대정당이 공천방식으로 활용하고 있는 여론조사 공천방식이 과연 보통선거의 원칙에 부합하는지, 즉 참여 주체가 누구인지, 참여의 기회가 일반 국민 모두에게 동등하게 주어지는지, 참여에 실질적인 제한은 없는지 등의 조건을 충족하는지를 구체적으로 검토할 필요가 있다.

2. 평등선거의 원칙: 표의 가치

민주주의 체제는 '평등선거의 원칙'을 기본으로 한다. 이는 모든 유권자에게 '1인 1표(one person, one vote)'의 권리를 균등하게 부여하는 형식적 평등에 그치지 않고, 각 유권자의 표가 선거 결과에 미치는 영향력이 동등해야 한다는 '1표 1가치(one vote, one value)'의 실질적 평등을 내포한다. 다시 말해, 성(性), 인종, 종교, 재산, 학력, 사회적 신분 등에 따라 차별 없이 보장되어야 하며, 모든 유권자는 동일한 수의 표를 행사하고, 그 표는 선거 결과에 동등한 영향을 미쳐야 한다. 이러한 평등선거의 개념은 헌법재판소의 결정문에서도 명확히 확인할 수 있다.

> 평등선거의 원칙은 평등의 원칙이 선거제도에 적용된 것으로서 투표의 수적 평등, 즉 1인 1표의 원칙(one person, one vote)과 투표의 성과가치의 평등, 즉 1표의 투표가치가 대표자선정이라는 선거의 결과에 대하여 기여한 정도에 있어서도 평등하여야 한다는 원칙(one vote, one value)을 그 내용으로 할 뿐만 아니라(헌법재판소 2001. 10. 25. 선고 2000헌마92 전원재판부)

이와 관련해 달(Dahl 2010, 68-69) 역시 민주주의의 핵심 요소 중 하나로 '투표의 평등'을 강조하였다. 그는 민주주의 체제에서 가장 평등하게 분배될 수 있는 기본권 중 하나로 선거권을 제시하면서, "(성인) 시민이 정치적으로 평등한 자로서 받아들여지려면 각 개인의 표는 다른 사람의 표와 평등하게 계산되어야 한다"고 주장하였다. 즉, 모든 유권자는 선거에서 동등한 영향력을 행사할 수 있어야 하며, 이는 최소한의 이상적인 민주주의를 구성하는 데 필수적인 요소라는 것이다.

나아가 그는 모든 시민이 실질적으로 선거권을 행사하기 위해서는 구성원 모두가 이 권리를 존중해야 하며, 평등선거가 제도적으로 보장되고 의무화되어야 한다고 보았다. 이는 단순히 투표권을 보장하는 것을 넘어, 그 권리가 실질적으로 공정하게 행사될 수 있도록 선거의 절차와 제도 전반이 공정해야 한다는 것을 의미한다. 다시 말해, 투표의 평등은 투표의 공정성뿐만 아니라 선거제도 전체의 공정성을 포함하는 포괄적 개념이다(Dahl 2010, 21-22). 이는 곧 평등선거가 제도적 설계와 운영 전반에서 구현되어야 할 민주주의 근본 원칙임을 뜻한다.

결국 평등선거는 1인 1표의 형식적 평등뿐만 아니라, 대표자 선정이라는 선거 결과에 영향을 미치는 1표의 가치가 모든 유권자에게 동등하게 작용해야 한다는 실질적 평등까지 포함한다. 이러한 가치는 곧 '표의 등가성(等價性) 원칙'으로 개념화되며, 유권자 1표의 가치가 다른 유권자의 1표보다 크거나 작아서는 안 된다는 점을 분명히 하며, 공정한 선거가 성립되기 위해서는 반드시 전제되어야 할 조건이다.

그럼에도 불구하고 1인 1표의 원칙과 1표 1가치가 실제로 불균형하게 실현된다면, 이는 표 가치의 불평등을 야기하고, 결과적으로 평등선거의 원칙을 위반하게 된다. 이러한 표의 가치 왜곡은 단순히 선거권 침해에 그치지 않고, 선출된 대표의 정당성까지 훼손할 수 있으며, 민주주의 자체에도 부정적인 영향을 미칠 수 있다(이부하 2023, 44-45).

그리고 여론조사 공천방식은 이러한 평등선거의 원칙과 충돌할 수 있다. 이 방식은 표본 선정, 가중치 적용 등에 따라 일반 국민의 응답이 다른 일반 국민보다 더 큰 영향을 미치거나, 특정 응답층이 과대대표되거나 누락될 가능성이 있다. 특히 당원과 일반 국민 간의 반영 비율, 중복 응답, 설계 방식 등은 표의 가치가 유동적이고 불균형하게 반영되는 결과를 초래할 수 있다.

이러한 구조는 단순한 기술적 오류의 문제가 아니라, 정당이 여론을 선별적이고 전략적으로 구성하는, 즉 일반 국민의 평등한 의사표현이 아니라 정당이 정제된 여론을 기반으로 정당화하는 새로운 통치 기술로 작동할 수 있다. 이 과정에서 평등한 참여는 외형적으로 보장되지만, 실제로는 정당이 응답자를 통제하고, 특정 응답자를 통해 민심을 재현함으로써 통치 가능한 주체로서의 유권자를 조직하는 효과를 낳는다.

따라서 평등선거의 실질적 구현을 위해서는 여론조사 공천방식이 과연 '1인 1표' 및 '1표 1가치'라는 원칙에 부합하는지 그리고 이 방식이 통치성을 강화하는 전략적 도구로 기능하고 있는 것은 아닌지에 대한 비판적 분석이 필요하다. 형식적 절차의 공정성만으로는 민주주의의 본질이 보장될 수 없으며, 표의 등가성이 제도적으로 보장되는 구조를 확보해야 진정한 의미의 공정한 공천, 나아가 공정한 선거가 가능하다.

3. 직접선거의 원칙: 참여의 형식

민주주의의 핵심 원칙 중 하나인 '직접선거'는 일반 국민이 자신의 정치적 의사를 대변할 대표자를 중개자 없이 직접 선택하는 제도로, 국민주권 원리를 실현하는 가장 기본적인 민주적 절차이다. 이 제도는 일반 국민의 정치참여를 제도적으로 보장함으로써, 정치적 대표성 확보, 권리 실현, 책임정치 구현 등 민주주의의 핵심 가치를 실현하는 메커니즘으로 기능해 왔다.

직접선거의 제도적 정착은 18~19세기 계몽주의의 확산, 산업혁명으로 인한 시민계급의 성장, 그리고 근대 시민사회의 형성과 같은 역사적 흐름 속에서 이루어졌으며, 특히 19세기 중반 이후 선거권의 확대와 더불어 여러 국가에서 직접선거가 도입되었다. 이러한 과정은 시민의 정치참여를 획기적으로 증대시키는 계기가 되었고, 근대 민주주의 발전의 중요한 전환점을 이루었으며, 오늘날 직접선거가 전 세계적으로 가장 일반화된 선거방식으로 자리매김하고 있다.

직접선거가 민주주의의 가치를 실현하기 위해서는 그 절차의 공정성이 전제되어야 한다. 직접선거는 일반 국민이 중개자를 거치지 않고 본인이 직접 투표하는 제도로, 타인이 대신 투표하는 경우 의사가 왜곡되어 부정선거로 이어질 가능성이 크다. 따라서 일반 국민이 중개자 없이 직접 후보자를 선택함으로써 선거과정에서 발생할 수 있는 왜곡과 부정을 최소화할 수 있으며, 이는 제도에 대한 신뢰 형성과 함께 공정성과 투명성 확보라는 측면에서도 특별한 의미를 지닌다. 또한 유권자는 자신의 한 표가 선거 결과에 실질적인 영향을 미친다는 점을 인식하게 되며, 이는 정치적 무관심을 줄이고 참여를 촉진하는 효과를 낳는다.

이러한 점에서 직접선거는 단순한 투표 행위를 넘어, 국민이 자신의 정치적 의사를 직접 표현하고, 그에 따라 정치적 권력을 위임하는 핵심적인 민주적 메커니즘이라 할 수 있다. 이 과정은 공정성과 대표성을 동시에 확보할 수 있다는 점에서 민주주의의 본질과 직결된다. 그리고 이때 또 하나 중요한 요소는 단순한 참여가 아닌 '자발적 참여'로 '공정한 절차'와 더불어 일반 국민의 '자발적 참여'는 민주주의를 구성하는 핵심 원칙이 된다(Manin 1997, 192). 예를 들어, 일반 국민이 타인의 권유가 아닌 스스로의 판단과 의사에 따라 선거에 참여하고, 직접 후보를 선택하는 것은, 단순한 행위가 아니라 정치적 책임을 인식하고 실천하는 과정이다. 따라서 직접선거는 일반 국민의 자발적이고 책임 있는 참여를 제도적으로 보장하는 방식이며, 이러한 참여의 수준이 민주주의의 질적 수준을 결정짓는 기준이 된다(Dahl 1989, 221).

결국 직접선거는 정치적 참여를 촉진하는 중요한 제도이며, 특히 일반 국민의 자발적 참여를 통해 정치적 책임성과 대표성을 실현할 수 있고, 공정성과도 긴밀하게 연결된다. 이는 국민이 정치과정에 능동적으로 참여할 수 있도록 유도하며, 나아가 더 나은 사회를 구축하기 위한 기반이 된다. 이러한 점에서 직접선거의 본질은 '참여'이며, 그중에서도 '자발적 참여'가 가장 핵심적인 역할로 민주주의는 국민의 참여를 통해 더욱 성숙해지며, 자발적 참여는 그 출발점이 되는 필수 요소이다. 그리고 이 같은 참여는 민주주의의 질을 높이는 핵심 동력으로 작용하며, 공정한 선거를 구현하는 데 필요한 조건이 된다.

그러나 여론조사 공천방식은 직접선거의 형식을 차용하면서도 그 본질인 자발성과 실질적 참여를 제약할 위험성을 내포하고 있다. 왜냐하면, 이 방식은 응답자가 본인의 판단에 따라 후보자를 선택하기보다는 정당이 설계한 질문 문항과 응답 조건에 따라 제한된 방식으로 선택하도록 유도함으로써 참여를 통제된 반응으로 구조화하기 때문이다. 다시 말해, 여론조사 공천방식은 자발적 참여가 아니라 정당이 전략적으로 관리할 수 있는 방식으로 일반 국민의 반응을 조직하고 조절하는 통치성의 기술로 작동할 수 있다.

이러한 구조에서는 일반 국민의 참여가 외형적으로는 가능하지만, 실질적으로는 정당 권력에 의해 조정된 참여 형식으로 환원되며, 이는 직접선거의 민주적 취지를 훼손할 수 있다. 따라서 여론조사 공천방식이 과연 공천 과정에서 일반 국민의 자발적인 참여를 실질적으로 보장하고 있는지, 아니면 정당이 여론이라는 형식을 통해 통제 가능한 결과를 생산하고 있는 것은 아닌지를 비판적으로 검토할 필요가 있다.

직접선거의 원칙은 단순히 '중개 없는 참여'를 의미하는 것이 아니라, 일반 국민이 자발적 의지에 따라 실질적으로 참여할 수 있는 구조의 보장을 포함한다. 이러한 점에서 여론조사 공천방식이 직접선거의 본질을 구현하고 있는지에 대한 철저한 분석은 오늘날 정당민주주의의 질을 평가하는 데 있어 핵심적인 과제가 된다.

4. 비밀선거의 원칙: 자율성

공정한 선거를 구성하는 핵심 원칙 중 하나인 '비밀선거'는 일반 국민이 누구에게 투표했는지를 타인이 알 수 없도록 보장함으로써, 자유롭고 독립적인 의사 표현을 실질적으로 담보하는 제도적 장치이다. 이는 단순히 투표 행위의 비공개성을 넘어서, 심리적·사회적 압력으로부터의 자유, 즉 일반 국민의 자율성을 보장하는 민주주의의 필수 요건으로 기능한다.

대한민국「공직선거법」제167조는 "① 투표의 비밀은 보장되어야 한다. ② 선거인은 투표한 후보자의 성명이나 정당명을 누구에게도 또한 어떠한 경우에도 진술할 의무가 없으며, 누구든지 선거일의 투표마감시각까지 이를 질문하거나 그 진술을 요구할 수 없다"고 규정하여, 투표 내용의 비공개성과 진술 강요의 금지를 명확히 하고 있다. 또한 동법 제241조 "①…를 위반하여 투표의 비밀을 침해하거나 선거일의 투표마감시각 종료 이전에 선거인에 대하여 그 투표하고자 하는 정당이나 후보자 또는 투표한 정당이나 후보자의 표시를 요구한 자와 … 투표마감시각 전에 그 경위와 결과를 공표한 자는 3년 이하의 징역 또는 600만 원 이하의 벌금에 처한다"는 투표의 비밀침해죄로 비밀선거의 원칙 위반에 대한 형사적 제재를 명시하고 있다.

기존 연구는 이러한 비밀선거의 중요성을 다양한 측면에서 조명하고 있다. 구체적으로 비밀선거를 일반 국민의 선호가 외부의 압력에 의해 왜곡되지 않도록 보호하는 제도적 장치이자, 공정한 선거를 위한 제도적 기반으로 평가하기도 하며(Elster 2013, 182), 강제 없는 자유로운 의사결정을 가능케 함으로써 민주적 정당성을 확보하는 수단이라고 보았다(Habermas 1996, 458). 더불어, 일반 국민이 보복의 두려움 없이 자유롭게 선택할 수 있는 조건이 비밀선거의 핵심임을 지적하며(Manin 1997, 81), 자유로운 투표 환경 조성이 선거의 필수 조건이라고 역설한다(Dahl 1989, 221). 또한 비밀선거가 두려움 없이 정권교체를 가능하게 하는 최소한의 제도적 장치라고 평가한다(Przeworski 1991, 12).

이처럼 비밀선거는 일반 국민이 외부의 압력이나 보복에 대한 두려움 없이 자신의 정치적 의사를 자유롭게 표현할 수 있는 환경을 제도적으로 보장함으로써, 선거의 공정성과 자유로운 정치참여의 기반을 뒷받침한다. 다시 말해, 이는 단순한 절차적 원칙에 그치지 않고, 일반 국민의 정치적 자율성과 선거의 공정성, 민주적 정당성을 실질적으로 뒷받침하는 핵심 제도라 할 수 있다.

그러나 현대 정보환경, 특히 매스미디어와 여론조사의 영향력 확대는 비밀선거의 원칙을 형식적으로는 유지하면서도, 실질적으로는 일반 국민의 자율성을 침해할 가능성을 내포하고 있다. 특히 언론의 정치적 프레이밍은 일반 국민의 인식과 판단에 결정적인 영향을 미칠 수 있으며, 편향된 보도는 정치적 다양성을 약화하고 일반 국민이 주류 여론에 편승하도록 유도함으로써 자율적 판단을 저해할 수 있다. 이처럼 여론 형성과 심리적·사회적 압력은 비밀선거의 실질적 취지를 위협하는 요소로 작용한다.

특히 선거기간 동안 반복적으로 발표되는 여론조사 결과는 이른바 '밴드왜건 효과(bandwagon effect)'를 유발하여, 일반 국민의 판단을 왜곡시킬 가능성이 있다. 일각에서는 여론조사가 일반 국민의 알 권리를 충족시킨다는 점에서 비밀선거의 원칙을 직접적으로 침해하지 않는다고 주장한다. 그러나 여론조사가 특정 정치적 분위기를 조성하거나 특정 선택을 유도하는 방식으로 사용될 경우, 일반 국민의 자율적 판단을 실질적으로 훼손하는 결과를 초래할 수 있다. 이와 같은 환경에서는 일반 국민의 선택이 외형상 자율적이지만, 실질적으로는 간접적 통제와 사회적 압력에 의해 구성되는 구조가 형성될 수 있다.

　이러한 맥락에서 여론조사 공천방식은 단순히 일반 국민의 의견을 반영하는 수단이 아니라, 정당이 여론을 특정 방향으로 조직하고 관리함으로써 자율적 판단을 유도하고 통제하는 통치 기술로 기능할 수 있다. 즉, 일반 국민의 자율성은 통계와 민심이라는 이름 아래 재구성되며, 이는 자유로운 선택의 외양을 띠면서도 내부적으로는 정당 권력이 개입하는 구조라고 할 수 있다.

　결과적으로 여론조사 공천방식은 비밀선거의 실질적 의미와 충돌할 가능성이 크다. 특히 거대정당의 공천방식으로서 여론조사가 일반 국민의 전략적 반응이나 인식 왜곡을 유도할 경우, 이는 자율적 판단의 본질을 훼손하며, 특정 여론을 조작하거나 왜곡된 방식으로 활용하는 경우 선거의 공정성과 유권자의 자유로운 선택이라는 민주주의의 핵심 원리를 심각하게 침해할 수 있다.

　따라서 비밀선거의 원칙은 단지 투표 행위의 비공개성만이 아니라, 일반 국민이 심리적·사회적 압력에서 벗어나 자유롭고 판단할 수 있는 환경을 제도적으로 구축해야 한다. 이러한 점에서 여론조사 공천방식이 과연 비밀선거의 실질적 취지에 부합하는지, 아니면 그것을 우회적으로 통제하는 통치 기제로 기능하고 있는지를 비판적으로 검토할 필요가 있다.

Ⅳ. 여론조사 공천방식의 공정성 왜곡 구조

1. 형식적 개방성과 제한된 참여 구조

보통선거의 원칙에서 공정한 선거란 단지 투표권의 형식적 보장이 아니라, 실질적 참여의 기회가 모든 국민에게 동등하게 보장하는 것을 의미한다. 다시 말해, 일정한 법적 요건(예를 들어 연령, 국적 등)을 충족한 모든 국민은 선거권을 행사할 수 있어야 하며, 이들은 민주주의의 실질적 주체로서 평등하고 자유롭게 선거에 참여할 수 있어야 한다. 이러한 점에서 보통선거는 단순한 제도적 장치가 아니라, 일반 국민의 적극적이고 동등한 참여를 전제로 한 민주주의 실현의 핵심 기제로 기능한다. 그러나 여론조사 공천방식은 이러한 보통선거의 원칙과 구조적으로 충돌하는 요소를 내포하고 있으며, 이는 공정성 측면에서 심각한 제약을 초래한다.

정당이 일반 국민의 참여를 활성화하는 방안 중 하나는 정당 내 일반 국민의 역할을 확대하는 것이다(Scarrow 1999). 특히 변화하는 정치 환경에 능동적으로 대응하기 위해 당원이 아닌 일반 국민도 참여할 수 있도록 공천방식의 개방성을 확대하는 것은 일반 국민의 참여를 촉진할 수 있으며(나근호 2019, 7), 정당의 지지기반을 확장하는 데도 기여할 수 있다(박상운 2012, 117). 따라서 정당이 공천방식에 일반 국민의 참여를 제도적으로 보장함으로써 외연을 확대하고, 보다 포용적인 정치 조직으로 기능할 수 있다.

하잔과 라핫(Hazan and Rahat 2010, 35-36)은 공천주체를 유권자, 당원, 당 대의원, 당 엘리트, 1인 지도자라는 다섯 유형으로 구분하였다. 이 중 유권자(voters)는 투표권을 가진 모든 국민으로, 가장 개방적인 공천주체에 해당한다. 당원(party members)은 정당이 공식적으로 등록·관리하는 당원을 의미하며, 유럽식 정당구조에서 볼 수 있다. 당 대의원(party delegates)은 당원이 선출한 대표로 구성된 기구나 공천을 목적으로 선출된 대의원단이다. 당 엘리트(party elite)는 간선제 또는 당기구의 승인으로 구성된 위원회나 비공식 집단을 지칭한다. 마지막으로 1인 지도자(a single leader)는 단일한 최고 지도자가 공천권을 행사하는 경우로 가장 폐쇄적인 공천주체에 해당한다.

이러한 공천주체는 완전히 폐쇄적인 1인 지도자에서 가장 개방적인 유권자로 확대될수록 공천방식의 개방성과 민주성은 높아진다(Rahat and Hazan 2001, 309). 이는 폐쇄적 구조를 지닌 '조직 중심 정당'에서, 참여와 대표성을 중시하는 '지지자 중심 정당'으로의 이행을 의미하며(박명호 2010, 10; 2011, 103), 당내 민주적 의사결정 구조의 정착을 통해 정당 민주화의 진전을 기대할 수 있다(Kemahlioglu et al. 2009).

한국 정당의 공천방식은 1954년 자유당이 제3대 국회의원선거에서 공식적으로 도입했고, 1962년 정당법 제정 이후 제도적으로 정착되었다. 그러나 당시의 공천방식은 중앙당과 당 지도부의 권한이 강력했던 한국 정당구조의 특성상, 당원은 공천과정에서 배제되고, 중앙당과 당 지도부가 공천을 독점하는 폐쇄적인 방식인 하향식 공천방식으로 운영되었다. 이로 인해 정당의 공천이 민주적 절차에 의해 이루어지지 않는다는 비판이 제기되었고, 전반적인 개선의 필요성이 지속적으로 제기되었다.

이러한 공천의 민주화를 요구하는 목소리가 커지면서, 거대정당은 공천방식을 완전히 개방하여 일반 국민에게 공천 참여 기회를 부여하는 상향식 공천방식을 도입하였다. 2002년 새천년민주당이 처음 시행한 '국민참여경선'이 그 시작이었으며, 이후에는 '여론조사 공천방식'으로 대체되어 현재까지 활용되고 있다. 이는 정당 지도부가 독점하던 하향식 공천방식에서 벗어나 상향식 공천방식으로의 전환을 상징적으로 보여준다.

「대한민국헌법」 제8조 제2항("정당은 그 목적·조직과 활동이 민주적이어야 하며, 국민의 정치적 의사형성에 참여하는 데 필요한 조직을 가져야 한다")과 「정당법」 제1조("정당이 국민의 정치적 의사형성에 참여하는데 필요한 조직을 확보하고 정당의 민주적인 조직과 활동을 보장함으로써 민주정치의 건전한 발전에 기여함을 목적으로 한다")는 정당의 목적, 조직, 활동이 민주적이어야 함을 명시하고 있으며, 국민의 정치적 의사형성에 기여할 수 있는 조직이어야 함을 요구한다. 이는 정당의 공천방식 또한 민주적 절차를 따라야 함을 의미하며, 하향식보다 상향식 공천방식이 헌법정신에 더 부합하다고 볼 수 있다.

그러나 현실에서는 이러한 상향식 공천방식이 반드시 실질적인 참여민주주의로 이어지는 것은 아니다. 특히 거대정당이 공천방식의 개방성과 민주성을 명분으로 여론조사 공천방식을 도입하였지만, 그 과정에서 다양한 역기능과 부작용이 발생하고 있다. 여론조사 공천방식은 외형적으로는 가장 개방적인 방식처럼 보이지만, 일반 국민의 참여 권리를 보장하지는 않는다. 이 방식에서 공천주체는 일반 국민이지만, 실질적으로는 정당이 통제하는 표본추출 방식에 의해 선정된 일반 국민만이 전화를 매개로 응답하는 제한된 참여를 할 수 있다는 점에서 근본적인 한계를 지닌다. 이러한 방식은 모든 국민에게 동등한 참여 기회를 보장하지 않으며, 결정권이 정당에 있기에 정당이 선별한 응답자만 참여할 수 있는 '제한선거'에 가깝다고 볼 수 있다.

문제는 거대정당이 이러한 여론조사 공천방식을 통해 외형적으로는 민주적인 이미지를 연출하지만, 실질적으로는 전략적 이해에 따라 활용하고 있으며, 이는 공천 민주주의의 본질적 가치와 괴리를 보인다. 여론조사 공천방식은 일반 국민에게 참여라는 착시효과를 만들어 내며, 당내 민주화보다는 외형상 개방성을 통해 이미지 정치의 도구로 활용하고 있다. 이 방식에서 일반 국민은 단지 여론조사 공천방식에 표본으로 추출될 가능성이 생긴 것이지 실제 공천 주체로서의 권리는 보장되지 않는다. 즉, 여론조사 공천방식은 전면적 개방이 아니라, 정당이 통제 가능한 범위 내에서 제한된 참여만을 허용함으로써, 실제로는 공천의 결정권이 정당에 집중된 채 국민은 단지 통치적 절차를 정당화하는 도구로 기능하게 된다.

이러한 이유로 여론조사 공천방식은 정치적 책임성과 능동적 참여를 촉진하기보다는 수동적이고 제한된 참여 구조를 고착화시킬 수 있다. 일반 국민을 능동적 참여 주체가 아닌 제한된 수동적인 단순 응답자로 전락시켜 책임 있는 참여를 어렵게 함으로써 공천 민주주의의 본질을 훼손하는 결과를 초래할 수 있다. 더욱이, 정당이 외부 이미지에만 의존하고 당내 의사결정 절차를 생략할 경우, 대표성과 책임성이 약화되고 민주적 정당정치의 핵심인 숙의와 책임정치 역시 저해될 수 있다.

따라서 여론조사 공천방식은 민주성과 개방성을 명분으로 도입되었으나, 실질적으로는 제한된 참여와 정당 주도의 통제가 이루어지는 방식으로 실질적 민주화를 실현하지 못한다. 공천주체가 완전히 개방적으로 확대되었지만, 이는 형식적 개방으로 실제 참여 기회는 제한적이며, 외형적 민주화에 머무르고 있다. 즉, 일반 국민 모두에게 참여의 기회를 주는 것이 아닌 참여를 가장한 통제이며, 정당이 선정한 표본만이 참여할 수 있는 폐쇄적인 구조를 유지하고 있다는 점에서 '절차적 민주주의'에는 부합할 수 있으나, 실질적인 의미의 '참여민주주의'와는 거리가 있으며, 실질적인 참여민주주의 실현을 방해하는 통치적 기제로 작동하게 된다.

결국 여론조사 공천방식은 정당 민주화를 위한 제도적 진전이 아닌, 정당의 전략적 도구로 기능하는 것에 불과하다고 평가할 수 있다. 이 방식은 형식적 참여를 통해 정당의 통치성을 은폐하는, 즉 참여의 착시를 유도하는 전략적 장치에 불과하다는 것이다. 따라서 공천 민주주의를 실현하기 위해서는 여론조사 공천방식이 단순한 절차적 개방성에 그치지 않고, 참여의 실질성과 책임성을 확보하도록 재구성되어야 한다. 나아가 일반 국민이 정치적 의사결정에 있어 통치의 대상이 아닌 주체로 기능할 수 있도록, 정당 권력과 참여 구조 간의 통치적 작동 방식을 비판적으로 성찰하는 과정이 요구된다.

2. 표의 등가성 위배와 가치의 불균형

거대정당은 각급의 선거에서 민심을 반영해야 한다는 명분 아래 여론조사 공천방식을 적극적으로 활용하고 있지만, 이 방식은 평등선거의 핵심 원칙인 '표의 등가성'을 구조적으로 위배하고 있다. 특히 정당이 '당심'과 '민심'을 모두 반영한다는 명목으로 '당원 투표'와 '국민 여론조사'를 혼합하는 공천방식은 일반 국민의 표에 상대적으로 더 높은 가치를 부여하며, 결과적으로 일반 국민의 표가 결정적인 영향력을 갖게 되는 표 가치의 불균형을 초래했다. 이러한 구조는 단순한 기술적 결함이 아니라, 정당이 민심이라는 추상적 개념을 여론조사라는 장치를 통해 선택적으로 활용함으로써 통치적 합리성을 부여하는 방식으로 작동하며, 공천결과를 전략적으로 관리하는 통치 기술로 기능한다.

대표적인 사례로 2007년 제17대 대통령선거에서 한나라당은 '국민 참여 선거인단 80% + 여론조사 20%'라는 공천방식을 채택하였다. 그 결과, '국민 참여 선거인단' 유효투표 130,893표 중 박근혜 후보는 64,648표(49.39%)를, 이명박 후보는 64,216표(49.06%)를 득표했다. 그리고 '여론조사'에서는 응답자 5,490명 중 이명박 후보가 환산 득표수 16,868표(51.55%)를, 박근혜 후보가 환산 득표수 13,984표(42.73%)를 득표했고, 이를 합산한 결과 이명박 후보는 81,084표(49.56%), 박근혜 후보는 78,632표(48.06%)로 국민 참여 선거인단 투표에서는 박근혜 후보가 근소한 차이로 이명박 후보를 앞섰으나, 여론조사 결과에서는 이명박 후보가 우세를 보이며 최종적으로 이명박 후보가 당 후보로 선출되었다. 이러한 결과는 특히 여론조사 응답자 1인에게 6표의 가치를 부여하는 방식으로 결정함으로써 1인 1표의 원칙을 명백히 위반한 것으로, 표의 등가성에 중대한 하자가 있었다. 여론조사 공천방식은 이처럼 표의 형식을 띠면서도, 실질적으로는 정당이 특정 결과를 유도하거나 정당화할 수 있도록 민심을 선별적으로 조직하는 수단으로 작용한다.

비슷한 문제는 2012년 제19대 국회의원선거 당시 민주통합당의 여론조사 공천방식에서도 발생하였다. 이 당시 새누리당의 여론조사 공천방식은 표본이 중복되지 않게 여론조사기관이 RDD(Random Digit Dialing, 무작위 전화 걸기) 방식으로만 진행되었다. 그런데 민주통합당은 여론조사 공천방식을 이원화하여 전화면접조사는 RDD 방식으로, ARS(Automatic Response System, 자동 응답 시스템)는 KT에 등재된 전화번호를 대상으로 조사하도록 결정하였다. 이러한 방식은 KT에 등재된 전화번호가 RDD 방법으로 추출된 표본과 중복될 수 있다는 점을 간과한 것으로, 이로 인해 동일 인물이 중복 조사에 응답할 가능성이 생겼고, 연령별 가중치 적용에 따라 일부 연령대(20대, 30대 최대 1.5배 가중치 부여)에서는 1인 3표까지 행사할 수 있는 구조가 되었다. 이는 여론조사 설계와 통계 기법이 형식적 중립성을 가장하면서 특정 집단의 의견을 과대대표하거나 조율하는 방식으로 기능하는, 일종의 통치적 기술로서 작동한 것이다.

2020년 제21대 국회의원선거에서 더불어민주당은 '권리당원 50% + 일반 여론조사 50%'를 합산하는 방식을 도입하였는데, 이때 권리당원이 일반 여론조사에도 참여하여 1인 2표를 행사하는 일이 발생하였다. 여론조사 공천방식에서 권리당원을 걸러내기 위해 "당신은 더불어민주당 권리당원입니까"라는 질문을 했지만, 상당수 권리당원이 사실과 다르게 "아니오"라고 답해 여론조사에도 참여했다. 이 같은 문제는[3] 사전에 충분히 예측할 수 있었음에도 당은 권리당원과 일반 국민을 식별할 시스템을 갖추지 않았고, 일부 후보들은 이를 조직적으로 악용하기까지 하였다. 예컨대, 자신을 지지하는 권리당원에게 1인 2표를 행사하도록 독려하거나, 구체적인 방법까지도 알려주었다. 결국 1인 1표의 원칙이 무너지게 되었고 공정성이 훼손되었다(뉴시스 20/03/06).

최근 사례인 2025년 제21대 대통령선거의 국민의힘 공천방식에서도 유사한 문제가 발생하였다. 국민의힘은 1차 예비경선에서 '국민 여론조사 100%'로 4명의 후보를 확정하고, 2차 예비경선에서 '당원 선거인단 투표 50% + 국민 여론조사 50%'를 반영해 2명의 후보를 선정하며, 여기서 과반 득표자가 있는 경우 결선 투표 없이 당 후보로 공천되고, 과반 득표자가 없는 경우에는 최종 3차 본경선을 실시하는데, 2차 예비경선과 같은 방식으로 최종 1인을 결정하는 것이었다. 2차 예비경선 결과 과반 득표자는 없었으며, 3차 본경선에 진출한 다득표 2인은 김문수 후보와 한동훈 후보로 선정되었

---

[3] 민주당 관계자는 "권리당원 명부를 통째로 통신사에 넘겨줘 일반 여론조사 참여자와 대조할 경우 개인 사생활 노출은 물론 명부가 유출될 경우 심각한 문제가 발생할 수 있고 정보통신보호법 위반 우려도 있다"며, "1인 2표가 문제가 있는 것은 사실로 확인된 만큼 추후 보완해야 한다"고 했다(뉴시스 20/03/06).

다. 5월 1일부터 2일까지 이틀간 진행된 3차 경선에서 '당원 선거인단 투표'는 764,853명의 선거인단을[4] 대상으로 두 가지 방식으로 진행되었는데, 5월 1일에는 모바일 투표를, 5월 2일에는 모바일 투표에 참여하지 못한 선거인단을 대상으로 한 ARS 투표로 최종적으로 402,481명이 참여하여 52.62%의 투표율을 기록했다. 그리고 '국민 여론조사'는 5월 1일에서 2일까지 이틀간 4개의 여론조사기관이 전화조사로 각 1,500명씩 총 6,000명을 조사하였다. 최종적으로 김문수 후보는 '당원 선거인단 투표'에서 246,519표(61.25%)를, '국민 여론조사'에서 환산 득표수 208,525표(51.81%)로 합산 결과 455,044표(56.53%)를, 한동훈 후보는 '당원 선거인단 투표'에서 155,961표(38.75%)를, '국민 여론조사'에서 환산 득표수 193,955표(48.19%)로 합산 결과 349,916표(43.47%)로 최고 득표를 한 김문수 후보가 선출되었다. 국민의힘은 3차 경선에서 '당원 선거인단 투표 50% + 국민 여론조사 50%' 방식을 채택했는데, 당원 투표 참여자는 402,481명이지만, 여론조사는 단 6,000명에 불과했다. 결과적으로 여론조사 1표는 당원 1표보다 약 67배의 가치를 지니게 되어, 오히려 여론조사 공천방식의 영향력이 더 커지는 왜곡된 구조가 나타났다. 여론조사 공천방식은 이처럼 민심을 상징하는 것처럼 보이지만, 실제로는 정당

---

[4] 당원 선거인단은 책임당원과 최근 1년 이내 한 번 이상 당비를 납부한 당원을 대상으로 한다. 여기서 "책임당원은 당비규정에 정한 당비를 권리행사 시점에서 1년 중 3개월 이상 납부하고 연 1회 이상 당에서 실시하는 교육 또는 행사 등에 참석한 당원을 말한다"(국민의힘 「당규」2024, 1).

이 통제 가능한 비대칭 참여 구조를 설계하는 통치의 수단으로 기능하고 있다.

이러한 일련의 사례들은 여론조사 공천방식이 평등선거의 핵심원칙인 '표의 등가성'을 위배함으로써 헌법이 규정한 대의민주주의 원리에 어긋난다는 점을 분명히 보여준다. 여론조사 공천방식은 평등선거의 원칙을 형식적으로는 갖추고 있으나, 실질적으로는 특정 응답자의 표에 과도한 가치를 부여하거나 다른 영향력을 행사하게 함으로써, 공천에 참여하는 모든 주체의 표는 동일한 가치를 가져야 한다는 민주주의 원칙을 훼손하고 있다. 나아가 정당은 이러한 구조를 통해 공천방식을 전략적으로 설계하고, 유권자를 관리하며, 정치적 결과를 정당화하는 통치성의 작동 방식을 구현하고 있다.

결국 여론조사 공천방식은 단순한 기술적 문제를 넘어, 일반 국민의 참여를 수치로 환산해 조율하는 방식으로 민주적 정당성과 정치적 대표성의 핵심을 위협하는 제도적 결함이다. 이는 정당이 표의 가치를 자의적으로 배분하여 참여를 통제하는 기제로 작용하고 있으며, 형식적 참여의 외양 아래에서 실질적 평등성과 공정성을 해체하는 통치 전략이라 할 수 있다.

3. 비자발적 참여와 책임성 결여

직접선거의 원칙에서 일반 국민의 참여는 민주주의의 핵심 작동 원리이자 민주적 정당성의 근간이 된다. 특히 일반 국민의 자발적인 참여는 이들을 단순한 수동적 수용자가 아닌 능동적 주체로 자리매김하게 하는 중요한 요소다. 그러나 현재 거대정당이 공천방식으로 활용하고 있는 여론조사 공천방식은 이러한 민주적 참여의 원칙을 위배하고 있으며(강원택 2009; 박명호 2010), 대의민주주의에 부합하지 않을 뿐 아니라 공천의 공정성을 훼손할 수 있다는 비판을 받고 있다(이준한 2014, 14). 나아가 이는 정당이 일반 국민의 정치적 의사를 여론조사라는 기술적 장치를 통해 수동적으로 호출하고 관리하는 통치기술로 전락하고 있다.

민주적 참여는 단순한 의견 표출을 넘어 자발성을 전제로 하며, 그 선택과 행동에 따른 책임성을 수반해야 한다. 하지만 여론조사 공천방식은 참여자가 자발적으로 참여하지 않을 뿐만 아니라, 자신의 선택이 결과에 어떤 영향을 미치는지 인식하지 못한 채 수동적으로 응답한다는 점에서 진정한 의미의 참여로 보기 어렵다는 지적이 제기된다(강원택 2009, 42; 박명호 2010, 11; 윤종빈·박병훈 2011, 173-174; 지병근 2010, 62-63). 실질적으로는 참여라기보다 통제된 응답의 추출에 가깝다.

여론조사 공천방식은 일반 국민이 직접 투표소를 방문하여 투표하는 행위와 달리, 전화라는 매개를 통해 조사원의 질문에 응답하는 간접적이고 수동적인 방식이다. 이러한 과정에서 응답자는 자신의 선택에 대한 책임성을 가지지 않으며, 공천결과에 대한 인과관계를 명확히 인식하지 못한 채 단순히 질문에 반응하는 수준에 머문다. 이는 결과에 대한 책임성을 전제로 한 적극적 참여라기보다는 제한된 정보 아래에서 이루어진 수동적 응답에 가깝다.

이러한 수동적 참여를 개인의 선호(preference) 표현으로 이해하더라도, 그 성격은 실제 투표 참여와는 구별된다. 선호의 표현은 일반적으로 자신이 지지하는 대상을 드러내고자 하는 표출적(expressive) 목적과 특정 결과를 도출하려는 수단적(instrumental) 목적이 있다(강원택 2009, 43; Brennan and Lomasky 1993, 37-41). 실제 투표는 일반 국민이 특정 후보에 대한 지지나 반대를 명확히 의식한 채 이루어지는 행위로, 표출성과 수단성을 동시에 지닌다. 반면 여론조사 공천방식은 정치적 선호를 단순히 드러내는 수준에 그칠 뿐, 결과에 영향을 주기 위한 명확한 목적의식이 결여되어 있다(Laver 1997). 이러한 참여는 통계적 데이터로 수렴될 뿐 정치적 책임성을 동반하는 행위로 보기는 어렵다.

따라서 여론조사 공천방식을 실질적인 투표 참여와 동일시하는 것은 선호 표현의 목적과 정치적 참여의 의미를 왜곡하는 것이다. 이 방식은 결과에 대한 책임성을 전제로 한 자발적 참여가 아니라, 임의로 선정된 표본으로서 조사에 응답할 기회를 부여받은 수동적 참여에 불과하다. 이로 인해 여론조사 공천방식은 자발적 참여를 제도적으로 보장하지 않으며, 참여의 결정권 또한 정당이 일방적으로 행사하게 된다. 결국 이는 정당이 일반 국민의 정치적 의사를 반영하기보다는 여론조사를 전략적 도구로 활용하여 공천의 정당성을 확보하려는 수단에 지나지 않는다는 비판을 초래한다.

정치 현장에서는 일반 국민이 자발적으로 투표장까지 가서 참여하도록 유도하는 것이 현실적으로 어렵다고 토로한다. 다음은 윤왕희(2022)가 2021년 4월 6일 진행한 정치컨설턴트와의 인터뷰 일부이다.

참여라고 하는 건 양쪽이 다 중요해요. 민주주의라고 하는 것이, 대의 민주주의 체제에서 정치를 다른 의미로 규정을 하면, 대표하는 사람과 대표되는 사람의 관계잖아요. 대표되는 사람들이 얼마만큼이나 의지를 가지고 투표 이외의 정당활동에 적극적으로 참여해 주느냐, 이게 사실은 하나의 관건인거고, 또 하나는 대표하는 사람들, 직업 정치인들 입장에서 시민들의 참여과정에 노이즈가 안 생기게 자기들이 얼마나 공정하게 룰을 지키느냐, 이게 사실은 관건인데. 시민들의 참여 여력은 현저하게 떨어지고, 관심과… 일단 관심이 없는 거에요. 정당이 저렇게 엉망인데 정당 경선에 누가 참여를 하냐고. 그렇지 않아요?… (중략) …자발적이라는 게 되냐고요, 말이 그렇지… 원론적으로는, 자발적이라고 하는 건 우리가 오픈을 딱 해놓고 열심히 홍보하고 선전하고 그래서 뜻이 있는 국민들이 공론의 장에 참여를 해서 그렇게 되면 좋은데, 그건 그냥 우리의 상상일 뿐이지. 현실에서 시민들이 그렇게 참여하기 힘들다고요(윤왕희 2022, 120).

문제는 여론조사 공천방식에서는 이러한 자발적 참여가 더욱 어렵다는 데 있다. 이 방식은 참여의 자발성과 책임성을 보장하기보다는 오히려 편법과 동원의 형태를 초래하고 있다. 이는 상향식 공천방식의 근본 취지인 민주적 참여 확대와 정면으로 배치될 뿐만 아니라, 조직 동원의 문제를 해소하기 위해 도입된 방식임에도 불구하고 결국 또 다른 형태의 동원을 유발한다는 점에서 그 한계가 명확하다. 결과적으로 정당 외부의 일반 국민을 공천주체로 삼겠다는 명분 아래, 이들을 사실상 동원의 수단으로 활용한 셈이 되었다.

2002년 새천년민주당이 도입한 '국민참여경선'은 '여론조사 공천방식'의 출발점이었다. 이는 당시 당내 경선에 당원이나 대의원의 자발적 참여가 부족하고, 이념적으로 편향되어 있다는 문제의식에서 비롯된 것으로, 보다 대표성 있는 일반 국민의 참여를 확보하고자 하는 시도였다(강원택 2009, 40-41). 이에 따라 거대정당은 조직 기반의 공천에서 벗어나, 여론조사 공천방식이라는 완전히 개방된 공천방식을 채택하였다.

그러나 여론조사 공천방식이 확대되면서, 오히려 새로운 형태의 동원 문제가 나타났다. 예비후보들은 자신의 지지자들이 여론조사 공천방식에 더 많이 참여할 수 있도록 '착신전환'을 유도하거나, 유선전화를 다수 설치하는 등의 방식으로 여론조사 공천방식에 영향을 미치려 하였다. 예를 들어 2014년 제6회 지방선거를 앞두고는 새정치민주연합 전북도지사 예비후보 간 착신전환을 둘러싼 갈등이 발생하기도 했다.

이에 따라 2016년 1월 15일 개정된 「공직선거법」은 동일인의 중복 응답이나 성별·연령을 속이는 행위를 금지하고, 이를 위반하는 경우 처벌할 수 있도록 했다. 또한, 공정성과 대표성을 제고하기 위해 이동통신사의 '안심번호'를 통해 전화번호를 무작위 추출하는 제도를 도입하였다. 이는 여론조사 공천방식의 신뢰성과 정확성을 높이기 위한 제도적 보완이었다.

그러나 안심번호 제도의 도입 이후에도 새로운 형태의 전략적 동원이 이어졌다. 이동통신사(SKT, KT, LGU+)별로 1인당 3대의 휴대전화를 개통할 수 있다는 점을 활용하여, 예비후보 측 선거운동원이 여러 대의 휴대전화를 신규로 개통하는 사례가 등장했다. 2016년 제20대 국회의원선거를 앞두고 대구·경북 지역 예비후보 측에서는 한 사람이라도 더 여론조사 공천방식의 대상자로 추출되기 위해 다량의 휴대전화를 개통한 사례가 보고되었다.

또 다른 형태의 동원으로는 '휴대전화 위장전입' 문제가 있다. 일부 예비후보는 지지자들에게 주소를 특정 지역구로 변경하도록 유도한 후, 공천이 끝난 뒤 다시 원래 주소로 복귀하라고 안내했다. 예컨대, 새누리당 대구 지역의 한 예비후보는 다른 지역에 거주 중인 지인과 친인척 20여 명에게 주소를 자신의 지역구로 변경하게 하여, 이들이 여론조사 대상자로 포함되도록 하였다.

이처럼 여론조사 공천방식은 개방성과 대표성을 확보하기 위해 도입되었음에도, 현실에서는 오히려 조직적·전략적 동원을 강화하고 있다. 이는 정당이 일반 국민을 공천주체로 한다는 명분 아래, 사실상 통계적 표본으로서 통치 가능한 대상으로 전환하는 것이다. 그 결과 참여의 질은 저하되었으며, 정치적 결과의 왜곡 가능성은 오히려 증대되어 자발성과 책임성에 기반해야 할 민주주의의 참여 원칙이 형해화되고 있다.

결국 여론조사 공천방식은 참여의 자발성, 책임성, 그리고 도구적 목적성이라는 민주주의의 핵심 원칙을 충족하지 못하며, 결국 일반 국민의 실질적인 정치참여를 대체할 수 없는 제도적 한계를 내포하고 있다. 이 방식은 표면적으로는 참여를 확대하는 듯 보이지만, 그 본질은 정당이 참여를 수치화하고 조직화하는 통치 장치로 기능하게 구성되어 있다. 이에 일반 국민은 참여 주체가 아닌 응답 객체로 전락하게 된다.

따라서 공천의 민주성과 공정성을 제고하기 위해서는 참여의 형식을 넘어, 그 실질적 자율성과 정치적 책임성을 제도적으로 보장하는 방향으로 전환해야 한다. 이는 정당이 응답을 관리 가능한 데이터로 취급하는 방식을 넘어서, 일반 국민을 정치의 주체로서 실질적으로 위치시키는 민주적 설계로 나아가야 함을 의미한다. 여론조사 공천방식의 통치성은 단지 절차적 문제가 아니라 민주주의를 누구의 권력으로 어떻게 조직할 것인가에 대한 본질적 질문을 제기한다.

4. 자율적 판단 훼손과 여론조사의 전략적 조작 가능성

비밀선거는 일반 국민이 외부의 강제나 사회적 압력 없이 자신의 정치적 선호를 자유롭고 자율적으로 표현할 수 있도록 보장하는 민주주의의 핵심 원칙이다. 이는 단지 '누구에게 투표했는지'를 외부에 드러내지 않는 형식적인 비공개성만이 아닌 일반 국민이 심리적·사회적 간섭으로부터 자유롭게 독립된 상태에서 정치적 판단을 내릴 수 있는 환경을 보장하는 것을 포함한다. 이러한 맥락에서 볼 때, 비밀선거의 본질은 일반 국민의 자유롭고 독립적인 정치적 판단의 보장에 있으며, 이는 민주주의의 공정성과 정당성을 구성하는 필수 조건이다.

그러나 여론조사 공천방식은 이러한 비밀선거의 실질적 원칙과 구조적으로 충돌하는 요인을 내포하고 있다. 특히 일반 국민의 정치적 판단이 외부 정보에 의해 사전에 유도되거나 왜곡될 가능성이 높다는 점에서 자율성과 독립성이라는 비밀선거의 본질적 가치가 침해될 수 있다. 이 방식은 특정 지역 예비후보자에 대한 일반 국민의 지지도를 조사하여 공천 여부를 결정한다는 점에서 외형상 국민 참여 확대 및 민주적 정당성 제고라는 명분을 지니고 있지만, 실제로는 여론조사가 전달하는 선행 정보, 즉 후보 간 지지도 및 당선 가능성에 관한 반복적 노출은 일반 국민의 판단을 사전적으로 규정짓는 간접적 압력으로 통제하는 통치 기술로 작동한다.

정당은 일반적으로 선거 승리를 위해 당선 가능성이 높은 후보자를 공천하려 하며, 이 과정에서 지지도·인지도·경쟁력 등의 외적 지표가 공천의 핵심 기준이 된다(장대홍 2024, 31). 여론조사 공천방식은 이러한 후보자 간의 '대중적 인기' 또는 '인지도'를 기준으로 경쟁력을 평가하며(조성겸 외 2007, 34), 그 과정에서 일반 국민은 단순한 정치적 선호가 아닌 각종 여론조사의 후보자 경쟁력 결과를 참고하여 전략적으로 공천에 참여하는 경향이 있다. 특히 '밴드왜건 효과(bandwagon effect)'와 같은 심리적 기제는 여론조사에서 우세한 후보에게 지지가 몰리는 현상을 낳고, 이는 일반 국민의 선택이 자신의 이념적 일치 여부보다 당선 가능성에 의해 좌우되도록 유도한다. 이는 자율적 선호 표출이 아닌, 정당이 기획한 여론의 흐름 속에서 형성된 응답이 된다.

이처럼 여론조사 공천방식은 단순한 민심의 반영 수단이 아니라, 정당이 여론을 선별하고 구성하여 관리 가능한 통치 정보로 전환하는 기술적 장치로 기능한다. 일반 국민은 자신의 응답이 정치적 결과에 영향을 미친다는 사실을 의식하며, 이에 따라 정치적 선호를 솔직히 표현하기보다 사회적 분위기나 다수 의견에 동조하는 경향을 보인다. 그 결과 비밀선거가 보장하고자 했던 심리적 자율성과 독립적 판단 능력이 여론조사라는 기술적 장치에 종속되는 구조로 전락하게 된다.

이와 관련하여 2016년 제20대 국회의원선거를 앞두고 서울 강서갑 지역구에서 발생한 사례는 여론조사 공천방식의 한계를 잘 보여준다. 당시 새누리당 예비후보 중 한 명은 경쟁자인 김성태 후보에게 유리하게 설계된 질문 문항과 낮은 응답률, 여론조사기관의 신뢰도 문제 등을 근거로 중앙선거관리위원회에 이의를 제기하고 행정소송을 제기하였다. 이 사건은 여론조사 결과가 공천에 미치는 영향력과 일반 국민에게 형성하는 '승자 이미지'가 실제 투표 결과와 괴리를 낳을 수 있다는 점을 보여준다. 즉, 여론조사의 지지율이 객관적 사실로 받아들여지면서, 일반 국민의 정치적 판단은 특정 후보로 수렴된 것으로 자율적 판단을 제도적으로 침식할 수 있다는 점을 보여주는 사례이다.

나아가 여론조사가 공천에 중대한 영향을 미치는 정보로 활용되는 현실을 고려할 때, 그 결과가 조작될 가능성은 여론조사 공천방식의 공정성과 일반 국민의 정치적 자유를 동시에 위협하는 중대한 문제가 된다. 백승목(2012)은 여론조사가 정치적 목적에 따라 왜곡·조작될 수 있는 잠재성을 지적하며, 이를 방지하기 위한 법적·제도적 장치의 필요성을 강조한 바 있다. 여론조사는 질문 문항의 구성, 응답자의 자격 조건, 표본추출 방식, 가중치 적용 등 조사설계 전반에서 정치적 의도가 개입될 여지가 있으며, 그 결과는 일반 국민의 판단에 중대한 영향을 미친다는 것이다. 따라서 여론조사는 통계적 중립성이라는 외피를 두르고 있지만, 실제로는 정치적 기획의 장이 될 수 있다.

대표적으로 2020년 제21대 국회의원선거에서 더불어민주당이 서울 동대문 선거구에서 진행한 여론조사에서 특정 후보의 호감도를 사전 질문으로 삽입함으로써, 응답자의 판단을 해당 후보에게 유리하게 유도하였다는 의혹이 제기되었다. 이는 여론조사가 그 자체로 일반 국민의 응답을 유도하거나 방향성을 설정할 수 있음을 보여주는 사례로 여론조사가 단순히 응답을 수집하는 장치를 넘어서 정치적 선택지를 전개하는 방향성을 설정하는 통치 도구로 활용될 수 있음을 보여준다.

더욱 심각한 문제는 명태균이 운영한 미래한국연구소 사건에서 드러난 바와 같이, 국민의힘의 2021년 제20대 대통령선거 공천과 2022년 재보궐선거 공천에서 여론조사를 조직적으로 조작하여 특정 정당이나 후보의 지지율을 왜곡하는 행위가 실제로 존재했다는 점이다. 이 사건에서 여론조사기관은 사전에 ARS를 통해 응답자의 성향을 분류한 뒤, 특정 시점에 여론조사 전화를 걸어 이들이 이미 공식 조사에 참여한 것으로 오인하도록 유도했다. 이로 인해 실제 여론조사에서는 상대 지지층이 응답하지 않게 되는 효과를 노렸으며, 결과적으로 여론의 편향을 인위적으로 구성하였다. 또한 응답자 비율이 부족한 집단에 대해 성·연령·지역별 가중치를 과도하게 조정하여 특정 후보가 우세하게 보이도록 설계된 점 역시 여론조사 공천방식의 신뢰성과 공정성에 심각한 의문을 제기한다. 이는 여론조사 공천방식이 정당의 조작 가능한 통치 수단으로 기능할 수 있음을 실증적으로 보여준다.

이처럼 여론조사 공천방식은 조사설계와 운영 과정에서 조작 가능성과 불투명성이 상존하고 있으며, 이는 비밀선거의 실질적 가치와 공천방식의 공정성을 근본적으로 위협한다. 여론조사 공천방식이 결과에 결정적 영향을 미치는 현실에서, 일반 국민은 여론조사 응답을 통해 정치적 선택이 '기록된다'고 인식하는 순간, 설령 실명이 공개되지 않는다고 하더라도 자신의 응답이 자신의 정치적 결과에 영향을 미칠 수 있다는 두려움은 응답 자체를 위축시키는 심리적 효과로 이어진다. 결과적으로 비밀선거의 심리적 보호 장치와 판단의 독립성은 기술적 구조 속에서 침식된다.

결국 여론조사 공천방식은 일반 국민의 자율성과 독립성을 훼손하고, 정당이 여론을 설계하고 응답을 관리하는 통치 장치로서의 기능을 강화한다. 이는 민주주의의 핵심 원리인 자율적 정치참여와 공정한 대표성의 원리를 구조적으로 위협하며, 여론조사가 단순한 정보의 수집이 아닌 권력을 정당화하는 기술적 장치로 전화되는 순간, 민주주의는 형식적 절차로 전락할 수 있다.

따라서 이러한 문제를 극복하기 위해서는 여론조사 설계 및 집행의 절차적 투명성을 강화하고, 조작 가능성을 제도적으로 억제할 수 있는 법제 정비가 필요하다. 나아가 비밀선거의 원칙과 실질적으로 조화될 수 있는 공천 시스템 개편 논의가 병행되어야 한다. 여론조사 공천방식이 민주주의의 수단으로 기능하기 위해서는 그것이 통치 기술이 아닌 일반 국민의 자율성을 실질적으로 보장하는 제도적 장치로 전환되어야 한다.

V. 결론

이 글은 여론조사 공천방식이 민주주의의 4대 선거 원칙(보통·평등·직접·비밀선거)의 관점에서 공정하게 기능하고 있는지를 분석하였다. 그 결과, 여론조사 공천방식은 기존의 하향식 공천방식의 폐쇄성과 비민주성을 극복하기 위한 대안으로 도입되었으나, 그 실질적 운영에 있어 공정성을 충분히 확보하지 못하는 구조적 한계를 드러내고 있음이 확인되었다. 구체적으로는, 보통선거의 원칙과 관련하여 '형식적 개방성과 제한된 참여 구조', 평등선거 측면에서 '표의 등가성 위배와 가치의 불균형', 직접선거 측면에서는 '비자발적 참여와 책임성 결여', 비밀선거와 관련해서는 '자율적 판단 훼손과 여론조사의 전략적 조작 가능성'이라는 네 가지 핵심 문제가 나타나고 있다. 이러한 한계는 정당정치의 책임성과 일반 국민의 자율적·실질적 참여라는 민주주의의 핵심 가치를 위협하며, 나아가 여론조사 공천방식이 민주주의 원칙을 기술적으로 관리하고 조직화하는 통치적 기제로 기능하고 있음을 보여준다.

이를 좀 더 구체적으로 정리하면, 첫 번째, 보통선거의 원칙과 관련하여 여론조사 공천방식은 '형식적 개방성과 제한된 참여 구조'를 내포하고 있다. 이 방식은 외형상으로는 개방성과 민주성을 확대한 것처럼 보이지만, 실제로는 정당이 설계한 표본만이 참여할 수 있는 제한적 참여에 그친다. 참여의 기회는 통제 가능한 참여만을 조직하는 구조를 낳으며, 정당이 선별적으로 부여하고, 일반 국민은 자율적 주체가 아닌 통계적 관리 대상으로 전환된다. 이는 정당이 외형적 개방성을 통해 이미지 정치에 활용하는 통치 전략일 뿐이며, 실질적인 당내 민주화에 이바지하지 못하고 있다. 결국 이 방식은 절차적 민주주의에 부합할 수 있으나 참여민주주의의 실현과는 거리가 멀며, 참여민주주의의 핵심인 일반 국민의 능동적 참여를 위축시키는 결과를 초래한다.

두 번째, 평등선거의 원칙은 '표의 등가성 위배와 가치의 불균형'으로 인해 심각하게 훼손되고 있다. 여론조사 공천방식은 민심을 반영한다는 취지와 달리 실제로는 당원과 일반 국민 간 투표 가치의 불균형, 중복 응답, 과도한 가중치 적용 등으로 인해 '1인 1표'와 '1표 1가치'라는 헌법적 원칙을 약화한다. 특히 정당은 여론조사의 수치화된 결과와 표본 구성 방식을 정치적 전략에 따라 활용하며, 이는 대표성 확보가 아니라 선호를 특정 방향으로 조직하는 통치 기술로 기능한다.

세 번째, 직접선거의 원칙은 '비자발적 참여와 책임성 결여'의 구조를 통해 실질적으로 침해받고 있다. 여론조사 공천방식에서의 참여는 자발적 참여라기보다 임의로 추출된 일반 국민이 수동적으로 반응하는 방식에 불과하며, 자신의 응답이 결과에 어떤 영향을 미치는지 명확히 인식하지 못한다. 더욱이 착신전환, 위장전입, 다중 휴대전화 개통 등 전략적 동원의 사례는 참여의 자율성과 책임성을 더욱 약화하며, 정당은 이를 활용하여 통제된 참여를 유도하는 방식은 통치성의 전형적 양상이라 할 수 있다.

네 번째, 비밀선거의 원칙은 '자율적 판단 훼손과 여론조사의 전략적 조작 가능성'을 통해 심각하게 침식되고 있다. 반복적으로 노출되는 여론조사 결과는 밴드왜건 효과 등을 통해 일반 국민의 전략적 응답을 유도하며, 정당은 이를 통해 정치적 선호를 특정 방향으로 유도하는 환경을 조성한다. 더불어 특정 후보에게 유리한 설문 설계나, 표본 왜곡, 가중치 조작 등은 여론조사를 정당의 권력 기획 장치로 전락시킨다. 나아가 명태균 사건에서 드러난 바와 같이 조직적인 여론조사 조작 사례는 단순한 우려가 아닌 현실적 위협임을 보여준다.

결국 여론조사 공천방식은 외형상 상향식 공천방식을 띠고 있으나, 실제로는 정당이 전적으로 통제하고, 여론을 전략적으로 조직화하는 통치 장치로 기능하고 있다. 일반 국민은 자율적 참여 주체가 아니라 정당의 설계에 따라 반응하는 수동적 응답자로 전락하며, 여론조사의 기술적 요소(표본추출, 문항 구성, 가중치 조정 등)는 공천결과를 실질적으로 결정짓는 핵심 수단이 된다. 이러한 구조는 민주주의의 참여, 공정성, 대표성이라는 근본 원칙을 위협하며, 정당이 권력 재생산을 위해 민심을 통계적으로 재구성하는 통치성의 한 양태를 보여준다.

따라서 여론조사 공천방식은 정당민주주의 실현을 위한 수단이기보다는, 정당의 전략적 이해에 따라 민심을 통치 가능한 형태로 재구성하는 장치로 기능하고 있다. 향후에는 이러한 형식적 개방성을 넘어서 일반 국민의 실질적 자율성과 책임 있는 정치참여를 보장할 수 있는 공천방식으로의 제도적 재설계가 필요하다. 민주주의의 본질은 일반 국민이 권력의 주체로 참여하는 데에 있으며, 이를 실현하기 위해서는 정당 중심이 아닌 일반 국민 중심의 책임 있는 정치참여 구조가 모색되어야 한다.

끝으로 이 글은 다양한 사례를 통해 여론조사 공천방식의 문제를 조명하였으나, 실증적 분석이 제한적이었고, 조사설계 및 기술적 운영상의 공정성 확보 방안에 대한 구체적 논의가 부족하다는 한계가 있다. 이러한 점은 향후 연구에서 보완되어야 할 과제로 남는다.

참고문헌

강원택. 2009. "당내 공직 후보 선출 과정에서 여론조사 활용의 문제점." 『동북아연구』 14권, 35-63.

나근호. 2019. "당내 민주주의 강화를 위한 정당공천제 개혁에 관한 연구." 동아대학교 박사 학위 논문.

뉴시스. 2020. "사실상 1인 2표? 민주당 경선시스템 허점." (3월 6일), https://www.newsis.com/view/?id=NIS-20200306_0000945731&cID=10301&pID=10300(검색일: 2025년 5월 1일).

문우진. 2011. "여론조사 공천이 정당 정치에 미치는 영향: 위임문제(delegation problem)와 파급효과를 중심으로." 『사회과학연구』 50집 1호, 105-130.

박명호. 2010. "여론조사의 바람직한 활용 방향." 아산정책연구원 심포지엄. 서울. 9월.

박명호. 2011. "공천 과정에서의 여론조사의 바람직한 역할에 대한 시론." 『미래정치연구』 1권 1호, 93-111.

박상운. 2012. "제19대 총선 공천의 특징과 한계: 새누리당과 민주통합당을 중심으로." 『사회과학 담론과 정책』 5권 2호, 101-120.

박상철. 2008. "정당공천의 헌법적 쟁점과 개선방향: 국회의원 공천제도의 비교법적 분석." 『공법학연구』 9권 2호, 113-138.

백승목. 2012. "법제도(法制度) 사각(死角)지대에 방치된 선거여론조사는 여론조작 흉기(凶器)." 『한국논단』 270호, 42-47.

윤왕희. 2022. "공천제도 개혁과 한국 정당정치의 변화에 관한 연구: 국민참여경선은 왜 참여를 이끌어내지 못했나." 서울대학교 박사 학위 논문.

윤종빈·박병훈. 2011. "당내 후보선출과정의 갈등과 여론조사: 최근 선거 사례를 중심으로." 『분쟁해결연구』 9권 2호, 167-192.

이부하. 2023. "국회의원 선거제도의 비례성·형평성 제고방안 연구." 『법학논고』 82집, 35-61.

이준한. 2014. "한국의 민주적 정당공천제: 책임형 국민참여경선제." 『선거연구』 5호, 5-26.

이현출. 2003. "대통령선거와 총선의 후보선출과정." 『의정연구』 9권 1호, 29-57.

임성호. 2006. "당내 경선에서의 전략투표와 대통령선거의 이념적 비편향성." 『선거관리』 52호, 114-130.

장대홍. 2024. "여론조사 공천방식의 정당정치적 효과와 정치체제적 영향." 경희대학교 박사 학위 논문.

전용주. 2014. "상향식 공천 방식은 민주주의를 진전시키는가?: 2014년 지방선거를 중심으로." 『21세기정치학회보』 24집 3호, 457-483.

조성겸·김지연·나윤정·이명진. 2007. "선거여론조사의 문제점과 개선방향: 2006년 지방선거 전화조사를 중심으로." 『조사연구』 8권 1호, 31-54.

조진만. 2012. "여론조사 공천의 이론적 쟁점과 기술적 과제, 그리고 정당의 선택." 『의정연구』 18권 2호, 131-155.

지병근. 2010. "서베이 민주주의(Survey Democracy)?: 6·2 지방선거 후보 공천사례를 중심으로." 『한국정치연구』 19집 3호, 57-75.

채진원. 2015. "'오픈프라이머리 정당 약화론'과 네트워크정당모델." 『정당정치의 변화, 왜 어디로』, 131-165. 서울: 형설출판사.

채진원·장대홍. 2015. "중도수렴과 중도수렴 거부 간의 투쟁: 18대 대선과정과 결과." 『동향과전망』 93호, 132-168.

최준영. 2012. "한국 공천제도에 대한 연구동향과 향후 연구과제." 『한국정당학회보』 11권 1호, 59-85.

Brennan, Geoffrey and Loren Lomasky. 1993. *Democracy and Decision: The Pure Theory of Electoral Preference*. Cambridge: Cambridge University Press.

Dahl, Robert A. 1989. *Democracy and Its Critics*. New Haven: Yale University Press.

Dahl, Robert A. 저·김순영 역. 2010. 『정치적 평등에 관하여』. 서울: 후마니타스.

Duverger, Maurice. 1954. *Political Parties: Their Organization and Activity in the Modern State*. London: Methuen.

Elster, Jon. 2013. *Securities Against Misrule: Juries, Assemblies, Elections*. Cambridge: Cambridge University Press.

Habermas, Jürgen. 1996. *Between Facts and Norms: Contributions to a Discourse Theory of Law and Democracy*. Cambridge: MIT Press.

Hazan, Reuven Y. and Gideon Rahat. 2010. *Democracy within Parties: Candidate Selection Methods and their Political Consequences*. New York: Oxford University Press.

Kemahlioglu, Ozge, Rebecca Weitz-Shapiro, and Shigeo Hirano. 2009. "Why Primaries in Latin American Presidential Elections?." *The Journal of Politics* 71(1): 339-352.

Key, V. O., Jr. 1964. *Politics, Parties, and Pressure Groups* (5th ed.). New York: Thomas Y. Crowell.

Knutson, Tyler. 2019. "Debts Paid: Ending Criminal Disenfranchisement."

Journal of Legislation 46(1): 93-113.

Laver, Michael. 1997. *Private Desires, Political Action: An Invitation to the Politics of Rational Choice*. London: Sage Publications Ltd.

Manin, Bernard. 1997. *The Principles of Representative Government*. Cambridge: Cambridge University Press.

Przeworski, Adam. 1991. *Democracy and the Market: Political and Economic Reforms in Eastern Europe and Latin America*. Cambridge: Cambridge University Press.

Rahat, Gideon and Reuven Y. Hazan. 2001. "Candidate Selection Methods: An Analytical Framework." *Party Politics* 7(3): 297-322.

Rahat, Gideon. 2007. "Candidate Selection: The Choice Before the Choice." *Journal of Democracy* 18(1): 157-170.

Rush, Michael. 1969. *The Selection of Parliamentary Candidates*. London: Nelson.

Scarrow, Susan E. 1999. "Parties and the Expansion of Direct Democracy: Who Benefits?." *Party Politics* 5(3): 341-362.

Schattschneider, Elmer Eric. 1942. *Party Government*. New York: Holt, Rinehart and Winston.

Verba, Sidney. 1996. "The Citizen as Respondent: Sample Surveys and American Democracy Presidential Address, American Political Science Association, 1995." *American Political Science Review* 90(1): 1-7.

7장 지방의회 정책지원관제도의 효과: 기초의회와 광역의회 간 만족도 비교*

김용석·김태영

Ⅰ. 서론

지방자치법 전부개정에 포함된 지방의회 정책지원관제도가 시행된 지 2년이 채 지나지 않았지만, 과연 동 제도의 효과가 확인되고 있는지를 평가해 볼 필요는 있다. 다만, 단기적 관점에서 제도 도입의 효과에 대한 객관적 평가가 가능할 것인지에 대한 논의는 별도의

---

* 이 글은 2023년 12월 『한국지방행정학보』 20권 3호에 게재된 "지방의회 정책지원관제도의 효과 분석: 기초의원과 광역의원 간 만족도 비교 분석"을 수정·보완한 것이다.

문제다. 본 연구는 정량적 관점에서 제도 도입의 효과를 확인하는 작업은 일단 제한하고, 정성평가를 시도하고자 한다. 정성평가란 제도 도입에 따른 의정활동 성과의 변화를 측정하려는 시도를 제한하고 직접 당사자인 지방의회 의원과 사무처 공직자를 대상으로 동 제도에 대하여 어느 정도 만족하고 있는지를 중심으로 평가하는 것을 의미한다.

지방 단위에서의 통치행위 주도권을 오랫동안 지방자치단체의 집행부가 맡아 왔다. 이는 대한민국 발전 과정을 설명하는 국가(중앙정부) 주도 발전 모형과 동일한 개념이다. 집행부 중심 발전 모형으로 볼 수 있다. 지방의 경우도 집행부 중심 발전 모형이 오랜 관행이었다. 민주주의와 지방자치제도 본래의 취지를 고려한다면 이제 지방의회가 주도하는 지방자치제가 되어야 한다는 데 일정 부분 공감하는 취지에서 최근 큰 제도 변화가 있었다. 물론 미래의 지방 거버넌스는 다시 지방의회에서 주민 중심으로 초점이 이동해야 할 것이다. 정책지원관제도의 도입은 집행부 중심에서 지방의회 중심으로 지방자치의 중심축이 이동해 가는 과정으로 이해될 수 있다.

1991년 지방의회 부활 이후 학계와 국회, 지방의회에서는 오랫동안 보좌관제도 도입을 추진해 왔지만 2020년 12월 9일 지방자치법 전부개정안이 국회를 통과하면서 성격과 개념이 다른 정책지원 전문인력으로 법제화되었다. 따라서 지방의회의원은 정책지원관제도에 대해서 어느 정도 만족하고 있는지, 그리고 기초의회와 광역의회 간 만족도와 제도 개선 방안 등에 대하여 어느 정도 차이를 보이는지 등을 실증적으로 분석할 필요가 있다.

지방자치법 제41조에서 지방의회의원의 의정활동을 지원하기 위하여 지방의회의원 정수의 2분의 1 범위에서 해당 지방자치단체 조례로 정하는 바에 따라 지방의회에 정책지원 전문인력을 둘 수 있고, 부칙[1]에 따라 연차적으로 도입한다. 한편, 시행령 제36조 3항에서 정책지원 전문인력의 명칭은 '정책지원관'으로 한다고 별도로 규정하고 있다.

지방의회가 헌법기관[2]으로서 주민의 대표기관, 의결기관, 입법기관, 견제·감시기관으로서의 지위를 가지고 있음에도 불구하고 법적·제도적 미흡으로 인해 지방의회 전문성이 낮다는 평가를 받아온 것이 사실이다. 지방의회의 기능약화 원인 중의 하나로 지적되어 온 지방의회 지원과 지방의원의 의정활동 보좌기능을 담당하고 있는 지방의회 사무직원의 지방의회 업무수행에 대한 전문성 확보 없이는 의정활동 활성화를 통한 지방자치의 발전을 기대하기 어려울 것이다(양기근 2008, 70). 이러한 이유 때문에 지방의회의 전문성 확보에 대한 논의는 지방자치제가 재실시된 1991년부터 지속적으로 제기되어 왔으며, 전문성 확보에 대한 주요 논의는 지방의원의 유급제, 지방의회 사무기구의 인사권 독립, 정책보좌인력의 필요성 등에 관한 것이었다(이관행 2019, 72).

---

1 제6조(정책지원 전문인력 도입규모에 관한 특례) 지방의회에 정책지원 전문인력을 두는 경우 그 규모는 2022년 12월 31일까지는 지방의회의원 정수의 4분의 1 범위에서, 2023년 12월 31일까지는 지방의회의원 정수의 2분의 1 범위에서 연차적으로 도입한다.
2 헌법 제118조 제1항 지방자치단체에 의회를 둔다.

지방의회의원도 국회의원과 마찬가지로 주민을 대표하고, 자치입법 활동과 지역의 민원사무를 처리하는 등 다양한 의정활동을 수행하고 있기 때문에 지방의회 차원의 조직적 보좌기능을 강화하는 한편 국회의원의 보좌직원과 같이 개별적 의정활동을 지원하는 의원 개인 차원의 보좌기능을 동시에 갖출 필요가 있다(최춘규 2020, 168). 특히 2006년부터 지방의원 유급제 전환과 기초의원까지 정당공천제 확대 및 중선거구제 채택 등으로 지방의원의 의정활동 양상이 달라졌고, 복잡하고 다양한 민원처리와 공청회·토론회·간담회 등의 증가, 일상적인 정치·정당활동, SNS 대중화 등으로 업무량은 폭발적으로 늘었다. 지방의회의 전문성 향상을 위해서는 지방의원의 개인적 역량강화, 즉 자질과 능력을 갖춘 훈련받은 인재들이 진출할 수 있는 시스템과 환경조성도 중요하지만, 근본적으로는 지방의회 차원의 조직적 역량강화가 더 중요하다. 따라서 지방의회 전문성 강화의 상징이라 할 수 있는 보좌관제[3] 도입은 지방의회의 오랜 염원이었다.

---

3   지방의원 '보좌관제' 도입을 위한 학계와 국회, 지방의회의 노력은 지방의회 부활 이후 지속적으로 이루어져 왔다. 학계(강상원·최병대 2010; 강인호 2013; 김순은 2013; 송광태 2003; 장영두 2006; 진세혁·임병연 2005 등)의 꾸준한 연구가 진행되어 왔고, 서울특별시의회에서는 1992년 4월 의원 1인당 5급 상당의 정책보좌관 확보를 위한 조례개정안을 의결하였다, 한편 국회에서는 제14대 국회에서 장석화 의원(1995.11.18.)이 최초로 지방자치법 개정안을 발의하여 '시·도의회의원에게 각각 1인의 5급 상당 별정직공무원, 시·군·구의회에 의원 정수에 따라 5인 또는 10인 이내의 6급 상당 별정직 보좌관'을 제안했다.

주민주권이 확대되고, 지방자치가 발전하면서 지방의회의 권한과 역할 강화에 대한 사회적 공감대가 형성되면서 지방의회 인사권 독립과 정책지원관제 도입을 주요 골자로 하는 지방자치법 전부개정안이 32년 만에 국회를 통과한 것은 분명 역사적인 쾌거다. 그 결과 2022년 1월 13일부터 지방의회에도 정책지원 전문인력이 채용되기 시작했다. 비록 국회의원처럼 별정직 보좌직원[4]은 아니지만, 지방자치 역사상 처음으로 의원정수의 1/2 범위 내에서 채용할 수 있게 된 것은 역사적으로 큰 의미를 갖는다.

본 연구는 지방의회 정책지원관제도의 효과 분석으로서 정책지원관제도의 도입과 시행에 따른 지방의회의원의 만족도와 기초의회와 광역의회 간 의정활동 지원에 대한 만족도 차이를 실증적으로 비교 분석하여 제도개선 방안에 대해서 정책적 시사점을 제시하고자 한다. 기초의회와 광역의회 간 차이 분석을 위하여 활용한 통계기법은 카이스퀘어 독립성 검정이다.

정책지원관제도의 효과성 여부를 지방의회의원이 인식하는 만족도로 측정하고자 한다. 효과성과 만족도 간 학문적 차이가 존재함에도 불구하고 제도 도입으로 인하여 수혜를 입을 것으로 추정되는 정책수혜자가 인식하는 만족도를 동일시하려는 시도는 분석의

---

[4] 국회의원의 보좌직원과 수당 등에 관한 법률 제2조(보좌직원) ① 국회의원의 입법활동을 지원하기 위하여 보좌관 등 보좌직원(이하 "보좌직원"이라 한다)을 둔다. ② 보좌직원에 대하여는 별표 1에서 정한 정원의 범위에서 보수를 지급한다.

정밀성을 훼손할 우려가 있다. 다만, 지방의회 정책지원관제도가 최근 도입되었고, 운영 역시 초기임을 감안할 때 제도의 효과성을 엄격히 분석하기가 쉽지 않다는 점을 감안하여 민족도 지표를 대리 활용했다는 점을 밝혀둔다.[5] 지방의회의원이 인식하는 만족도 역시 여러 정황상 엄밀히 측정될 수 없는 한계가 있지만, 상대적으로 측정이 더 수월하고 측정 결과를 기초로 다양한 정책제언을 도출할 수 있다는 점에서 만족도를 효과성 변수로 대체했다.

이하 본 논문의 구성은 다음과 같다. 먼저 정책지원관제도의 필요성과 도입 과정, 정책지원 전문인력 운영 현황에 대해서 살펴보고, 기존 문헌을 검토한 후 연구가설을 설정한다. 다음으로 지방의회의원을 대상으로 한 설문조사를 바탕으로 기초의회와 광역의회 간 만족도 차이를 실증적인 비교 분석한다. 마지막으로 정책적 시사점과 향후 과제를 도출하고자 한다.

---

[5] 정책지원관제도 도입의 궁극적 수혜자는 주민이다. 제도도입의 효과분석은 주민을 대상으로 만족도를 측정하는 것이 적절하다. 또한 의원들의 의정활동 관련 지표 변화 추이를 확인하는 것도 성과지표는 아니지만 대리 변수로 검토 가능하다. 그러나 제도도입 및 짧은 운영 기간을 감안하면 계량분석은 자료 확보의 어려움이 있고, 주민에 대한 직접 조사 역시 아직은 인식 수준 자체가 낮기 때문에 한계가 있다.

II. 이론적 논의 및 선행연구의 검토

1. 정책지원관제 필요성과 도입 과정

지방의회 역할과 위상 강화는 지방자치제도 전반의 성공과 실패와도 직결된다(Abney and Lauth 1986; Hill and Mladenka 1992). 지방의회는 집행기관을 견제한다는 명분만 있을 뿐 이를 뒷받침할 수 있는 제도적인 장치는 거의 변하지 않았기 때문에 지방의원들은 의정활동 업무와 권한이 제한되었으며, 집행기관을 견제할 역량이 부족하여 지방의회의 운영에서 부실이 발생하고 있는 것이다(이상팔 2004, 53-54).

그러나 우리는 지방의회를 바라볼 때 이중의 잣대를 가지고 있었다고 할 수 있다. 즉, 지방의회에 대한 요구와 기대, 그리고 현실적 필요성에 대해서는 전문적 정책의회를 지향하여 높은 전문성과 도덕성 및 정책적 기능수행을 바라지만, 실제 이를 뒷받침하는 제도는 명예직 시민의회의 범주에 머무르고 있어도 제도의 개선에는 무관심하거나 소극적이었다(송광태 2003, 24).

지방의원은 선거를 통하여 선출되므로 전문성보다는 대표성이 더 중요하다는 것을 고려한다면 지방의회 전문성은 지방의회의 의정활동을 지원하는 지방의회 사무기구의 기능과 역할을 전문화하는 것으로도 충분히 가능하다(장영두 2006, 227). 실제 2022년 6월에 실시한 지방선거 결과 제9기 지방의회 현황을 살펴보면 초선의원 비율이 60%[6]에 육박한다는 점에서 지방의원 개개인의 자질과 능력보다는 보좌관제도 도입과 지방의회 사무기구로 대표되는 조직의 역량 강화가 더 중요하다는 것을 확인할 수 있다. 지방의회 부활 당시 제3대 서울특별시의회 의원 정수는 132명이고, 1991회계연도 결산기준 서울시와 교육청 총세입액[7]은 6조 1,673억 원이다. 의원 1인이 감당했던 재정규모는 467억 원 정도다. 제10대(2018-2022) 서울시의원 110명이 심의했던 서울시와 교육청, 기금 총세입액은 2021회계연도 결산기준 66조 21억 원이고, 따라서 의원 1인당 심의했던 재정규모는 6천억 원이 넘는다. 지난 30년 동안 서울시와 교육청의 재정규모는 11배 정도 늘었고, 서울시의원 한 명이 책임져야 할 재정규모도 13배나 폭증했지만 서울시의원에게는 여전히 단 한 명의 보좌관도 없는 실정이다. 국회의 경우 국회사무처와 국회도서관, 국회예산정책처, 국회입법조사처, 교섭단체 정책연구위원, 전문위원, 국회의원 1인당 9명의 개인보좌직원 등 조직과 인력을 지속적으로 확대[8]해 왔다. 지방의회의 발전 모델이 국회라고 할 때 이는 시사하는 바가 크다고 하겠다.

---

6   행정안전부(2022), 제9기 지방의회 현황(지방의원 총 3,864명 중 초선의원 2,264명(59%), 재선의원 1,077명(28%), 삼선의원 이상 523명(13%)이다.

7   서울시의회 회의록, 제69회 정기회 제4차 본회의(1992.12.7.).

8   국회사무처직제(1963.12.17.) 시행 당시 국회사무처 정원은 총399명이었고, 현재(2023.7.1.) 정원은 3,939명이다. 2003년 국회예산정책처가 신설(국회예산정책처직제 정원 92명)되었고, 현재(2023.7.1.) 정원은 138명이다. 2007년 국회입법조사처가 신설(국회입법조사처직제 정원 65명)되었고, 현재(2023.7.1.) 정원은 126명이다.

지방의원의 전문성 강화를 위해 지방의원 보좌관제도를 도입하자는 논의는 상위법령의 근거 불충분, 지방 재정력의 건전성 악화, 보좌관의 개인 비서화 등을 이유로 제도화되지 못했다(임승빈 2013). 한편, 보좌관제도 또는 정책지원 전문인력 도입 관련 의원발의 입법 추진은 지방의회 부활 이후 2019년 3월 정부제출안 전까지 12번 발의되었으나 모두 임기만료 폐기된다.[9] 하지만 2015년 4월 제19대 국회 안전행정위원회 법안심사소위 심사과정[10]에서 '의미 있는 전개'가 벌어진다. 광역의원에게 1인의 '보좌직원'을 둘 수 있도록 대표발의한 의원이 심사과정에서 '정책지원 전문인력'으로 수정해서 제안하게 되고 이는 상임위를 통과한다. 하지만 최종 심사단계인 법제사법위원회에 상정되었지만 이 또한 처리되지 못하고 결국 임기만료 폐기된다.

그러나 당시 심사과정에서 중대한 사실 세 가지를 확인할 수 있다. 첫째, '정책지원 전문인력'이라는 용어가 공식적으로 국회 회의록에 처음 등장한다. 대표발의자인 정청래 의원이 심사과정에서 '보

---

9   지방자치법 개정안 11건과 지방의회법 제정안 1건이다. 지방자치법 개정안은 장석화 의원(1995), 정균환 의원(1996), 권오을 의원(2004), 임동규 의원(2009), 김성곤 의원(2010), 최재성 의원(2010), 정청래 의원(2012), 추미애 의원(2016), 김광수 의원(2016), 정병국 의원(2017), 임종성 의원(2018)이 대표발의 했고, 지방의회법 제정안은 전현희 의원(2018)이 대표발의 했지만 모두 임기만료 폐기된다.
10 제19대 국회 제332회(임시회) 안전행정위원회 제3차 법안심사소위 회의록(2015.4.28.) 참조.

좌직원'을 '정책지원 전문인력'으로 수정 제안하면서 처음으로 언급된다. 그러나 정책지원 전문인력에 대한 성격과 직무범위 등에 대한 충분한 공론화 과정이 없이 즉석[11]에서 제안된다. 둘째, 지방의회 부활 이후 지속적으로 제기되어 왔던 지방의원 보좌관제도라는 용어는 이후 완전히 사라지게 되고, 정책지원 전문인력으로 그 명칭이 통일된다. 추미애 의원(2016), 정병국 의원(2017), 정부제출안(2019) 등에서 보좌관이 아닌 정책지원 전문인력으로 제안되고, 이는 결국 2020년 12월 지방자치법 전부개정으로 법제화된다. 셋째, 지방의원 보좌관제도가 지방의회의 전문성 제고라는 본래 취지와 달리 의원의 사적(私的) 업무수행 등 개인비서화 되는 것에 대한 강한 거부감을 확인할 수 있다.[12] 실제로 행정안전부는 시행령 개정과정에서 '의원의 사적(私的)사무 지시 금지 규정'을 명시하려 했지만, 지방의회의 강력한

[11] 2015년 4월 6일 국회도서관 강당에서는 정청래 국회의원과 서울특별시의회 공동주최로 '지방자치 발전과 지방의원 의정역량 강화방안 토론회(인사권 독립과 정책보좌관제 도입을 중심으로)'가 열렸고, 핵심 토론주제는 지방의원 정책보좌관제 도입이었다. 이날 정청래 의원은 인사말에서 "지방의회 업무가 계속 증가하고, 내용 역시 복잡해지고 있는 상황에서 입법활동의 효율성을 높이고 정책과 예산에 대한 통제기능을 보다 효과적으로 수행하기 위해서는 정책보좌관 제도의 도입이 시급하다."고 말한다. 토론회 시점은 국회 안전행정위원회 법안소위 개최 3주 전이었다(국회의원 정청래·서울특별시의회 2015).

[12] 2015.4.28. 심사과정 외에도 2020.11.30. 제382회 국회(정기회) 행정안전위원회 법안심사 제1소위원회에서 행정안전부 차관(이재영)은 "개인 보좌관화를 막기 위해 위원회나 사무처 등에 배치하도록 하는 내용을 법률에 직접 규정하는 것을 희망합니다."라고 표명한다.

반대와 법제처 지적에 따라 결국 삭제된 적이 있다.

하지만 '정책지원 전문인력'이라는 용어는 지방자치 역사에서 다소 낯설다. 이에 최춘규(2020)는 정책지원 전문인력의 명확한 개념 정의가 필요하다. 공무원의 대외명칭을 정의하면서 4개 단어, 8글자의 합성어를 사용하고 있다는 점에서 매우 이례적이고 불분명하기 때문이다. 즉 집행사무와 구별 짓는 '정책지원', 일반직공무원과 임기제·별정직공무원을 구별 짓는 '전문인력'의 용어 개념이 그렇다고 지적한다.

이렇듯 지방의회의 전문성 강화를 위해 도입 추진되었던 지방의원 보좌관제도가 정책지원 전문인력이라는 명칭으로 법제화되었다는 것은 지방의회 부활 이후 지속적으로 추진해 왔던 보좌관제도가 결국 좌절되었다는 것을 뜻한다. 이는 결국 의원 개인차원의 보좌직원 성격인 보좌관이 아닌 의회 조직차원의 지원인력인 정책지원 전문인력으로 후퇴했음을 의미한다.[13] 지방자치법 제41조에서 '지방의회에 정책지원 전문인력을 둘 수 있다'에서 알 수 있듯이 지방의원 개인보좌가 아닌 지방의회 조직차원의 지원이라는 것을 명확하게 하고 있는데, 이는 국회의원의 입법활동을 지원하기 위하여 보좌관 등 보좌직원을 둔다고 명시한 '국회의원의 보좌직원과 수당 등에 관

---

[13] 지방의회 경쟁력의 핵심 요소에 대한 이해 부족으로 추정된다. 지방의회 경쟁력 강화를 위한 정책지원관제도의 도입이 조직 관점에서 추진된 결과 동 제도가 지방의회 경쟁력 지표의 핵심을 담당하는 의원 경쟁력에 큰 영향을 미치지 않을 수도 있다.

한 법률'과 분명한 차이라고 할 수 있다.

2. 정책지원 전문인력 운영 현황

광역의회 정책지원 전문인력 운영 현황(2023.6.30. 기준)은 법정 정원 413명 중 실제 반영 정원은 409명으로 99%가 반영되었고, 부산광역시의회만 실제 반영 정원이 법정 정원에 미달해 운영 중인 것으로 나타났다. 광역의회 법정 정원 413명 대비 현원은 381명으로 92.3%가 운영 중인 것으로 확인되었다. 광역의회 정책지원 전문인력 운영 현황은 〈표 7-1〉와 같다.

〈표 7-1〉 광역의회 정책지원 전문인력 운영 현황

지자체	계 (16개)	서울	부산	대구	인천	광주	대전	울산	세종
법정 정원 (의원정수1/2)[a]	413	56	23	16	20	11	11	11	10
실제 반영 정원[b]	409	56	19	16	20	11	11	11	10
(정원 반영률[b/a])	(99.0%)	(100%)	(82.6%)	(100%)	(100%)	(100%)	(100%)	(100%)	(100%)
현원[c]	381	53	19	16	20	11	10	11	10
(법정 정원 대비 현원[c/a])	(92.3%)	(94.6%)	(82.6%)	(100%)	(100%)	(100%)	(90.9%)	(100%)	(100%)
법정 정원 미반영[1)]	1	0	1	0	0	0	0	0	0
현원 미달[2)]	6	1	0	0	0	0	1	0	0

지자체		경기	강원	충북	충남	전북	전남	경북	경남
법정 정원 (의원정수1/2)a	-	78	24	17	24	20	30	30	32
실제 반영 정원b	-	78	24	17	24	20	30	30	32
(정원 반영률)b/a	-	(100%)	(100%)	(100%)	(100%)	(100%)	(100%)	(100%)	(100%)
현원c	-	78	18	17	24	19	30	15	30
(법정 정원 대비 현원)c/a	-	(100%)	(75.0%)	(100%)	(100%)	(95.0%)	(100%)	(50.0%)	(93.8%)
법정 정원 미반영[1]	-	0	0	0	0	0	0	0	0
현원 미달[2]	-	0	1	0	0	1	0	1	1

출처: 행정안전부

주: [1]법정 정원을 반영하지 않은 광역의회 수, [2]법정 정원을 반영하였으나 정원>현원인 광역의회 수

    기초의회 정책지원 전문인력 운영 현황(2023.6.30. 기준)은 법정 정원 1,430명 중 실제 반영 정원은 1,302명으로 91.0%가 반영되었으나 현원은 946명으로 66.2%가 채용되어 운영 중인 것으로 확인되었다. 한편, 법정 정원을 모두 반영한 곳은 인천과 광주, 울산지역 3곳에 불과했고, 전국 46개 기초의회는 법정 정원을 정원조례에 실제 반영도 못 한 것으로 나타났다. 한편 전국 기초의회 226곳 중 절반 이상인 129곳은 현원 미달 상태이며, 아직 채용되지 않은 정책지원 전문인력은 484명에 달하는 것으로 나타났다. 기초의회 정책지원 전문인력 운영 현황은 〈표 7-2〉와 같다.

<표 7-2> 기초의회 정책지원 전문인력 운영 현황

지자체	계 (226개)	서울	부산	대구	인천	광주	대전	울산	세종
법정 정원 (의원정수1/2)[a]	1,430	207	86	62	59	33	31	24	-
실제 반영 정원[b]	1,302	192	76	60	59	33	29	24	-
(정원 반영률[b/a])	(91.0%)	(92.8%)	(88.4%)	(96.8%)	(100%)	(100%)	(93.5%)	(100%)	-
현원[c]	946	178	53	47	48	33	22	18	-
(법정 정원 대비 현원[c/a])	(66.1%)	(86.0%)	(61.6%)	(82.5%)	(81.4%)	(100%)	(71.0%)	(75.0%)	-
법정 정원 미반영[1]	46	3	4	1	0	0	1	0	-
현원 미달[2]	129	9	8	5	6	0	3	4	-

지자체		경기	강원	충북	충남	전북	전남	경북	경남
법정 정원 (의원정수1/2)[a]	-	222	80	66	83	95	118	134	130
실제 반영 정원[b]	-	201	68	61	72	91	102	117	117
정원 반영률[b/a]	-	(90.5%)	(85.0%)	(92.4%)	(86.7%)	(95.8%)	(86.4%)	(87.3%)	(90.0%)
현원[c]	-	147	39	41	59	71	63	54	73
(법정 정원 대비 현원[c/a])	-	(66.2%)	(48.8%)	(62.1%)	(71.1%)	(74.7%)	(53.4%)	(40.3%)	(56.2%)
법정 정원 미반영[1]	-	6	5	2	4	2	6	8	4
현원 미달[2]	-	18	12	6	7	7	12	16	16

출처: 행정안전부

주: [1]법정 정원을 반영하지 않은 기초의회 수, [2]법정 정원을 반영하였으나 정원〉현원 인 기초의회 수

3. 선행연구의 검토

지방의회 정책지원 전문인력이 도입되기까지 학계 및 전문가들의 보좌관제도 또는 정책보좌관제도 도입과 관련한 연구들이 지속적으로 진행되었다.

기존 연구를 살펴보면, 송광태(2003)는 보좌관제도 도입을 역설하면서도 현실적으로 불가능하기 때문에 의회 사무직원에 대한 인사권 독립과 전문위원실의 인력 보강을 대안으로 제시하고, 보좌관제도의 도입은 장기적 과제로 남겨둘 것을 주장한다. 진세혁·임병연(2005)은 의원 개인별 보좌관제도의 도입, 다양한 보좌 인력의 확보와 지원, 비상근 전문인력의 활용, 의회도서관을 이용한 정책보좌기능의 활성화, 그리고 의회 사무기구 인사권을 지방의회에서 행사해야 한다고 제안한다. 장영두(2006)는 지방의회 의원들이 주민의 복리증진에 기여하기 위해서는 의회의 정책연구 기능이 강화되어야 하고, 이를 위해 전문위원의 질적·양적 증가와 더불어 장기적으로 보좌관제도의 도입을 고려해야 한다고 주장한다. 안영훈·김성호(2007)는 광역의원을 중심으로 전문보좌관을 도입하고, 3단계(의장 소속의 독립기관-상임위원회 보좌관-의원의 개별보좌관) 순차적 도입방안을 제시한다.

이 외에도 다양한 연구들이 이어졌다(강인호 2013; 김순은 2013; 김찬동 2010; 박순종·박노수 2014; 이관행 2019; 이정진·하혜영 2011; 임영덕·신가은 2012; 조석주·박기관 2010; 최진혁 2011; 한상우 2007). 지방의원 보좌관제도 도입에 관한 선행연구를 종합·정리해 보면 〈표 7-3〉과 같다.

〈표 7-3〉 지방의원 보좌관제도 도입에 관한 선행연구

연구자	지방의원 보좌관제 도입 방안
송광태(2003)	보좌관제도가 현실적으로 불가능하므로 의회 사무직원에 대한 인사권 독립과 전문위원실의 인력 보강을 대안으로 제시하고, 보좌관제도의 도입은 장기적 과제로 남김
진세혁·임병연 (2005)	미국과 일본 지방의회의 정책보좌기능을 살펴보고 한국도 지방의원의 전문성 제고를 위해 정책보좌관제를 도입해야 한다고 주장
장영두(2006)	지방의회 의원들이 주민의 복리증진에 기여하기 위해서는 의회의 정책연구기능이 강화되어야 하고, 이를 위해 전문위원의 질적·양적 증가와 더불어 장기적으로 보좌관제도의 도입이 필요하다고 주장
안영훈·김성호 (2007)	의장 소속의 독립기관, 위원회 보좌관, 의원의 개별보좌관 순으로 3단계 도입방안 제시
한상우(2007)	지방의원의 경우 지역구 관리 등의 정치적 활동이 많은 점을 감안한다면 집행부 견제·감시 등 지방의원의 역량제고를 위해 보좌관제도의 도입이 필요하다고 주장
양기근·이정희 (2007)	보좌관제도의 도입과 더불어 전문위원실 인력 충원, 의정지원인력의 확충이 동시에 이루어져야 한다고 주장
경기도의회 (2007)	국내·외 사례를 비교·분석하여 지방의회의 전문성 향상과 정책기능 제고를 위해 전문보좌관제도의 도입이 필요하다고 주장
김찬동(2010)	의정활동의 지원을 위한 자치법령들이 지방자치단체의 다양한 사회적, 지리적, 경제적 다양성을 고려하지 못하고 있어 지나치게 획일적이라고 지적하면서, 이러한 다양한 요인들을 고려하여 지방의원들의 직무량과 수준 등을 고려한 법률 개정이 선행되어야 한다고 주장하면서 지방의회 보좌인력의 강화가 필요하다고 주장
조석주·박기관 (2010)	구체적으로 단계별 차등적 보좌관제 도입을 제시, 보좌인턴제를 시범 실시한 후, 유급보좌관제도 확대 실시, 공동보좌관제 시범 실시 후, 모든 광역의회로 확대하는 방안, 자치단체의 규모에 따른 차등적 및 단계적 실시
이정진·하혜영 (2011)	지방의회 정책 보좌기구의 현황과 관련된 논의들을 검토하여 지방의원들이의 의정활동을 지원하고 정책전문성을 높이기 위한 방안으로 지방의회에 별도의 정책보좌기구를 설치하는 방안, 위원회별 전문위원의 확대 적용하는 방안, 광역의원에 한해 유급 보좌관을 도입하는 방안 등을 제시
최진혁(2011)	현행 지방의원들의 정책결정 능력을 제고하기 위한 전문적 보좌인력이 부족하다고 지적하면서 의장 소속하에 전문보좌기관 설치, 보좌인턴제 도입, 공동보좌관제 도입, 장기적으로는 의원 개인별 보좌관제 도입을 주장
임영덕·신가은 (2012)	광역지방의회에서는 집행부의 방대한 조직에 대한 효율적인 견제·감시의 한계, 자료수집·주민의견수렴·각종 민원처리·조례 및 예산심의 폭주 등 현실적인 이유와 지방의회가 행정부의 대칭축에서 정책제안이나 정책집행상의 감시기능 등을 원활하게 수행하기 위해서는 의원보좌관제도를 도입해야 한다고 주장
강인호(2013)/ 김순은(2013)	지방의회 사무기구의 인사권 독립과 병행하여 보좌관제도의 도입 그리고 합리적인 의정비 지급 등 다양한 제도들을 복합적으로 제시함으로써 단편적으로는 하나의 제도 개선을 통한 지방의회 의원의 전문성 강화보다는 광범위한 관련 제도의 복합적 개선이 필요하다고 주장
박순종·박노수 (2014)	지방의회의 전문성 향상을 위하여 지방의회의 의정활동 여건을 고려하여 지방의회 보좌관 제도를 도입할 때 지방자치단체에 선택권과 자율성을 부여하는 개방형 내지 메뉴형의 도입 방안을 제시
이관행(2019)	지방의회가 정책보좌인력을 확보하기 위해서는 지방의원의 수를 줄이는 등 지방의회 구성원들의 노력이 필요하고, 국회와 행정부도 지방의회 전문성 확보를 위해 법 개정에 적극적으로 나서야 한다고 주장

출처: 유동상·강인호(2016, 467) 및 박순종·박노수(2014, 71)에서 일부 수정 보완

이상에서 살펴본 대부분의 기존 연구는 다음과 같은 한계가 있다. 첫째, 시기적으로 정책지원관제도 도입 이전의 연구가 대부분을 차지한다. 정책지원관제도는 본래 지방의회 부활 이후 꾸준히 논의되어왔으나, 2022년부터 본격 시행되었기 때문이다. 둘째, 정책지원관제도 도입 이후 실제 지방의원의 만족도 등에 대한 실증적 연구가 부족하다. 대부분의 선행연구는 정책지원관제도의 도입에 대한 필요성과 도입방안 등 규범적 차원의 연구이다. 이에 본 연구는 정책지원관제도가 도입된 이후 실제 지방의원이 체감하는 만족도와 의정활동 지원에 대한 만족도 등을 실증적 차원에서 규명해 보고, 기초의회와 광역의회 간 만족도 차이가 있는지를 분석하고자 한다. 아울러 정책지원관제도가 도입된 지 얼마 되지 않았음에도 불구하고 관리·운영상의 문제점을 제기하고 있는 일부 주장도 있다는 점에서 향후 제도개선에 필요한 사항이 무엇인지를 추가적으로 조사해 그 방안을 제시해 보고자 한다.

Ⅲ. 실증분석 결과

1. 조사개요 및 응답자 특성

본 연구를 위해 지방의회의원을 대상으로 설문조사를 실시했다. 설문조사 기간은 2023년 6월 26일부터 2023년 7월 25일까지 한

달간이었다. 설문조사 결과 총 461명의 설문지가 회수되었고, 불성실 응답자 23명을 제외하고 438명의 응답 설문지를 분석하였다. 설문조사의 공간적 범위는 제주특별자치도의회[14]를 제외한 광역의회 16개와 기초의회 226개를 합쳐 전국 242개 지방의회를 그 대상으로 했다. 기초의회와 광역의회 간 차이 분석을 위하여 활용된 통계기법은 카이스퀘어 독립성 검정이다. 질문별 만족도 수준을 묻는 5개 항목에 대한 응답 빈도수를 그대로 활용하기 위함이다. 응답결과를 등간변수로 전환하여 얻는 장점도 있지만, 코딩 과정에서 손실된 정보를 최소화하기 위함이기도 하다. 예컨대, '매우 불만족'과 '대체로 불만족' 간 차이와 '보통'과 '대체로 만족' 간 차이가 동일할 수 없다. 정보손실을 최소화하기 위해서는 응답자의 비중을 등치로 설정하는 것이다. 이와 같은 논리에 기초해서 본 연구는 기초의회가 인식하는 만족도 수준과 광역의회가 인식하는 만족도 수준 간 미세한 차이를 보다 효과적으로 포착하고자 했다.

응답자 그룹별 특성을 살펴보면 기초의원이 287명(65.5%), 광역의원이 151명(34.5%)이며, 성별은 남성 285명(65.7%), 여성 149명(34.3%)의 분포특성을 보였다. 연령별 응답특성을 살펴보면 50대가 200명(46.1%)로 가장 많았으며, 60대 이상이 97명(22.3%), 40대가 78

---

[14] 제주특별자치도의회의 경우 2006년 7월 1일부터 「제주특별법」 제45조에 따라 상임위원회별로 3인 이내의 정책자문위원(5급 상당의 계약직 또는 별정직)을 운영해왔으며, 2023년 7월 현재는 동법 제39조에 따라 21명 이내의 정책연구위원(5급 상당의 임기제 또는 별정직)을 운영하고 있다.

명(18.0%), 30대가 47명(10.8%), 20대가 12명(2.8%)의 분포 순으로 나타났다. 총 당선 횟수별로 살펴보면 초선 의원이 245명(56.7%), 재선 의원이 128명(29.6%), 삼선 이상 의원이 59명(13.7%)로 나타났다. 설문조사 응답자 특성은 〈표 7-4〉와 같다.

〈표 7-4〉 설문조사 응답자 특성

단위: 명, %

구분		빈도	비율
그룹	기초의원	287	65.5
	광역의원	151	34.5
	전체	438	100.0
성별	남	285	65.7
	여	149	34.3
	전체	434	100.0
연령	20대	12	2.8
	30대	47	10.8
	40대	78	18.0
	50대	200	46.1
	60대 이상	97	22.3
	전체	434	100.0
총 당선 횟수	초선	245	56.7
	재선	128	29.6
	삼선 이상	59	13.7
	전체	432	100.0

주: 구분별 '전체 값'이 다른 이유는 설문 응답 누락(또는 무응답) 때문임.

2. 연구가설의 설정

본 연구는 최근 도입되어 시행되고 있는 지방의회 정책지원관제도의 효과를 분석하고, 의정활동 지원에 대한 만족도를 기초의회와 광역의회 간 실증적으로 비교 분석하는 데 있다. 특히 지방의원의 의정활동을 박태헌 외(2017), 박순종·이승모(2021) 등 선행연구를 종합적으로 검토해 지방의회 기능과 역할에 따라 입법활동, 예산활동, 견제감시활동, 주민대표활동 4가지로 구분하고, 지방의회 정책지원관제 도입이 각각 4가지 의정활동에 어떤 영향을 미치고 있는지 분석한다. 연구의 구체성과 유효성을 확보하기 위하여 구체적인 몇 가지 가설을 설정했다. 가설을 설정하기 전에 본 연구는 정책지원관제도의 효과성 여부를 지방의회의원이 인식하는 만족도로 측정하고자 한다.

따라서 본 연구는 지방의회의원을 대상으로 정책지원관제도에 대한 만족도를 다양한 방식으로 측정하여 이를 토대로 지방의회 정책지원관제도의 효과성을 간접적으로 측정하고, 동시에 기초의회와 광역의회 간 의정활동 지원에 대한 만족도 차이를 확인하고자 한다. 이는 정책지원관제도를 설계할 당시 기초의회와 광역의회를 구분하고자 했던 사유와 관련이 깊다. 의정활동 범위와 환경, 사무기구의 기능과 규모가 서로 다르기 때문에 일괄 적용되는 현행 정책지원관제도의 운영이 한계를 노정시킬 가능성이 있다는 점을 암시하기도 한다. 본 연구의 주요 초점이 기초의회와 광역의회 간 만족도 차이 분석에 모아져 있는 것도 향후 정책개선에 도움이 될 것으로 판단되기 때문이다. 다음은 지방의회 정책지원관제도에 대하여 전반적으로 만족하고 있는지, 기초의회와 광역의회 간 의정활동 지원에 대한 만족도 차이가 있는지, 구체적으로 4대 의정활동 분야별 만족도 차이는 있는지 등을 확인하기 위하여 설정된 가설이다.

가설 1: 정책지원관제도에 대해 전반적으로 만족할 것이다.
가설 2: 정책지원관제도에 대해 기초의회와 광역의회 간 만족도 차이는 없을 것이다.
가설 3: 기초의회와 광역의회 간 입법활동 지원에 대한 만족도 차이는 없을 것이다.
가설 4: 기초의회와 광역의회 간 예산활동 지원에 대한 만족도 차이는 없을 것이다.
가설 5: 기초의회와 광역의회 간 견제감시활동 지원에 대한 만족도 차이는 없을 것이다.
가설 6: 기초의회와 광역의회 간 주민대표활동 지원에 대한 만족도 차이는 없을 것이다.
가설 7: 정책지원관제도에 대해 기초의회와 광역의회 간 제도개선 방안은 차이가 없을 것이다.

가설설정의 기본적 논리와 근거는 다음과 같다. 먼저 〈가설 1〉과 관련해서는 지방의회 정책지원관제도에 대해 전반적으로 만족할 것이란 근거는 제도 도입 취지 그 자체에 있다. 제도 도입을 가장 강력하게 요구했던 당사자가 바로 지방의회의원이었고, 제도 도입의 일차적 수혜자는 지방의회의원이 명백하기 때문이다. 궁극적 수혜자는 주민이지만 현재로서는 지방의회의원의 만족도 수준을 기준으로 동 제도 도입의 효과를 확인할 수밖에 없다. 따라서 지방의회의원은 정책지원관제도에 대해 전반적으로 만족할 것이다.

〈가설 2〉와 관련해서는 정책지원관제도 도입은 지방의회 부활 이후 지방의회 전문성 향상 방안 중 하나로 꾸준하게 제기되어 왔다. 지방의회는 지방자치법에 따라 조례 제정과 개정·폐지와 예산·결산안 심의·의결 등 의결권한을 행사하며, 행정사무감사를 통해 집행기관인 단체장의 업무를 견제·감시하고, 청원과 민원 처리 등 광범위한 의정활동을 수행한다. 지방의원 1인으로 방대한 집행기관의 업무를 효율적으로 견제하기란 물리적으로 불가능하며, 이러한 행정 여건 변화에 적극 대처하고 지방분권 시대에 지방의회 역량강화 요구에 부응하기 위해서는 지방의원에게 보좌관 신설이 필요하다(최병대 2009, 91). 따라서 지방의회의원의 의정활동을 지원하기 위해 32년 만에 처음으로 도입된 정책지원관제도는 지방의회의 오랜 염원이었기 때문에 기초의회와 광역의회 간 만족도 차이는 따로 없을 것이다. 이에 대해 실증적인 조사와 분석을 통해 확인하고자 한다.

〈가설 3〉과 〈가설 4〉, 〈가설 5〉, 〈가설 6〉과 관련해서는 정책지원관제도 도입 목적이 지방의회의원의 의정활동을 지원하기 위함이기 때문에 의정활동을 지방의회 기능과 역할에 따라 입법활동, 예산활동, 견제감시활동, 주민대표활동 4가지로 구분하였다. 특히 2006년부터 지방의원 유급제 실시로 지방의회의 역할도 전문적인 정책의회로 바뀌기 시작했고, 기초의원까지 정당공천제가 확대되면서 지방의원의 자질과 역량에 대한 검증 또한 계속 강화되어 왔다. 이러한 추세로 인해 막강한 권한을 가지고 있는 단체장에 대한 견제와 감시의 역할을 수행해야 하는 지방의회의 기능과 역할의 중요성도 더불어 증가하고 있다(강상원·최병대 2010, 6-8; 조석주·박기관 2010, 375-394). 따라서 최근 도입된 정책지원관제도에 대한 지방의회의원의 만족도는 어떠한지, 기초의회와 광역의회 간 4대 의정활동 지원에 대한 만족도 차이는 있는지를 실증적인 조사와 분석결과를 통해 확인하고자 한다.

〈가설 7〉과 관련해서는 현행 정책지원관제도는 지방의회의원 정수의 2분의 1 범위에서 해당 지방자치단체 조례로 정하는 바에 따라 지방의회에 정책지원 전문인력을 둘 수 있다. 따라서 기초의회와 광역의회 모두 '의원 2명당 1명의 정책지원관'이 의정활동을 지원하고 있다. 이는 지방의회 부활 이후 지속적으로 추진해 왔던 지방의원 보좌관제와 그 성격이 전혀 다르며, 지방의원 1인당 0.5명이라는 인력 규모 또한 현실을 전혀 반영하지 못했다는 평가다. 따라서 현행 정책지원관제도에 대해 기초의회와 광역의회 간 제도개선 방안에는 차이는 없을 것이며, 이를 실증조사를 바탕으로 분석해서 향후 정책적 시사점을 제시하고자 한다.

3. 분석결과 종합

1) 정책지원관제도 전반에 대한 만족도 분석결과

정책지원관제도에 대한 만족도는 〈표 7-5〉에서와 같이 응답자 436명 중 172명(39.4%)이 '만족'이라고 응답했으며, 74명(17.0%)이 '매우 만족'이라고 응답했다. 전체 응답자의 56.4%인 246명이 만족 또는 매우 만족하고 있는 것으로 나타났으며, '보통'이라는 응답은 29.4%인 128명으로 나타났다. '불만족'이라는 응답자도 11.0%인 48명으로 나타났고, '매우 불만족'이라는 응답자도 14명(3.2%)이 확인되었다. 그러나 만족도 조사에서 기초의회의 경우 매우 만족과 만족 비율은 59.6%였고, 광역의회는 50.3%였다. 기초의회의 매우 불만족과 불만족은 11.3%였고, 광역의회는 19.9%로 나타났다. 특히 광역의회의 경우 '매우 불만족'은 7.3%로 기초의회의 1.1%보다 훨씬 높았으며, '매우 만족'은 광역의회가 9.9%로 기초의회가 20.7%보다 훨씬 낮게 나타났다. 전체 평균에 비해 광역의회의 매우 불만족 또는 불만족 비율이 높았고, 반면 광역의회의 매우 만족은 전체 평균보다 훨씬 낮게 나타났다. 따라서 정책지원관제도에 대한 만족도 조사결과 기초의회의 만족도가 광역의회에 비해 상대적으로 높게 나타났으며, 정책지원관제도에 대해 전반적으로 만족할 것이라는 〈가설 1〉은 채택은 되었지만, 광역의회의 경우 불만족 또한 상당한 것으로 확인되었다.

이에 정책지원관제도에 대한 기초의회와 광역의회 간 만족도 차이가 유의미한지 알아보기 위해 카이스퀘어 독립성 검정을 실시하였다. 정책지원관제도에 대한 기초의회와 광역의회 간 유의도 분석결과 기초의회와 광역의회 간 정책지원관제도에 대한 만족도 차이에 대한 통계량 χ^2=19.2697로서 자유도가 4이며, 신뢰수준 95%(α=0.05) 하의 확률통계량 9.488보다 크고, 확률값(p=0.0007)은 신뢰수준 95% 하에서 유의수준 0.05 보다 작아 귀무가설이 기각되고, 대립가설이 채택되었다. 따라서 지방의회의원의 의정활동을 지원하기 위해 정책지원관제도가 32년 만에 처음으로 도입된 만큼 〈가설 2〉에서와 같이 기초의회와 광역의회 간 만족도 차이는 없을 것이라는 가설은 기각되고, 정책지원관제도에 대해 기초의회와 광역의회 간 만족도는 통계적으로 유의미한 수준에서 차이가 있는 것으로 확인되었다.

〈표 7-5〉 정책지원관제도에 대한 만족도 분석결과

단위: 명, %

구분	기초의회		광역의회		전체		chi-square	P-value<α
	빈도	비율	빈도	비율	빈도	비율		
매우 불만족	3	1.1	11	7.3	14	3.2	19.2697	0.0007
불만족	29	10.2	19	12.6	48	11.0		
보통	83	29.1	45	29.8	128	29.4		
만족	111	38.9	61	40.4	172	39.4		
매우 만족	59	20.7	15	9.9	74	17.0		
전체	285	100	151	100	436	100		

주: 신뢰수준 95%(α=0.05)

이러한 분석결과는 첫째, 기초의회 대비 광역의회의 직무 범위와 업무량 등이 방대하고, 둘째, 광역의회의 의정활동 중 정당·정치활동이 차지하는 비율이 기초의회보다 큰데도 현행 정책지원관의 신분이 지방공무원으로서 정치중립의무 등으로 지역구 관리 및 민원 처리 등 비공식적 의정활동 지원이 어렵고, 셋째, 의원 2명당 1명의 정책지원관으로는 광역의회의 종합적이고 광범위한 의정활동 지원 자체가 불가하고, 넷째, 광역의회의 경우 정책지원관제 시행 이전에 이미 이와 유사한 제도운영[15]을 실시해 왔다는 점 등으로 인해 기초의회와 광역의회 간 만족도 차이가 나타나는 것으로 분석된다. 이에 반해 기초의회의 경우 상대적으로 광역의회보다 직무 범위와 의정활동 반경이 좁고, 의회 사무기구 소속 직원 수가 절대적으로 부족한 상황에서 정책지원관제도 신설로 인해 직접 체감하는 만족도가 광역의회보다 상대적으로 큰 것이 원인으로 분석된다. 이에 대해서는 추가적인 연구가 더 진행될 필요가 있다.

2) 정책지원관제도의 의정활동 지원에 대한 만족도 분석결과

정책지원관제도의 의정활동 지원에 대한 만족도는 〈표 7-6〉에서와 같이 전체 응답자의 70% 이상이 만족한다고 응답했다. 구체

---

15 서울특별시의회의 경우 의원 보좌제도를 운영할 수 없지만 효과적인 의정활동 수행을 지원하기 위해 국회의 입법 보좌인력과는 구분되는 임시 유급직의 사무보조, 즉 '인턴보좌관', '의정서포터즈'라는 이름의 인력채용을 위한 예산을 편성하고 운용해 왔다(박순종·박노수 2014).

적으로 4대 의정활동 분야별로 살펴보면 정책지원관제도가 입법활동에 도움이 된다는 응답이 84.2%로 가장 높게 나타났으며, 견제감시활동이 77.1%, 예산활동이 69.5%, 주민대표활동이 57.8% 순으로 나타났다. 이를 기초의회와 광역의회로 구분해서 상세하게 다시 살펴보면 기초의회의 경우 입법활동에 도움이 된다는 응답이 86.1%로 가장 높게 나타났으며, 견제감시활동이 76.1%, 예산활동이 68.8%, 주민대표활동이 59.7% 순으로 나타났다. 광역의회의 경우 입법활동에 도움이 된다는 응답이 80.5%로 가장 높게 나타났으며, 견제감시활동이 79.2%, 예산활동이 71.0%, 주민대표활동이 54.4% 순으로 나타났다. 기초의회와 광역의회 모두 만족도가 가장 높은 의정활동 분야는 입법활동이었으며, 견제감시활동, 예산활동, 주민대표활동 순으로 만족도 순서는 똑같았다. 한편 기초의회와 광역의회 모두 입법활동과 주민대표활동 간 만족도 차이는 무려 26.4%와 26.1%로 4대 의정활동 분야 중 주민대표활동에 대한 정책지원관제도의 만족도가 가장 낮게 나타났다. 반면 '도움이 되지 않는다'와 '매우 도움이 되지 않는다'라는 응답은 4대 의정활동 분야별로 큰 차이를 보였는데 주민대표활동(11.6%)로 가장 높게 나타났으며, 예산활동(6.5%), 견제감시활동(4.0%), 입법활동(2.0%) 순이었다. 특히 광역의회의 경우 14.7%가 주민대표활동에 도움이 되지 않는다고 응답함으로써 만족도가 가장 낮은 것으로 나타났다.

〈표 7-6〉 정책지원관제도의 의정활동 지원에 대한 만족도

단위: 명, %

구분	기초의회				광역의회				전체			
	입법	예산	견제감시	주민대표	입법	예산	견제감시	주민대표	입법	예산	견제감시	주민대표
매우 도움이 되지 않는다	-	1	1	6	1	1	1	6	1	2	2	12
	-	0.4	0.4	2.1	0.7	0.7	0.7	4.0	0.2	0.5	0.5	2.8
도움이 되지 않는다	5	20	13	22	3	6	2	16	8	26	15	38
	1.7	7.0	4.6	7.7	2.0	4.0	1.3	10.7	1.8	6.0	3.5	8.8
보통이다	35	68	54	87	25	36	28	46	60	104	82	133
	12.2	23.8	18.9	30.5	16.8	24.3	18.8	30.9	13.8	24.0	18.9	30.6
도움이 된다	134	120	124	100	82	79	88	55	216	199	212	155
	46.7	42.1	43.5	35.1	55.0	53.4	59.1	36.9	49.6	46.0	48.8	35.7
매우 도움이 된다	113	76	93	70	38	26	30	26	151	102	123	96
	39.4	26.7	32.6	24.6	25.5	17.6	20.1	17.5	34.6	23.5	28.3	22.1
전체	287	285	285	285	149	148	149	149	436	433	434	434
	100	100	100	100	100	100	100	100	100	100	100	100

이에 본 연구에서는 정책지원관제도가 기초의회와 광역의회 간 의정활동 지원에 대한 만족도 차이가 통계적으로 유의미한지를 알아보기 위해 카이스퀘어 독립성 검정을 실시하였다. 기초의회와 광역의회 간 의정활동 지원에 대한 만족도 차이를 분석한 결과 〈가설 3〉과 〈가설 5〉에서와 같이 기초의회와 광역의회 간 입법활동과 견제감시활동 지원에 대한 만족도 차이는 없을 것이라는 가설은 기각되고, 기초의회와 광역의회 간 입법활동과 견제감시활동 지원에 대한 만족도는 통계적으로 유의미한 수준에서 차이가 있는 것으로 확인되었다.

〈표 7-7〉에서와 같이 기초의회와 광역의회 간 의정활동 지원에

대한 만족도 분석결과 의정활동 전반에 대한 통계량 χ^2=27.1063으로서 자유도가 4이며, 신뢰수준 95%(α=0.05) 하의 확률통계량 9.488보다 크고, 확률값(p=0.000019)은 신뢰수준 95% 하에서 유의수준 0.05 보다 작으므로 귀무가설이 기각되고, 대립가설이 채택되었다. 특히 4대 의정활동 분야 중 입법활동과 견제감시활동에서 기초의회와 광역의회 간 만족도 차이는 통계적으로 유의미한 것으로 확인되어 〈가설 3〉과 〈가설 5〉는 기각된 반면, 예산활동과 주민대표활동에 대한 〈가설 4〉와 〈가설 6〉은 채택되어 차이가 없는 것으로 확인되었다. 따라서 정책지원관제도가 기초의회와 광역의회 간 입법활동, 견제감시활동 지원에 대한 만족도는 통계적으로 유의미한 수준에서 차이가 있는 것으로 나타났고, 예산활동과 주민대표활동에 대한 만족도는 유의미한 차이가 나타나지 않았다. 하지만 의정활동 전반에 대한 만족도는 통계적으로 유의미한 수준에서 차이가 있는 것으로 밝혀져, 정책지원관제도가 기초의회와 광역의회 간 의정활동 전반에서 분명한 만족도 차이를 보이는 것으로 확인되었다.

〈표 7-7〉 기초의회와 광역의회 간 의정활동 지원에 대한 만족도 분석결과

구분 chi-square	의정활동				의정활동 전반
	입법	예산	견제감시	주민대표	
기초&광역	10.2887	7.7734	13.3894	4.6575	27.1063
P-value〈α	0.04714	0.10024	0.00952	0.32428	0.000019

주: 신뢰수준 95%(α=0.05)

이러한 분석결과는 첫째, 기초의회와 광역의회 간의 권한과 기

능, 의정활동 범위와 방식의 차이에서 기인한다고 볼 수 있다. 광역의회의 직무범위와 업무량, 예산규모, 정책결정 방식, 정당·정치활동 등은 기초의회와 비교할 수 없을 만큼 크고 방대한데도 정책지원관을 기초의회와 광역의회 구분 없이 의원 2명당 1명 일률적으로 배치한 것은 문제라고 할 수 있다. 이는 임영덕·신가은(2012)이 광역지방의회에서는 집행부의 방대한 조직에 대한 효율적인 견제·감시의 한계, 자료수집·주민의견수렴·각종 민원처리·조례 및 예산심의 폭주 등 현실적인 이유와 지방의회가 행정부의 대칭축에서 정책제안이나 정책집행상의 감시기능 등을 원활하게 수행하기 위해서는 조직적 차원의 정책보좌 및 협력만으로는 불가능하고 비회기중에 활동하는 각종 사항을 효과적으로 보좌하기 위해서는 개인적 차원의 인력지원이 불가피한 사항임으로 의원보좌관제도를 도입해야 한다고 주장과 일치한다.

둘째, 의정활동을 지원하기 위해 도입된 정책지원관의 신분이 지방공무원이기 때문에 직무범위의 제한으로 지방의원의 의정활동과 충돌하는 문제가 발생하고 있으며, 이는 광역의회에서 더 심각하게 발생하고 있는 것으로 확인되었다. 이에 대해 박순종(2021)은 정책지원 전문인력의 직무범위와 관련하여 지방의원의 의정활동 범위에 대해 정치활동과 정책활동을 구분해 내기가 쉽지 않고, 광범위하기 때문에 모든 사항을 구체적으로 적시한다는 것은 한계가 있으므로 금지사항 이외의 나머지 직무를 허용하는 포괄주의(Negative) 방식이 타당하다고 주장한다.

셋째, 예산활동과 주민대표활동에 대한 정책지원관제도의 의정활동 지원 만족도는 상대적으로 낮았으며, 기초의회와 광역의회 간 만족도 차이는 통계적으로 유의미하지 않은 것으로 나타났다. 이는 예산활동이 워낙 복잡하고 정책적인 부분이 많고, 주민대표활동은 지역구 관리 및 지역민원 해결, 일상적인 정치·정당 활동 등으로 현행 지방공무원 신분의 정책지원관제로는 기초의회와 광역의회 구분 없이 예산활동과 주민대표활동에 대한 의정활동 지원은 분명한 한계가 있기 때문으로 분석된다.

따라서 본 연구를 통해 지방의회 부활 이후 지속적으로 추진되어왔던 광역의회 보좌관제 도입의 필요성이 실증적으로 확인되었다고 볼 수 있으며, 이는 국회의원의 경우 입법활동을 지원하기 위하여 보좌관 등 9명의 개인 보좌직원을 두고 있는 데서 그 해결방안을 찾을 수 있을 것이다. 국회의원 개인의 보좌직원은 의원의 추천과 제청에 따라 임용되며, 국회사무처 소속이라는 점에서 공적인 지휘·명령체계에 속하지만 개별 국회의원에도 소속되므로 해당 의원의 의정활동을 지원하는 영역에 있어서는 사적인 지휘·명령을 받는다. 즉, 국회 보좌직원은 공적인 영역과 사적인 영역이 혼재하는 이중적 지휘·명령체계로 운영된다(최춘규 2020, 173-174).

3) 지방의회 정책지원관제도의 제도개선 방안에 대한 분석결과

정책지원관제도의 제도개선 방안에 대해서는 복수응답이 가능한 문항으로서 전체 응답자 438명 중 55.9%인 245명이 '의원 1인당 1명의 별정직 보좌관 채용'을 선택해 가장 높게 나타났으며, 228명

(52.1%)이 '의원 1인당 1명의 정책지원관 확보'를 제도개선 방안으로 선택한 것으로 나타났다. 다음으로 183명(41.8%)이 '정책지원관의 직무범위 및 직급 자율화'를, 164명(37.4%)이 '의원의 직접 지휘·감독 및 평가'를, 85명(19.4%)이 '석·박사 학위요건 추가 등 채용요건 강화'를, 69명(15.8%)이 '채용요건 완화 및 채용절차 간소화' 순으로 제도개선 방안을 선택했다.

이에 본 연구에서는 정책지원관제도에 대해 기초의회와 광역의회 간 제도개선 방안은 차이가 없을 것이라는 〈가설 7〉에 대해 실증적인 조사를 바탕으로 분석한 결과 통계량 χ^2=17.0377로서 자유도가 5이며, 신뢰수준 95%(α=0.05) 하의 확률통계량 11.07보다 크고, 확률값(p=0.004429)은 신뢰수준 95% 하에서 유의수준 0.05 보다 작으므로 귀무가설이 기각되고, 대립가설이 채택되었다. 따라서 지방의회 정책지원관제도의 제도개선 방안에 대한 기초의회와 광역의회 간 차이는 통계적으로 유의미한 수준에서 확인되었다.

특히 광역의회의 경우 무려 74.8%가 '의원 1인당 1명의 별정직 보좌관 채용'을 제도개선 방안으로 선택한 것으로 나타났고, 이는 광역의원의 14.7%가 주민대표활동에 도움이 되지 않는다고 응답과 연관이 있다고 볼 수 있다. 반면 기초의원의 경우 55.4%가 '의원 1인당 1명의 정책지원관 확보'을 선택한 것으로 나타났는데 이는 광역의회에 비해 사무기구 소속 직원의 수가 부족한 상황에서 정책지원관제도가 도입됨에 따라 상대적으로 기초의회에서 체감하는 만족도가 높기 때문으로 분석된다. 다음의 〈표 7-8〉은 지방의회 정책지원관제도의 제도개선 방안에 대한 분석결과이다.

〈표 7-8〉 지방의회 정책지원관제도의 제도개선 방안에 대한 분석결과

단위: 명, %

구 분		기초의회		광역의회		전체		chi-square	P-value<α
		빈도	비율	빈도	비율	빈도	비율		
①	의원 1인당 1명의 정책지원관 확보(현행처럼 공무원 신분)	159	55.4	69	45.7	228	52.1	17.0377	0.004429
②	의원 1인당 1명의 보좌관 채용(국회의원처럼 별정직으로 의원이 직접 채용)	132	46.0	113	74.8	245	55.9		
③	정책지원관 채용요건 완화 및 채용절차 간소화	45	15.7	24	15.9	69	15.8		
④	정책지원관 채용요건 강화(석·박사 학위요건 추가 등)	61	21.3	24	15.9	85	19.4		
⑤	의원의 직접 지휘·감독 및 근무성적평정에 의원 평가 포함	106	36.9	58	38.4	164	37.4		
⑥	정책지원관의 업무범위 자율화(정치활동 지원) 및 직급체계 상향·자율화	122	42.5	61	40.4	183	41.8		
	전체	287		151		438			

주: 신뢰수준 95%(α=0.05)

이러한 분석결과를 통해 확인할 수 있는 것은 첫째, 기초의회나 광역의회 모두 현행 '의원 2명당 1명'의 정책지원관제에 대해서는 많은 문제의식을 가지고 있으며, 둘째, 정책지원관제도 도입 목적이 지방의회의원의 의정활동을 지원하기 위해서이므로 지방의원의 의정활동에 대한 개념 재정립과 더불어 정책지원관의 신분과 직무범위 또한 시급하게 제도개선이 필요하며, 셋째, 제도개선 방안에 대한 조사결과 기초의회는 1명의 정책지원관을, 광역의회는 1명의 보좌

관을 가장 많이 요구하고 있는 것으로 확인되었다. 결론적으로 기초의회나 광역의회 모두 현행 '의원 2명당 1명'의 정책지원관제에 대해서는 많은 문제의식을 가지고 있으며, '의원 1인당 1명'의 지원 및 보좌 체계로 시급하게 제도개선이 필요하다고 공동 인식하고 있는 것으로 확인되었다. 그러나 광역의회의 경우 무려 74.8%라는 압도적인 차이로 보좌관제 신설을 제도개선 방안으로 요구하는 것으로 확인되었다.

Ⅳ. 결론

본 연구는 지방의회 정책지원관제도의 효과 분석으로서 지방의회의원의 정책지원관제도에 대한 만족도와 의정활동 지원에 대한 만족도를 기초의회와 광역의회 간 실증적으로 비교 분석했다. 분석 결과를 정리하면 다음과 같다.

첫째, 정책지원관제도에 대한 만족도는 지방의회의원 과반수가 만족하고 있는 것으로 나타났으며, 기초의회의 만족도가 광역의회 보다 높게 나타났다.

둘째, 정책지원관제도의 의정활동 지원에 대한 만족도는 전체 응답자의 70% 이상이 만족한다고 응답했다. 구체적으로 4대 의정활동 분야별로 살펴보면 정책지원관제도의 입법활동 지원에 대한 만족도가 가장 큰 것으로 나타났으며, 견제감시활동, 예산활동, 주민대표활동 순으로 확인되었다. 특히 기초의회와 광역의회 간 의정활동 지원에 대한 만족도를 분석한 결과 입법활동과 견제감시활동에서 통계적으로 유의미한 차이가 있는 것으로 나타났으며, 예산활동과 주민대표활동에서는 차이가 나타나지 않았다.

셋째, 정책지원관제도의 의정활동 지원에 대한 만족도 분석결과 4대 의정활동 분야 중 주민대표활동에 대한 만족도가 가장 낮은 것으로 나타났다. 특히 광역의회의 경우 14.7%가 도움이 되지 않는다고 응답한 것은 현행 정책지원관제도로는 광역의원의 의정활동을 충분히 지원할 수 없는 구조적인 문제를 안고 있다는 것을 확인시켜 준다.

넷째, 정책지원관제도의 제도개선 방안에 대한 분석결과 전체 응답자(복수응답) 절반 이상이 의원 1인당 1명의 별정직 보좌관 채용과 의원 1인당 1명의 정책지원관 확보를 제도개선 방안으로 선택한 것으로 나타났다. 광역의회의 경우 무려 74.8%가 의원 1인당 1명의 별정직 보좌관 채용을 제도개선 방안으로 선택했으며, 기초의회의 경우 과반수가 의원 1인당 1명의 정책지원관 확보를 선택한 것으로 나타났다. 이는 기초의원과 광역의원 모두 현행 '의원 2명당 1명'의 정책지원관제도에 대해서는 많은 문제의식을 가지고 있으며, 최소한 1명 이상의 지원 및 보좌 체계로 제도개선이 필요하다고 공동 인식하고 있는 것으로 밝혀졌다. 특히 광역의회의 경우 업무량이 많고 내용 또한 복잡하며, 정치·정당 활동이 일상화되어 있어 의정활동을 종합적으로 보좌할 수 있는 보좌관제 신설이 시급한 것으로 확인되었다.

본 연구는 최근 도입되어 시행되고 있는 지방의회 정책지원관제도의 효과를 분석하고, 의정활동 지원에 대한 만족도를 기초의회와 광역의회 간 실증적으로 비교 분석해 냈다는 데 의의가 있다. 그러나 첫째, 지방의원의 의정활동을 지방의회 기능과 역할에 근거해서 4가지로 구분함으로써 의정활동의 비공식적 또는 정치활동에 대한 성과평가가 제외된 점, 둘째, 표본선정에 있어서 의회별 의원 정수에 비례해서 시·도 권역별로 정확하게 접근하지 못한 점 셋째, 정책지원관제도 시행 전후 지방의원의 의정활동에 대한 양적 자료를 활용한 분석이 이루어지지 못한 점 등은 한계다. 향후 주민과 지방의회 의원들의 의견이 더 충실히 반영된 추가 연구를 통해 더 유효한 분석이 이루어지고, 이를 바탕으로 적절한 제도 개선이 이루어질 것으로 기대한다.

참고문헌

강상원·최병대. 2010. "지방의회 의정활동 활성화 방안에 대한 비교 연구: 지방의원과 공무원의 인식 차이를 중심으로."『한국지방자치학회보』22권 1호, 5-27.

강인호. 2013. "지방의회의 위상강화를 위한 노력과 행동." 한국지방자치학회 및 전국시·도의회운영위원장협의회 공동주최 토론회. 제주. 2월.

경기도의회. 2007.『지방의회 전문보좌관제 실시에 관한 연구』. 수원: 경기도의회.

국회사무처. 2023.『제406회 국회(임시회) 업무현황보고서』. 서울: 국회사무처.

국회예산정책처. 2023.『제406회 국회(임시회) 업무현황보고서』. 서울: 국회예산정책처.

국회의원 정청래·서울특별시의회. 2015. 지방자치 발전과 지방의원 의정역량 강화방안 토론회: 인사권 독립과 정책보좌관제 도입을 중심으로. 서울. 4월.

국회입법조사처. 2023.『제406회 국회(임시회) 업무현황보고서』. 서울:국회입법조사처.

김순은. 2013. "지방의회의 의정역량 강화 방안." 지방의회 제도개선과 지방 3.0 추진전략 세미나. 서울. 9월.

김찬동. 2010. "지방의회 보좌인력 강화방안." 한국지방정부학회 2010년도 동계학술대회. 부산. 2월.

대한민국 국회. https://www.assembly.go.kr/portal/main/main.do.

박순종. 2021. "지방의회의원 정책지원 전문인력 도입을 위한 쟁점과 차등적 제도 설계방안."『한국지방자치학회보』33권 2호, 119-145.

박순종·박노수. 2014. "지방의회 의원 보좌관제도의 차등적 도입에 관한 연구."『도시행정학보』27집 3호, 61-89.

박순종·이승모. 2021. "지방자치 부활이후 지방의회 의정활동에 대한 시계열적 평가."『한국지방자치학회보』33권 3호, 1-26.

박태헌·박순종·강상원. 2017. "지방의회 의정활동 성과평가와 시사점: 제주특별자치도의회 출범이후 10년을 중심으로."『한국지방자치학회보』29권 3호, 135-160.

서울특별시의회. 2023.『제316회 임시회 운영위원회 주요업무보고서』. 서울: 서울특별시의회.

서울특별시의회. https://www.smc.seoul.kr/main/index.do.

송광태. 2003. "지방의회 운용의 경험적 고찰을 통해 본 지방의회의 기능강화방안: 지방의회의 조직을 중심으로."『한국지방자치학회보』15권 3호, 23-54.

안영훈·김성호. 2007. "지방의회 사무기구 인사권 독립 및 광역의회의원 보좌관제 도입에 관한 연구." 한국지방자치학회 하계학술대회. 제주. 7월.

양기근. 2008. "지방의회 의정활동 활성화를 위한 의회사무기구의 개선방안: 경상남도의회를 중심으로."『한국지방자치연구』10권 2호, 69-91.

양기근·이정희. 2007.『지방의회의 의정활동 활성화를 위한 사무기구의 의정지원기능 개선방안』. 창원: 경남연구원.

유동상·강인호. 2016. "광역-협력적 거버넌스 구축을 통한 지방의회

의원의 전문성 강화에 관한 연구: (가칭)광역정책지원단의 설립을 중심으로." 『지방정부연구』 20권 1호, 457-475.

이관행. 2019. "지방의회 정책 보좌인력에 대한 평가와 개선방안." 『지방자치법연구』 19권 1호, 71-110.

이상팔. 2004. "대리인 이론 관점에서 본 지방의회의 활성화 조건." 『지방행정연구』 18권 1호, 51-75.

이정진·하혜영. 2011. "지방의회 정책보좌기능 강화 논의와 향후 과제." 국회입법조사처 『이슈와 논점』 267호.

임승빈. 2013. "지방의회의 책임성과 자율성 강화를 위한 제도적 보완 방안." 지방의회의 전문성과 책임성 강화방안: 인사권 독립과 유급보좌관제 도입을 중심으로. 국회의원 정청래 주최 정책토론회. 서울. 4월.

임영덕·신가은. 2012. "지방의회의 의원 보좌관제 도입에 관한 소고: 서울특별시의회를 중심으로." 『법학연구』 15집 3호, 159-187.

장영두. 2006. "지방의회 사무기구의 전문화: 입법정책지원기능을 중심으로." 『한국공공관리학회보』 20권 1호, 226-248.

조석주·박기관. 2010. "지방의원 보좌기능의 활성화 방안에 관한 연구." 『한국정책연구』 10권 3호, 375-394.

중앙선거관리위원회 공식포스트 정정당당스토리. https://post.naver.com/my.naver?memberNo=955022.

진세혁·임병연. 2005. "외국의 지방의회 정책보좌기능에 관한 연구." 『사회과학연구』 12권 1호, 35-58.

최병대. 2009. 『경기도의회 정책보좌기능 제공방안』. 수원: 경기개발연구원.

최진혁. 2011. "지방의회 의정활동 전문성 강화방안: 대전광역시의회 입법정책지원제도를 중심으로." 『정치정보연구』 14권 2호, 287-318.

최춘규. 2020. "지방의회 「정책지원전문인력」 도입에 관한 입법적 연구: 제주도의회 「정책자문위원」의 법적 고찰 및 시사점을 중심으로." 『입법학연구』 17집 2호, 165-200.

한상우. 2007. "지방의회의 인사권 독립과 의정보좌제 도입방안." 서울시의정회 주최 세미나. 서울.

행정안전부. 2022. 『2022 지방의회 아카데미』. 완주군: 지방자치인재개발원.

행정안전부. https://www.mois.go.kr/frt/a01/frtMain.do.

Abney, Glenn and Thomas P. Lauth. 1986. *The politics of state and city administration*. Albany: State University of New York Press.

Hill, Kim Quaile and Kenneth R. Mladenka. 1992. *Democratic Governance in American State and Cities*. Calif.: Brooks/Cole Pub. Co.

8장 코로나19 이전과 이후의 민주주의 가치 변화

송경재

I. 서론

코로나19가 전 세계를 공포에 떨게 한 지도 3년이 경과했다. 2020~2022년 전 세계는 2019년부터 시작된 이른바 코로나19로 인한 봉쇄(lockdown)와 완화, 그리고 방역, 감염이 일상사처럼 반복되었다. 2019년 말 중국 우한에서 시작된 코로나19는 1918년 전 세계에서 2,500만-5,000만 명의 목숨을 앗아간 것으로 알려진 '스페인 독감' 이래 가장 위험한 감염병으로 전 세계적인 인명 손실과 함께 물질적·정신적 손실을 야기했다.

인명피해만 산출해도 규모는 엄청나다. 대한민국 질병관리청의

〈감염병포털〉에 따르면, 2025년 4월 13일 기준 "전 세계적인 코로나19 누적 사례수는 777,720,205명, 누적 사망수는 7,094,447명으로 보고"되었다(감염병포털 2025). 국내에서도 집계를 마친 2023년 8월 31일까지 사망자 35,605명이고 이후에도 코로나19 감염자가 발생한 것으로 알려져 사망자 수는 더욱 늘어날 것이다.

코로나19의 영향은 단순히 생명과 질병의 문제가 아니라 인류의 생활방식과 사회생활, 삶을 근저에서부터 바꾸고 있다. 불과 몇 년 전에는 상상할 수 없었던 일이 이제는 일상적인 것이 되어 버리는 코로나19 발(發) 뉴노멀(new normal)의 시대에 진입한 것이다. 코로나19로 뉴노멀은 경제적인 변화만이 아니라 사회 전반의 새로운 변화를 상징하는 단어가 되었다. 무엇보다 경제·사회적 변화는 극적이다. 면대면(face to face)이 중심이던 오프라인 사회관계가 비대면, 언택트(untact)로 전환했고, 회사, 학교, 공공기관, 은행, 쇼핑 등 사회생활은 온라인 중심으로 급속히 재편되고 있다. 회사나 공공기관에서 온라인 비대면 화상회의는 일상이 되고 있으며, 온라인 배달과 주문, 금융 등 비대면 경제도 활성화되고 있다. 면대면에 의존했던 경제구조가 국경을 넘어 상품과 서비스, 사람과 자본의 이동이 제한되면서 세계 경제에 장기적으로 구조적 저성장을 일으킬 것을 예견하고 있다(정채진 외 2020).

팬데믹 기간 동안 현실 정치 역시 코로나19의 블랙홀에 빠져 있다고 해도 과언이 아니다. 전 세계적으로 주요 정치 일정이 큰 영향을 받고 있으며, 전통적 정치과정에서 일상처럼 진행되었던 정치 행위가 코로나19 방역 상황에 맞는 새로운 기준으로 변화했다. 여러

나라에서 선거나 정당, 시민단체, 미디어 등 정치활동은 비대면, 방역과 결합하여 비대면을 중심으로 재편되었다. 부득이한 경우 예외적으로 대면 정치활동이 재개되기도 했다. 감염병이 전통적 정치의 영역을 바꾸고 있고 해도 과언이 아니다. 대표적으로 2020년 4월 한국의 21대 총선은 비대면 선거 캠페인이 주를 이루었고, 방역수칙을 준수하는 방식의 투표가 진행되었다. 다행히 철저한 준비로 코로나19 추가 확산은 없었지만, 위험한 장면 중의 하나였다. 그리고 2020년 하반기 전 세계의 가장 큰 정치 이벤트인 미국 대선도 전당대회와 집회가 비대면으로 진행되었고, 당시 대통령인 트럼프 대통령과 퍼스트레이디 멜라니아도 코로나19 양성판정을 받기도 했다. 그야말로 혼돈의 정치 일정이 진행되었다.

미래학자 솅커(Schenker 2020)는 코로나19 확산에 따른 미래 불확실성으로 인한 국내·국제정치의 불안감이 가중될 것으로 예견했다. 그는 특히 국제정치 영역에서 방역, 치료제, 백신을 둘러싼 외교전이 가속화될 것으로 예측했다. 솅커는 최근 격화되고 있는 미국과 중국의 긴장이 코로나19 과정에서 국제적 패권을 둘러싼 갈등으로 비화될 것을 예견했다. 그리고 그의 예견은 실제 백신과 치료제를 둘러싼 갈등으로 나타났다.

이와 함께, 학자들은 코로나19 확산에 따라 국내 정치 영역에서도 새로운 쟁점이 드러나고 있음에 주목한다. 대표적인 것이 바로 팬데믹에 따른 불안감과 공포에 따른 민주주의 가치의 약화이다. 실제 독일 시사주간지 슈피겔(Der Spiegel)지 2020년 4월 8일 자에서는 민주주의가 공포에 잠식당하고 있다(Angst frisst Demokratie)고 경고했다. 코로나19 바이러스의 공포감이 격화되면서 민주주의의 가치가 송두리째 뽑힐 것이란 경고의 메시지다. 현대국가에서 가장 중요한 가치는 민주주의인데, 코로나19의 공포감이 커지면 민주주의를 약화할 것이란 논지이다. 그리고 신문은 이런 위험한 국면에 가세한 것이 미디어의 히스테리컬한 반응도 존재한다고 비판하고 있다 (Spiegel Politik 20/04/08).

이런 현실에 주목하여 본 연구는 코로나19 팬데믹 상황에 직면하여 코로나19가 정치에 미친 다양한 영향을 재조명하여 민주주의의 내용과 가치에 관한 시민의식이 얼마나 변화했는지를 분석하고자 한다. 구체적으로 연구는 코로나19 팬데믹 이전(2016년)과 이후(2020년)의 시민이 생각하는 다양한 민주주의 가치를 중심으로 변화상을 추적할 것이다. 그리고 이러한 변화가 발견된다면, 코로나19로 인한 영향이 정치의식에 어떤 의미가 있는지를 살펴보고, 어떤 차이가 있는지 함의를 분석하고자 한다. 그리고 마지막으로 코로나19 팬데믹이 시민의 민주주의 의식에 어떤 변화가 있는지에 대한 정치적 함의를 제시할 것이다.

이를 증명하기 위해 연구는 설문조사에 기초한 계량적 연구방법론(quantitative study methodology)을 시도한다. 설문조사 자료는 2016년과 2020년 각각 실시된 이메일 시민의식 설문조사 결과를 활용할 것이다. 각 설문조사 문항의 민주주의 가치 문항을 비교하여 연구의 가설을 검증할 것이다. 이를 위해 설문조사 문항은 다양한 민주주의 가치를 측정하여 코로나19 이전인 2016년과 2020년을 비교 분석할 것이다.

Ⅱ. 민주주의 시민의식 측정에 관한 논의

민주주의라는 용어는 기원전 5세기 헤로도투스(Herodotus)가 처음 사용한 것으로 알려졌다. 현대의 민주주의는 이데올로기이자, 시대의 가치로서 인정을 받고 있지만, 초기 민주주의는 귀족정과 왕정, 제정이 아닌 민(民)에 의한 지배를 골자로 하는 정체(polity)가 제기되었다. 이에 아테네의 정치가 페리클레스(Perikles)는 정치권력이 소수에게 있지 않고 다수의 사람이 있는 아테네를 민주주의라고 강조한 바 있다.

한편, 민주주의가 근대적 의미로 발전하면서 민주주의의 의미는 좁은 의미에서 벗어나 광의의 의미로 사용되었다. 특히 20세기 이후 민주주의의 의미는 정치체제로서의 민주주의를 가능케 하는 생활방식까지 포괄하는 것으로 확대되었다(문중섭 2004; Pateman 1970). 민주주의는 민중에 의한 지배를 기본으로 하지만 민주주의 가치는 다양한 의미를 함축하고 있다. 일반적으로 우리가 생각할 수 있는 민주주의는 자유, 공화, 평등, 시민권(표현, 결사, 종교, 거주이전, 프라이버시 등)의 보장, 통치성, 정당성, 법치 등 그 구성요소는 다양하다. 특히 민주주의는 학습장으로 후세에 승계된다는 점에서 문화적·경제적 조건도 중요하다. 이런 민주주의의 학습장 효과에 주목한 듀이(Dewey 1996)는 민주주의가 단순한 정치형태만이 아니라 더욱 근본적으로 공동생활의 형식과 경험을 전달하고 공유하는 방식으로 보았다.

이러한 민주주의의 내용에 대해 선행 연구자들은 다양하게 논의를 전개했다. 초기 민주주의의 가장 일반적인 구성요소로 지목된 것은 바로 자유와 평등으로 제시할 수 있다. 이미 1789년 프랑스대혁명에서부터 제기된 민주주의의 기본 요건으로 자유와 평등은 중요한 가치이다. 밀(Mill)은 자유론에서 자유는 다른 사람의 행복을 빼앗으려 하지 않는 한 자기 가신의 행복을 추구하는 것으로 간주했다. 즉 국가가 어떠한 규제라 없고 개인의 개성을 중요시하여 사상과 표현의 자유, 언론과 출판, 종교, 결사의 자유 등을 누릴 수 있다는 것이다(문중섭 2004, 59). 반면에 평등은 절대적 평등과 비례적 평등으로 구분된다. 먼저 절대적 평등은 인간의 존엄성 차원에서 같은 대우를 받을 권리를 지칭한다. 그리고 사회자산의 배분을 통한 비례적 평등 역시 중요하다.

하지만 현대 민주주의에서는 단순히 자유와 평등만을 민주주의의 중요한 가치로 생각하는 학자는 거의 없을 것이다. 오히려 자유와 평등을 바탕으로 한 다양한 제 가치들이 민주주의의 내용을 보다 풍부하게 해주고 있다. 실제 민주주의가 현대와 같은 체계로 발전하기에는 여러 이론적 논의 단계를 거쳤다. 20세기 초 대의민주주의가 정착되면서 대표와 책임을 강조하는 민주주의가 등장했다. 이와 함께 민주주의의 내용에 관한 다양한 연구도 활발하다. 즉 민주주의의 주요 구성요소와 가치에 관한 관심이 연구에 반영된 것이다.

초기 민주주의의 가치와 요인을 제기한 학자는 미국의 민주주의를 저술한 토크빌(Tocqueville 2003)이다. 토크빌은 건국 초기의 미국 민주주의를 살펴보면서 시민참여와 결사체, 법과 제도, 평등의 중요성을 강조했다. 실제 토크빌은 시민참여문화를 강조하지만, 민주주의를 위한 중요한 구성요소가 바로 법률과 제도, 그리고 관습이 민주주의의 발전에서 중요한 요소로 지적했다.

현대에 들어와서 수많은 학자는 정치발전론적 시각에서 민주주의의 이행과 공고화 과정에서 다양한 민주주의의 중요한 원칙을 제시하고 있다. 먼저 립셋(Lipset 1963, 49-60)은 경제와 교육수준이 민주주의에서 중요하다고 지적했다. 그는 기존 학자들이 민주주의제도 내적인 요인을 중심으로 민주주의의 발전 요인을 추적한 데서 벗어나 경제와 교육 변인의 중요성을 제시했다. 또한 국가가 소득이 높고 교육수준이 높으면 민주주의 이행과 공고화가 빨라진다고 보았다. 하지만 그의 논의는 지나친 단순화라는 점, 그리고 남아메리카 지역의 경제발전이 민주주의와 인과관계가 약하다는 주장이 나오면서 비판을 받게 되었다.

민주주의의 다양한 내용은 학자들에 의해 강조점은 다르지만 크게 다음과 같이 제시하고 있다. 만하임(Mannheim 1991)은 민주적 성격으로서 안정, 관용, 개방, 자율, 적응성, 협동을 강조한다. 그는 민주주의의 운영에서의 중요한 내용을 강조하였다. 한편, 리프만(Lippmann)은 주로 공공심을 중요하게 보았다. 그는 공공에 대한 이익 추구와 공익적 사고와 책임감이 민주주의의 중요한 요소라고 보았다. 이러한 공공적인 가치는 정치적인 차원만이 아니라 사회 운영의 원리로서 중요하고 이것이 정치적으로 구현될 때 민주주의가 생활로서 공공화된다고 보았다. 헤이우드(Heywood 2003, 139-140)는 민주주의가 민중이 스스로 통치하는 정부형태, 사회적 불평등의 축소, 다수결 원칙, 소수의 이해관계를 보장, 보통선거, 민중의 이해관계에 봉사하는 정부 체계로 구성할 수 있다고 중요한 핵심요인을 제시했다. 그리고 바커(Barker)는 앞에서 논의와 함께 21세기의 새로운 가치를 제시하고 있다. 그는 다문화, 다인종 사회가 대두하면서 서로 의견을 달리해도 좋다는 관용과 다수결의 원칙 그리고 타협의 원칙을 강조했다. 그리고 타협에서는 구체적으로 개방성과 관용, 양보 등이 요구된다고 보았다(문중섭 2004, 13에서 재인용).

민주주의 이론가인 달(Dahl 2015)은 민주주의에 관한 우호 조건과 비우호 조건을 구분하고 있다. 그는 민주주의가 공고화되기 위한 비우호 조건을 언론의 통제, 부정부패, 외부의 간섭, 정치적 무관심 등으로 제시하고 있다. 한편, 민주주의의 우호 조건에서는 문화적 동질성, 민주주의에 대한 신념, 군대와 경찰에 대한 통제, 언론의 자유, 경제성장 등을 제시하고 있다. 그는 민주주의가 발전하기 위한 중요한 요소로서 문화와 신념의 측면, 그리고 제도적인 측면, 시민권적인 요구, 마지막으로 경제적 토대를 중요하게 보았다.

하지만 민주주의가 단순히 권력, 선거, 입헌, 법치주의 등을 포함하는 것이 아니라 넓은 의미로서 발전하고 있으므로 기존의 한정된 자유와 평등의 가치를 넘는 포괄적인 요소들이 제기되고 있다. 그리고 다양한 가치 간의 상호모순과 충돌 측면이 존재하기 때문에(예를 들면, 자유와 평등의 병립) 실제 민주주의가 어떤 가치들로 구성되었는가를 제시하는 것은 매우 어려운 과제라고 할 수 있다. 이에 현대의 민주주의 연구자들은 다양한 차원에서 민주주의를 측정하고 있다.

대중적으로 널리 사용되고 있는 민주주의 측정은 프리덤하우스(Freedom House 2025)의 *Freedom in the World 2025* 측정이다. 프리덤 하우스는 세계 인권 선언에서 유래된 정치적 권리와 시민 자유를 2개의 축으로 민주주의 국가의 지표를 제시하고 있다. 세부 구성요소는 선거 과정, 정치의 다원성과 참여, 정부 기능(개방성과 투명성), 표현의 자유, 신뢰, 법치, 자율과 개인의 권리 등을 측정한다. 이들 구성요소는 민주주의 국가에서 주요한 요소들을 추출하여 각각 항목에 따라 측정한다. 이를 바탕으로 집계하여 전 세계 국가를 자유(Free) 국가, 부분적 자유(partly free) 국가, 비자유(not free) 국가로 구분한다. 프리덤 하우스는 이와 함께 언론자유와 인터넷 자유도 측정하여 제시하고 있다.

다음으로 많이 거론되는 민주주의 요건과 가치, 시민의식 조사는 세계가치조사(World Values Survey, WVS) 이다. WVS는 1981년 유럽가치조사(European Values Survey)를 모태로 시작된 세계의 각기 다른 문화의 사회문화적, 윤리적, 종교적, 정치적 가치를 조사하기 위한 프로젝트이다. WVS는 5년마다 실시하고 있으며 규범, 가치관, 정치사회적 태도, 종교적 신념, 성평등, 삶의 가치 등을 조사하여 민주주의 평가에 이바지하고 있다. 세부적으로 WVS의 측정지표는 다양하지만 주로 민주주의 지원, 외국인 및 소수 민족에 대한 관용, 성평등 지원, 종교의 역할 및 종교 수준의 변화, 세계화의 영향, 환경에 대한 태도, 일, 가족, 정치, 국가 정체성, 문화, 다양성, 불안, 주관적인 복지에 대한 인식 등을 조사하고 있다(World Values Survey). 이 자료는 국제비교연구로서 민주주의의 가치와 시민의식 간의 인과성에 대한 많은 연구의 원자료로 활용되고 있다. 특히 이 프로젝트에 참여하고 있는 잉글하트와 웰젤(Inglehart and Welzel 2005)은 WVS 자료를 활용하여 Inglehart-Welzel cultural map을 작성하여 전통적인 가치 대 세속적 합리적 가치를 바탕으로 가치와 신념이 정치적, 성적, 경제적, 종교적 행동에 영향을 주고 있음을 증명한 연구로 주목받았다. 이들은 문화적인 접근방식으로 현대화가 인간 개발의 과정이며 경제발전이 개인의 자율, 양성평등, 민주주의를 강화한다고 보았다.

이 외에도 민주주의 가치와 평가에 대한 측정과 조사는 국제사회조사(International Social Survey Programme, ISSP)가 있다. ISSP는 미국 종합사회조사(General Social Survey)를 바탕으로 국제적인 조사측정을 하고 있다. 주요한 민주주의적인 측정 항목은 ① 정부 역할, ② 사회연결망, ③ 사회 불평등, ④ 가족과 성의 역할, ⑤ 노동, ⑥ 종교, ⑦ 환경, ⑧ 국가 정체성, ⑨ 시민권, ⑩ 여가와 스포츠 등 10가지이다. 이 외에도 각 대륙에서 조사되고 있는 바로미터(Barometer survey)도 민주주의의 가치와 구성요소를 측정하고 있다. 유럽과 아시아 등 각 대륙의 바로미터 조사는 사회정치 현안에 곤한 비교분석으로 사회문화적 지향, 정치적 지향, 민주주의만족감, 사회적 자본 등을 측정하고 있다.

이와 같은 국제비교 연구 차원에서 시행되고 있는 민주주의 가치와 시민의식 조사는 주요한 측정지표를 중심으로 비교적인 관점에서는 유용한 측면이 있다. 많은 연구자가 비교연구를 위한 원자료로 이들 자료를 활용하는 이유이기도 하다. 하지만 국제비교연구를 위한 자료는 일반화를 통한 동일문항의 조사라는 장점이 있지만 지나치게 일반화된 문항 설계로 인해 국가나 지역의 다양한 특수성을 반영하기는 한계가 있다. 특히 민주주의의 다양성과 다면성, 다층성을 통일적인 문항 설계로 측정하기는 더욱 어려운 것이 사실이다. 따라서 민주주의의 가치와 구성요인, 만족도, 시민의식을 측정하기 위한 많은 시도는 계속 진행되고 있다.

Ⅲ. 분석

1. 자료

코로나19와 민주주의를 분석하기 위한 본 연구에서는 앞에서 프리덤 하우스, WVS, ISSP 등의 다양한 시민 가치와 민주주의 인식 설문 문항을 근간으로 더욱 한국적인 상황에 맞는 문항을 설계하고자 했다. 이를 위해 민주주의의 다양한 측면을 한국적 맥락에서 재구성했다. 또한, 연구에서 고려할 것은 코로나19 이전의 민주주의 가치조사 관련한 설문조사 자료를 확보하는 것이다. 이러한 점을 고려하여 연구에서는 2016년 임혁백과 송경재, 장우영(2016)이 한국지능정보사회진흥원(NIA)에서 진행한 민주주의 가치조사를 활용하여 시민이 생각하는 민주주의의 상(像)과 요인 그리고 시민 인식 문항을 재디자인 했다.

임혁백 외(2016)는 한국의 민주주의 변화에 주목하고 시민의 지향점과 가치에 따른 새로운 민주주의 전망에 대해 대의민주주의를 바탕으로 참여·심의·전자민주주의적인 요소를 융합한 헤테라키 민주주의(heterarchy democracy)로 제시하고 이를 측정하기 위한 설문을 개발했다. 그들은 한국의 다양한 민주주의 가치 중에서 잘 시행되지 않는 부분을 추출하여 평가를 통해 헤테라키 민주주의로 제시한 바가 있다. 이 설문조사의 세부 측정은 심의, 협력, 대의, 신뢰, 공익, 공동체성, 자율, 관용, 준법, 분권, 참여 등 11개 지표를 측정했다. 설문에서는 민주주의의 기본 구성요소인 자유와 평등적인 가치를 제외하고 다양한 민주주의 가치에 대한 인식과 평가를 측정했다.

〈표 8-1〉 측정지표와 설문 문항

측정 지표	설문 문항
공통:	다음은 우리나라 정치발전을 위해 논의되고 있는 민주주의 가치들입니다. 다음의 민주주의 가치들이 얼마나 실현되고 있다고 생각하십니까? (4점 척도)
심의	정치·정책에 대한 시민들의 관심/이해표출/토론/참여
협력	정치권과 시민 간 신뢰/소통/정책공유/협업
대의	시민 요구에 대한 정치권(정부)의 대응성(신속한 반응, 공정한 업무처리, 투명한 공개, 효율적 처리, 성과 도출)
신뢰	타인과의 신뢰 및 상호부조 추구
공익	사익보다는 공익 추구
공동체성	개인 활동보다는 연대 활동 추구
자율	권위에 의존하기보다는 자율 추구
관용	다수자보다는 소수자와 약자를 우선 배려
준법	나를 위한 위법보다는 공동체를 위한 준법 추구
분권	중앙집중보다는 지방분권 추구
참여	시민참여는 정치발전에 있어 중요한 요소

이 연구에서는 코로나19 이후의 민주주의 가치 변화를 살펴보고자 했다. 이를 위하여 과거와 비교가능한 원자료의 확보가 필수적

이다. 연구진은 측정하기 위한 측정 지표로 WVS, ISSP 등의 문항과 함께 임혁백 외(2016)의 선행 설문 문항을 적용했다. 이러한 비교분석을 위해 사용된 설문조사 자료는 동일한 패널데이터를 가지고 있는 ㈜마크로밀 엠브레인이 2016년 한국지능정보사회진흥원 후원으로, 2020년 한국정치학회 연구로 각각 진행된 결과이다. 이 조사자료는 4년의 시차는 존재하지만, 전국적인 민주주의 가치에 관한 설문조사 자료로 2020년 코로나19 이후와 비교를 할 수 있는 장점이 있다. 과거 동일 패널을 대상으로 한 설문조사 결과와 비교 분석한다면 코로나19 이전과 이후의 민주주의 가치 변화 분석의 설명력은 높아질 것이다.

조사는 성, 연령, 지역 등을 반영한 다층적 할당추출법을 사용했다. 2016년 조사는 10월 6일~11일까지 1,143명을 추출하여 분석했다. 2020년 조사는 10월 24일~30일까지 1,315명을 추출했다. 각각의 주요 표본의 개요는 다음 <표 8-2>와 같다. 먼저 2016년은 남성이 582명(50.9%), 여성이 561명(49.1%)이다. 연령별로도 50대와 40대가 각각 264명(23.1%)으로 가장 많았고, 30대 234명(20.5%), 19~29세는 208명(18.2%) 순이다. 2020년 표본은 남성 666명(50.6%), 여성 649명(49.4%)이다. 연령별로는 20대 238명(18.1%), 30대 240명(18.3%), 40대 293명(22.3%), 50대 303명(23.0%), 60대 이상 241명(18.3%) 이다.

<표 8-2> 표본의 개요

구 분		2016년 (코로나19 이전)		2020년 (코로나19 이후)	
		빈도 (%)	비고	빈도 (%)	비고
합계		1,143 (100.0%)		1,315 (100.0%)	
성별	남성	582 (50.9%)	분산[1] 2.50 표준편차[2] 0.500	666 (50.6%)	분산 2.50 표준편차 0.500
	여성	561 (49.1%)		649 (49.4%)	
연령별	만19-29세	208 (18.2%)	분산 1.769 표준편차 1.330	238 (18.1%)	분산 1.869 표준편차 1.367
	30대	234 (20.5%)		240 (18.3%)	
	40대	264 (23.1%)		293 (22.3%)	
	50대	264 (23.1%)		303 (23.0%)	
	60대 이상	173 (15.1%)		241 (18.3%)	

2. 분석

이 연구는 2016년(코로나19 이전)과 2020년(코로나19 이후)의 민주주의 가치에 따른 시민의식은 차이가 있을 것이라는 가설을 세우고 이를 검증하는 목적에서 수행되었다. 이를 위한 비교분석은 두 가지 차원에서 진행하였다. 첫째, 동일 문항의 설계와 척도가 반영되었기

---

[1] 확률분포 또는 자료가 얼마나 퍼져 있는지를 알려 주는 수치로 클수록 넓게 퍼짐.
[2] 확률분포 또는 자료가 평균 주변에 모여 있는지 혹은 흩어져 있는지(산포도)를 파악하는 지표

때문에 먼저 트리맵(tree map)을 통해 시민의식의 변화상 데이터를 시각화했다. 트리맵은 계층적으로 구조화(트리 구조)할 수 있는 데이터를 표시하는 데 사용되는데, 이 트리맵은 다르게 크기가 지정되고 색상이 지정된 사각형을 사용하여 시각화된 데이터로 비교분석이 가능한 방법이다. 둘째, 사회과학 통계프로그램 SPSS 25를 사용한 일원분산분석을 통해 평균 차이를 비교·분석할 것이다.

첫째, 분석 결과 코로나19 이전 2016년 조사에서 민주주의 가치 중에서 잘 실행되고 있다고 평가한 것은 심의(2.35), 참여(2.24), 공동체성(2.15), 분권(2.11), 준법(2.10) 등의 순이었다. 그렇지만 코로나19 팬데믹 이후인 2020년 조사에서는 참여(2.43), 심의(2.31), 준법(2.30), 공동체성(2.28), 분권(2.23)의 순으로 나타났다. 2016년에 비해 큰 폭으로 잘 실행되고 있다고 응답한 지표는 대의(+0.26), 준법(+0.20), 참여(+0.19)로 나타났다. 반면 하락한 것은 심의(-0.04)로 유일하게 하락했다.

이상의 차이는 다양한 시각에서 분석이 가능하다. 먼저 2016년과 2020년간의 시민의식의 차이이다. 여러 민주주의의 구성요소들이 전반적으로 상승했지만, 그 순위는 변화가 발견된다. 전반적인 수준에서의 민주주의 수준은 2016년 2.09포인트에서 2020년 2.20포인트로 상승했다. 민주주의의 여러 가치적 요인에 대해 시민들은 잘되고 있다는 긍정 응답이 높아졌다는 것은 한국 민주주의 공고화 차원에서 매우 긍정적이다.

⟨표 8-3⟩ 기술적 통계 평균 비교

구분	2016년 평균(a)	순위	2020년 평균(b)	순위	차이(b-a)
심의	2.35	(1)	2.31	(2)	▼0.04
협력	1.98	(10)	2.09	(9)	▲0.11
대의	1.86	(11)	2.12	(8)	▲0.26
신뢰	2.07	(6)	2.15	(7)	▲0.08
공익	2.04	(7)	2.08	(10)	▲0.04
공동체성	2.15	(3)	2.28	(4)	▲0.13
자율	2.03	(8)	2.18	(6)	▲0.15
관용	2.02	(9)	2.07	(11)	▲0.05
준법	2.10	(5)	2.30	(3)	▲0.20
분권	2.11	(4)	2.23	(5)	▲0.12
참여	2.24	(2)	2.43	(1)	▲0.19
전체	2.09		2.20		▲0.11

이를 바탕으로 트리맵 분석을 시각화하면, 민주주의 가치 중에서 변화를 분명히 파악할 수 있다. 2016년에는 한국 민주주의에서 잘 실행되고 있는 것으로 심의, 참여, 공동체성을 응답했지만 2020년 코로나19 이후에는 참여, 심의, 준법이 높은 비중을 차지하고 있다. 유념해서 보아야 할 부분은 코로나19 이후의 준법과 공동체성이 큰 비중을 차지한다는 점이다. 이는 시민의식에서 코로나19 방역 과정에서 시민의식에서 준법과 공동체성에 대한 인식이 개선되고 있음을 반영한 결과라고 할 수 있다.

그리고 또 다른 주목할 민주주의 가치는 참여이다. 코로나19 팬데믹으로 인해 대면으로 인한 참여가 줄어들었음에도 시민들은 참여의 중요성을 파악하고 민주주의 가치에서 가장 중요한 가치라고 평가한 것이다. 이러한 평가는 코로나19 이전보다 급격히 상승하고 코로나19 팬데믹의 비대면 상황에서도 민주주의 가치로서 참여의 중요성을 시민들은 잘 인지하고 있음을 확인할 수 있다. 그리고 여러 가지 민주주의 가치 중에서 코로나19 팬데믹으로 인한 중요도의 변화가 확인된다.

[그림 8-1] 코로나19 이전과 이후의 민주주의 가치 비교(트리맵 분석)

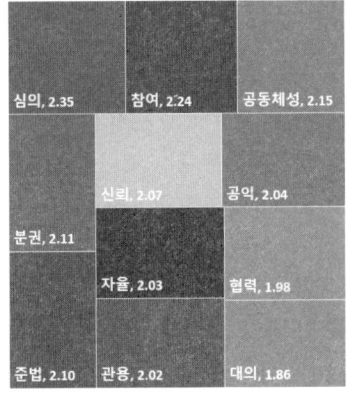
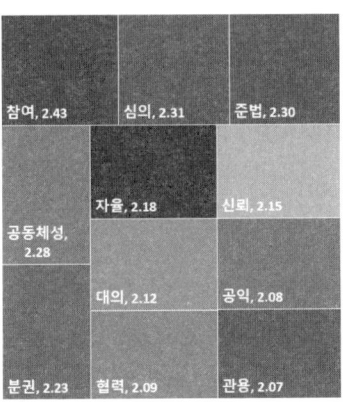

둘째, 다음으로 살펴볼 것은 2016년 코로나19 이전과 2020년 코로나19 팬데믹 이후의 시민의식 차이의 통계적 검증이다. 분석을 위해 다변량 변인의 평균 차이를 비교한 일원분산분석(F검정)을 실시했다.

분석 결과, 공익 변인을 제외한 10개의 변인이 통계적인 차이가 존재하는 것으로 나타났다. 세부적으로 심의 변인은 코로나19 이전

시기보다 하락했다(F=3.448, p<.1). 협력 변인은 2020년 코로나19 이후에 상승한 것으로 나타났다(F=15.867, p<.001). 대의 변인 역시 통계적으로 유의한 수준에서 상승했다(F=77.243, p<.001). 신뢰 변인 역시 2016년은 2.07포인트에서 2.15포인트로 상승했다(F=9.327, p<.01). 공동체성 변인은 2016년 2.15포인트에서 2020년 2.28포인트로 상승했다(F=22.389, p<.001). 자율 변인은 2016년 2.03포인트에서 2020년 2.18포인트로 증가했다(F=26.596, p<.001). 관용 변인은 2016년 2.02포인트였으나 2020년 2.07포인트로 상승했다(F=2.946, p<.1). 준법 변인은 상승폭이 큰 변인으로 2016년 2.10포인트에서 2020년 2.30포인트로 상승했다(F=45.575, p<.001). 분권 변인 역시 2016년 2.11포인트에서 2020년 2.23포인트로 상승했다(F=16.032, p<.001). 마지막으로 참여 변인은 2016년 2.24포인트였으나 2020년 2.43포인트로 증가했다(F=34.727, p<.001).

〈표 8-4〉 민주주의 가치 F검정 요약

구분		빈도	M	SD	F
심의	2016년(코로나19 이전)	1,143	2.35	.564	3.448 +
	2020년(코로나19 이후)	1,315	2.31	.682	
협력	2016년(코로나19 이전)	1,143	1.98	.683	15.867 ***
	2020년(코로나19 이후)	1,315	2.09	.671	
대의	2016년(코로나19 이전)	1,143	1.86	.709	77.243 ***
	2020년(코로나19 이후)	1,315	2.12	.742	
신뢰	2016년(코로나19 이전)	1,143	2.07	.675	9.327 **
	2020년(코로나19 이후)	1,315	2.15	.642	
공익	2016년(코로나19 이전)	1,143	2.04	.760	1.478
	2020년(코로나19 이후)	1,315	2.08	.720	
공동체성	2016년(코로나19 이전)	1,143	2.15	.737	22.389 ***
	2020년(코로나19 이후)	1,315	2.28	.681	

구분		빈도	M	SD	F
자율	2016년(코로나19 이전)	1,143	2.03	.750	26.596***
	2020년(코로나19 이후)	1,315	2.18	.735	
관용	2016년(코로나19 이전)	1,143	2.02	.744	2.946†
	2020년(코로나19 이후)	1,315	2.07	.719	
준법	2016년(코로나19 이전)	1,143	2.10	.752	45.575***
	2020년(코로나19 이후)	1,315	2.30	.699	
분권	2016년(코로나19 이전)	1,143	2.11	.745	16.032***
	2020년(코로나19 이후)	1,315	2.23	.697	
참여	2016년(코로나19 이전)	1,143	2.24	.809	34.727***
	2020년(코로나19 이후)	1,315	2.43	.755	

†<.1, *<.05, **<.01, ***<.001

IV. 결론에 대신하여: 분석의 함의

코로나19는 세계적인 대유행으로 수많은 생명을 빼앗은 전염병이었다. 코로나19 당시의 비대면적인 삶과 생활은 우리 사회의 연결성과 정서적인 혼란을 자아낼 만했다. 그러나 과거의 팬데믹 경험에서 우리가 경험한 바와 같이 어떤 질병이나 전염병도 인간의 지혜와 협력으로 퇴치했다. 중세의 페스트에서 근대의 콜레라, 현대의 스페인 독감 등 인류를 위협한 팬데믹의 위험에서도 우리 인간의 과학기술 발전과 협력의 시민문화는 위기 국면에서 새로운 활로를 개척한 바가 있다. 2020년 상반기 코로나19 확산에 따른 미래 불확실성으로 인한 국내·국제정치의 불안감은 고조되었고 정치경제적인 위험 상황이 지속되었다(Schenker 2020).

코로나19 팬데믹 이전에 케임브리지대학교 정치학과의 런시먼

(Runciman 2019) 교수는 2000년대 불안정한 민주주의 위기를 꼽으면서 그중의 하나로 전염병의 위험을 이미 예측하며 전염병이 민주주의의 위기 요인이 될 것이라고 지적한 바가 있다. 그의 통찰은 불과 1년도 지나지 않아 코로나19 팬데믹이 현실화하면서 현대 민주주의의 가장 큰 위기를 불러왔다.

코로나19는 정치과정에서 많은 변화를 야기했고, 특히 팬데믹 기간에는 정상적인 정치과정이 불가능할 정도로 어려운 상황이었다. 대면접촉이 제한되면서 선거나 정당 활동이 위축되었고, 시민들의 토론은 줄어들고 집단적 정치 행동이 어려운 조건이었다. 그럼에도 시민의 의식 차원에서는 다른 측면이 발견되었다. 민주주의에서 중요한 가치에 대한 평가에서는 코로나 이전보다 코로나19 팬데믹 기간 더 상승한 것으로 나타났다.

분석의 함의를 살펴보면 다양한 차이가 확인된다. 첫째, 단순 수치상으로 비교해 보면 2016년과 2020년간의 시민의식의 차이가 확인된다. 분석에서 사용한 11개의 민주주의 가치 구성요소들이 2020년 코로나19 팬데믹 기간에 오히려 상승한 것이다. 11개 변인의 총합도 2020년 2.20포인트로 2016년보다 상승했다. 전반적인 수준에서의 민주주의 가치에 대한 시민평가는 2016년 2.09포인트에서 2020년 2.20포인트로 상승했다. 코로나19 팬데믹이라는 어려운 조건에도 민주주의 가치의 중요성은 여전히 시민의식에서 중요하게 평가된 것이다. 그리고 시민들은 오히려 위기 상황에서 시민의식은 더욱 민주주의 가치의 중요성을 인지한 것이라 평가할 수 있다. 무엇보다 민주주의의 여러 가치적 요인에 대해 시민들은 잘되고 있다는 긍정 응답이 높아졌다는 것은 한국 민주주의 건강성 차원에서 의미있는 지표라고 할 수 있다.

둘째, 민주주의 가치 중에서 코로나19 팬데믹 기간 가장 중요하다고 생각한 가치는 참여이다. 참여는 민주주의 가치에서 중요한 요소이다. 하지만 2016년 조사에서는 심의(2.35포인트)가 1위, 참여(2.24포인트)가 2위였다. 그러나 코로나19 팬데믹 기간 참여가 더욱 중요한 가치가 되면서 참여가 2.43포인트, 심의가 2.31포인트로 순위가 바뀌었다.

셋째, 민주주의 가치 중에서 심의는 중요성 면에서 소폭 하락했다(▼0.04). 이는 다양한 해석이 가능하다. 우선 심의가 하락한 것은 기본적으로 대면접촉의 위축에 따른 정치적 소통의 어려움 때문으로 평가할 수 있다. 직관적으로 본다면, 정치에서 토론과 심의는 필요한데, 시민들의 의식 속에서 잠재적으로 대면접촉이 어렵기 때문에 민주주의 가치 중에서 심의가 상대적으로 하락한 것으로 평가했다고 할 수 있다. 하지만 변화의 폭은 그렇게 크지 않았다.

넷째, 준법과 공동체성 역시 코로나19 팬데믹 상황에서 상승했다. 위기 상황에서 질서를 위한 준법이 강조되었고 개인의 안전과 공동체의 안전을 위한 공동체성의 중요성을 시민들이 인식하게 된 것이다. 이는 위기 상황에서 준법과 공동체성이 더 강조되고 있으며 민주주의 가치에서 중요하다고 생각하게 되었음을 의미한다. 사실 코로나19는 시민들의 정상적인 정치·경제·사회생활을 제약했으며 우리나라에서도 방역 당국의 수칙이 제정되었고 이에 대한 처벌도 강화되었다. 마스크 착용 의무화, 집합 금지 또는 단체 행사 금지,

이동의 자유 제한 등은 민주주의의 원칙을 제한하는 것이었지만 위기 상황에서 시민들은 이를 공동체의 안전을 위해 개인의 자유를 희생하는 것을 용인한 것이다. 그러나 유럽과 미국에서는 과도한 집합금지로 인해 시민들의 저항도 발생했다는 점을 고려하면 준법성과 공동체성은 양면성이 있는 것으로 설명할 수 있다(정문식·정호경 2020, 77-116; BBC 2020a; 2020b).

다섯째, 통계적인 차이도 의미있는 결과가 도출되었다. 분석에서 사용한 민주주의 가치 중에서 공익을 제외하고 통계적 유의성이 확인되었다. 공익 변인은 2016년과 2020년 조사에서 차이가 발견되었지만, 통계적으로 유의하지는 않았다($F=1.478$). 그리고 심의 변인은 앞에서 확인한 바와 같이 통계적인 유의성은 있지만($F=3.448, p<.1$) 2020년이 값이 소폭 하락했다. 그렇지만 다른 9가지 변인은 모두 2020년의 시민의식이 2016년보다 향상된 것으로 나타났고, 통계적인 유의미성도 있었다. 가장 통계적인 차이가 큰 변인은 역시 준법 변인이었다($F=45.575, p<.001$). 코로나19라는 공동체의 위기 속에서 마스크 착용, 집합 금지, 이동의 제한, 방문지 서명(QR)에 따른 준법정신이 매우 중요한 민주주의 가치로 인식되었고 반영된 것이다.

여섯째, 통계적으로도 대의, 준법, 참여 변인은 매우 높은 유의확률이 도출되었다. 대의 변인은 코로나19 팬데믹 기간 통계적인 유의확률이 가장 큰 변동을 보였다($F=77.243, p<.001$). 팬데믹 기간의 직접적인 정치과정의 참여가 어려우므로 대의라는 민주주의 가치의 중요성을 시민들이 중요하다고 평가한 것으로 해석할 수 있다. 실제 참여 변인도 매우 높은 통계적인 유의성이 있는 것을 본다면

(F=34.727, p<.001) 대의의 중요성과 함께 결합하여 해석할 수 있다. 그만큼 코로나19를 계기로 참여에 대한 민주주의 가치 중에서 시민의식의 변화가 확인된다. 이는 여러 원인이 있을 것이지만 코로나19라는 고립된 생활 속에서 정치적 참여의 욕구가 더욱 높아진 것으로 해석할 수 있다. 즉 팬데믹 이전에는 당연했던 참여가 팬데믹으로 제약당하면서 그 중요성을 인지하고 민주주의 가치 중에서 가장 중요한 요소라는 시민의 변화가 확인된 것일 수 있다. 하지만, 이 해석은 좀 더 면밀한 후속 조사가 필요하기도 하다.

이상 분석의 함의을 통해서 코로나19 팬데믹으로 인한 시민의식의 변화, 그중에서도 민주주의 가치의 중요성 변화를 확인했다. 각각의 요소별로 차이는 있지만 팬데믹이 오히려 시민들의 민주주의 가치의 중요성을 강화했고 요소별로 중요성이 강조되고 있다. 다양한 민주주의 가치에서 가장 큰 변화는 참여의식의 강화이지만 그 뒤를 이어 심의, 준법, 공동체성 등도 팬데믹 기간에 시민들이 중요한 민주주의 가치임을 인식하고 있었다.

그러나 이 분석은 제약점도 가지고 있다. 무엇보다 일회성 조사인 관계로 구체적인 민주주의 가치 지표를 도출하는 것에 어려움이 있었다. 다양한 민주주의 가치 중에서 분석에서 활용한 11가지 요소가 모든 것이 아니므로 이에 대한 과도한 일반화는 피해야 할 것이다. 둘째, 2020년 팬데믹 기간의 설문조사 기간 반영된 시민의식 중에서 민주주의 가치가 팬데믹 이후까지 연결될 것인가에 대한 후속 연구가 필요하다. 실제 팬데믹 이후에 대시 민주주의 가치의 회복이 나타났는지, 아니면 또 다른 변화상이 있는지를 확인해야 팬데믹으로 인한 민주주의 가치의 시민의식 변화를 정확하게 해석할 수 있기 때문이다.

    이러한 제약점에도 불구하고 이 연구는 코로나19 팬데믹을 변곡점으로 그 이전과 이후의 민주주의 가치의 중요성이란 시민의식의 변화를 처음으로 분석하고자 한 시도하는 점에서는 의미가 있을 것이다. 연구를 통해서 팬데믹이란 비정상 상황에서 민주주의의 가치가 어떻게 인식되고, 실제 시민들의 민주주의 가치의 중요성을 어떻게 평가하는지를 파악할 수 있는 계기가 되었다. 다만 앞서 제시한 바와 같이 계속된 후속 연구를 통해서 민주주의 가치의 변화상을 추적하여 한국 민주주의의 발전과 공고화를 위한 기초 자료로써 활용한다면 의미있는 연구가 될 것이다.

참고문헌

감염병포털. 2025. "코로나19 발생현황." https://npt.kdca.go.kr/pot/cv/trend/dmstc/selectMntrgSttus.do(검색일: 2025년 6월 30일).

문중섭. 2004. 『민주주의: 어제·오늘·내일』. 부산: 신지서원.

임혁백·송경재·장우영. 2016. 『(2016 ICT 기반 국가미래전략)BIG STEP』. 대구: 한국정보화진흥원.

정문식·정호경. 2020. "코로나위기와 헌법국가: 독일에서의 코로나위기 대응에 대한 헌법적 논의를 중심으로." 『헌법재판연구』, 7권 2호, 77-116.

정채진·박석중·이광수·김한진·김일구·여의도클라스·윤지호·최준영. 2020. 『코로나 투자 전쟁』. 서울: 페이지2북스.

BBC. 2020a. "Coronavirus: Germany's States Make Face Masks Compulsory." (April 23), https://www.bbc.com/news/world-europe-52382196(검색일: 2025년 6월 30일).

BBC. 2020b. "Coronavirus: Why Some Countries Wear Face Masks and Others Don't." (May 12), https://www.bbc.com/news/world-52015486(검색일: 2025년 6월 30일).

Dahl, Robert A. 2015. *On Democracy*. New Haven: Yale University Press.

Dewey, John 저·이홍우 역. 1996. 『민주주의와 교육』. 서울: 교육과학사.

Freedom House. 2025. "Freedom in the World 2025 Methodology." https://freedomhouse.org/reports/freedom-world/freedom-world-research-methodology(검색일: 2025년 6월 30일).

Heywood, Andrew 저·조현수 역. 2003.『정치학: 현대 정치의 이론과 실천』. 서울: 성균관대학교 출판부.

Inglehart, Ronald and Christian Welzel. 2005. *Modernization, Cultural Change, and Democracy: The Human Development Sequence*. Cambridge: Cambridge University Press.

Lipset, Seymour Martin. 1963. *Political Man: The Social Bases of Politics*. New York: Anchor Books.

Mannheim, Karl. 1991. *Ideology and Utopia*. England: Psychology Press.

Pateman, Carole. 1970. *Participation and Democratic Theory*. Cambridge: Cambridge University Press.

Runciman, David. 2019. *How Democracy Ends*. London: Profile Books.

Schenker, Jason 저·박성현 역. 2020.『코로나 이후의 세계』. 고양: 미디어숲.

Spiegel Politik. 2020. "Angst frisst Demokratie." (April 8), https://www.spiegel.de/politik/deutschland/corona-krise-angst-frisst-demokratie-a-ad8799db-8941-4c40-9a50-1dfff591ffb6(검색일: 2024년 8월 17일).

Tocqueville, Alexis de. 2003. *Democracy in America*. Indianapolis: Hackett.

World Values Survey. "Welcome to the World Values Survey Site." https://www.worldvaluessurvey.org/(검색일: 2024년 8월 17일).

제6공화국의 민주주의 위기와 극복 과정[*]

조석주

I. 서론

대한민국의 정치체제는 1987년을 기점으로 하여 민주정으로 이행하였고, 어느덧 수십 년 동안 권위주의체제로의 회귀는 일어나지 않았다. 한국의 민주주의는 공고화되었는가? 불과 몇 년 전까지도 이 질문을 비교 민주주의 연구자들에게 물었다면 대다수가 긍정적

---

[*] 이 논문의 초고는 2025 경희대 공공거버넌스연구소 특별학술회의 "한국의 다층적 통치성과 행복의 정치"에서 발표되었다. 학회에서 세심한 논평으로 논문의 발전에 도움을 주신 서희경 박사님께 감사드린다.

으로 대답했을 것이다. 그러나 2024년 겨울, 전 세계를 놀랍게 한 친위 쿠데타 시도가 일어났다. 물론 쿠데타는 빠르게 실패로 돌아갔기 때문에, 그 하나의 사건이 한국 민주주의의 붕괴나 후퇴를 의미하지는 않는다. 하지만 적어도 민주주의의 공고화를 쉽게 단정할 수 없다는 점만은 여러 사람의 뇌리에 각인되었다. 지금 한국의 민주주의는 얼마나 안정되어 있는가? 한국의 민주주의를 더 강건하게 만들기 위해 필요한 일은 무엇인가? 이러한 질문에 대한 직접적 대답을 얻는 것은 복잡하고 어려운 일이다. 나는 이 글에서 한국 역사에서 유일하게 지속적인 민주주의 체제였던 제6공화국의 역사를 돌아보는 것을 통해, 이 질문들을 생각하는 실마리를 얻고자 한다.

민주주의뿐 아니라 헌정주의 측면에서도 제6공화국은 그 이전의 정치체제와 단절적인 면이 있다. 제6공화국 이전의 대한민국은 헌법이 실효적·안정적으로 정치권력을 배분한 정치체제라고 보기 어렵다. 단적으로 1987년 이전의 헌법들은 집권 정치인의 집권 기간을 넘어 살아남지 못했다. 제1공화국에서는 이승만 일인 집권하에서 두 차례 헌법이 바뀌었고, 제2공화국 헌법은 장면 정부와 운명을 같이 했으며, 제3공화국 헌법의 수명도 박정희의 집권기보다 짧았다. 제4공화국 헌법하에서는 공식적으로 박정희, 최규하, 전두환 세 명의 대통령이 있었으나, 뒤의 두 경우는 박정희의 피살과 12.12, 5.17 쿠데타를 거치는 과도기 대통령이어서, 유신 헌법 시기의 집권자는 실질적으로 박정희 일인이라 할 수 있다. 끝으로 제5공화국 헌법 또한 전두환의 집권기가 끝나며 사라졌다. 동일한 헌법하에서 권력의 교체가 일어나지 못했다는 점은 헌법이 권력자로부터 독립되어 정치권력의 향방을 결정하는 실질적 규칙이 되지 못했음을 보여준다.

제6공화국은 1987년에 거대하게 몰아친 민주화 운동과 그 뒤를 이은 민주화 세력과 권위주의 세력의 타협으로 탄생했다. 그 타협의 내용이었던 제6공화국 헌법은 대통령 직선제, 이전에 비해 대통령의 권력을 약화한 권력분립, 지방자치, 시민의 정치적 자유 확대 등 여러 면에서 제4공화국·제5공화국의 헌법과 구분된다. 이 헌법의 규정들과 1988년 선거에서 채택된 소선거구제를 중심으로 한 혼합형 다수대표제 선거제도가 제6공화국의 정치 경쟁과 참여의 틀을 구성하는 공식적 정치제도가 되었고, 큰 변화 없이 이 제도가 현재까지 유지되었다.[1] 그리고, 그 제도하에서 아홉 개의 서로 다른 행정부가 선출되었다. 즉, 제6공화국에서부터 한국 시민들은 경쟁적 선거로 정부를 선택하는 실질적 기회를 가졌으며, 헌법이 권력의 배분을 결정하는 독립적인 규칙으로 작동했다. 다시 말해, 제6공화국은 민주주의와 헌정주의 두 측면 모두에서 그 이전의 체제와 불연속성을 갖는다.

제6공화국 37년 동안 정치제도는 큰 변화 없이 유지되었지만, 정치적 실천의 역사가 균일했던 것은 아니다. 예컨대, 1988년과 2024년의 국회의원 총선거를 두고, 후보자의 선거 운동 양태, 시민이 선거에 관한 정보를 얻는 방식, 선거 결과를 정치인과 시민이 받

---

[1] 비례대표제 정당 명부 투표를 지역구 투표와 분리하여 1인 2표제를 도입한 2004년의 선거법 개정, 준연동형 비례대표제를 도입한 2019년의 선거법 개정 정도가 어느 정도 중요한 변화라고 할 수 있다.

아들이는 태도 등을 비교한다면, 큰 차이를 발견할 수 있을 것이다. 정지되어 있는 정치체제는 어디에도 없고, 한국의 민주정도 예외는 아니다. 특히, 제6공화국의 헌정과 민주주의가 그 시작에서부터 안정되었거나 그 지속성을 예정했던 것은 아니었다. 그동안 한국 민주주의가 어떤 과정을 거쳐 안정성과 지속성을 얻어 왔는지를 살피는 것은 오늘날의 한국 정치체제를 진단하는 데에 도움을 줄 것이다.

이 글에서 나는 제6공화국이 겪은 위기들을 되짚어 본다. 체제의 불안정성이 가장 고조되었던 사례들에서, 위기의 극복 과정에서 겪은 정치적 경험들과 그것이 정치체제에 남긴 효과들을 살펴볼 것이다. 여기서 위기와 극복, 그 효과를 관찰하는 데에 깔린 관점은 민주주의 공고화(democratic consolidation)와 민주주의 퇴행(democratic backsliding)에 대한 이론으로부터 나온다. 민주주의는 셰보르스키(Przeworski 1999), 보비오(Bobbio 1987), 달(Dahl 1971) 등이 사용한 모든 시민이 참여하는 선거에서 정부 권력의 담당자가 실질적으로 결정되는 체제로 정의된다.[2] 시민에게 현재의 정부 대신 선택할 수 있는 대안이 존재하고, 시민의 다수가 현 정부를 교체하길 원할 때 실제로 교체할 수 있어야 민주적 정치체제라고 부를 수 있다. 민주주의 공고화란 신생 민주정이 안정성과 회복탄력성을 갖추고 권위주의체제로의 역행 가

---

[2] 민주정은 근본적으로 사회구성원들이 정치적으로 평등한 체제이다. 그런데 정치적 평등을 달성하는 현대적 방식은 시민이 동등하게 참여하는 선거를 통한 대의제이다. 따라서 본문의 정의는 민주주의에 대한 근본적 개념이라기보다는 하나의 판명가능한 정의(operational definition)로 볼 수 있다. 이는 흔히 민주주의에 대한 최소주의적(minimalist) 정의라고 불린다.

능성이 현저히 감소하는 과정을 의미한다. 민주주의가 공고화되었다고 평가되는 것은 민주적 선거가 권력을 다투는 유일한 게임의 규칙으로 광범위하게 수용되는 시점에 이르렀을 때이다(Linz and Stepan 1996). 이는 주요 정치 행위자들과 시민들이 위기 상황을 포함한 모든 정치적 갈등을 민주적 절차를 통해 해결하는 것이 균형(equilibrium)이 되었음을 의미한다.

반면, 민주주의 퇴행(democratic backsliding)이란 민주주의 체제의 형식적 틀은 유지되는 가운데, 선거의 경쟁성과 정치적 참여의 자유 등 민주주의의 핵심적 규범과 제도가 약화되는 과정을 의미한다. 버메오(Bermeo 2016)에 따르면, 근래의 민주주의 퇴행은 군사 쿠데타나 급격한 체제 붕괴와 같은 급진적 사건보다는, 집권 세력에 의한 법적·제도적 수단을 통한 민주주의의 점진적 침식(erosion)을 특징으로 한다. 이러한 과정속에서 민주주의가 유일한 게임의 규칙이라는 인식은 점차 훼손되며, 주요 정치 행위자들 사이에서 비민주적 절차와 권위주의적 통치 방식이 정당화되거나 묵인된다.

비교 정치학에서 민주주의 공고화에 대한 연구 문헌은 민주화의 제3의 물결이 있은 20세기 후반과 그 이후 십여 년 정도에 집중된다. 이 문헌에서 한국은 민주주의로의 이행과 공고화를 평화적·점진적으로 이루어 낸 모범적 사례로 꼽힌다. 반면, 민주주의 퇴행에 대한 문헌은 2010년대 이후에 본격적으로 등장해서, 현재 비교 민주주의 연구의 가장 중요한 주제가 되고 있다. 이러한 연구의 증가는 헝가리, 폴란드, 터키 등의 나라에서 민주주의가 합법적 방식으로 무너진 사례와 무관하지 않고, 미국과 같은 오랜 역사의 민주정이 권위주의화 되는 것도 불가능하지 않다는 현재 연구자들이 인식에 기인하고 있다(Ginsburg and Huq 2018; Haggard and Kaufman 2021). 앞서 두 개념의 정의를 생각해 보면 "공고화된 민주주의가 퇴행한다"라는 언술은 형용 모순이다. 그러나 기존에 공고화되었다고 생각되었던 정치체제에서 퇴행은 목격되고 있다. 이는 결국 완벽하게 공고화된 민주주의는 존재하기 어렵다는 가설을 만들게 한다.

 이 글의 목적은 제6공화국이 경험했던 위기들을 되짚어 보는 것을 통해, 제6공화국 민주주의 공고화와 퇴행의 요소들에 대한 단서를 찾는 것이다. 민주정의 안정 여부는 갈등이 민주제도 안에서 해결되는지에 달려 있다. 따라서 체제의 불안정은 첨예한 갈등으로 인해 권력이 비제도적 방식으로 교체될 가능성이 생길 때 극대화될 것이다. 그리고, 민주주의의 붕괴는 기존 헌정 제도가 결과적으로 중단되는 방식으로 이루어질 것이다. 이에 따라, 헌정의 위기로 전화될 수 있었던 정부 위기 사례들을 탐구한다면, 위기가 제도적 또는 비제도적으로 해결되는지에 영향을 끼친 요인들에 대한 아이디어를 얻을 수 있을 것이다.

 여기서 나는 제6공화국이 겪은 중요한 정부 정당성의 위기들을 논한다. 제6공화국의 민주주의는 네 차례의 중요한 전환점을 겪었다. 노태우 정부 당시 1991년 강경대 사망 이후 벌어진 일련의 사건, 김영삼 정부에서 1997년 위기로 IMF의 구제 금융으로 가기까지의 과정, 박근혜 정부에서 벌어진 2016년 소위 국정농단 사태, 그리고 2024년 윤석열 정부에서의 비상계엄 사태, 이 네 가지 사건이 이 글에서 논의된다. 이 사례들은 모두 제6공화국 체제의 구조적인 요인과 우연적 사건들이 결합하여 일어났으며, 심각한 정부 정당성의 위기를 낳았다. 또한, 이러한 정부 정당성의 위기가 제도 외적으로 해결될 가능성이 일정하게 있었지만, 여러 요인의 결합으로 결국 제6공화국의 헌정은 붕괴되지 않았고 민주정은 유지될 수 있었다. 각 사례별로 위기가 극복될 수 있었던 이유는 다르고, 그 극복의 결과 민주주의는 공고화되거나 심화될 수 있었다. 나는 이 위기들의 전개와 극복 과정에서 제6공화국의 민주주의가 어떻게 변천되어 왔는지 탐구할 것이다.

정부 정당성 위기는 통치행위에 대한 시민의 규범적 승인이 급격히 철회되는 현상이다. 정부는 크게 보아 첫째, 권력의 형성과 행사의 절차적 정당성과 둘째, 구체적 통치행위가 가져온 내용적 결과의 바람직함에 의해 시민의 승인을 얻게 된다. 제도나 정책의 실패, 부패나 스캔들 등은 정부 정당성의 위기를 가져올 수 있다. 그러나 모든 정부 정당성 위기가 헌정 위기가 되지는 않는다. 애커만(Ackerman 1991)에 따르면 헌정 위기는 초헌법적 행위가 헌법의 적용을 실질적으로 중단시킬 수 있는 위기이다. 두 위기는 개념상 별개이지만 실천적 차원에서 긴밀히 얽힌다. 초헌법적 행위에 대한 유인은 권력의 향방이 불안정해질 때, 즉 정부 정당성의 위기 상황에서 나오기 때문이다. 우리가 다루는 정부 정당성의 위기 사례들이 어떻게 헌정 위기로 전화되거나 되지 않고, 극복되는지 각 사건마다의 동학을 살펴볼 필요가 있다.

비덤(Beetham 2013)의 정당성 이론은 정치권력이 정당성을 획득하고 유지하는 과정을 다층적으로 설명한다는 점에서 정부 정당성 위기를 분석하는 데 유용한 이론적 틀을 제공한다. 비덤은 정당성을 단순히 합법성(legality)이나 국민의 동의(consent)에만 근거하지 않고, 권력이 정당하다고 인정받기 위해서는 세 가지 조건을 충족해야 한다고 본다. 첫째, 권력의 행사는 법적 규칙에 근거해야 하며, 그 규칙은 공식적으로 제정되고 절차적으로 정당해야 한다. 둘째, 그 법적 규칙은 더 높은 수준의 규범적 정당성으로 뒷받침되어야 한다. 즉, 규칙의 내용들이 시민이 공적으로 정당하다고 믿는 가치에 부합하여야 한다. 셋째, 이러한 규칙과 가치가 정치체제 구성원들의 동의(consent)를 통해 실질적으로 승인되어야 한다. 다시 말해, 정당성은 법적 정당성, 규범적 정당성, 사회적 승인이라는 세 요소가 상호작용하는 구성개념이다.

이러한 관점에서 비덤은 정당성을 실체적이고 경험적인 개념으로 접근할 수 있음을 강조한다. 법과 제도의 존재만으로는 정당성이 완성되지 않으며, 그 내용이 정의롭고 공익에 부합하며, 시민들로부터 실질적인 수용과 지지를 받을 때 비로소 정당성은 완전해진다. 따라서 정당성의 위기란 단지 규칙 위반이나 절차적 하자에서 발생하는 것이 아니라, 규범적 기반이 훼손되거나 사회적 지지가 철회될 때 나타나는 현상이다. 이와 같은 비덤의 정당성 개념은 제6공화국에서 발생한 정치적 갈등이나 통치 실패, 그리고 헌정의 위기를 단지 법률적 차원의 문제가 아니라 정당성의 구성 요소들이 붕괴하는 과정으로 이해할 수 있게 한다. 이는 특정 정부가 헌정 질서 내에서 어떻게 정당성을 잃어가며 위기를 초래했는지를 분석하는 데 도움을 줄 수 있다. 이 글에서 정부 정당성 위기의 사례들을 서술하며, 비덤의 이론을 중요하게 참조하고자 한다.

　이 논문의 이후 구성은 다음과 같다. 제2절부터 제5절까지 각 절에서 정부 정당성 위기의 한 가지 사례를 서술한다. 끝으로 제6절에서 분석을 종합하며 글을 맺는다.

II. 1991년 노태우 정부의 정당성 위기

　1991년 4월 26일 당시 명지대학교 1학년 학생이던 강경대가 학내 시위 중 진압 경찰(백골단)의 쇠파이프에 맞아 사망하는 사건이 발생했다. 사흘 후인 4월 29일 전남대의 박승희가 항거의 뜻으로 자결하였고, 그해 5월에만 일곱 사람이 스스로 생명을 던졌다. 시민의 분노는 전국적인 집회를 통해 분출되어, 대도시에서는 1987년 6월 이후 최대 규모의 시위가 일어났다. 집권 여당인 민자당의 창당 1주년인 5월 9일에 전국적으로 30만여 명이 시위에 참가한 것으로 추산되었고, 5월 22일에는 그 규모가 더 늘어났다(이정무 2025).

　거리에 나선 시민들의 구호는 "해체 민자당, 퇴진 노태우"였다. 시위대 중 더 급진적인 분파의 경우 '퇴진'이라는 구호도 유약하다고 생각하여, '노태우 정권 타도하자'란 구호를 외쳤다. 1960년 4월이나 1987년 6월의 재현을 통해 정부 권력 자체를 교체하는 것이 시위를 조직하는 세력의 목표인 것처럼 보였다. 정부의 통치행위는 시민 상당수에게 정당성을 인정받지 못했다. 아울러, 사건의 전개가 대통령이 임기를 마치지 못하는 상황으로까지 나아간다면, 제6공화국은 단명의 위기에 처하게 되는 것이었다.

노태우는 시민의 직접선거에서 당선된 대통령이었다. 또한 그 선거는 불과 4년 전 국민투표에서 압도적 다수에 의해 승인된 헌법에서 정한 절차에 따라 이루어진 것이었다. 따라서 노태우 정부는 제4공화국의 박정희와 제5공화국의 전두환과는 비교할 수 없을 정도로 절차적 의미에서의 민주적 정당성을 갖고 있었다. 그러나 당시에는 절차적 정당성 그 자체가 독립적으로 정부의 안정을 가져오는 효과가 미미했다.

여기에는 두 가지 이유가 있었다. 첫째, 대통령 노태우는 12.12 쿠데타의 주역으로 애초에 박정희의 사후 민주화에 대한 시민의 기대를 무너뜨리며 정치에 진입한 군부 독재 세력의 후계자였다. 헌법 개정이 정치 일정에 오르게 된 6.29 선언 이전인, 1987년 6월 10일의 민정당 전당대회에서 노태우는 대통령 후보로 선출되었다. 즉 애초에 민주 항쟁이 없었으면, 노태우가 대통령이 될 것이었기 때문에, 군부 독재를 끝내기 위해 민주화 투쟁을 벌였던 세력의 입장에서는 노태우 정부를 민주 정부라고 보기보다는 5공 전두환 정부의 연장으로 보게 되었다.

그런데 실제로 이 시기 노태우 정부의 통치는 5공 정부를 어느 정도 닮아 있었다. 1988년 총선에서 여소야대의 국회가 만들어진 후 상당 기간은 1987년 투쟁의 여력을 가지고 있었던 민주화 세력이 주도하는 정세가 만들어졌었다. 민주화 운동에서 야당에 비해 급진적이었던 세력들은 전민련과 같은 정치조직뿐 아니라, 전노협, 전교조,

전농 등의 대중 조직을 만들면서 상시적인 정치적 영향력을 확보하려 하고 있었다. 그러나 보수 세력도 급진 세력의 도전을 지켜보고만 있지는 않았다. 1989년 문익환·임수경의 방북이 있었고, 야당 의원 서경원이 한 해 전에 방북한 사건이 드러나면서 공안정국이 형성된다. 토지 공개념, 금융 실명제 등 민주화의 바람을 타고 개혁 의제로 주목받던 정책들의 추진이 취소되는 가운데, 학생 운동, 노동운동에 대한 정부의 대응이 보다 강경해져서 구속되는 사례가 늘어났다. 이런 와중에 강경대가 경찰의 폭력 진압에 의해 사망한 것이었다. 87년 6월 항쟁의 도화선에는 경찰의 고문에 의한 박종철의 죽음, 시위 진압 최루탄에 의한 이한열의 죽음이 있었다. 그런데 다시 학생이 공권력의 폭력에 의해 죽은 것이다. 노태우 정부를 군부 독재의 연장으로 보는 입장에서는 강경대의 죽음은 정권의 폭압성을 드러내는 증거와 같은 것이었다. '노태우 정권 타도'의 구호는 5공 때 외치던 군부 독재 타도의 연장선 위에 있었다.[3]

　둘째, 1987년에 대통령을, 1988년에 국회의 구성을 민주 헌법에 따른 선거로 결정하였지만, 당시에는 선거 정치에 대한 효능감과 기대가 높지 않았다. 권위주의 시대의 한국 정치에도 경쟁적 선거가 없지 않았다. 제1공화국에서 1956년 대통령 선거 같은 경우, 신익희 후보의 죽음으로 대통령 선거는 일방적인 결과가 나왔지만, 부통령은 야당의 장면이 당선되었다. 제3공화국에서 1963년과 1967년 박정

---

[3] 1991년 5월 당시 저항세력의 급진성에 대해서는 김윤철(2020) 참조.

희와 윤보선이 맞붙었던 선거도 비경쟁적이라고 보기는 어렵다. 그럼에도 불구하고 이때까지 단 한 번도 선거에서 행정부가 교체된 적이 없었다. 의회 선거에서 집권당의 과반을 저지한 것은 1988년이 최초였고, 그로 인해 5공 비리, 광주 민주화 운동에 대한 청문회가 열리는 등, 일정하게 시민의 제도에 대한 효능감이 높아질 수 있었지만, 이 또한 1990년 삼당 합당에 의해, 선거 결과와 배치되는 여당 다수 국회로 바뀌고 말았다. 덧붙여 당시 민주화 세력 중 급진파들은 한국이 선거를 통해 자유민주주의를 달성할 수 없을 것이라는 이론적 믿음을 갖고 있었다. 그들의 이론적 관점에서 보면, 노태우 정부가 한때 유화적 정책을 지향하다가 폭압적 기조로 바뀌는 것에는 필연적 요인이 있는 것이었고, 선진 민주주의 국가와 달리 한국에서는 선거를 통해 민중이 잘 사는 나라를 만들 수는 없다고 믿었다.

이러한 연유로, 당시 거리에서 투쟁하는 세력들의 노선은 '정권 타도'를 지향하였다. 따라서 노태우 정부의 정당성 위기는 헌정의 위기, 민주주의의 위기로 전화될 수 있는 상황이었다. 비덤 이론의 관점에서 보면 노태우 정부는 직선제 승리라는 최소한의 합법적 규칙만 갖고 있었을 뿐, 경찰 폭력과 공안 통치로 규범적 정당성을 스스로 훼손했고, 5월 투쟁으로 표출된 대중 시위는 그 정당성 훼손이 정부에 대한 사회적 승인 상실로 직결되었음을 보여주었다. 결과적으로 '합법성만 남은 반쪽짜리 정당성'이 거리 투쟁의 급진화를 촉발해 헌정 붕괴 직전까지 체제를 몰고 갔다.

셰보르스키에 의하면, 공고화된 민주정은 권력 투쟁의 게임에서 선거 참여가 중요 행위자의 최선 전략이 되는 내쉬 균형(Nash equilibrium)이다. 즉 권력의 향방에 영향력이 큰 주요 정치세력 모두가 폭력 혁명, 쿠데타 등이 아닌, 선거에 참여하는 전략으로 권력을 쟁취하려고 할 때, 민주주의 체제는 안정된다. 이것이 현실에서 드러나는 형태는 선거에서 패배한 세력이 이에 승복하고, 다음 선거의 승리를 통해 권력을 쟁취하려고 하는 것이다.

1987년 6월에 5공 군부 정권으로부터 헌법 개정이라는 양보를 받아낸 민주화 세력은 그해 12월의 대통령 선거에서 패배하였다. 당시의 민주화 연합은 급진 사회주의에서부터 김영삼·김대중의 보수 야당까지를 포함하는 큰 연합으로 이념적 범위가 넓었다. 1991년 5월에 이르러 그 연합의 일부는 다음 선거를 기다리려고 하지 않았다. 당시 거리의 시위대는 제6공화국 헌법에 규정된 제도적 절차가 아닌 방식으로 권력을 교체하려 하였다. 이 세력의 힘이 충분하여 그 목적을 달성할 수 있거나, 혹은 반대 세력이 거리 소요를 명분으로 하여 폭력적으로 권력배분의 재조정을 시도하게 된다면, 제6공화국의 헌정과 민주주의는 무너지는 것이었다. 이때의 위기는 결국 그런 체제 붕괴의 방향으로 전개되지 않았는데, 이는 민주화 연합의 분열로 인해 가능했다.

제6공화국 이후, 본격적으로 대중 조직으로 만들어진 운동 세력들은 1991년 5월에 모두 거리에서 투쟁하고 있었다. 하지만 87년 6월 민주화 연합의 제도 정치 내 주축이었던 김영삼과 김대중의 세력은 이들과 연합하지 않았다. 여당의 일원이 된 김영삼은 총리 노재봉을 비롯한 강경파 내각의 사퇴를 수습안으로 제시했다. 김대중 역시 선거로 당선된 노태우 정부의 퇴진 운동에 동참할 수 없다고 판단했으며, 지방자치 등의 정치 일정을 정상적으로 치르는 것이 중요하다고 보았다. 노태우는 5월 말에 노재봉 총리를 경질했고, 지방의회 선거를 6월로 확정했다. 보수 언론을 통한 본격적인 여론전이 벌어졌고, 거리의 시위대는 패배했다.

결국 헌정의 위기로 거의 치달았던 이때의 정부 정당성 위기가 헌정의 붕괴로 이어지지 않은 이유는 역설적이게도 1987년의 민주화 연합이 붕괴되었기 때문이었다. 전두환 정부와의 투쟁에서 선봉에 있었던 민주화 연합의 급진파는 거리의 투쟁으로 정치적 변혁을 만들어 내고자 했다. 반면 87년 신민당의 두 중심이었던 김영삼과 김대중의 세력은 일 년 반 후에 있을 대통령 선거에 참여하여 권력을 획득하고자 했고, 급격한 정치 변동으로 정치 일정이 바뀌는 것을 원치 않았다. 이에 따라, 거리의 급진 세력을 배제하고, 집권 분파 내의 공안 세력을 후퇴시키는 것을 통해 타협이 이루어질 수 있었다.

이때 정부 정당성의 위기를 겪으며, 집권 세력 내 보수 분파가 후퇴하는 바람에, 당시 민자당의 공화계와 상당수 민정계가 원했던 내각제 개헌이 완전히 무산된다. 즉 제6공화국 헌법의 일정한 지속성이 보장되었고, 다음 권력이 1992년의 대통령 선거에서 정해진다는 것이 분명해졌다. 또한 정권퇴진 운동을 벌였던 급진 세력 내에서도 이때의 패배를 통해 선거 참여의 중요성이 더욱 부각되었다 할 수 있다. 이후 91년 5월을 이끌었던 운동 세력의 상당수가 기존 정당에 투신하거나, 진보 정당을 설립하는 것을 통해 선거에 참여하게 된다. 결국 제6공화국의 첫 번째 헌정 위기와 그 극복은 제도 내의 정치적 경쟁을 더욱 실질적으로 만들었다고 할 수 있다.

III. 1997년 김영삼 정부의 정당성 위기

　제6공화국의 역사에서 김영삼 정부는 1987년의 대립에서 민주화 연합에 속한 세력의 첫 집권이라는 의의를 갖는다. 이 집권은 1990년 삼당 합당을 통한 권위주의 세력과의 연합 덕에 가능하게 되었지만, 민주화 운동의 리더였던 김영삼이 대통령이 됨으로써 연합의 주도권이 민주화 세력으로 넘어오게 된다. 여전히 민주주의의 안정에 위협이 될 수 있었던 군의 사조직 하나회의 해체, 5공 정권의 뿌리라고 할 수 있는 12.12에서 5.17로 이어지는 쿠데타와의 법적 단절 등은 김영삼 정부 내의 주도권이 민주화 세력에 있었음을 보여준다. 김영삼 정부는 집권 초기 개혁 드라이브를 통해, 한때 지지율이 80%가 넘는 등 시민의 압도적인 지지를 받았다. 1996년 국회의원선거에서 여당인 신한국당은 과반 의석에 조금 못 미치는 결과를 얻는데, 집권 4년 차 총선이었던 점을 감안하면 그리 나쁜 성적이 아니었다. 그러나 1996년 겨울을 시작으로 김영삼 정부에 대한 대중의 이반이 크게 일어나게 되고, 1997년 외환 위기가 본격화될 때, 대통령의 지지율은 6%대까지 하락하게 된다. 이 절에서는 김영삼 정부 말기의 정부 정당성 위기의 전개 과정을 살펴 보고자 한다.

　김영삼 정부가 정당성 위기에 처하게 된 것은 집권 기간을 관통했던 '개혁' 어젠다와 무관하지 않다. 또한, 이때 개혁의 이슈는 단지 김영삼 정부만의 것이 아니라 1980년대부터 2000년대에 이르기까지 한국 사회에 지속적으로 제기된 것이기도 하다. 크게 보아 여기에는 세 가지가 있었다. 첫째, 오랫동안의 권위주의적 정치 질서를 청산하고, 민주적 정치 경쟁과 참여를 확장하고 안정화시키는 개혁이 필요했다. 둘째, 한국의 민주화가 진행되던 시기는 국제정치 질서에서 냉전이 해체되는 시기이기도 했다. 분단국가로 냉전의 한 진영에서 북한과의 체제 경쟁을 중심으로 국제관계를 조직했었던 한국은 변화된 세계질서에 맞게 외교정책을 개혁할 필요가 있었다. 셋째, 권위주의 개발 국가의 주도로 이루어지던 경제의 패러다임이 바뀔 필요가 있었다. 세계 경제 자체가 무역과 생산 요소 이동의 장벽이 해체되는 본격적 지구화의 길을 가고 있었고, 그동안의 성장으로 세계 경제 내 지위가 상승한 한국은 개방의 압력을 견딜 수 없었으며, 새로운 세계 경제 질서 속에서 경쟁력을 갖추기 위해서는 관료의 판단에 의존하는 것보다 더 효율적인 자원배분의 시스템이 마련되어야 했다. 또한 성장이 낳은 물질적 불균형은 분배에 대한 대중적 압력을 만들었다. 대표적으로 노동운동이 87년 이후 빠른 속도로 성장했고 분배적 갈등이 제기되고 조정될 수 있는 제도의 정비가 필요했다.

당시의 이러한 과제는 어느 정부라도 피할 수 없는 것이었다. 첫 번째 주제와 관련해, 김영삼 정부는 민주적 경쟁의 바깥에서 비토 세력이 될 수 있었던 군부의 조직을 해체하였고, 예정되었던 전면적 지방자치 실시를 무난히 실행하였으며, 정부의 행위가 정치 경쟁의 장에 노출될 수 있게 하는 정보 공개법을 제정하는 등 상당한 성과를 거두었다. 두 번째 이슈와 관련된 많은 성과는 전임 노태우 정부 때 이루어졌다. 노태우 정부는 구공산권 국가들과 국교를 수립하는 등, 냉전 외교를 벗어나는 변화를 추구하였고 남북한 유엔 동시 가입을 이루어 내었다. 김영삼 정부는 집권 초기 리인모를 조건 없이 북송하고, 김일성에 남북 정상회담을 제의하는 등 화해 정책을 이어가려 하였다. 그러나 북한의 핵무기 개발 의혹이 제기되면서 남북 관계는 급격히 냉각되었고, 주도권이 미국과 북한의 협상으로 넘어가며 김영삼 정부는 별반 할 수 있는 일이 없었다. 그러나 이 문제는 정부의 정당성에 특별한 영향을 끼치지는 않았다.

문제가 된 것은 세 번째 주제였다. 김영삼 정부가 내세운 '세계화'의 핵심에는 경제 자유화가 있었다. 1993년 8월 '신경제 구상'과 '세계화를 위한 범국민 추진위원회' 출범, 1994년 우루과이라운드 협정 비준은 국내시장을 빠르게 국제자본·무역 체제에 편입시켰다. 취임 2년 차까지 연평균 7%대 성장률, 1인당 소득 1만 달러 돌파, 소비재 수입 자유화 확대 등은 성과가 나빠 보이지 않게 했다. 그러나 그 이면에는 기업부채와 가계부채의 동시 폭증, 단기외채 의존 심화 추세가 숨어 있었다. 국제통화기금(IMF)은 1995년, 1996년 연례협의 보고서에서 이미 한국의 단기외채 비중 급증, 은행 부실, 재벌 차입 경영 등의 구조적 취약성을 지적하였다.

김영삼 정부 출범 후 4년간, 은행 해외 차입 상한이 폐지되고, 외국인 증권투자 한도가 단계적으로 늘어났으며, 기업어음 발행 규제도 완화했다. 이에 따라 기업들은 해외차입과 국내 신용 확대를 동원해 공격적 설비투자를 전개했고, 국내 은행은 담보나 현금흐름에 대한 충분한 평가 없이 대출을 확대했다. 1996년 말 기업부문 차입금은 GDP 대비 109%에 달했고, 외국계 금융기관의 단기채권 비중도

치솟았다. 특히 1996년 이루어진 경제협력개발기구(OECD) 가입 과정에서 정부가 자본 계좌 완전 개방 시점을 1999년으로 합의하면서, 한국은 외환 유출입 변동성을 감내할 안전판 없이 '신흥 선진국' 의무를 갖게 되었다. 1996년에 두 차례 단행된 미국 연방준비제도 금리 인상으로 이자 부담이 늘어났으며, 경상수지도 적자로 전환되었다. 정부의 경제관리 능력에 대한 대중의 신뢰는 약화되어 가고 있었다.

시장 자유화 구상의 한 편에는 노동시장 유연화의 이슈가 있었다. 1996년 5월 출범한 노사관계개혁위원회는 정리해고 요건 완화, 복수노조 허용, 파견근로 허용 범위 등을 의제로 사회적 합의를 시도했지만, 네 차례의 전원회의를 거쳐 결렬됐다. 사용자 측은 경제 위기 대비를 이유로 정리해고 제도 정착을 주장했고, 노동계는 노동자 권리의 박탈이라며 맞섰다. 정부는 10월에 연내 입법 방침을 밝히며 압박했으나, 12월까지 협상이 교착을 벗어나지 못하자 여당 단독 상정으로 입장을 선회했다.

1996년 12월 26일 새벽에 단체 버스로 이동한 당시 여당 신한국당 의원들은 그들만 있는 본회의장에서 노동법 개정안, 안기부법 개정안 등을 거수로 통과시켰다(이정무 2025). 개정 노동법은 정리해고제 도입, 파견근로 허용, 복수노조 설립 유예, 교섭 창구 단일화 강제를 포함했다. 날치기 소식은 주요 일간지들의 헤드라인으로 배치되었고, 추후 여론조사를 보면 시민의 다수가 날치기를 민주주의 훼손으로 보고 있었다. 민주노총과 한국노총이 연대하여 총파업을 진행했다. 1996년 12월 27일부터 시작된 단계별 총파업은 1997년 2월 말까지 이어졌고, 서울·부산·광주·대구 등 11개 대도시에서 대규모 가두시위가 일어났다.

정부는 1997년 1월 대통령 신년 기자회견에서 "정리해고 없는 기업은 국제경쟁력을 잃는다"라는 강경 입장을 고수했지만, 경찰력 투입 압박이 국제노동기구(ILO), 국제자유노련(ICFTU)의 항의로 번지자, 1월 21일 노·사·정 3자 회담을 수용하고 후퇴했다. 3월 10일 재개정된 노동법은 정리해고 및 파견제 시행 시점을 1999년으로 미루고, 복수노조 허용을 2002년으로 명문화해 부분 후퇴했으나, 야당과 노동계는 형식적 양보라고 평가절하했다. 결과적으로 노동법 개정의 과정을 통해, 김영삼 정부는 노동운동을 비롯한 진보 진영의 지지를 완전히 상실했고, 정부의 리더십 손상이 일반 시민들에게도 부각되었다.

노동법 개정으로 발생한 위기가 진행 중이던 1997년 1월 23일 한보철강이 부도를 내면서 은행, 정치권과의 부패 연계가 드러났다. 국회 청문회에서 드러난 대통령 측근 인사 로비 정황은 김영삼 정부의 개혁 이미지를 뿌리째 흔들었다. 뒤이어 삼미, 대농, 진로, 해태 등 중견 재벌이 잇달아 법정관리나 워크아웃에 들어갔다. 여름에 재계 8위 기아자동차가 부도유예협약 대상에 올랐고, 10월에 최종 법정관리를 신청했다. 같은 기간 무디스, S&P 등의 국제신용평가사들은 한국 국가신용등급을 여러 단계 하향했고, 해외 은행들은 한국 기업의 결제를 거부하기 시작했다. 기업 도산 도미노는 고용에도 직접 타격을 줬다. 해고의 충격은 노동법 파동에서 싹튼 일자리 불안 공포를 현실화했으며, 이는 정부가 제시해 온 '해고가 일자리를 방어한다'라는 논리를 정면으로 부정했다. 시민의 인식에서 경제위기는 갑작스러운 재해가 아니라 정부의 능력 부족이나 부패로 만들어진 인재로 받아들여졌다.

결국 국가 부도 위기의 직전까지 몰린 김영삼 정부는 한국 경제에 큰 충격을 줄 구조개혁의 조건을 받아들이면서, IMF 구제 금융의 도움을 받을 수밖에 없었다. 3저 호황 이후 지속적인 실질 소득의 증가를 경험하던, 시민들에게는 불과 1-2년 전만 해도 예상하지 못했던 충격이었다. 정부의 리더십은 완전히 붕괴되었다.

김영삼 정부의 정당성 위기는 노동법 날치기와 외환 위기 속에서 일어났다. 이 과정에서 정부는 절차와 결과 모두에서 정당성을 잃었다. 애초에 노동법에 대한 논쟁에 대한 여론은 정부에 일방적으로 불리한 게 아니었다. 그러나 김영삼 정부는 날치기 통과라는 무리한 선택을 했고, 심지어 그 와중에 개정법의 내용도 노사정의 잠정적 안에 비해 일방적인 것으로 바꾸었다. 절차적 합의 없는 개혁은 시민이 제어할 수 없는 행정부 독주로 인식되었다. 외환 위기와 기업들의 부도에 따라 정부는 성과의 측면에서 정당성을 잃었고, 그 과정에 드러난 정권 핵심의 부패는 기존 개혁의 성과에 대해서도 시민의 냉소를 낳았다. 김영삼 정부는 집권 초기 합헌적 선거와 개혁 담론 덕분에 비덤의 세 요소를 모두 충족한 듯했으나, 노동법 날치기로 합법적 정당성이 약화되었고, 외환위기·정경유착 스캔들로 규범적 정당성을 동시에 잠식시켰으며, 결국 대규모 총파업과 정부 불신 여론으로 사회적 승인이 급격히 철회되었다.

그러나 이때의 정부 정당성의 위기는 헌정의 위기로 전화되지 않았다. 이는 역설적이게도 김영삼 정부의 임기가 얼마 남지 않은 상황에서 위기가 도래했기 때문이었다. 외환 위기가 급박하게 돌아가던 때에, 정치는 이미 97년 12월에 예정된 대통령 선거의 국면에 들어서 있었다. 야당의 김대중 후보뿐만 아니라, 여당의 이회창 후보도 김영삼 정부에 대한 강력한 비판을 선거 운동의 중요한 테마로 삼았다. 시민들의 정부에 대한 불만이 선거라는 통로를 통해 표출되었기 때문에, 정부 정당성 위기를 가져올 만큼 심각했던 갈등이 공식적 제도를 통해 흡수될 수 있었다.

선거 결과, 야당 후보인 김대중이 당선되어 선거를 통한 정권교체가 최초로 일어났다. 이는 한국 민주주의에서 선거로 권력을 실질적으로 바꿀 수 있다는 것을 증명한 것이면서, 동시에 호남의 영구 배제 가능성에 대한 염려를 해소한 사건으로, 민주적 경쟁에 대한 신뢰를 한층 높일 수 있었다. 만약, 경제위기에 의해 김영삼 정부가 정당성의 위기에 몰리지 않았다면 당시 정권교체가 가능했을지는 불투명하다. 위기가 선거 국면에서 일어났다는 우연이 민주주의의 공고화를 도운 경우라고 할 수 있을 것이다.

Ⅳ. 2016년 박근혜 정부의 정당성 위기

2016년 후반 대한민국은 소위 '국정 농단'이라는 정치스캔들로 요동쳤다. 대통령의 측근 최순실이 국가 정책과 인사에 부당하게 개입해 이익을 취했다는 의혹이 터져 나오자, 정부에 대한 시민의 불신이 순식간에 정부 정당성 위기를 가져왔다. 의혹이 사실로 굳어지는 과정에서 대통령은 방어 논리를 찾지 못했고, 시민사회, 여당, 야당, 헌법재판소가 얽힌 복잡한 정치적 동학은 결국 헌정사상 최초의 현직 대통령 파면으로 귀결되었다. 이 절에서는 이 사건에서 정부 정당성 위기가 어떻게 헌정의 위기를 가져오고, 그 극복의 과정이 한국 민주주의에 어떤 결과를 낳았는지를 논의한다.

최순실이 사용한 태블릿 PC에서 대통령 연설문 초안과 외교·안보 문서가 발견됐다는 사실이 2016년 10월 JTBC에 의해 폭로되었다. 이는 공식 의사결정 절차를 우회하는 비선실세의 국정 개입을 입증하는 증거로 간주되며, 대통령에 대한 신뢰를 급속도로 훼손했다. 박근혜 대통령은 "연설문 일부를 보여준 적은 있으나 깊은 사적 친분 때문"이라고 해명했지만, 추가 의혹—재단 출연금 강요, 미르·K스포츠 재단 지배, 삼성·롯데 등 대기업과의 유착—이 연속으로 터지며 해명은 설득력을 상실했다. '권력의 사유화'라는 프레임이 시민의 인식에 각인되면서 정부 정당성 위기가 발발했다.

10월 하순부터 11월 초까지 청와대는 참모진 개편, 대국민 사과, 개헌 논의 등 국면 전환 시도를 했지만, 그때마다 사실 관계를 축소·부인하는 태도가 반복되며 위기관리 능력을 상실했다. 여당 내부에서 비주류 의원들이 '질서 있는 퇴진 로드맵'을 공개 거론하기 시작했고, 보수 지지층도 이탈했다. 2016년 11월 12일 서울 광화문 3차 촛불집회에는 주최 측 추산 100만 명, 12월 3일 6차 집회에는 232만 명이 참여했다. 2016년 마지막 촛불까지 집계된 연인원은 1,000만 명을 넘어섰다. 거리의 시민들은 '대통령 퇴진'의 구호를 외치고 있었지만, 박근혜 대통령이 자진사퇴 할 의사가 없다는 건 분명했다. 권력의 진퇴가 제도 외적으로 결정될 수도 있는 헌정 위기의 상황이었다.

 제6공화국 헌법은 대통령이 직무 집행에 있어서 헌법이나 법률을 위배한 경우 임기 중간에 파면할 수 있는 조항을 갖고 있었고, 이 제도가 민주주의의 위기를 제도 내에서 해결 할 수 있는 기회를 제공했다. 의회에서 탄핵 소추를 위한 여야를 넘나드는 연합이 구성되었다. 2016년 12월 9일, 야 3당과 무소속 및 여당 비주류 의원들을 포함한 234명이 찬성해 탄핵소추안이 가결됐다. 국회는 이미 2016년 11월 22일 '박근혜 정부의 최순실 등 민간인에 의한 국정농단 의혹 사건 규명을 위한 특별검사 법률'을 제정했고, 12월 1일 박영수 특별검사가 임명되었다. 특검은 2016년 12월 21일 공식 출범해 70일 수사 동안 대통령·대기업·청와대 핵심 참모를 집중적으로 조사했고, 이 조사의 내용은 헌법재판소 심리 과정에 제공되었다. 헌재는 공적 권력의 사적 남용과 기업에게 재단 출자 등을 요구한 행위가 헌법과 법률에 대한 중대한 위반이라고 판단하여, 2017년 3월 10일 재판관 8인 전원 일치 의견으로 '대통령 파면'을 선고했다. 이로써 정당성 위기는 정치적 공론과 사법적 결정을 통해 헌정 내의 제재로 해결되었다. 헌법이 정한 절차에 따라 대통령 궐위 선거가 이루어졌고 야당 후보 문재인이 당선되어 정부 권력이 교체되었다.

 앞선 위기로부터 이때까지의 약 20년의 기간 동안 한국의 민주주의는 여러 측면에서 안정화되고 심화되었다. 1997년 선거에 의한 최초의 정권교체 이후, 또다시 정당 간 정권교체가 2007년에 일어났고, 의회의 다수당도 몇 차례 바뀌었으며, 각급 지방정부의 집권당도 선거 결과에 따라 달라졌다. 즉, 선거에 의해 시민 다수가 실제로 집권 정파를 결정할 수 있는 점이 당연하게 받아들여질 수 있었다. 이에 따라 과거에 비합법의 영역에 있던 여러 정치세력이 민주적 제도 내의 경쟁에 참여하게 되었는데, 이는 정치적 자유를 확산하고 제도 내 정치 이념의 폭을 넓히는 것에 기여했다. 또한, 정치권력의 주기적 교체가 실질적으로 가능해진 사회에서는 여러 분야의 행위자들이 집권자나 집권 정파에 종속되지 않을 수 있다. 그 한 결과로, 사법부의 행정부 권력으로부터의 실질적 독립이 용이해진다. 제6공화국 초기에서 이때 이르기까지 사법 권력의 행정부 권력으로부터의 독립은 점차 강화되었다. 과거 권위주의 시대와 달리, 정부의 의사나 결정이 법원이나 헌법재판소에 의해 저지되는 경우가 늘어났고, 이는 법치의 발전을 가져왔다.

이러한 민주주의와 법치의 발전 때문에 2016년의 정부 정당성 위기가 해결되는 과정은 과거의 경우들과 뚜렷한 차이를 갖게 되었다. 한상익(2019)은 이때의 시민 저항을 대의민주정의 정상적 작동을 요구하는 정치적 항의로 규정하였는데, 그 근거 중 하나는 당시의 촛불집회가 비폭력적이었고 거의 완벽하게 합법적이었다는 점이다. 예컨대, 2016년 11월 5일 경찰은 집회 신고된 구간 일부의 시민 행진을 제한하려 하였으나, 시위를 주도한 시민단체들은 법원에 처분 효력 정지를 신청하였고, 서울행정법원이 집행 정지 가처분을 인용하면서, 경로 제한이 철회된다. 이런 일은 여러 번 반복되었는데, 11월 26일 집회의 경우에는 경찰이 청와대 경비 등의 이유로 부근 지역에 대한 집회 및 행진을 금지 통고했으나, 시민단체의 가처분 신청을 법원이 받아들여 금지 통고가 효력 정지되었다. 경찰은 법원의 결정을 따랐고, 시위 주최 측 역시 법원이 제시한 시간과 청와대 주변 관련 동선을 지켜서, 합법의 틀 내에서 시위는 평화적으로 이루어질 수 있었다.

곽(Kwak 2021)은 이때 법원 결정의 효과를 세 가지로 정리한다. 첫째, 집회의 정당성을 제도적으로 공인함으로써 경찰의 자의적 진압 명분을 약화시켰다. 둘째, 주최 측이 합법적 절차를 거쳐 권리를 확장해 나가는 선례를 만들며 비폭력·법치 프레임을 강화했다. 셋째, 결정 내용이 실시간 언론 보도로 공개되면서 시민들이 경찰과 법원의 역할을 분리해 인식하게 되었고, 이는 현장에서 불필요한 감정적 대치를 줄이는 완충 장치로 작동했다. 요컨대, 촛불집회의 평화적 진행은 단순히 '국가가 물리력을 자제했기 때문'이 아니라, 집회·시위법이라는 명시적 규칙과 이를 해석·조정한 행정법원 결정이 시위대와 경찰 모두가 수용할 수 있는 합의 지대를 제공했기 때문에 가능했다는 것이다.[4]

이러한 과정을 1991년 위기의 전개 과정과 비교해 보면, 극명한 차이를 볼 수 있다. 1991년에는 집회가 경찰로부터 금지되면 누구도 그에 대해 법원에 가처분 신청을 한다는 걸 상상하지 않았다. 법원이 그런 문제에서 행정 권력을 제한하고 시위대의 손을 들어줄 것이라고 여기지도 않았다. 불법 집회를 물리적 힘으로 밀어붙였고 경찰의 진압도 법의 틀 내에 머무르지 않았다. 이와 대조적으로 2016년과 2017년의 시위는 놀라울 정도로 평화적이었다. 법원의 결정이 시위의 자유를 더 열어주었고, 시위대 스스로 과격한 행위를 자제하였으며, 경찰 역시 법의 틀을 벗어난 무리한 진압을 하지 않았다. 대립하는 세력 모두가 법이 상대방의 편이 되지 않도록 노력했다. 그만큼 지난 시간 동안 법의 지배가 발전되었던 것이고, 이때의 사건은 그를 더욱 강화시켰다 할 수 있다.

전체적으로 이때의 갈등 해결 방법은 대의 민주정치의 교과서에 가까웠다. 시민은 합법적 시위를 통해 정부와 의회에 압력을 행사했고, 의회의 의원들이 이 압력에 반응하여 탄핵 소추 연합이 만들어졌다. 정치인들이 그에 반응할 수밖에 없었던 이유는 여기서의 태도가 자신의 재선 확률에 영향을 미칠 것이라 예상했기 때문일 것이다. 그만큼 경쟁적 선거가 안착되었다고 할 수 있다. 또한 탄핵 소추 이후 몇 달간의 탄핵 심판 과정을 거쳐서 헌법적 절차에 따라 대통령이 파면되었고, 박근혜 대통령과 그 지지 세력도 이에 승복하였다. 린쯔(Linz 1990)는 임기가 고정되어 있는 대통령제는 위기에 대응할 수 있는 유연성이 의회제에 비해 낮아서, 민주주의의 불안정이 초래될 수 있다고 주장하였다. 한국의 사례는 정부 정당성의 위기가 집권자의 위헌적·불법적 행위로 초래된 경우, 탄핵 제도를 통해 대통령제의 경직성 문제를 해결할 수 있음을 보여주었다.

결론적으로 2016~2017년의 사건은 한국 현대정치사에서 정부 정당성 위기가 헌정 위기로 진화하고, 다시 제도적 절차를 통해 수

---

4   별도로 황진태·박배균(2018)의 연구는 2016 촛불집회를 공간적으로 분석하면서, 법원의 결정에 따른 시위 공간의 확대에 주목하고 있다.

습된 독특한 사례이다. 시민사회는 대규모 비폭력 집회로 정당성 위기에 대응했고, 의회·사법·선거 제도는 헌정 위기를 해결하는 공식 경로를 제공했다. 따라서 박근혜 탄핵은 단순한 '정권교체'가 아니라, 헌정적 위기관리 프로세스 전체가 실험된 역사적 사건이었다. 가장 첨예한 권력 교체의 갈등이 헌법과 민주주의 제도의 틀 안에서 해결됨으로써, 한국 민주주의의 일정한 공고화가 확인되었고, 민주적 제도에 대한 시민의 효능감이 더 높아졌다.

V. 2024년 윤석열 정부의 정당성 위기

2024년 12월 3일 밤 10시 27분, 윤석열 대통령은 대국민 특별담화를 통해 "자유 헌정질서 수호"를 명분으로 전국에 비상계엄을 선포하였다. 이는 제4공화국 이후 최초로 선포된 계엄령이었고, 이어서 공포된 계엄사 포고령은 국회·지방의회·정당 활동 정지, 언론 검열 통제, 집회 및 파업 금지 등 시민의 정치적 기본권과 헌법기관의 활동 정지를 명령하였다. 또한 경찰이 계엄 해제 권한을 가진 국회의 출입을 봉쇄하려 하였고, 대통령은 병력을 국회와 중앙선거관리위원회에 투입하였다. 야당과 일부 여당 지도부는 즉각 계엄령의 위헌성을 지적했고, 시민들은 국회 인근으로 모여들었다. 12월 4일 새벽 1시, 국회 본회의장에서 190명의 의원이 만장일치로 계엄 해제 결의안을 통과시켰고, 새벽 4시 30분경 윤석열 대통령이 해제를 선언하면서 사상 최단기 계엄은 종료되었다. 그러나 이미 정부 정당성은 치명상을 입었고, 시민사회, 의회, 헌법재판소의 연쇄적 대응은 계엄 선포 후 123일 만의 대통령 파면, 183일 만의 궐위 선거와 정권교체로 이어졌다. 이 절에서는 이 사건의 민주주의에 대한 함의를 논한다.

앞서 세 가지 사례에서는 정부의 행위(시위에 대한 폭력 진압, 경제관리의 총체적 실패, 부정부패)가 시민이 용인할 수 있는 임계점을 넘어서며 정부 정당성 위기를 만들었고, 그 위기가 헌정 위기나 민주주의의 위기로 나아갈지는 사태의 시작 시점에서 열린 질문이었다. 반면, 이 비상계엄 선포의 경우 그 시작에서부터 헌정 위기와 민주주의 위기가 발생했다고 할 수 있는데, 이 비상계엄은 기본적으로 친위 쿠데타이기 때문이다. 윤석열의 계엄 선포의 내용은 국회의 다수당인 야당 세력을 반국가 세력으로 칭하며, 계엄을 통해 반국가 세력을 척결하겠다는 것이었다. 또한 계엄사 포고령의 내용은 반대 세력의 정치활동을 중지시키는 것이었고, 추후의 대국민 담화에서 계엄의 동기 중 하나가 부정선거의 진상 규명이라는 주장을 하였으며, 이는 선관위에 병력을 투입한 행위와 일관된 것이었다. 윤석열의 비상계엄이 이렇게 단기간에 실패하지 않았다면, 어느 정도 수준의 조치가 취해졌을지 확실히 알 수는 없지만, 최소한 몇몇 여야 정치인의 권한을 무력화시킴으로써, 권력 분포에 대한 변화가 일어났을 것이라는 점은 추정할 수 있다. 이는 곧 선거에 의해 정해진 권력의 배분을 대통령이 물리적 공권력을 사용하여 재배열하는 것으로 친위 쿠데타에 해당한다. 이 사태의 시작인 계엄령 자체가 선거가 아닌 방식으로 정치권력을 결정하려는 것이기에 그 자체가 헌정의 위기, 민주주의의 붕괴

위기를 불렀다고 할 것이다.

앞에서도 언급했듯이, 민주주의는 모든 정치세력이 선거 참여를, 권력 획득을 위한 유일한 수단으로 간주할 때 공고화된다. 특히 셰보르스키는 선거의 패자가 결과에 승복하여 선거 결과에 따라 권력을 이양하고, 다음 선거를 준비할 때 민주주의가 안정적 균형이 된다고 하였다. 윤석열 대통령은 2024년 총선에서 참패하였는데 그 선거의 결과에 승복하지 않았으며, 선거 결과로 따라오는 야당의 권력을 인정하지 않았다. 그가 생각하는 친국가 세력이 주도하는 국가 운영을 다음 선거의 승리를 통해 가져오는 것이 아니라, 계엄을 통해 반대 세력의 정치활동을 막는 물리적 방법으로 가져오려 하였다. 이 자체가 이미 정치 경쟁에 대한 '민주적 참여 전략'으로부터 이탈한 것이므로, 민주주의와 헌정의 위기는 자동적으로 올 수밖에 없었다. 부정선거론이라는 명분과 계엄령이라는 폭력적 수단의 결합은 전형적인 반민주적 전략인 것이다.

만약 12.3 친위 쿠데타가 그 이전 한국 정치 동학의 필연적 결과이고, 이에 따라 앞으로도 반복적으로 일어날 수 있는 상황이라고 본다면, 한국 민주주의는 최소주의 민주주의의 관점에서도 공고하지 않다고 봐야 한다. 그러나 내가 보기에, 이 사건은 한국 민주주의의 구조적 상황이 일으킨 필연적 결과라기 보다는 윤석열이라는 개인의 오판이 만들어 낸 돌발적 상황에 가깝다.[5] 첫째, 윤석열과 계엄사령부는 시민과 국회의원 등의 평화적 저항을 진압할 만큼 군대와 경찰을 움직일 능력을 갖추지 못했다. 이는 법치주의와 민주주의의 규범이 상당 수준 정립되어 있기 때문이고, 결국 그 결과로 친위 쿠데타는 실패로 돌아갔다. 둘째, 만약 당일에 국회의 봉쇄가 성공하여 계엄 해제가 이루어지지 않았더라도 시민의 저항을 진압할 수는 없었을 것이다. 비록 더 어려운 과정을 거치더라도, 친위 쿠데타는 성공하지 못했을 걸로 예상된다. 셋째, 결과적으로 윤석열 대통령은 탄핵되었고, 주도자들이 법적 처벌을 받을 것이 확실하다. 이런 결말이 예상되기 어려웠다면 이 사건을 돌발이 아니라고 할 수 있다. 하지만 누구나 실패의 확률이 극도로 높다고 예상할 수 있는 상황에서 사건이 일어났기 때문에, 이 사건의 발발은 결국 윤석열과 몇몇 주동자들의 오판이나 특수한 개인적 동기로 설명될 수밖에 없다. 앞서 보았듯이, 모든 유의미한 정치세력에게 선거에 참여하는 것이 권력을 획득하고자 하는 것이 최선 전략일 때, 민주주의는 균형이다. 윤석열과 그를 지지하는 세력에게 선거 참여가 아닌 폭력적 수단이 최선 전략이었다면, 한국의 민주주의 균형의 붕괴를 염려해야 한다. 그러나 합법적 선거 참여가 최선 전략이었음에도 불구하고 특정한 행위자가 오판한 경우를 균형의 붕괴라고 보긴 어렵다.

그러나 12.3의 사건이 한국 민주주의 공고화의 부정이 아니라는 점이 한국의 민주주의가 강건하다는 증명은 될 수 없다. 오히려 12.3 이후의 상황은 한국의 민주주의가 여러 면에서 약점을 갖고 있음을 보여준다. 먼저 윤석열 대통령이 12월 12일에 발표한 공격적인 담화를 계기로 부정선거론이 더 넓게 퍼졌다. 시민에 의해 선거의 정

---

5 이 글의 입장과 달리 12.3 친위 쿠데타를 권력구조와 정당정치의 불안정성에 기인한 결과로 보는 견해로는 홍성태(2025)의 연구가 있다.

당성이 인정받지 못한다면 그 정도만큼 민주주의는 약해질 수밖에 없다. 둘째, 의회의 의석 100석 이상을 보유한 거대 정당인 국민의힘이 부정선거론과의 경계를 완벽히 긋지 못하였고, 또 탄핵 심판의 결론이 날 때까지 비상계엄을 옹호하는 입장을 보였다. 셋째, 대통령 경호처라는 국가기관이 법원이 발부한 체포 영장의 집행을 물리력으로 저지한 점, 재판관 미임명에 대한 헌법재판소의 위헌 결정 이후에도 대통령 권한대행이 헌법 재판관 임명을 하지 않은 점 등, 사법 결정이 행정 권력에 의해 무시되는 사건들이 일어났다. 또한 서부지법에서의 항의가 법원 난입과 폭동으로 전화하면서, 몇 년 전에 확립된 것으로 보였던 평화시위의 규범이 깨어졌다. 2016~2017년 위기의 극복 과정에서 볼 수 있었던 법의 지배가 8년 만에 흔들리고 있었다.

즉, 12.3 친위 쿠데타 이후 상황의 전개는 한국 민주주의가 일정한 수준에서 위기 국면을 맞고 있으며, 그 위기는 박근혜 탄핵 이후 7~8년의 시간 동안에 가시화되어 왔음을 말해 준다. 그런데 현재 민주주의의 위기는 한국뿐만 아니라 전 세계 여러 민주주의 국가가 경험하고 있는 보편적인 현상이기도 하다. 21세기 들어서 여러 나라에서 민주주의가 쿠데타와 같은 폭력적이고 급격한 방식으로 무너지는 게 아니라 완만한 체제의 이행이 일어났다. 특히 민주적 선거로 당선된 집권 정치인에 의해 민주적 정치과정을 통해 합법적으로 민주주의가 무너지는 퇴행이 터키, 헝가리, 베네수엘라, 폴란드 등의 국가에서 벌어졌다. 합법적인 제도 변경을 통해서 정치 경쟁의 환경을 집권파에 유리하게 만들기, 다수결 결정을 이용해 소수파의 정치적 자유를 축소하기, 합법적인 수사를 통해 정치적 반대 세력의 활동을 막기 등이 민주주의의 퇴행이 일어나는 방식이었다.

    이런 식의 민주주의 퇴행이 일어나기 위해서는 집권 정치인이 민주주의를 침식하는 행위를 함에도 불구하고 일정한 시민의 지지를 받을 수 있어야 한다. 이를 가능하게 하는 조건이 바로 정치적 양극화다. 양극화된 정치 환경에서는 정부의 성격이나 통치의 내용, 정책의 결과에 대한 상반된 입장이 존재하고, 상대방 입장에 대한 강력한 적대가 존재한다. 스볼릭(Svolik 2020)이 보였듯이 시민이 민주적 절차와 과정 자체에 대한 가치를 갖는다고 하더라도 그러한 가치와 정책 결과의 바람직함의 가치가 교환 불가능하다고 볼 수는 없다. 즉 A 정파와 B 정파를 비교할 때, A 정파의 정치적 내용에 대한 선호가 아주 강한 시민은 B 정파의 집권을 막기 위해, A 정파의 민주주의에 대한 훼손을 용인할 수 있다. 정치적 양극화가 심한 경우, 이렇게 민주주의의 훼손을 용인할 준비가 되어 있는 시민의 비중이 늘어난다.

    한국에서는 박근혜 탄핵 이후 정치적 양극화가 심해져 왔다. 윤석열 정부는 출범 초기부터 거대 야당과 대립적 관계를 형성했다. 과거 정부들과 달리, 집권 초기의 여론조사에서조차 윤석열 대통령의 지지율은 대선에서의 득표율을 많이 상회하지 못했다. 국민의힘과 민주당의 강경 지지자들은 사안에 상관없이 자신의 편을 지지하고 상대편을 공격하는 행태를 보였다. 이러한 양극화는 공론장의 파괴를 가져온다. 진영화 된 공론장은 사실의 다툼을 통해 의견을 좁히고 조정하고 설득하는 기능을 상실한다. 친위 쿠데타 이후 한국의 공론장 역시 일정하게 그런 모습을 보였다. 2020년부터 제기되었던 부정선거론이 윤석열로 인해 더욱 대중화된 것, 쿠데타를 옹호하는 정치세력이 상당한 수준의 지지를 유지할 수 있었던 것 등은 정치적 양극화와 떨어져서 설명되기 어렵다.

종합해 보면, 2024년 계엄 선포에서 2025년 궐위 선거에 이르기까지의 연쇄적 사건은 한국 민주주의의 공고함과 취약성을 둘 다 보여주었다 할 수 있다. 한 측면에서 이 사건은 한국 민주주의가 경험한 가장 압축적·복합적인 위기관리 사례였고, 그 극복은 한국 민주주의의 회복탄력성을 보여줬다. 대통령이 반헌법적 폭력을 동원하였으나, 시민·의회·사법기관이 단계별로 대응하면서 위기는 제도적 통제의 범위 내로 흡수되었다. 결과적으로 정부 정당성과 헌정의 위기는 대통령 파면이라는 헌정적 제재와 조기 선거라는 민주적 절차로 해결되었다. 이 과정은 시민행동, 의회 반응, 사법 판단, 궐위 선거로 이어지는 제6공화국 제도의 위기관리 절차가 2016년에 이어 다시 한번 작동했음을 말해 주었다. 그러나 그와 동시에 국정 리더십이 헌법적 한계를 벗어날 위험성이 한국 민주주의에도 현존한다는 경고를 남겼다. 특히, 계엄에 대한 사후적 지지 여론 및 일부 정치세력의 행동은 한국 민주주의에 내재된 위기를 보여주었고, 정치 양극화와 개방적 공론장의 부재가 결코 방기할 문제가 아님을 시사한다.

Ⅵ. 결론

　짧지 않은 역사를 가진 제6공화국의 민주주의는 여러 번의 위기를 거치면서 변화해 왔다. 이 글에서는 네 차례의 중대한 정부 정당성 위기를 거치며 한국의 민주주의가 어떻게 유지되고 변화해 왔는지를 살펴보았다.

　권력의 교체와 유지가 민주적 선거로만 이루어져야 한다는 명제는 제6공화국의 초기에 공유된 규범이 아니었다. 1991년 5월의 위기 상황에서 각 정치세력은 이 규범에 따라 움직였다기보다는 당시의 권력관계 내에서 자기 세력에게 가장 좋은 전망을 주는 전략을 택했다고 볼 수 있다. 그 시점에서 제6공화국 헌법이 장기적으로 안정된 체제가 될지는 열려있는 질문이었다. 노태우 정부 세력의 일부는 내각제 개헌을 통해 제6공화국의 헌법을 한 번의 정부로 끝내려는 의도를 갖고 있었던 반면, 민주화 세력의 급진파는 거리의 항쟁을 통해 군부 정부의 잔존세력을 물리치고자 하였다. 이 중간에서 사태의 열쇠를 지고 있었던 김영삼·김대중의 세력이 선거를 통한 집권 시도를 최선의 전략으로 판단함에 따라 민주주의의 위기는 극복될 수 있었다.

　만약 그 이후에도 선거로 인한 권력의 교체가 미미한 수준에 머무른다면, 계속해서 집권에서 소외된 세력이 제도 내에 머무를지는 불확실하였다. 그러나 상당 부분 외부적 충격의 영향을 받은 금융위기가 선거 시기와 겹치는 우연이 첫 번째 정권교체를 가능하게 했고,

이를 통해 선거의 갈등 흡수력이 강화되었다. 그 후 역사를 통해 과거의 반체제 세력들의 전략이 차츰 선거 참여로 변하였고, 정치과정 내에 서로 다른 이익과 가치를 가진 세력이 섞이면서 권력의 독점이 쉽지 않아졌다. 선거로 인한 권력의 주기적 교체 가능성은 여러 부분의 자율성을 강화할 수 있었고, 또한 사법부의 독립과 법의 지배를 강화하는 방향으로 작용했다.

이렇게 1997년부터 20년 이상 쌓아온 민주적 경쟁과 각급 정부에서의 권력 교체의 반복, 그를 통한 정치참여의 확대가 '민주적 선거가 권력을 다투는 유일한 게임의 규칙'으로 광범위하게 인정되는 상태를 만들었으며, 이것이 2016년과 2024년의 위기를 제도와 절차에 따라 극복하게 만드는 기반이 되었다. 2016년 박근혜 정부의 '국정 농단' 사태는 권력 사유화와 부정부패로 인한 정부 정당성의 붕괴가 시민의 평화적인 요구와 대의제와 헌법 절차에 따라 극복될 수 있음을 보여줬다. 그러나 8년 후, 윤석열이 계엄령으로 정치적 반대 세력을 봉쇄하려 한 2024년 사건은 한국의 민주주의가 안전하지 않음을 경고하였다. 친위 쿠데타는 헌정과 민주주의의 절차대로 해결되었지만, 그 과정에서 선거 불신 담론과 극단적 양극화가 증폭되며 새로운 위기의 배경이 되고 있다.

네 차례 위기를 관통해서 보면, 위기의 발화 요인은 시대마다 달랐으나 수습 경로는 점차 헌정 절차에 깊이 의존하는 방향으로 진화해 왔다는 점을 알 수 있다. 1990년대 초에는 거리정치와 군부 잔존 영향력이 핵심 변수였지만, 2010년대 이후에는 탄핵, 계엄 해제, 조기 선거 같은 제도적 절차가 위기와 갈등을 흡수하고 처리하는 기본 틀이 되었다. 이는 선거 패배자의 승복 규범, 사법·입법기관의 기능적 자율성, 그리고 시민이 법치주의를 위기관리에 활용하는 학습 효과가 결합한 결과다. 그러나 그와 동시에 정치적 양극화의 심화는 유권자가 민주적 규범을 원하는 정치적 결과와 교환할 위험을 높이며, 민주주의 퇴행의 가능성을 던지고 있기도 하다.

한국 민주주의가 이 새로운 도전에 대응하려면 무엇보다 공론장을 복원하고 양극화를 완화해야 한다. 그 기반은 이미 존재한다. 경쟁적이고 공정한 선거가 권력을 결정한다는 규범은 광범위하게 공유되고 있고, 시민을 연결하는 다양한 단체가 정치적 자유를 누리며 활동하고 있다. 정당 내부의 권력이 당원 중심으로 이동하는 변화도 팬덤정치라는 과도기적 부작용을 겪고 있지만, 민주적 통로로 기능할 가능성이 있다. 이러한 자산을 활용해 갈등의 다면성을 제도 안으로 끌어들인다면, 민주주의 퇴행을 방지할 수 있을 것이다.

결국 제6공화국 민주주의의 역사는 '완전히 공고화된 민주주의는 없다'라는 냉엄한 사실과 '위기는 민주주의가 진전되는 계기일 수 있다'라는 희망을 동시에 보여준다. 1991년 위기 이후 민주화 세력의 집권 및 군부 위협 제거, 1997년 위기 후 첫 정권교체, 2016년의 대통령 파면, 2024년의 쿠데타 저지는 모두 위기를 통해 제도가 단련되고 시민 효능감이 증대된 순간이었다. 제6공화국이 앞으로 얼마나 더 지속될지 또는 혹자들의 희망대로 제7공화국이 가까운 미래에 수립될지는 알 수 없다. 어느 경우이건 간에, 민주주의 공고화는 언제나 진행형이라는 사실을 잊지 않아야 하며, 이를 위해 정치 양극화와 정보 생태계 교란이라는 위협에 주의해야 할 것이다.

참고문헌

김윤철. 2020. "한국 '불평등 민주주의'의 정치사적 기원: 1991년 5월 투쟁 이후 노동-평등의 배제 과정을 중심으로." 『비교민주주의연구』 16권 2호, 133-160.

이정무. 2025. 『1987-1997 오늘의 한국사회는 어떻게 만들어졌나』. 서울: 민중의소리.

한상익. 2019. "박근혜탄핵 촛불집회의 정치 참여 유형: 혁명인가, 정치적 항의인가?." 『한국정치연구』 28권 2호, 117-141.

홍성태. 2025. "내란사태와 민주주의의 위기구조." 『경제와 사회』 146호, 126-152.

황진태·박배균. 2018. "2016년 촛불집회시위의 공간성에 관한 고찰." 『공간과 사회』 28권 3호, 166-200.

Ackerman, Bruce. 1991. *We the People 1: Foundations*. Cambridge, MA: Belknap Press of Harvard University Press.

Beetham, David. 2013. *The Legitimation of Power* (2nd ed.). New York, NY: Palgrave Macmillan.

Bermeo, Nancy. 2016. "On Democratic Backsliding." *Journal of Democracy* 27(1): 5-19.

Bobbio, Norberto. 1987. *Democracy and Dictatorship*. Minneapolis: University of Minnesota Press.

Dahl, Robert A. 1971. *Polyarchy: Participation and Opposition*. New Haven: Yale University Press.

Ginsburg, Tom and Aziz Z. Huq. 2018. *How to Save a Constitutional De-*

mocracy. Chicago: University of Chicago Press.

Haggard, Stephan, and Robert Kaufman. 2021. *Backsliding: Democratic Regress in the Contemporary World*. Cambridge: Cambridge University Press.

Kwak, Seohee. 2021. "From Collective Action to Impeachment: Political Opportunities of the Candlelight Protests in South Korea." *Korea Observer* 52(1): 107-130.

Linz, Juan J. 1990. "The Perils of Presidentialism." *Journal of Democracy* 1(1): 51-69.

Linz, Juan J. and Alfred Stepan. 1996. *Problems of Democratic Transition and Consolidation*. Baltimore: Johns Hopkins University Press.

Przeworski, Adam. 1999. "Minimalist Conception of Democracy: A Defense." In *Democracy's Value*, edited by Ian Shapiro and Casiano Hacker-Cordon, 23-55. Cambridge: Cambridge University Press.

Svolik, Milan W. 2020. "When Polarization Trumps Civic Virtue: Partisan Conflict and the Subversion of Democracy by Incumbents." *Quarterly Journal of Political Science* 15(1): 3-31.

저자 소개

이동수

서울대학교 정치학과에서 학사와 석사학위를 받았고, 미국 밴더빌트대학교(Vanderbilt University)에서 정치학 박사학위를 취득하였다. 대통령직속 녹색성장위원회 위원, 대통령실 정책자문위원, 경희대학교 공공대학원장과 교무처장을 역임하였고, 현재 경희대학교 공공대학원 교수로 재직 중이다. 『시민은 누구인가』(편저), 『한국의 정치와 정치이념』(공저), *Political Phenomenology*(공저), "그리스 비극에 나타난 민주주의 정신", "네덜란드공화국 건국기의 '통합의 정치': 종교, 정치, 경제를 중심으로" 등의 저서와 논문이 있다.

김충열

한림대학교 정치외교학과를 졸업하고, 서울대학교에서 정치학 석사학위를, 네덜란드 라이덴대학교에서 한국학(정치사상사)으로 박사학위를 받았다. 현재 경희대학교 공공거버넌스연구소 학술연구교수로 재직 중이다. 주요 논문으로는 "The Origin of the Reformist Intellectuals' Self-Deprecating Mentality: Effects of the Progressive Conception of Time in Late Nineteenth-Century Korea"(*Korea Journal*), "The Politics of Democratic and Procedural Legitimacy: New Ideas of Legitimacy in the Independence Club Movement in Late Nineteenth-Century Korea"(*History of Political Thought*), "『書經』의 통치관 속의 균형: 德 개념을 중심으로"(『정치사상연구』), "자유, 평등, 권리 개념의 등장: 19세기 후반 개화파 지식인들의 공적 가치 연구"(『오토피아』) 등이 있다.

김동규

서울대학교 정치학과를 졸업하고, 서울대학교에서 정치학 석사학위, 케임브리지대학교에서 국제관계학 석사학위를 받았고, 케임브리지대학교에서 동아시아학 박사과정에서 수학했다. 외무고시 합격 후 외무부/외교부에서 근무했다. 현재 국제시사문예지 PADO의 편집장으로 재직 중이다. 주요 저역서와 논문으로는 비롤리, 『공화주의』(공역), 『공화주의 솔루션』(공저), "공화주의적 외교안보 비전을 위한 시론", "가족국가: 일본 메이지기 공화정치 붕괴와 제국주의 형성에 관한 소론" 등이 있다.

임수환

고려대학교 정치외교학과를 졸업하고, 미국 남가주대학교(University of Southern California)에서 정치학 석박사학위를 받았다. 국가안보전략연구원 책임연구원을 역임했으며, 한국정치학회 부회장, 국립대만대학교 교환교수, Journal of East Asian Affairs 편집장 등으로 활동한 바 있다. 주요 저서와 논문으로는 『대한민국과 경제적 민주주의』, "박정희 시대 소농체제에 대한 정치경제학적 고찰: 평등주의, 자본주의, 그리고 권위주의", "영국의 정치적 현실주의: Hedley Bull의 이론을 중심으로", "동북아 해양패권에 대한 이론적 고찰: 신현실주의와 신자유주의 시각을 중심으로", "서유럽 근대농업의 전개와 정치적 근대화: 영국, 프랑스, 독일의 비교" 등이 있다.

김정부

서울대학교 정치학과를 졸업하고, 서울대학교에서 행정학 석사학위를, Georgia Institute of Technology 및 Georgia State University에서 정책학 박사학위를 받았다. International Budget Partnership의 예산투명성조사(Open Budget Survey) 한국 담당 연구원, 서울시 중소기업육성기금융자계정 운용심의위원회 위원 등을 역임하고 있으며, 현재 경희대학교 행정학과 교수로 재직 중이다. 주요 논문으로는 "국가채무의 통치성: 공공서비스에 대한 '당연승차자'(the deserving rider)의 등장과 민주주의에 대한 시사점을 중심으로", "Local Elected Administrators' Career Characteristics and Revenue Diversification as a Managerial Strategy" 등이 있다.

장대홍

경희대학교에서 정치학 박사학위를 받았다. 경희대학교 공공대학원에서 〈여론과 정책〉, 〈정책연구방법론과 교육정책〉 등을 강의했으며, 현재는 경희대학교 공공거버넌스연구소 학술연구교수로 재직 중이다. 주요 논문으로는 "중도수렴과 중도수렴 거부 간의 투쟁: 18대 대선과정과 결과"(공저), "여론조사 공천방식의 정당정치적 효과와 정치체제적 영향", "여론조사 공천방식과 공정성: 선거의 4대 원칙 관점에서" 등이 있다.

김용석

경희대학교 사학과를 졸업하고 서울시립대학교에서 도시행정학 석사학위를, 경희대학교에서 행정학 박사학위를 취득하였다. 도봉구의회 3선 의원, 서울특별시의회 3선 의원, 주요 상임위원회 위원장, 민주당 대표의원 등을 역임했으며, 현재 한양대학교 공공정책대학원 지방자치학과에서 겸임교수직을 맡고 있다. 주요 저서로 『지방의원의 길』이 있다.

김태영

경희대학교에서 학사학위를 서울대학교와 미국 시라큐스대학교에서 각각 행정학 석사학위를 취득하고, 코넬대학교에서 도시행정학 전공으로 박사학위를 취득했다. 경희대학교 공공대학원 원장과 대통령소속 자치분권위원회 위원을 역임했으며, 현재 경희대학교 행정학과 교수로 재직 중이다. 주요 논문으로는 "재정분권에 대한 이해와 오해", "자치권의 확대에 대한 이해와 오해", "주민자치에 대한 이해와 오해", "자치권의 주체에 대한 이해와 오해" 등이 있다.

송경재

경기대학교 경제학과에서 학사와 석사학위를, 경희대학교에서 정치학 박사학위를 받았다. 사이버커뮤니케이션학회 연구이사와 부회장, IT정치연구회 회장, 신문발전위원회 연구위원을 역임했으며, 현재 상지대학교 사회적경제학과 교수로 재직 중이다. 주요 저서와 논문으로는 『디지털 사회의 기본가치』(공저), 『디지털 파워 2021: SW가 주도하는 미래사회의 비전』(공저), "민주주의 기술 플랫폼의 진화와 시민참여: 대한민국 국회 〈국민동의청원〉을 중심으로", "한국의 정치 유튜브 이용자와 감정 정치" 등이 있다.

조석주
서울대학교 정치학과를 졸업하고 동대학원에서 정치학 석사학위를, 로체스터대학교에서 정치학 박사학위를 받았다. 예일대학교 정치학과 조교수 및 성균관대학교 경제학과 부교수를 역임했으며, 현재 경희대학교 경제학과 부교수로 재직 중이다. 주요 논문으로 "Voting Equilibria Under Proportional Representation", "Retrospective Voting and Political Representation", "Bargaining Foundations of the Median Voter Theorem"(공저), "Open Primaries and Crossover Voting"(공저) 등이 있다.

한국 통치성의 역사적 물결

발행일 1쇄 2025년 8월 30일

지은이 이동수 편
펴낸이 여국동

펴낸곳 도서출판 인간사랑
출판등록 1983. 1. 26. 제일-3호
주소 경기도 고양시 일산동구 백석로 108번길 60-5 2층
물류센타 경기도 고양시 일산동구 문원길 13-34(문봉동)
전화 031)901-8144(대표) | 031)907-2003(영업부)
팩스 031)905-5815
전자우편 igsr@naver.com
페이스북 http://www.facebook.com/igsrpub
블로그 http://blog.naver.com/igsr
인쇄 하정인쇄 **출력** 현대미디어 **종이** 세원지업사

ISBN 978-89-7418-448-3   93340

* 책값은 뒤표지에 있습니다.   * 잘못된 책은 바꿔드립니다.
* 이 책의 내용을 사용하려면 저작권자와 도서출판 인간사랑의 동의를 받아야 합니다.